KB197363

난독증 난서증
ADHD 극복하기
―전 세계적 관점

Catherine McBride 저 | 조증열 역

Coping with Dyslexia,
Dysgraphia and ADHD:
A Global Perspective

학지사

Coping with Dyslexia, Dysgraphia and ADHD:
A Global Perspective
by Catherine McBride

역자 서문

나는 1997년부터 1년 동안 홍콩중문대학에서 교환교수로 지냈다. 어느 화요일, 홍콩중문대학 심리학과 콜로키움(Colloquium)에 참석한 후 다른 사람들과 함께 교내 중국식당으로 가서 큰 원형 테이블에 앉았다. 우연히도 내 옆에는 미국 여배우처럼 아름다운 젊은 여성이 앉았다. 통성명을 했으나 정확히 누군지 잘 알수 없었다. 그럼에도 불구하고 우리는 맛있는 홍콩 점심을 먹으면서 이야기를 나누었다. 기억에 남는 대화 내용으로는 그녀가 캘리포니아에서 대학원을 다니며, 많은 한국인을 만났고, 한국어와 한글에 관심이 있다고 했다. 또한, 당시 '한국어 읽기 발달'에 대한 연구가 없는 것 같다고 하며, 나에게 그 주제를 연구해 보는 것이 어떻겠냐고 제안했다. 누군가에게 이런 연구 제안을 받는 것은 그때나 지금이나 엄청 가슴 뛰는 일이다. 식사를 마치고 집에 돌아오자마자 나는 홍콩중문대학교 심리학과 웹사이트를 찾아봤고, 그 여성이 최근 부임한 Catherine McBride 교수라는 것을 알게 되었다. 그 당시 나는 인지심리학 전공으로 미국에서 박사학위를 받은 후 경남대학교에서 교수로 7~8년 남짓 재직하면서 한글, 영어, 한자의 단어 재인(읽기) 과정의 유사점과 차이점 등에 대해 연구하고 있었다. 그 만남 이후, 나는 성인의 읽기 과정의 연구에서 아동의 읽기 과정으로 연구 주제를 바꾸게 되었다. 지금 돌이켜 보면, McBride 교수는 한글에 대한 기본적인 지식을 갖추고 있었으며, 한글이 자모(알파벳)문자인 영문자와 표의문자인 중국 한자의 특성을 모두 가진 매우 흥미로운 문자임도 알고 있었던 것 같다.

솔직히 말하자면, 나는 미국 박사학위를 받는 동안 영어로 논문을 쓰고, 국제 학술지에 출판하는 과정에 대해 충분히 배우지 못했다. 학술 논문을 쓰는 것은, 특히 영어로 국제 학술지에 논문을 출판하는 것은 여러 단계를 거치며 각 단계마다 철저히 작업하고 대처할 수 있어야 한다. 이 과정은 주로 지도교수와 공동으로 논문을 출판하면서 면밀하게 배운다. 물론 영어 실력도 중요하다.

McBride 교수와 나는 2005년에 첫 공동 논문을 출판한 이후 현재까지 공동 연구자로 국제 학술지에 많은 논문을 출판했다. McBride 교수와 공동 연구를 하면서 나는 국제 학술지에 논문을 출판하는 전 과정을 상세히 경험했으며, '한글 읽기 발달 및 장애' 분야에 대한 이론적 지식도 깊어졌다. 그 후 우리는 세계국제학회에 참가해 자주 만났으며, 2016년에는 '아시아읽기쓰기협회(ARWA)'를 공동 창립했다. 지금까지 25년 이상 공동으로 연구하면서 학문을 같이하는 절친한 동료로, 그리고 개인적인 친구로 지내고 있다. 사람은 인생에서 3명의 은인/스승을 만난다고 한다. McBride 교수는 나에게 그 스승들 중 한 명이다. 물론 생물학적 나이는 나보다 한참 젊지만, 학문적 깊이와 경력에서는 선배이며, 스승이라고 생각한다. McBride 교수를 만나서 내 인생의 중년이, 학문의 세계가 정말로 풍요롭고 보람찼다!

McBride 교수는 두 권의 저서를 출간했다. 2016년에 출간한 『아동의 문식성 발달: 읽기, 쓰기 학습에서의 교차-문화적 관점』은 문식성 발달을 인지적 측면에서 과학적이고 분석적으로 다루어 '읽기 과학' 연구자를 위한 교과서라고 해도 과언이 아니다. McBride 교수는 2019년에 지금 내가 번역한 『난독증, 난서증, ADHD 극복하기: 전 세계적 관점』을 출간했다. 이 책은 난독증, 난서증, ADHD가 있는 아동의 인지적 처리 특성을 일부 포함하지만, 심리사회적 · 동기적 · 적응적 · 문제해결적 · 글로벌적 관점을 포괄적으로 다루고 있다. McBride 교수의 저서에는 이러한 장애가 있는 아동에 대한 그녀의 깊은 관심과 연민이 고스란히 담겨 있다.

『난독증, 난서증, ADHD 극복하기: 전 세계적 관점』은 난독증, 난서증, ADHD에 대한 기초 연구 지식(예: 사회경제적 · 문화적 · 환경적 · 개인적 · 신경과학적)을 제시한다. 또한 부모, 교사, 장애가 있는 학생과의 인터뷰, 사례 연구를 인용하여 독자가 이해하기 쉽게 구성했다.

'전 세계적 관점'이라는 부제가 시사하듯이, 인터뷰는 20개 국가(아시아, 유럽, 중동, 아프리카, 남·북아메리카 대륙을 포함)의 사람들과 진행되었으며, 인터뷰한 내용을 저서 전반에 제시했다. 또한 각 장애를 치료하거나 교정하기 위한 실질적인 조언, 중재 및 치료 방법도 제공했다. 특히 흥미롭게도 난독증이 있는 사람들의 읽기·쓰기 학습과 이중 언어(외국어)의 학습이 어떤 관련이 있는지를 최신 연구 결과와 실제 사례를 통해 제시했다. 자존감 증진과 끈기(Grit)의 확립, 장애가 있는 학생과 그 부모가 희망을 잃지 않고 학습을 지속할 수 있도록 돕는 다양한 전략도 제시하고 있다. 부록에서는 난독증, 난서증, ADHD가 있는 학생 본인이나 부모가 정보를 얻을 수 있도록 각국의 관련 기관 웹사이트를 제공하며, 읽기·쓰기 및 집중력 향상을 위한 실질적인 요령과 무료 온라인 게임 웹사이트도 소개한다.

이 책은 '읽기 과학'과 관련된 분야(심리학·교육학·아동학·언어학·언어치료·특수교육·한국어교육·영어 및 외국어교육 등)의 연구자, 상담 및 치료를 담당하는 임상가, 현장에서 지도하는 교사, 장애가 있는 사람 본인과 부모와 가족에게 검증된 과학적 지식을 제공하고 실제적 도움을 줄 수 있는 지침서로 활용될 수 있다. 저자가 제시한 세계 여러 언어, 문화, 문자와 장애에 대한 해박한 지식은 현대의 사회현상을 이해하려는 한국의 지식인과 일반 대중을 위한 교양 도서로도 충분히 유용할 것이다.

마지막으로 이 책의 번역 과정에서 처음부터 끝까지 MZ세대의 감각으로 세심하게 도움을 준 김가온에게 감사의 뜻을 전한다. 또한 책의 편집 과정에서 세밀하게 전문가의 손길을 더해 준 학지사 편집부의 박지아 님에게 감사를 드린다.

2025년 1월

조증열

추천사

마침내 부모, 교사, 일반 대중을 위한 읽기 쉬운 난독증 관련서가 출간되었다! 이 책은 문화, 언어, 문자 전반에 걸쳐 차이점과 공통점을 다루며, 난독증뿐만 아니라 난서증과 ADHD에 대해서도 정직하게 다루고 있다. McBride 교수는 자신의 연구와 여러 나라 및 문화에서 얻은 풍부한 경험, 그리고 난독증을 겪고 있거나 이를 지원하는 사람들의 목소리를 바탕으로 난독증에 대한 정보와 유용한 제안 및 자원을 제공한다. 이 책은 학자들의 책꽂이는 물론 교사와 교장의 책상, 그리고 가정의 커피 테이블에도 반드시 있어야 할 책이다!

Peggy McCardle 박사, 공중보건학 석사

프로젝트관리컨설팅 유한회사, 미국 해스킨스연구소

McBride 교수는 이 책에서 다루는 분야에서 가장 정통한 전문가 중 한 명이다. 특히 언어와 관련된 발달 문제를 설명할 때 비영어권 환경을 고려하여 관점을 넓히는 것은 매우 환영할 만한 일이며, 책 전반에서 칭찬할 만한 방식으로 이루어지고 있다. 이 책이 독자들에게 제공하는 가장 큰 이점은 실제 상황에서 아이들을 돕는 데 적용할 수 있는 실질적이고 유용한 조언을 제시한다는 것이다.

Heikki Lyytinen 교수

핀란드 유바스쿨라대학교 심리학과 및 아고라센터

포용적 문해 학습을 위한 유네스코 의장(2015~2019)

이 책은 정말 놀라운 책이다! McBride 교수는 난독증이 있는 아동에게 우리가 무엇을 할 수 있는지 통합하기 위해 매우 다른 쓰기 체계를 가진 두 문화권(미국과 홍콩)에서 살아온 읽기 연구자로서 자신의 심층적인 지식을 사용한다. 여러 문화권에 걸쳐서 난독증에 대해 배우고 싶은 학생, 부모, 교사들은 McBride 교수와 인터뷰 대상자들을 통해 난독증이 무엇을 야기하는지, 어떤 느낌이고 무엇이 '도움이 되는지'를 알아내기 위해 이 책을 읽어야 한다.

Maggie Snowling 교수

영국 옥스퍼드대학교 세인트존스칼리지 학장

영국 CBE 훈장 수상자

McBride 교수는 이 책에서 민감하고 설득력 있는 학습의 여정을 시작한다. McBride 교수는 다문화적인 이야기와 연구를 통해 이 책을 서사적으로 풍부하고 강력하게 만들어 독자들에게 깊은 호소력을 준다. 특히 난독증, 난서증, ADHD에 대한 세심한 평가와 후속 치료의 중요성 및 가치를 건전한 연구 증거를 바탕으로 논의하며, 이 책을 가정, 학교, 연구실의 귀중한 자원으로 만들었다.

Nandini Chatterjee Singh 교수

인도 국립뇌연구센터

일러두기

『난독증, 난서증, ADHD 극복하기: 전 세계적 관점』은 세 가지 장애를 한 권의 책에서 다루며, 각 장애를 관리하는 방법에 대한 실질적인 조언을 제공한다. 이 책의 저자인 McBride 교수는 학습장애에 대한 확고한 연구 기반을 바탕으로, 전문가뿐만 아니라 부모, 교사, 학생의 인터뷰를 통해 전 세계 6개 대륙에서의 개인적인 경험을 수집했다.

저자는 혁신적인 교차-문화적(cross-cultural) 초점을 저자 서문에서 강조한다. 이후 난독증, 난서증, ADHD의 기본 개념을 설명하고, 이를 개선하는 방법을 다룬 세 개의 장이 이어진다.

이 책은 학습장애나 기타 장애의 동반 이환, 다중 언어 학습, 자기 존중감 증진, 독해력, 작문 능력 향상 등의 주제를 다룬다. 부록에서는 학습에 도움이 되는 실용적인 요령, 멀티미디어 자원, 인지-언어적 기술을 검사하고 훈련하는 방법들이 추가 자료로 제공된다.

『난독증, 난서증, ADHD 극복하기: 전 세계적 관점』은 전문가, 교사, 부모 및 이러한 학습장애가 있는 모든 사람을 위한 책이다. 난독증, 난서증, ADHD에 대해 더 깊이 이해하고자 하는 대학생이나 대학원생도 이 책의 명확한 분석을 통해 많은 도움을 받을 수 있다. 독자들은 학습장애의 기본적인 본질을 이해할 뿐만 아니라 이러한 장애로 인해 깊은 영향을 받는 사람들의 삶을 알게 될 것이다.

저자 서문

Janet Jackson이 30년 전에 불렀던 인기 있는 노래의 가사처럼 '당신이 최근에 나를 위해 무엇을 했는가?' 이 질문은 난독증을 집중적으로 연구하는 연구자들에게 대중이 물을 수 있는 적절한 질문이며, 내가 이 책을 쓰기 시작하면서부터 던진 질문이기도 하다. 나는 Janet Jackson의 그 노래가 존재하는 세월만큼 읽기 발달과 난독증 연구에 종사해 왔고, 전 세계 동료들과 함께 작업해 왔다. 내가 부모, 교사, 임상가 그리고 난독증이 있는 사람들과 이야기할 때마다 그들은 항상 이 질문에 대한 답을 원했다. 이 책은 그들에게 해답을 주려는 시도로 쓰였다.

이 책에서 나는 난독증 및 관련 학습장애를 가장 잘 이해하는 사람들의 목소리를 전 세계의 연구와 통합하기를 원했다. 난독증과 다른 학습장애에 관심이 있는 일반 대중과 대학원생, 교수를 위해 이 책을 쓴다.

이러한 목적을 염두에 두고, 일상에서 학습장애를 겪는 사람들과 인터뷰하거나 이들을 인용하면서 난독증, 난서증(쓰기장애), ADHD에 대한 연구를 함께 제시했다. 이 중에서 하나 이상의 증상을 가진 사람들, 그들의 부모나 보호자, 학습장애에 관심이 있는 전문가들(예: 교사, 언어치료사, 임상심리학자, 교육심리학자, 소아과의사)을 인터뷰했다. 학습장애 연구에서 가장 부족한 부분은 실제적이고 일상적인 측면에 대한 세밀한 이해이다. 나는 난독증과 관련 장애를 가지고 매일을 살아가는 사람들을 위한 연구와 실천 모두를 강조하고 싶다. 이들의 목소리는 20개 다른 지역 또는 국가 출신인 32명에게서 나왔으며, 난독증, 난서증, ADHD에 대한 매우 다른 관점을 보인다. 직접 인터뷰에 동의하거나 설문에 응해 준 사람들에게 깊은 감사의 뜻을 전한다. 실명 혹은 가명으로 언급된 이 사람들의 목록은 부록 A에 있다. 이 사람들은 세계 7개 대륙 중 6개 대륙 출신이다.

이 책은 나의 개인적인 경험을 바탕으로 대부분 다른 책보다 더 세계적인 관점에서 난독증을 다룬다. 나는 미국에서 교육받고 홍콩에서 22년 동안 일한 미국인으로 읽기 발달과 언어, 문자, 문화에 걸친 학습장애를 집중적으로 연구했다. 현재 유럽연합(고등연구소)의 지원을 받아 유럽에서 안식년을 보내는 동안 독일의 프라이부르크-임-브라이스가우(Freiburg-im-Breisgau)에서 이 책을 집필하고 있다. 또한 다른 여러 나라(인도, 일본, 태국, 중국, 스위스, 한국, 캐나다, 싱가포르)에서 읽기 발달과 장애에 대한 강의도 하고 있다. 나는 이러한 다양한 경험을 통해 난독증이 전 세계적으로 아이와 어른 모두에게 중요한 문제라는 사실에 민감해졌다. 영어 사용 국가에서 난독증 연구는 높은 수준에 있으며, 우리가 이 장애를 이해하는 데 중요한 역할을 한다. 하지만 이 관점은 제한적일 수 있다. 이 책을 통해 난독증에 대한 다양한 관점을 통합하고, 문화, 언어, 문자가 학습장애의 이해에 얼마나 중요한지를 강조하고자 했다. 북아메리카, 남아메리카뿐만 아니라 아프리카, 아시아, 유럽, 중동 등 다양한 지역에서 난독증을 바라보는 관점이 어떻게 다르고, 무엇이 공통적인지를 탐구하는 데에도 이 책이 도움이 될 것이다.

인터뷰에서 나를 가장 놀라게 한 점은, 난독증 경험에서 가장 두드러진 측면들이 여러 문화, 언어, 문자에 걸쳐 공통적이라는 사실이었다. 인터뷰 대상자들은 난독증을 직접 겪으면서 느꼈던 좌절과 희망을 구체적인 예시를 들어 설명했다. 난독증과 이에 수반되는 역경을 직접 경험한 사람들을 처음 인터뷰하기 시작했을 때, 나는 각기 다른 문화에서 많은 공통점이 있으리라 기대하지 않았다. 이 책은 무엇보다도 아동 개인뿐만 아니라 더 큰 가족 단위에서 학습장애로 인해 겪는 심리사회적 고통을 강조한다. 예를 들어, 학습장애가 있는 아이들의 자존감 문제와 끈기(Grit)를 키우는 것에 대한 연구가 많이 있다. 난독증이나 다른 학습장애가 있는 아이들이 학교에서 겪는 지속적인 좌절, 수년 동안 쌓인 일상에서의 경험, 더불어 좌절한 부모와 조부모로 인해 더 낮은 자존감과 회의감을 겪고 있음을 보여 주는 연구는 이미 충분히 존재한다. 하지만 부모와 교사가 난독증이나 관련 학습장애가 있는 학생들이 이러한 장애물에도 불구하고 학습에 대한 의욕을 유지하도록 어떻게 도울 수 있는지에 대한 구체적인 정보는 여전히 부족하다. 나는 이 책이 그 문제에 대해 한 걸음 나아가는 작은 창구가 되기를 희망한다.

이 책은 모두 12장으로 구성되어 있다. 제1장은 여러 문화에 걸친 학습장애의 세계적인 동향을 소개한다. 이 장에서는 전 세계 학습장애에 대한 개관을 제공하며, 학습장애에 대한 이해와 아이들 개인적 특성의 고려, 읽고 쓰기 학습에 환경이 미치는 영향, 언어와 문자를 함께 연구하는 것의 중요성을 다룬다. 그리고 난독증 및 관련 장애에 관한 기본적인 신경과학적 소개를 위해 다양한 틀과 하부구조를 제공한다.

제2장에서는 난독증의 기본 개념을 설명하고, 특히 단어 읽기장애의 인지적 상관 요인에 초점을 맞춘다. 인지적 기술을 강조하는 것은 난독증을 진단하고 치료하는 방법을 이해하는 데 중요할 수 있다. 제3장에서는 여러 유형의 단어 쓰기장애인 난서증의 기본적인 정의를 설명한다. 난서증은 종종 난독증과 겹치지만, 이 둘은 같은 장애가 아니기 때문에 중요하다. 더욱이 난서증만 겪는 사람들이 있으며, 그들의 장애도 학업의 성공과 실패와 관련되어 있다.

제4장에서는 ADHD에 대해 말한다. ADHD는 자주 난독증과 함께 발생하는 학습장애로, 일부 국가에서는 난독증의 일부로 간주되기도 한다. 나는 이러한 관점이 적절하지 않다고 생각하지만, 일부 연구가 타당하다고 할 만큼 둘 사이에는 겹치는 부분이 많다. 제5장은 두 장애를 동시에 겪는 상황에 중점을 두고, 복합적인 장애가 있는 사람들을 이해하고 지원하는 방법을 제시한다. 둘 이상의 학습장애나 심리사회적 장애를 겪는 것은 독특한 시각과 생활 방식을 만들어 낸다. 일부 사람들은 동시에 여러 장애와 싸워야 하므로 그들의 경험을 강조할 필요가 있다. 장애들이 서로 어떻게 상호작용하는지, 두 개 이상의 장애를 한꺼번에 다루는 방법을 이해하는 것은 매우 중요하다. 이것이 난독증과 난서증이 있는 사람에게 얼마나 큰 장애물인가? 이 문제에 대한 논의를 검토할 것이다.

제7장, 제8장, 제9장은 각각 난독증, 난서증 그리고 ADHD가 있는 사람을 돕기

위한 최선의 방법을 현실적인 관점에서 고려한다. 제7장에서는 난독증을, 제8장에서는 난서증을 치료하고 관리하는 방법에 대한 조언을 제시한다. 제9장에서는 ADHD와 어떻게 씨름할 것인지에 대한 몇 가지 조언을 제시한다. 여기에서는 특정 읽기 혹은 쓰기장애에 대한 것이 아니라 ADHD일 경우 잠재적으로 효과가 있다고 승인된 약물의 사용 여부와 사용 방법에 관한 쟁점을 포함한다.

　제10장은 독해와 작문의 기본에 대해서 말한다. 이 책은 단어 읽기와 쓰기장애에 주로 초점을 맞춘다. 그러나 더 높은 수준의 독해와 작문으로 논의를 확장하는 이유는 단어 읽기와 쓰기를 넘어 학교에서의 일반적인 학습을 위한 조언을 제공함으로써 이 책을 더 종합적으로 만들기 위함이다. 제11장은 학습장애와 자존감 문제를 다룬다. 이 장은 이 책에서 가장 중요하고 도전적인 부분 중 하나일 수 있다. 학습장애가 있는 아이들은 학교생활에서 매일 자존감이 낮아지는 경험을 하게 된다. 그렇다면 우리는 전문가, 부모, 교사로서 어떻게 아이들이 긍정적이고 희망적인 학습 경험을 할 수 있도록 도울 수 있을까? 이 장에서는 이에 대한 해답을 제시한다. 마지막으로 제12장은 이 책을 읽은 다음 무엇을 해야 하는지를 담고 있다. 앞으로 나아갈 방향은 어디일까? 제시된 정보를 바탕으로 연구원, 교사, 부모는 무엇을 해야 할까? 당신은 자신과 당신의 가족, 당신의 학생을 위해 어떤 구체적인 자원과 아이디어를 선택할 수 있을까?

　이 책의 마지막 부분에 있는 후기를 읽고, 정성껏 편집된 '부록'을 참고하길 바란다. '부록'은 전 세계적으로 난독증 문제에 접근하기 쉽게 하려는 목적으로 정리되었다.

　'부록 A'는 20개의 국가와 6개 대륙을 대표하는 인터뷰 대상자 32명의 이름, 역할, 직업, 국가 목록이다. 이 사람들의 인터뷰 내용은 책 전체에서 계속 인용되며, 각 개인에 대한 추가 정보는 언제든지 '부록 A'에서 참고할 수 있다. 가장 어린 인터뷰 대상은 열일곱 살이었다. 인터뷰 대상자들은 저자가 만났거나(일부는 무작위로, 일부는 난독증 관련 학회에서) 이 책을 쓰는 동안 이미 알고 있었거나 타인의 소개를 받은 사람들이다. 이들에게 메일로 설문지를 전송하거나 직접적인 만남을 통해서 인터뷰를 실시했다. 이 인터뷰들은 편향되지 않은 무선 표본을 대표하지 않는다. 그러나 모든 인터뷰에서 내가 중요하게 생각하는 점은 학습장애를 보는 그들 개인의 특유한 시각이 전 세계의 다양한 관점을 나타낸다는 사실이다.

'부록 B'는 난독증에 대한 실용적인 정보를 제공하는 전 세계(국가 및 지역) 기관들의 목록이다. '부록 C'는 난서증 치료를 전문으로 하는 기관들을 나열하였다. '부록 D'에서는 ADHD에 대한 추가 정보와 관련된 기관을 국가별로 정리하였다. '부록 E'에서는 난독증, 난서증 그리고 일반적인 학습 부진을 겪는 사람들을 위한 학습 조언을 제공한다. 각 지침은 3줄을 넘지 않으며, 인터뷰 대상자들의 경험과 참고 문헌을 기반으로 작성되었다. 이 지침은 당신과 당신의 자녀들에게 잘 적용될 것이라는 생각과 희망을 갖고 교육을 시도하는 데 도움을 줄 것이다. '부록 F'는 읽기 능력 향상을 도울 수 있는 다양한 언어/문자로 된 무료 온라인 게임의 목록이다. 유료 게임은 검색할 기회가 더 많이 있으므로, 이 책에서는 무료 게임만 다룬다. 컴퓨터 게임은 난독증이 있는 사람에게 강화된 연습을 통해 도움을 줄 수 있기 때문에 여러 언어로 이용 가능한 몇 가지 게임들을 제시했다. '부록 G'에서는 난독증 및 관련 학습장애에 대한 특정 아이디어를 설명, 각색 또는 묘사한 영화와 온라인 비디오 클립 목록을 제공한다. 이러한 자료들은 일반 대중이 학습장애에 대해 더 잘 이해할 수 있도록 돕는다. 마지막으로, '부록 H'는 제2장에서 다룬 정보에 좀 더 쉽게 접근할 수 있는 방법들을 제공한다. 여기에는 영어에서 중요한 읽기 관련 능력인 음운 인식과 형태소 인식을 측정하는 몇 가지 방법이 설명되어 있다. 독자들은 이 방법들을 영어로 그대로 사용할 수 있을 뿐만 아니라, 각자의 언어나 문자에 맞게 유사한 방식으로 변형해 사용할 수도 있다.

이 책의 각 장은 자신의 관심에 따라 선택해서 읽을 수 있다. 치료 전문가들은 난독증, 난서증, ADHD에 대한 각 장에 특별한 관심을 가질 수 있다. 또한, 질문이 있으면 웹사이트 cammiemcbride.com에서 나에게 질문을 남길 수 있다. 나에게 이 책은 쓰기에도 연구하기에도 재미있는 책이었다. 이 책에서 인터뷰, 연구 논문과 책 그리고 웹사이트들을 정리하면서 매우 즐거웠다. 당신의 관점이 무엇이든지, 당신이 다양하고 복잡한, 정서적 통합으로 유용한 것을 얻었으면 한다.

'당신이 최근에 나를 위해 무엇을 했는가?' Janet Jackson의 노래 가사처럼 나는 이 책에서 세계의 다양한 아이디어를 통합하기 위해 노력했다.

차례

• 역자 서문 ·· 3
• 추천사 ··· 7
• 일러두기 ··· 9
• 저자 서문 ·· 11

제1장
전 세계 학습장애의 이해 • 25

전 세계 학습장애의 정의 ·· 29
언어와 문자로서의 문화 ·· 30
언어 · 문자와 관련된 읽기장애의 차원 ································· 32
문화 ·· 37
경제적 자원과 학교 성적 ·· 40
지각, 인지 그리고 신경생물학 ·· 44
결론 ·· 51

제2장
난독증의 이해 • 55

무엇이 난독증을 야기하는가 ·· 62
난독증은 무엇인가 ··· 65
난독증 이해를 위한 인지-언어적 능력 ··· 66
환상적인 네 가지: 단어 읽기를 위한 인지적 구조 ···························· 70
음운 민감성 ·· 72
형태소 인식 ·· 79
철자 지식 ··· 86
유창성 ··· 90
마무리 ··· 93

제3장
난서증이란 무엇인가 • 97

단어 쓰기와 단어 읽기의 구별 ·· 100
난서증의 기본 과정 ··· 104
난서증 유형의 분류 ··· 107
난서증을 넘어: 단어 쓰기장애의 장기적 결과 ······························· 110
계획-작성-편집 ·· 112

제4장

주의력결핍과잉행동장애(ADHD)의 기초 • 115

ADHD의 정의 ·· 118

ADHD와 자기-조절 ··· 122

ADHD와 동기: 정서 통제가 핵심이다 ·················· 125

청소년과 성인 ADHD ·· 127

무엇이 ADHD를 야기할까 ······································· 130

ADHD와 뇌 ··· 132

제5장

동반이환: 두 개 이상의 학습 혹은 정신건강장애 • 135

동반이환 이해의 중요성 ··· 137

동반이환의 사례 연구: Ms. Amy ····························· 140

난산증 ··· 144

불안장애 ·· 146

우울증 ··· 149

결론 ··· 152

제6장
다중 언어나 문자의 학습이 읽기/쓰기 학습에 미치는 영향력은 무엇인가 • 155

외국어 학습의 다양한 맥락 ······· 158
어떻게 외국어를 배울까 ······· 160
난독증이 있는 사람을 위한 외국어 학습 조언 ······· 163
외국어 학습: 축복일까, 저주일까 ······· 167
가난과 외국어 학습 ······· 173
결론 ······· 174

제7장
전 세계에서 난독증을 치료하는 최선의 방법 • 177

게임을 통한 극복 전략 ······· 181
본문(텍스트)의 제시 ······· 185
보조 기술 ······· 187
추가 시간 제공하기 ······· 188
성인의 지원과 격려 ······· 190
난독증 아동에게 효과적이지 않은 것 ······· 193
처음으로 돌아가서: 난독증이 있는 아동을 돕는 읽기-관련 기술들 ·······196

제8장
난서증 아동을 돕는 방법 제안 • 201

치료: 난서증의 유형별 쓰기장애 극복 ······················· 203
다양한 형식과 매체를 사용하여 문자소 만들기 ··················· 206
미세 운동 협응의 연습과 손 강화하기 ······················· 206
양측 통합에 집중 ····································· 207
복사 연습 ·· 209
쓰기 훈련 ·· 210
우회 전략 ·· 211

제9장
ADHD 아동 돕기 • 215

계획을 세워 함께 작업하기 ······················· 218
구조 도입하기 ····································· 219
아이들에게 자신의 성공과 실패에 대한 어느 정도의 통제권 주기 ········· 221
ADHD가 있는 사람이 집중하는 데 도움이 되는 기법들 ··········· 223
Barkley(2012)의 접근법: 계속 집중하고 구조화하기 ············ 225
정서적 유연성 유지하기 ······················· 228
약물치료 ·· 231
최적의 ADHD 약물 사용 방법 ······················· 235
ADHD 약물에 대한 더 솔직한 견해 ···················· 238
결론 ··· 241

제**10**장

학습을 위한 읽기와 쓰기:
독해와 작문 향상을 위한 제안 • 243

언어 ··· 245
Snow의 독해 모형: 텍스트의 본질 ··· 248
작문의 예술 ·· 256
요약 ··· 258

제**11**장

자존감과 학습장애 • 261

학습장애 아동의 자존감 증진 ··· 264
강점 분야의 존중 ·· 272
무엇이 동기를 부여할까 ··· 275
나쁜 것을 피하고 좋은 것을 장려하기: 약물과 알코올은 안 되고
　　긍정적인 청소년 발달은 찬성한다 ··· 280
부모도 지원이 필요하다 ··· 284
부모가 필요한 지원을 받는 방법 ·· 290
교사의 역할 ··· 292
교사를 위한 일반적인 조언 ··· 293

제12장
어떤 방향으로 나아갈 것인가 • 299

학습의 어려움 ·· 302
성장 마인드셋과 그릿을 가지고 꿋꿋이 나아가며 ················· 305
아이 전체에 초점 맞추기 ··· 308
결론 ·· 313

후기 ·· 315

부록 A 질문지 응답자 ·· 319
부록 B 난독증을 위한 국제기관 ·· 320
부록 C 난서증을 위한 국제기관 ·· 322
부록 D ADHD를 위한 국제기관 ·· 323
부록 E 난독증과 관련된 일상적 학습 문제를 돕는 실제적 요령 ··· 324
부록 F 읽기 발달에 도움이 되는 온라인 무료 컴퓨터 게임과 앱 목록
        (각 언어별로 제공) ·· 327
부록 G 난독증 및 관련 학습장애를 주제로 한 영화와 동영상 클립 ······· 334
부록 H 음운 인식과 형태소 인식 연습 ·· 339

• 참고문헌 ·· 343
• 찾아보기 ·· 363

제1장

전 세계 학습장애의 이해

- 전 세계 학습장애의 정의
- 언어와 문자로서의 문화
- 언어 · 문자와 관련된 읽기장애의 차원
- 문화
- 경제적 자원과 학교 성적
- 지각, 인지 그리고 신경생물학
- 결론

문제는 학습장애를 정확하게 정의하는 것이다 ― 그것은 무엇인가? (…) 글을 읽고 쓰는 문제와 관련해서 가장 중요한 측면들 중 하나는 학교와 사회에서 사용하는 언어와 문자와 관련된다. 난독증과 난서증은 근본적으로 언어와 문자의 문제이기 때문에 먼저 언어와 문자를 문화에 초점을 맞춰 생각해야 한다. 어떤 언어와 문자를 어디에서 왜 가르치는지가 전 세계의 중심 질문이 된다.

난독증은 전 세계적으로 인정된 주된 학습장애로 학교생활, 자존감, 직장 생활과 성취도에 큰 피해를 준다. 예를 들어, Moody 등(2000)과 Wilkinson(2015)은 감옥에 있는 사람 중 50~80%가 난독증이라고 추정했다. 난독증과 관련된 다른 학습장애인 ADHD와 난서증의 경우도 비슷하다고 볼 수 있다. 난서증이란 쓰기와 철자에 관하여 특정 문제가 있는 경우이다. 많은 사람은 어렸을 때 학교를 중심으로 움직이기 때문에 학습장애는 심각하고 평생 진행될 수 있다. 예를 들어, 미국국립학습장애센터(U.S. National Center for Learning Disabilities, 2014)의 조사에 따르면, 학습장애가 있는 미국인의 55%는 고등학교 졸업 후 8년 이내에 미국 형사 사법 제도(the U.S. criminal justice system)와 관련된 경험이 있다. 또한 학습장애가 있는 사람들은 고등학교를 졸업하는 것, 고등학교 이후의 교육을 받는 것과 만족스러운 직장을 찾는 것에 더 어려움이 있었다. 더불어 학습의 어려움과 함께 좌절과 절망을 느낀다. 이것은 삶의 많은 측면에서 나타난다.

이 점을 설명하기 위해 인터뷰 대상자 중 한 명인 음악학 석사학위가 있는 간호사이자 의사인 Danna의 이야기를 들어 보고자 한다. Danna는 사랑스럽고 똑똑한 세 아이의 어머니이며, 그녀에게는 온화하고 그녀를 지지해 주는 남편이 있다. 하지만 그녀의 이야기는 난독증과 같은 학습장애가 수년 동안 한 사람에게 가하는 무거운 피해를 보여 준다.

내 상태 혹은 나의 약점에 대해 깨달은 것은 고등학교 때이다. 선생님들이 나의 공부하려는 노력과 의지는 좋지만 학교 성적이, 특히 시험 성적이 중간 정도밖에 안되는 것을 설명할 수 없다고 말한 것을 기억한다. 초등학교에서는 그 상황에 대해 거의 인지하지 못했다. 선생님이나 어머니가 내가 도시 최고의 고등학교에 입학할 수 있다고 생각하지 않았던 것을 기억한다. 나는 어떻게 입학은 했지만, 그 이후로 아주 보통 수준이었다. 내가 이해하고 배웠다고 생각한 것과 학교에서 행한 것 사이에는 항상 주요한 차이가 있었다. 어머니는 내가 높은 수준의 공부를 할 수 있을 거라고 믿지 않았다. 나이가 들면서(20대 때) 변호사와 데이트를 했고, 어머니가 그것을 듣고서 "왜 사람들은 네 수준에 맞는 사람을 소개해 주지 않았니?"라고 말했던 일이 있었던 것을 기억한다. 또 다른 때에는 내가 데이트했던 또 다른 사람(신경외과의)과 헤어졌을 때, 어머니는 내가 절대 결혼하지 않을 것이라고 생각했다고 말했다. 어머니는 학업을 매우 중시했는데, 나의 학업 능력이 평균 정도일 것이라고 보았고, 더 높은 목표를 향한 나의 어떤 능력도 고려하지 않았다. 어머니는 댄스, 악기 연구, 또는 연기(내가 학문적으로나 전문적으로나 스스로 매우 잘했던 모든 것)와 같이 내게 있는 다른 재능들을 개발하려는 생각을 하지 않았다. 어린 시절과 청소년기 동안 나의 경험은 '똑똑하지 않음'과 불가능함이었다. 그 나이 때에 난독증에 대해 알거나 말해 주는 사람은 아무도 없었다 (30년 전).

Danna의 말은 수년 동안 설명되지도, 진단되지도 않았던 그녀의 상태에 대한 일반적 안타까움을 보여 준다. 그녀와 그녀의 남편인 Joe는 존경받는 직업을 가진 매우 성공한 사람의 전형이다. 하지만 Danna가 겪었던 어린 시절의 난독증은 확실히 그녀의 전반적인 성장기에, 심지어 자신의 어머니로부터 받은 교제와 결혼에 대한 생각까지 부정적인 영향을 끼쳤다. 약점이 부각되고 강점이 무시당하는 어린 시절의 고통과는 별개로 Danna가 자신의 장애를 인지했으나 도움을 받는 방법을 몰랐던 구체적인 일화가 있다. 그녀는 다음과 같이 계속 말한다.

매우 낮은 시험 성적을 받아서 그 (수수료가 있던) 시험지를 보겠다고 요청한 적이 있었다. 내가 여러 실수(이중 체크와 줄 건너뛰기를 해서 명백하고 극도로 고통스러웠던)를 했던 것을 알게 되었다. 그 후 학습장애의 평가를 위해 치료사에게 의뢰되었으나, 방향이 옳지 않았다. 학습장애보다는 치료에 초점을 맞췄던 것이다. 치료에서는 어머니와 다른 문제가 있고, 아버지 없이 자란 것을 주로 다뤘고, 나는 이 치료를 끝까지 마치지 못했다.

학습장애가 있는 모든 사람이 각각 다르고 매우 사적인 스토리를 가지고 있지만, Danna의 이야기는 거의 일반적인 주제를 보여 준다. 특정 재능과 기술이 있어서 다양한 영역에 능력이 있음에도 불구하고, 학습장애가 있는 사람들은 종종 자신의 학습에 대해 혼란스러움을 느끼고, 그들의 초기 장애는 자존감과 발달 궤도에 영향을 미친다. 이 장에서는 학습장애가 분명하게 발현되는 방식, 시기, 장소에 영향을 미치는 다양한 요인을 다루어 보겠다.

전 세계 학습장애의 정의

우리는 학습장애가 무엇인지 어떻게 이해할 수 있을까? 내가 전 세계의 동료들에게 자국에서는 난독증이 어떻게 규정되는지 물었을 때 그들의 답은 매우 달랐다. 예를 들어, 필리핀과 잠비아 같은 곳에서는 난독증이란 일반적으로 학습에 주의집중장애를 포함하는 더 넓은 범위의 학습장애를 나타내는 것으로 지각하였다. 대만 같은 다른 곳에서는 아이들의 IQ(일반적인 지능지수나 일반적 추론 능력)에 대한 명시적 조건을 포함하는 것으로 폭넓게 정의하였다. 흥미롭게도 대만의 각 지역은 각각의 아이를 진단하는 여러 가지 방법이 있었고, 선택해서 검사할 수 있었다. 이스라엘에서 난독증은 상대적으로 늦은 나이(4~5학년, 10세 이상 정도)에 진단된다. 오스트리아 빈의 한 동료에 의하면, 그곳에서 난독증의 개념은 세계적으로 인정되는 주류의 방식이 아니라 공간 능력을 강조하는 소수의 카리스마 있는 개인에 의해 크게 영향을 받는다고 한다. 이러한 사례들은 학습장애를 개념화하는 방식을 세계적인 관점에서 고려해야 한다는 것을 시사한다. 즉, 학습장애를 개선하기 위해 전념하는 교사, 부모, 학생과 임상가에게 난독증과 다른 학습장애의 핵심적 구분이 무엇인지, 자신의 언어나 문자에 특수한 것인지, 심지어 어떤 아이디어에는 문제가 있거나 혹은 잘못이 있는지에 대한 정보를 정확하게 알릴 필요가 있는 것이다.

전 세계적으로 학습장애의 이해는 학습장애가 있는 아이들의 경험에 영향을 미치는 세 가지를 강조함으로써 시작한다. 먼저 언어와 문자의 측면이다. 이것들은 난독증과 난서증 문제에 가장 중요한 부분이다. 다음 내용으로 자세히 설명하겠지만, 서로 다른 언어와 문자를 읽고 쓰는 학습에 대한 필요조건이 다소 다르다는 점을 인정하는 것은 중요하다. 더 넓게는 기본적인 문화를 고려한다. 때때로 문화는 학습장애자가 경험하는 거의 모든 측면에 영향을 미치는 것 같다. 아이슬란드, 베네수엘라, 말레이시아 아이들은 읽기와 쓰기를 배우고 있으나 그들의 문식성과 학교에서의 경험은 크게 차이가 난다. 문화는 학습과 학교 교육에 대한 일반적 태도와 학교 교육과 관련된 자원을 포함한다. 학습장애에 대한 마지막 광범위한 영향은 학습에 대한 아동의 개별적인 접근 방식이다. 이는 일반적인 지각 및 인지 능력이며, 학습과 학습장애의 신경생물학적 측면을 포함한다.

언어와 문자로서의 문화

당신이 부모, 교사, 임상가, 교육 전문가로서 혹은 학습장애를 겪고 있는 본인으로서 이 책을 읽든지 간에 특정 학습장애가 개념화되고 다루어지는 방식에 대한 일부 대답은 문화와 주변 환경과 관련이 있다. 미국 철학자 John Dewey는 "잘 제기된 문제는 반쯤 해결된 것이다"라고 말했다. 여기서 문제는 학습장애를 정확하게 정의하는 것이다—그것은 무엇인가? 세계적으로 학습장애를 도우려는 사람들이 특정 학습장애를 정의하려면 먼저 학습장애의 정확한 본질을 이해해야 하는 과제에 직면한다. 글을 읽고 쓰는 문제와 관련해서 가장 중요한 측면들 중 하나는 학교와 사회에서 사용하는 언어와 문자와 관련된다. 난독증과 난서증은 근본적으로 언어와 문자의 문제이기 때문에 먼저 언어와 문자를 문화에 초점을 맞춰 생각해야 한다. 어떤 언어와 문자를 어디에서 왜 가르치는지가 전 세계의 중심 질문이 된다.

예를 들어, 아프리카의 잠비아에서는 7개의 공식 모국어와 영어의 읽기 쓰기를 공동으로 가르친다. 이 나라에서는 72개의 언어와 방언이 전국적으로 사용된다고 추정된다. 필리핀에서는 두 개의 공식 언어(영어, 필리핀어)가 있고 정부에서 현재 인정한 19개의 보조 언어가 있다. 유치원부터 3학년까지 이 보조 언어들의 문식성이 길러지고, 그 후 학교 수업은 영어나 필리핀어를 주로 사용하기 때문에 이 보조 언어들은 중요하다. 필리핀에서는 약 175개의 언어와 방언이 사용된다고 추정된다. 이 두 상황은 많은 아이(예: 거의 1,700만 인구의 잠비아와 1억 인구의 필리핀)가 학교에 갈 때 직면하는 복잡성을 확실하게 강조해 준다. 이 아이들은 자신의 모국어로 읽기를 배울 수도 있겠지만, 자신들이 아는 언어뿐만 아니라 친숙하지 않은 언어(영어나 그들 국가의 다른 공식 언어)로 읽기를 배울 가능성이 있다. 게다가 선생님은 아이들과 같은 모국어를 말할 수도 있지만 아닐 수도 있다. 교사와 학생이 다른 모국어를 사용할 때 추가적인 혼동이 일어날 수 있다.

이러한 상황은 미국, 이탈리아, 혹은 스페인의 대부분 아이가 학교 교육 초기에 그들의 선생님과 공유하는 같은 모국어로만 읽기를 배우는 경험과 아주 다르다. 잠비아와 필리핀의 아이들은 로마자만을 사용하여 학교에서 읽기를 배우지만, 동일한 알파벳 문자가 다른 언어에서 나는 소리는 명백히 다를 수 있다. 예를 들면, 알파벳 글자 J는 영어 단어 jar, 독일어 단어 ja('yes'를 의미), 프랑스어 단어 je('I'를 의미), 또는 중국어 병음(Pinyin, 중국어 읽기를 돕는 데 사용되는 음운 부호 체계) jia('가족'을 의미, 家)에서 각각 다르게 발음된다. 똑같이 프랑스어 단어 bouche('입'을 의미)에서 두 개의 낱자 CH는 중국어 병음 단어의 chi('먹다'를 의미), 독일어 단어 dich('당신'을 의미), 영어 단어 lunch에 같이 쓰이지만, 다르게 발음된다. 각 언어에서 만드는 글자와 소리 간의 혼동은 읽기와 쓰기의 초기 단계에서 불가피하다.

때때로 두 언어가 같은 문자를 사용할 때, 다른 언어를 정확하게 읽기 위해서는 한 언어에 대한 생각을 잊어야 한다. 예를 들어, 영어에서 한 쌍의 낱자인 IE는 pie나 die에서처럼 I(영어 발음)로 발음되고, EI는 eight에서처럼 A로 혹은 weird에서처럼 E로 발음된다. 독일어에서는 발음이 다르다. 독일어의 일반적인 규칙으로서 IE는 Liebe(사랑) 또는 Sie(그녀)에서처럼 E로서, 그리고 Arbeit(일) 또는 Ein(하나)에서처럼 I로서 발음된다. 따라서 영어 사용자는 Freibrug로 쓰인 나의 안식년 대학 이름을 봤을 때 영어의 weird에서처럼 E(영어 발음으로) 소리를 내는

EI의 규칙에 따라 종종 Freeburg로 발음한다. 그러나 독일어를 아는 사람들은 항상 영어로 Fryburg 같이 발음하는데, 이것이 올바른 발음이다. 이러한 혼동은 갈등을 초래하고, 관습을 학습하고 비학습해야 하는 문제를 보여 준다. 이는 두 언어가 같은 문자를 공유할 때 발생하며, 로마자를 사용하는 둘 이상의 언어를 배우는 사람들에게 심각한 문제이다.

이와 동시에 어떤 사람은 두 개의 완전히 다른 문자의 읽기와 쓰기 학습에 아마 훨씬 더 많은 요구 사항이 있을 것이라고 주장한다. 예를 들어, 외국어로서 중국의 한자를 읽고 쓰는 학습에서 나는 새로운 획과 부수의 배열을 배우는 데 필요한 시공간과 기억의 요구가 압도적이라는 것을 알게 되었다. 약 13억 인구의 인도에서는 약 122개의 주 언어와 1,599개의 다른 언어가 사용되고 있다. 이 엄청난 수의 언어에 더해서 적어도 25개의 서로 다른 문자, 즉 쓰기 체계가 이 언어들에 매핑(대응)되어야 한다.

이 경우, 이미 알던 것의 일부분에 매핑을 구축하는 것이 아닌 완전히 다른 쓰기 체계를 배운다. 예를 들어, 로마자를 사용하는 언어 간에 소리는 다르지만, 몇몇 학습은 서로 강화될 수 있다. 알파벳 L 소리는 이탈리아어[예: limone(lemon)], 독일어[Licht(light)], 중국어 병음[lǎn(lazy)], 그리고 영어(learn)에서 언어에 따라 약간 달라지지만, /l/ 소리는 여러 면에서 모든 언어에 걸쳐 비슷하다. 힌디어를 히브리어나 중국어와 대조하면 완전히 분리된 문자 체계를 배워야 함을 알게 된다. 난독증과 난서증이 있는 사람에게 중요할 수 있는 여러 문제를 강조하기 위해 다음 절(section)에서 구체적인 차원에서 언어와 문자를 고려해 보겠다. 다음 부분은 다소 기술적일 수 있지만, 난독증과 난서증의 특성을 세계적 관점에서 생각하는 데 중요하다.

언어 · 문자와 관련된 읽기장애의 차원

난독증과 난서증은 적어도 어느 정도는 언어학 측면과 밀접하게 관련되기 때문에 이러한 장애를 이해하기 위해서 구어와 문어가 다른 방식으로 개념화된다는 점에 주목하는 것은 중요하다. 구어의 수준에서 언어의 복잡성은 몇 가지 차원으로(개관 연구, Kortmann & Szmrecsanyi, 2012) 다양하게 개념화되었다. 이들 중 하나는 음운적 복잡성이며, 이는 개별 수준(예: cat vs. bat와 같은 하나의 음의 구분)과 단어 전체(강세, 어휘 성조 등)에서 언어의 음성-소리 구별을 포함한다. 두 번째는 형태소의 구분과 관련되며, 세 번째는 어휘/의미의 구분과 관련이 있다. 형태소를 식별하려면 의미의 가장 작은 단위인 형태소를 이해할 필요가 있다. 예를 들어, 영어에서 명사 끝의 es나 s는 종종 복수를 의미한다(단수는 cat, 복수는 cats로 또는 단수는 dish, 복수는 dishes에서처럼). 어휘/의미 구별의 한 측면은 읽기와 쓰기의 또 다른 특징인 동음이의어에 대한 민감도와 관련된다. 단어가 같게 들리지만 다르게 쓰일 때를 구분하는 것은 중요하다. 통사적 복잡성과 화용론적 복잡성은 전체 언어적 복잡성의 추가적인 구성 요소들이다. 이 두 요소는 아마 단어 읽기보다 본문(텍스트) 읽기에 더 중요하지만, 여기서 언급하는 것 역시 중요하다. 이 개념들은 모두 난독증이 있는 사람들을 가르치는 데 실질적 가치가 있다. 처음 세 개는 난독증에 대한 제2장에서 강조되고, 후자의 두 개는 본문의 읽기와 쓰기에 초점을 둔 제10장에서 간략하게 다룬다.

언어와 문자는 또한 복잡한 방식으로 연관된다. 난독증이 있는 아동이 읽기와 쓰기를 배우는 것을 어렵게 만드는 몇 가지 차원이 있다(Daniels & Share, 2018; Share & Daniels, 2015). Share와 Daniels는 특히 이 차원들을 강조했는데, 다음에 언급되는 차원들은 읽기를 글로벌하게 생각하는 연구자들에게서 나온 것이다. 이러한 특정 차원들은 전 세계의 난독증을 이해하는 데 매우 유용하다. 첫 번째는 언어적 거리이다. 이는 한 아이가 말하는 언어와 읽는 언어 사이의 거리를 말한다. 예를 들면, 독일어는 알파벳 소리가 어떤 단어에 나와도 일관적으로 발음되기 때문에 상대적으로 읽기 쉽지만, 많은 방언이 있다. 스위스 독일어를 포함한 방언의 일부에서는 어휘, 문법, 그리고 심지어 사용되는 몇몇 말소리가 (상위/표준 독일어의) 쓰기 형태로 나타나는 것과 상당히 다르다. 이것은 '이중 언어 상황'이라고 불리는 현상이며, 중국어 및 아랍어 사용 인구를 포함한 전 세계의 많은 지역에서 흔히 볼 수 있다. 미국에서도 아프리카계 미국인의 영어는 표준 영어와 상당히 다르다. 나는 전 세계 여러 전문가의 발표와 인터뷰를 기반으로 세계 아이들의 50% 이상이 그들의 모국어가 아닌 언어로 처음 읽기를 배운다는 것을 추산했다(McBride, 2016). 구어와 문어 사이의 거리는 읽기 학습을 더 어렵게 만든다. 예를 들어, 이러한 불일치는 난독증이 있는 사람에게는 이미 중요한 문제인 기억력에 부담을 줄 수 있다(예: Daniels & Share, 2018).

전 세계적으로 난독증의 두 번째로 중요한 특성은 공간적 배열과 비선형성이다(Daniels & Share, 2018). 이는 분문이 제시되는 방식을 나타낸다. 예를 들어, 영어 사용자들은 단어 사이를 띄우는 공간과 더불어 단어에서 알파벳의 선형 배열에 순차적으로 왼쪽에서 오른쪽으로가 익숙할 수 있다. 많은 문자에서 문자소(grapheme, 문자의 기본 요소: 역자 주)는 정확하게 선형이 아니고, 오히려 쓰기 체계의 기호가 다양한 위치에 있을 수 있다. 예를 들면, 인도의 몇몇 문자에서는 일부 표시가 글자의 위나 아래, 왼쪽이나 오른쪽에 있다. 쓰기와 읽기에서 공간 배열의 중요성은 아직 완전히 연구되지 않았지만(예: Nag, Snowling, Quinlan, & Hulme, 2014), 시공간 능력은 일부 문자에서의 읽기 학습에 어느 정도 중요하다. 배워야 하는 모든 시공간적 특징이 많기 때문에 일부 문자는 읽기와 쓰기에 더 오래 걸리는 경우가 있다. 예를 들어, 영어처럼 단어 사이에 공간 표시가 없기 때문에 태국어나 중국어에서 단어의 시작과 끝이 어딘지를 결정하는 것은 쉽지 않다(예: McBride-Chang, Chen et al., 2012). Daniels와 Share(2018)는 문자 결합(ligaturing), 즉 글자들의 결합을 언급한다. 아랍어와 인도 문자처럼 글자들의 결합이 포함된 문자에서 난독증이 있는 사람들은 읽기를 배우기가 특별히 어렵기 때문이다. 이것은 공간적 배열의 문제와 부분적으로 관련이 있지만, 글자들의 결합은 또한 이후 설명되듯이 특정 음운 정보의 생략과 같은 다른 문제와 관련될 수 있다.

Daniels와 Share가 시각적 균일성과 복잡성(visual uniformity and complexity)이라고 부르는 차원은 공간적 배열의 문제와 다소 관련이 있다. 이 차원은 쓰기의 밀도와 관련이 있고, 능숙한 독자가 되기 위해 통합되어야 하는 쓰기의 다양한 시각적 측면과 관련이 있다. 예를 들어, 한자는 획이나 부수가 많거나 적게 구성됨에 관계없이 크기가 같다. 일부 글자들은 시각적으로 매우 단순해 보이며, 일부는 매우 빽빽해 보인다. Nag(2011)는 인도의 일부 악샤라(akshara, 산스크리트어로 글자 혹은 음절을 의미함: 역자 주) 문자의 경우, 배워야 하는 약 400개의 다른 기호가 있음을 언급했다. 이 숫자는 수천 개의 개별 문자를 배워야 하는 한자보다는 적지만 영어보다 훨씬 더 많다. Daniels와 Share(2018)는 이 세트 크기(일부 인도 문자에 400개이거나, 중국의 한자를 구성하는 약 1,000개의 다른 구성 요소, 혹은 26자의 로마자)의 문제를 언급한다. 읽기에 대한 이러한 시각적 정보의 측면은 이제까지 완전하게 연구되지 않았지만, 우리가 전 세계의 난독증에 대해 연구하면서 점차 중요해지고 있다(예: Chang, Chen, & Perfetti, 2018).

　모든 아동, 특히 난독증이 있는 아동에게 보편적으로 있는 또 다른 잠재적 문제는 단어 또는 단어 일부를 나타내는 말과 글 사이의 대응과 관련이 있다. 역사적 이유로 몇몇 언어와 문자는 단어의 현재 발음을 고려할 때, 오래되고 꽤 비논리적인 철자가 있는 단어들을 가지고 있다. 예를 들어, 우리는 know, mosquito, fight에 대한 철자를 기억해야 한다. 영어 낱자와 파닉스(발음 중심의 어학 교수법) 지식의 논리에만 근거하여 이들 중 어떤 발음도 결정할 수 없다. Daniels와 Share(2018)는 프랑스어, 영어, 태국어, 티베트어 모두 수세기 전과 다르게 발음되는 단어의 오래된 철자를 유지하고 있음을 강조하는데, 이 언어와 문자에서 일부 단어의 쓰기는 확실히 어렵다. Daniels와 Share는 동음이의어 현상, 즉 to, too, two와 같이 들리지만 다르게 쓰이는 단어의 부류와 같은 철자를 쓰지만 다르게 발음되는 단어의 부류를 언급한다. 두 번째 부류는 bough, cough, dough, through, tough와 같은 단어에서 운율 ough의 예를 들 수 있다(p. 106). 역사의 어느 시점에서 이 모든 단어는 운율을 맞추었고 지금은 아니므로 그것들의 쓰는 방법을 기억해야 하는 어려움이 크다. 단어 철자에 대한 기억력이 상대적으로 제한되어 있는 난독증이 있는 사람들에게 이는 엄청난 어려움이 된다. Daniels와 Share(2018)가 이 부류에 속하는 특별한 예로 중국어를 언급하지는 않았으나, 중국어의 모든 말소리 음절에는 종종 동음이의어인 최소 5~10개의 한자가 있다는 점을 언급할 필요가 있다. 따라서 중국어에서 음성 표현은 여러 개의 쓰기 표현에 연결되어야 한다.

Daniels와 Share(2018)는 읽기장애의 다른 범주로서 '발음의 변화에도 철자를 항상 같게 쓰는 것'(p, 107)을 언급한다. 다른 소리가 같게 쓰일 경우, 철자는 같지만 단어의 전체가 변하는 경우, 또는 같은 의미나 소리 단위가 다르게 쓰이는 경우, 우리는 어떻게 철자 쓰기(spelling)를 배울까? 이 범주에서 형태소의 변화를 고려해 보자. 영어에서 이에 대한 예는 원어민은 house에서의 s와 houses에서 첫 s(/z/처럼 들림)를 다르게 발음한다. 이는 확실히 읽기와 철자 쓰기 학습의 과정을 복잡하게 하는 문제이다. 동시에 나는 여기서 소리의 변화가 있을 때에도 요구되는 철자 일관성의 개념을 문자와 음성 표현 간의 대응이라는 더 넓은 주제로 분류한다. Daniels와 Share(2018)는 다른 곳에서 언급한 이형문자소(allography, 동일한 소리를 나타내지만 형태가 다른 문자: 역자 주)도 포함한다. 이는 대략적으로 문자소의 변이로 정의된다. 예를 들어, 영어에서 B와 b는 같은 소리를 낸다. 아랍어에서는 하나의 낱자의 표현에 다양한 변화가 있다. 중국어에서 글자의 전체 형태는 복합 글자(compound characters)에서 부수로 축약할 수 있다. 전반적으로 서체 변화도 혼동을 줄 수 있다. 추가로 낱자나 문자소가 다른 소리로 나타나는 몇 가지 예가 있다. 예를 들면, 문자 h는 그 자체로 특정 소리를 내지만, 다른 문자와 결합될 때 다른 소리와 쓰임이 있다(sh, ch, th, wh처럼)(Daniels & Share, 2018). 종합하면 쓰기에서 이러한 철자법의 일관성/비일관성 문제는 난독증이 있는 사람에게 아마도 가장 큰 도전일 것이다.

Daniels와 Share(2018)에 의해 강조된 마지막 차원은 '음운 요소의 생략'(p. 108)이다. 예를 들어, 히브리어와 아랍어 텍스트는 보통 모음을 생략한다. 모음이 없다면 같게 보이지만 다르게 발음될 수 있는 필기된 단어가 더 있기 때문에 특히 혼동을 야기할 수 있다. 여기서 단어 경계의 문제도 이 주제로 분류할 수 있다. 중국어와 태국어 같은 문자에서 단어의 시작과 끝을 구분하는 것은 어렵다. 이는 단어들이 한 단어와 다른 단어 사이에 공백으로 구분되는 영어에서는 큰 문제가 아니지만, 예를 들어 태국어에서는 문제가 될 수 있다. 읽기에 어려움을 겪는 사람들에게 단어의 경계가 어딘지를 아는 것은 어떤 언어에서도 읽기를 촉진시킬 것이다(개관 연구, McBride-Chang, Chen et al., 2012). 단어에서 이런 유형의 또 다른 분명한 예는 말하기에서 명백하지만 필기된 형태에서는 구체적으로 표시되지 않는 초분절적 정보이다. 예를 들어, refuse라는 단어를 볼 때 능숙한 독자는 그것을 문장 안에서 읽는 것이 아니라면 강세가 첫 번째 음절인지 두 번째인지 알지 못한다. 철자를 refuse로 쓰는 두 단어가 있고, 그것들은 다른 의미를 지닌다. 즉, 첫음절에 강세가 있는 단어는 명사 쓰레기이고, 두 번째 음절에 강세가 있는 단어는 동사 거절하다이다. 강세는 영어나 독일어에서 표시되지 않는다. 그러나 스페인어 같은 다른 언어에서는 분명하게 표시된다. 중국어와 티베트어에서 어휘 성조는 글에 표시되지 않는다. 이러한 예시에서는 발음을 더 명시적으로 만드는 정보가 인쇄물에서 생략되며, 이는 혼동을 초래할 수 있다. 난독증이 있는 사람들에게, 특히 가능하면 명시적으로 발음에 대한 정보를 많이 제공하는 것은 도움이 된다. 이러한 음운 생략은 읽기장애가 있는 사람들에게 더 많은 어려움을 줄 수 있다.

요약하자면 우리가 읽고 쓰기 위해 배우는 언어와 문자는 그 특성에 따라 더 어렵거나 덜 어려울 수 있다. Share와 Daniels(2015; Daniels & Share, 2018)는 문자의 읽기와 쓰기가 달라질 수 있는 몇 가지 주요 차원을 강조했다. 이는 세계 어디든 난독증이 있는 사람들을 위해 읽기와 쓰기 학습의 어려움에 대해 생각할 때 모두 고려할 가치가 있다.

문화

넓은 환경의 다양한 측면 또한 난독증 이해에 중요하다. 이러한 환경은 아이들이 성장하는 정부, 교육 시스템, 학교, 가족이다. 우리는 약 200,000명을 대상으로 연구한 몇몇 논문에서 전 세계 여러 나라의 어린아이들(Chiu, McBride-Chang, & Lin, 2012)과 10대 아이들(Chiu, McBride-Chang, & Lin, 2006, 2010)의 읽기장애를 분석했다. 이러한 큰 규모의 연구에서 읽기 수행과 가장 밀접하게 관련되어 나타난 것은 국가 수준의 변수였다. 일부 국가는 다른 국가보다 교육에 더 큰 가치를 둔다. 예를 들어, 국가가 아동 1인당 문식성 교육에 쓰는 비용과 그 나라에서 아이들이 읽기를 얼마나 쉽고 잘 배우는지 사이에는 상관이 있다(Chiu, McBride-Chang, & Lin, 2006, 2010; Chiu et al., 2012). 조기 유아교육은 문식성 결과에 무수한 이점을 제공한다(예: Wang, 2017). 일부 국가는 조기 유아교육을 강조하고, 다른 일부는 그렇게 할 여유가 없다.

난독증을 개념화하고 이해하는 방법에는 문화적 요소도 있다. 특히 영어 사용 국가에서는 난독증을 이해하고 개선하는 데 긴 역사가 있다. 캐나다, 미국, 영국에서는 이 장애가 있는 가족과 아이들에게 잠재적으로 도움이 되도록 학습장애를 특별히 수용한다. 일부 유럽 국가들 또한 난독증에 대해 매우 좋게, 그리고 비교적 동정적으로 이해하는 것으로 보인다. 예를 들면, 네덜란드에서는 스스로 난독증이라고 말하는 아이들의 과도한 비율에 대해 불만이 있어 왔다. 네덜란드에서는 난독증이 있는 아동에게 더 많은 시험 시간을 제공하고, 심지어 때때로 질문을 읽어 줄 수도 있다. 이로 인하여 읽기장애가 과도하게 보고되었을 수 있다. 이 나라에서는 난독증에 대한 오명이 훨씬 덜한 것 같다. 반면 다른 나라에서는 '기관들이 아이들에게 난독증 라벨을 붙이는 데 관심이 있는 듯하다'(Minister, 2017). 그러나 세계 많은 나라에는 난독증에 대한 아이디어가 모호하고, 이를 위한 편의와 해결책이 거의 없거나 존재하지 않는다. 중국과 인도는 난독증에 대한 아이디어가 아직 주류가 아닌 인구가 가장 많은 두 국가이다. 그곳의 난독증이 있는 아동들은 특정 학습 문제가 있는 것으로 여겨지는 것만큼 게으르거나 멍청하게 여겨지는 경향이 있다.

국가 외의 또 다른 수준에서 학교 환경은 크게 다르며(McBride, 2016), 학교는 난독증과 다른 학습장애의 치료에 중요하다. 교사, 기반 시설, 교실 모두 아이들이 배우는 방식에 크고 작게 영향을 미친다. 그러나 이것들 모두가 난독증이나 난서증에 동등하게 영향을 미치는 것은 아니다. 내가 실시한 일부 인터뷰에서 나타난 교사의 특성 중 한 부분은 난독증에 대한 이해, 정의, 수용, 그리고 교정을 위해 교사가 비교적 중요하다는 것이다. 학교의 기반 시설에 관해서만큼은 모두에게 확실할 것이다. 학교가 학생의 학습 필요성에 초점을 맞추어 디자인되었을 때 학생들은 더 잘 배우는 경향이 있다(예: Györfi & Smythe, 2010). 난독증이 있는 어린이들을 어떻게 수용할 것인가에 대한 쟁점은 극적으로 다양하다. 난독증이 있는 학생들을 정규 수업에 포함할 것인가, 아니면 따로 교육을 받게 할 것인가, 어떤 비율로 교육을 받게 할 것인가와 관련하여 많은 곳에서 규칙과 심지어 법까지 존재한다. 게다가 많은 사람은 난독증이 있는 학생들에게 숙제를 덜 내주고, 읽고 쓸 수 있는 시간을 더 주는 것을 선호한다. 그러나 악마는 세부 사항에 있다.

예를 들어, 교사가 난독증에 대해 이해하지 못하거나 믿지 않을 때, 혹은 많은 경우 교사가 문제의 난독증 학생에게 적합하지 않은 난독증에 대한 개념을 가지고 있을 때, 그 교사는 때때로 난독증이 있는 아동과 가족을 위해 어떤 세심한 배려와 조정이 필요한지를 고려하지 못한다. 예를 들어, 오스트리아의 교육심리학자인 Erika Barker-Benfield는 많은 힘든 연습과 의지를 통해 받아쓰기 시험에서 철자 오류가 1년 동안 점점 줄어드는 한 아동의 예를 든다. 그러나 오류의 수가 교사의 기준에서는 여전히 낙제였기 때문에 선생님은 이 아동을 반복적으로 낙제시켰다. 기술적으로 판단은 교사의 권리이다. 동시에 이 행동은 학생을 크게 낙담시키고 난독증이 있는 아동의 곤란한 상태에 대해 어떠한 동정심도 보이지 않는 것이다. 주의력결핍과잉행동장애(ADHD) 전문가인 Barkley(2017b)는 ADHD를 '믿지 않는다'고 말하는 미국 인구의 일부가 있다고도 언급한다. 후자의 경우는 수십 년 동안 비교적 명확하게 학습장애에 대해 집중했던 미국에서 발생했다. 따라서 규칙이나 법 모두는 학습장애가 있는 사람들을 돕는 데 사용되어야 하며, 이 규칙과 법이 어떻게 적용되어야 하는지를 고려하는 것은 중요하다. 일부 나라에서 읽기장애는 무수히 많은 다른 장애 가운데서 상대적으로 우선 순위가 낮다(예: Nag & Snowling, 2012). 다른 일부 나라에서는 규정이 있다고 해도 그 규정들이 적절히 실행되지 않는다. 그러므로 학습장애가 있는 아이들과 함께하는 가족, 교사, 임상가는 학습장애 학생들에게 지속적인 지원을 아끼지 말아야 한다.

경제적 자원과 학교 성적

학교 성적을 결정하는 가장 중요한 문화적 요인 중 하나는 경제적 자원에 대한 접근이다. 이러한 자원에 대한 접근은 무엇보다도 국가, 학교, 가족 차원에서 이루어진다(Chiu & McBride-Chang, 2006). 한 연구에서(Chiu & McBride-Chang, 2006) 1인당 국내총생산(GDP) 변수가 읽기 성과의 국가 간 차이의 63%를 설명했다. 43개국을 연구한 동일한 연구에서 국가, 학교, 가족 수준의 경제적 자원은 약 200,000명 학생의 읽기 성취도 변산의 30%를 설명했다. 국가 차원에서 경제적 자원의 중요성을 강조하는 유사한 결과는 38개국을 대상으로 한 또 다른 읽기 성취도 연구에서도 발견되었다(Chiu et al., 2012).

국가 차원의 경제력 외에 학교의 경제적 자원도 전 세계적으로 문식성 기술을 이해하는 데 중요하다(Blanchett, Klingner, & Harry, 2009; Chiu & McBride-Chang, 2006; Chiu et al., 2012). 학교 환경은 복잡하고 때에 따라 여러 요인이 한 학교 내의 태도와 성취에 영향을 미친다. Blanchett 등(2009)의 연구, 즉 미국 학교에 초점을 맞추고 제목이 「인종, 문화, 언어 및 장애의 교차로: 도시 교육에 대한 함의(The Intersection of Race, Culture, Language, and Disability: Implications for Urban Education)」인 유명한 논문에 따르면, "고도로 빈곤한 학교에 다니는 학생들에게 제공된 자원과 전반적인 교육은 백인과 중산층인 학생이 다니는 학교에 제공된 것과는 매우 다르다"(p. 390). 가난의 영향은 매우 일찍 보이며 누적된다(Blanchett et al., 2009; Herbers et al., 2012; Ransdell, 2012). Ransdell(p. 921)은 "모든 학년에서 표준화된 독해력을 가장 잘 예측하는 변수를 한 개 들자면, 이는 한 학교에 다니는 빈곤층 아동의 비율이다"라고 언급했다. 미국 인구에서 학습장애의 비율은 빈곤선 이상에서는 약 1.5%이며, 빈곤선에 있는 경우는 2.6%이다(National Center for Learning Disabilities, 2014). 이러한 수치는 미국에서 나온 것이지만, 세계적으로 비슷한 추세이다(McBride, 2016).

사실상 학교는 아이가 학습장애를 경험하는 방식과 매우 관련이 있다. 일반적으로 교사와 교장의 재량으로 물질적 자원과 더 좋은 교육 수준을 포함하여 더 많은 자원을 사용할 수 있는 학교는 학습장애 아동과 그들의 가족에게 더 많은 도움을 줄 것이다. 예를 들어, 국립학습장애센터(National Center for Learning Disabilities, 2014)는 미국 대중에서 부모 중 55%와 교사 중 40%는 학습장애가 아이의 가정환경에 의해서 야기된 것이라고 생각하고, 51%는 학습장애를 게으름의 결과로 본다는 것을 밝혔다. 또한 나머지 세계 대부분에서는 학습장애를 부모나 아이들의 노력 부족으로 돌릴 가능성이 있다. 실제로 가정환경이나 아이들의 노력은 학습장애를 설명하지 못한다. 그러나 배려하고 이해하는 학교 환경은 학습장애가 있는 아동의 삶을 크게 개선할 수 있다(예: Reid, 2016).

아이들의 강점을 인정하고, 학습장애에 대해 편의를 봐주고(컴퓨터의 사용이나 과제에 추가 시간을 주는 것과 같이), 장애를 목표로 적절한 개입을 실시하는 학교, 그리고 학습장애의 특성을 기본적으로 잘 이해하는 학교는 학습장애 아동에게 이상적인 학교다(Györfi & Smythe, 2010; Reid, 2016). 그러나 미국의 경우, 학교에서 학습장애에 대해 편의를 봐주는 것은 비용이 많이 들어서 학습장애 아동들은 혜택을 받지 못하는데(예: Capital & Main, 2016), 다른 나라에서도 그러하다. 후진국에서 학교 개입에 대한 데이터는 상대적으로 적다. 후진국의 가난한 학교에서는 학습장애 비율이 매우 높고, 교수 방법과 학생 대 교사의 비율은 꽤 변동이 심하다(Nag & Snowling, 2012). 대부분 그러한 학교들은 교육을 위한 기본적인 자원도 부족하기 때문에 학습장애 문제를 고려할 수 없다. 따라서 세계적으로, 특히 가난은 무수한 방식으로 문식성에 영향을 미친다.

일반적으로 빈곤은 읽기 어려움을 겪는 학생에게 안 좋게 작동하는 요인들의 집합체이다. Farah와 동료들(2006)은 빈곤과 뇌 발달에 대한 중요한 연구에서 빈곤을 "단순히 교육적·경제적 기회를 넘어 아이들의 신체적 온전함으로 확대하는 것"(p. 170)으로 공중보건 문제로 개념화하였다. 성별과 연령(10~13세 범위)이 일치하도록 맞춘 저소득층과 중소득층 SES(사회경제적 지위)가 있는 아프리카계 아이들을 대상으로 한 연구에서 저소득층 학생들이 언어, 기억력, 인지 조절과 관련된 과제에 특히 어려움을 보였다. 저자들은 빈곤이 특히 이러한 영역의 두뇌 발달을 형성하는 것으로 주장했다. 이런 인지적 발달은 학교 성적에 모두 중요하며, 난독증, 난서증, 또는 ADHD의 발달에도 중요하다. Hanson 등(2015)은 아동기 빈곤이 뇌 성장의 둔화와 회색질의 감소와 관련이 있다는 것을 추가로 보여주었다. 회색질은 초기 아동기 전반에 걸쳐 학습과 관련된 중요한 물질이다. 더 나아가 Evans와 Schamberg(2009)는 아동기 빈곤이 청년기의 작업기억장애와 연관된다는 것을 보여 준다.

왜 빈곤이 다른 문제들 중에서도 문식성과 주의력장애와 관련이 있을까? 아무도 빈곤이 수반하는 많은 위험 요인을 전부 말할 수 있다고 감히 주장하지 않았다. 빈곤이 가져오는 문제 중 일부는 간접흡연에 노출, 자궁 내 장애, 납을 포함한 독소에 대한 취약성, 유년기의 영양 부족, 큰 전반적 스트레스, 부모 부재의 가능성, 우울증, 피로감, 거주 및 음식 불안정, 폭력, 인지적 및 언어적 자극, 혼잡하고 시끄러운 주거 환경과 같은 산전 위험을 포함할 수 있다(Blanchett et al., 2009; Evans, 2004; Hanson et al., 2015). Evans(2004)는 특히 이러한 모든 어려움이 어떻게 서로를 기반으로 쌓일 수 있는지에 집중한다. 이것들의 효과는 단지 더해지는 것이 아니라 곱해질 수 있다. 생각해 보면 우리는 모두 일상의 작은 어려움 몇 가지와 한두 개의 큰 문제를 동시에 처리할 수 있다. 인생은 누구에게나 그렇다. 그러나 빈곤한 사람들에게 일상적인 작은 번거로움의 수는 급격하게 늘어나며, 이러한 번거로움의 일부는 빠르고 크게 다가온다. 예를 들어, 월말에 월세를 지불할 수 없는 부모는 결과적으로 집에서 멀어지고, 집에 있을 때는 우울해하고, 영양이 부족한 음식을 주며, 아이들에게 거의 말하지 않으며, 또 다른 집으로 이사를 가야 하는데, 이 모든 것은 일제히 아이에게 매우 스트레스가 된다. 따라서 Evans(2004)는 "단독 위험 노출보다는 여러 환경적 위험의 축적이 특히 아동기 빈곤의 병원성 측면(건강과 발달에 부정적인 영향을 미칠 수 있는 요소들을 포함한다는 의미: 역자 주)일 수 있다"(p. 77)고 요약한다.

학습장애와 관련해서 빈곤을 언급하는 것은 이들의 복잡한 관계 때문에 특히 중요하다. 학습장애는 전 인구에 걸쳐 발생하지만, 빈곤한 사람들에게서 더 흔하다(Blanchett et al., 2009; National Center for Learning Disabilities, 2014; Winzer &

Mazurek, 2015). 유전과 환경 사이의 복잡한 상호작용(예: Farah et al., 2006)은 어떤 유형의 학습장애 경향이 있는 아동이 가난한 가정에서 자랐을 경우, 장애로 훨씬 더 고통받는다는 것을 의미한다. Winzer와 Mazurek(2015)는 "그 증거는 세계적으로 빈곤에서 장애로, 장애에서 빈곤으로 인과적 관계를 가르킨다"(p. 158)라고 주장한다. 가난한 나라에게 빈곤과 학습장애의 문제는 부유한 국가보다 훨씬 더 클 것이다(예: Nag & Snowling, 2012; Winzer & Mazurek, 2015). 하지만 전 세계 어디에서라도 학습장애를 고려할 때 가장 중요한 것은 부모와 교육자가 아이들의 학습장애를 인지하고 낙인과 상관없이 배우도록 돕는 최상의 방법에 집중하는 이상적인 학습 환경이다. 과거에는 학생들이 학교에서 오랜 기간 동안 계속 낮은 학업 성적을 보였고 지속적으로 실패했지만, 학습장애로 인해 추가 도움의 필요성을 진단받기 전까지는 어떤 추가적인 도움을 주지 않고 '낙오될 때까지 기다리는' 'wait to fail'의 태도를 종종 취했다. 기다리는 것의 문제는 그러한 학생들이 심리적으로 마치 그들이 절대 따라잡을 수 없는 것처럼 느끼는 정도까지 더 뒤처지는 경향이 있기 때문이다. 그리고 실제로 상당 기간 동안의 실패 후에 그들은 따라잡는 데 오랜 시간이 걸리거나 일부는 전혀 따라가지 못한다(Adams, 1990). 대조적으로 많은 교사, 연구자, 교육자는 이제 도움이 필요한 아이들을 즉시 식별하고 세 가지 단계, 즉 교실, 소그룹, 또는 개별적으로 필요한 도움을 제공하는 RTI(반응 중심 중재) 접근법을 추천한다.

RTI 접근법은 학술지와 인터넷 모두에서 광범위하게 논의된다(예를 들어, www.dyslexia-reading-well.com/response-to-intervention.html). 이는 낙오될 때까지 기다리는 학습장애에 대한 오래된 철학을 개선한 것으로 두 가지 이유가 있다. 첫 번째, 학생들은 학습장애 때문에 더 빨리 도움을 받는데, 아이들이 중재를 받는 시기가 더 빠를수록 나중에 더 잘 수행하였다(Fox, Carta, Strain, Dunlap, & Hemmeter, 2010; Ramey & Ramey, 1998). 두 번째, 학습장애의 본질과 그 원인에 대한 논쟁이 거의 없다. 학습장애 아동은 즉각적인 도움이 필요할 뿐, 이 학습장애의 원인에 대한 질문은 거의 하지 않는다.

요약하자면 학습장애와 관련된 중요한 문화적 측면이 많이 있지만, 빈곤과 함께 오는 모든 인구통계학적 상관 요인들(예: 가정의 안정, 소수자의 지위, 언어 사용, 교육적 접근, 그리고 많은 다른 문제)은 전 세계적으로 고려해야 하는 핵심이다. Nag와 Snowling(2012)이 지적하였듯이 세계의 많은 개발도상국에서는 학습장애를 평가하는 도구가 부족하고, 학습장애에 대한 관심이 상대적으로 적은 편이다 (Winzer & Mazurek, 2015를 참고하라). 이 책에서 나는 학습장애를 이해하고 개선하는 데 여러 문화권에 걸쳐 도움이 될 수 있는 몇 가지 기본 원칙을 강조한다. 그러나 학습장애를 이해하는 데 개별 문화적 이념의 영향은 실로 엄청나다. 이 사실을 인정하면서 이제 난독증의 일반적인 기저 생물학적 측면으로 넘어가 겠다.

지각, 인지 그리고 신경생물학

학습장애의 원인은 무엇일까? 넓게 말하자면 연구자들은 학습장애를 지각, 인지, 그리고 신경생물학 측면과 관련하여 이해하기 위해 노력해 왔다. 이것들은 제2, 3, 4장에서 난독증, 난서증, ADHD에 대해 더 구체적으로 설명될 것이다. 여기서 나는 이러한 측면 모두가 학습장애를 이해하기 위해 중요하다는 증거가 연구자들에 의해 발견되었다는 것을 지적하고자 한다.

먼저 지각부터 시작하겠다. 읽기 및 쓰기와 가장 관련된 지각 능력은 주로 시각과 청각이고 아마 다른 감각도 포함한다. 예를 들어, 시각장애인은 읽기 위해 촉감을 추가로 사용할 것이다. 시각, 청각, 그리고 다른 감각은 우리가 세상을 이해하는 방법의 핵심이므로 이것들을 인정하는 것은 중요하다.

지각은 학습에 필수적이지만, 지각의 문제는 보통 스스로 학습장애를 야기하는 강력한 원인으로 여기지 않는다. 정의에 따르면, 학습장애는 전형적으로 청각혹은 시각장애가 없음에도 발생한다고 이해된다. 예를 들면, 아이가 정상적인 청각과 시력을 가졌음에도 특정 단어 읽기장애가 있다면 그 아이는 난독증으로 여겨진다. 동시에 아동기/유아기의 청각 손실 같은 초기 지각장애는 차후 언어 능력에 영향을 미칠 수 있으므로 간접적으로 발달적 학습장애와 관련된다. 또한 언어 지각과 시지각이 난독증과 미묘하게 관련됨을 보여 주는 연구가 있다(개관 연구, McBride, 2016). 따라서 우리는 초기 시각이나 청각 검사를 통해 차후 학습장애를 예측할 수 없지만, 지각은 우리가 세상을 아는 첫 방식이다. 더불어 지각을 인지와 구분하는 것은 때때로 어렵다.

　인지는 학습장애의 원인적 요인으로 지목하기가 더 쉽다. 일반적으로 학습과 학습장애에 적용되는 폭넓은 인지 능력은 기억, 처리 속도, 주의력을 포함한다. 난독증의 특징 중 하나는 특정 사항의 기억에 어려움이 있다는 것이다. 기억장애는 다른 형태를 띠는데, 좋은 예시는 철자 쓰기이다. 여러 문화에서 난독증이 있는 사람들은 철자 쓰기에 서툰 경향이 있다. 실제로 이는 성인기까지, 심지어 모든 학습장애를 극복한 것처럼 보이는 난독증이 있는 성인에게도 지속되는 하나의 특징이다(Bruck, 1990). 이는 컴퓨터의 **맞춤법** 검사(spellcheck)가 우리의 철자 쓰기를 돕기 때문에 한 세대 전보다 요즘 덜 나타난다. 그러나 아동기에 난독증 진단을 받은 성인에게 즉흥적인 받아쓰기 시험을 친다면 그들은 분명히 어려움을 보일 가능성이 크다. 기억의 어려움은 아동기에 명백하다. 때때로 아이들이 cat에서 C로 만들어진 /k/ 소리와 각각 a와 t로 만들어진 뒤의 두 소리를 합치기를 요구받는다면, 소리를 합칠 때 전체 단어가 무엇인지를 잊을 것이다. 이는 소리의 합성 처리가 힘들기 때문이다. 크-아아아-트으(Ku-aaaah-teee). 이게 뭐지?

　난독증이 있는 사람의 받아쓰기를 보면 종종 한결같지 않다. 예를 들어, 홍콩의 8세 아이가 쓴 '내가 가장 좋아하는 선생님'에 대한 에세이에서 아이는 모두 teach라는 단어를 쓸 의도로 tech, teach, teche, teachir, techir, techur라고 다르게 썼다. 그 아이는 teach의 일관된 철자나 접미사 er을 단어를 쓸 때마다 정확하게 기억할 수 없었다. 더 초기에 난독증의 위험이 있는 아이들은 종종 글자가 쓰이는 방법과 그것이 소리 나는 방법을 기억하는 데 어려움이 있다. 모든 아동에게 p, b, d, q는 때때로 혼란스러울 수 있다. 모두 한 개의 원과 한 개의 선을 포함하고 있는데, 문제는 단순히 '어디에서' '어떻게'이다. 난독증이 있는 아동이 이것들을 완전히 익히는 데에는 다른 것들보다 훨씬 오래 걸린다. 기억을 보조하는 강화는 시각, 청각, 운동감각(촉감을 포함한)의 수준에서 도움이 된다. 예를 들면, 아이는 단어 bed를 왼쪽과 오른쪽에 기둥이 있는 실제 침대로 상상함으로써 b와 d의 구분을 배울 수 있다. 우리 모두는 자라면서 혼동을 겪는다. 예를 들어, 나는 개인적으로 오른손과 왼손을 구분하는 데 어려움이 있었다. 이것에 타고난 감각이 없는 것 같았다. 나를 도왔던 것은 선생님이 두 손을 책상에 올려놓고 손바닥을 아래로 향하도록 놓고는 엄지와 검지를 크게 벌려 L을 만들면 왼쪽(left)이라고 했을 때였다: 나는 난독증이 없었고, 이 간단한 기억술이 나에게 도움이 되었다. 근본적인 장애가 시각이든 청각이든 기억력에 문제가 있기 때문에 난독증이 있는 아동에게는 규칙, 요령, 기억의 보조가 필수적이다.

난독증이 있는 아동의 기억장애를 포착하는 기억 검사들이 있다. 난독증을 진단하는 특정 검사 배터리가 외현적 기억 검사를 포함하지는 않을지라도, 기억 기술은 기본이다. 실제로 기억력을 사용하지 않는 인지-언어적 과제를 찾는 것이 어려울 정도이다. 따라서 음운 민감성, 형태소 인식, 시각-철자(visual-orthographic) 기술들은 제2장에서 논의되는 단어 읽기의 중요한 구성 요소로서 이것들은 모두 기억을 핵심적인 처리에 포함한다.

처리 속도는 기억과 함께 읽기와 쓰기 대부분의 과제에서 요구되는 또 다른 핵심 기술이다. 느리고 힘든 글자-소리 민감도는 느린 단어 재인과 관련된다. 느린 단어 재인은 차례로 읽기 이해, 즉 독해를 제한한다. 또한 쓰기장애는 느리고 노력이 들어가는 처리와 관련이 있다. 기억을 처리 속도와 구분하는 것은 어렵다. 대부분 문식성 과제는 기억과 처리 속도 둘 다를 사용한다. 단어를 소리 내어 읽을 때 알파벳 낱자(letter)의 소리를 충분히 빠르게 처리하지 못한다면 무엇을 읽고 있는지를 잊어버린다. 어린아이가 낱자 소리(letter sound)의 지식을 사용하면서 단어 caterpillar를 소리 내는 방법을 생각해 보라. 6세 아이는 처음 /k/ 소리를 내었던 것(첫 글자 c를 나타내는), 그 다음의 짧은 a 소리와 /t/ 소리(글자 t를 나타내는), 그리고 그 뒤를 따르는 모든 소리를 내었던 것을 잊을 수 있다. caterpillar에서 마지막 /r/ 소리에 왔을 때, 6세 아이는 직전에 발음했던 모든 낱자의 소리를 쉽게 잊을 수 있다. 혹은 이 말도 안 되는 단어 Remesthilania를 음성적으로 읽어

보라. 내가 지금 막 만든 것이다. 하지만 이것을 소리 내어 읽으려면 다양한 낱자 소리를 합치기 위해 여러 번 시도해야 할 것이다. 음절마다 하나씩 천천히 전체를 말하는 노력을 해야만 하고, 그리고 나서 완성된 단어를 더 부드럽고 빠르게 말하며, 그리고 반복해서 음절 하나하나씩, 그렇게 한 후 완성된 단어를 반복해야 할 것이다. 여기서 당신은 전체 단어를 부드럽게 말하기 위해서 더 빠르고 유창하게 하도록 시도하면서 동시에 모든 음절을 기억하기 위해 노력할 것이다. 이 과정은 기억과 속도의 통합을 포함한다. 매우 초기에 난독증의 위험이 있는 아이들을 식별하는 데 중요한 빠른 자동 명명(Rapid Automatized Naming: RAN)이라고 불리는 비교적 유명한 난독증 진단 과제가 있기 때문에 더 구체적인 인지-언어적 기술이라는 제목으로 다음 장에서는 속도, 즉 유창성에 대해 더 논의할 것이다. 그러나 기억처럼 처리 속도도 모든 문식성과 관련된 과정에 포함되어 있다.

마지막으로 일반적인 주의력(attention)을 언급하는 것은 중요하다. 확실히 주의력장애는 정의에 의하면 제4장에서 논의되는 ADHD의 일부이다. 하지만 일반적인 주의력은 학습장애로서 ADHD뿐만 아니라 모든 학습장애와 관련이 있다. 여기서는 일반적인 용량으로서 주의력에 초점을 둔다. 우리 모두는 주의력 자원을 배분하는 것과 특정 상황에서 주의력을 억제하는 데 어려움을 겪는다. 일상에서, 특히 학교에서 공부할 때 특정 현상에 집중해야 하며 다른 것들은 무시해야 한다. 두 측면 모두 학교 학습에서 매우 중요하다. 아마 전자는 선생님이 교실에서 "집중하세요"라고 말했던 경험이 있기 때문에 후자보다 더 명백하다. 이것은 특정 수업이나 아이디어에 집중해야 함을 의미한다. 또한 주의력이 잘못된 곳으로 빠지지 않도록 계속해서 경계해야 한다. 잘못된 곳이란 사람마다 다르게 정의되지만, 보통 주의를 산만하게 하는 인접한 환경에서 일어나는 것들이다. 예를 들면, 나는 2학년 때 선생님의 수학 수업보다 파리가 교실에서 윙윙거리는 소리에 매우 관심을 보였던 급우를 기억한다. 또한 어떤 사람들은 공부하려고 할 때 음악이 재생되고 있는 것을 알아챈다. 도서관에서 기침하는 사람들, 너무 밝거나 투과하는 빛, 밖에서 나는 소리……. 이 모든 것이 주의력의 이동을 일으킨다.

주의력에 대한 가장 큰 도전은 자신의 생각이다. 예를 들어, 이 책을 읽으면서 당신은 중요한 내일 약속이 기억나서 그것을 위해서 급히 준비하거나, 구매하거나, 혹은 인터넷 검색을 해야 한다고 생각할 수 있다. 당신은 어떻게 해야 하는지에 대해 생각하기 시작할 것이고, 그러면 더 이상 책에 집중하지 못한다. 연구자들은 수십 년 동안의 연구 결과, 두 가지 언어를 사용하는 이중 언어 사용자들(bilinguals)이 언어 능력을 넘어 특정 인지 과제를 더 잘 수행한다는 결과를 얻었다. 이 능력의 핵심은 이중 언어 사용자는 그들이 알고 있는 한 개 언어의 정보를 처리하는 동안에 다른 언어와 관련된 정보를 일정하게 억제해야 한다는 사실이다 (예: Bialystok, 2015). 프랑스어, 독일어, 중국어 등 당신이 여러 언어를 알고 있다면, 프랑스어로 car에 대해 누군가 물어봤을 때 그것의 독일어(das Auto)와 중국어(qì chē) 명칭을 억제하고 프랑스어 단어 la voiture에 집중해야 한다. 유사하게 '심장'을 중국어(xīn)로 논의할 때 프랑스어(coeur)와 독일어(Herz) 단어를 무시해야 할 것이다. [홍콩에 사는 나에게 낯설었던 것은 중국어의 알파벳 표기법인 병음(Pinyin)에서 'women'이 로마자의 'we(우리)' 또는 'us(우리)'를 의미한다는 것이다. 그 철자는 영어에서 여성의 복수형과 동일하다.]

여기서 주의력 배분이라는 일반적 현상을 언급하는 이유는 난독증이 있는 사람들에게 그것의 중요성을 깨닫게 하는 것이 필수적이기 때문이다. 이후 장에서 논의되겠지만, 난독증이 있는 사람은 ADHD가 필수적으로 있지는 않지만 특정 학습장애가 있다. 우리 모두는 노력이 들고 지루한 작업을 할 때 주의력을 유지하기 위해 애를 쓰고 버틴다. 솔직히 말해서 읽기를 배우는 것은 때때로 지루하다. 게다가 난독증이 있는 아동은 읽기 위해 항상 많은 노력이 필요하다. 따라서 자신의 주의력을 의식하고 최고로 유지하는 방법은 모두에게 필요하다. 과제에 주의력을 유지하기 위해 사용하는 어떤 기법이 난독증이 있는 아동들에게 잠재적으로 유용하다는 것은 언급할 가치가 있다. 예를 들면, 관심 있는 글에 집중하기 위해 관련 없는 글을 차단하는 것, 색깔로 글자를 강조하는 것, 혹은 글자를 확대하는 것은 모두 주의력을 높이고 지속하는 잠재적 방법이다.

마지막으로 학습장애는 종종 불가피한 기원과 연결되는데, 이는 때때로 신경생물학적이다. 대부분의 학자들은 특정 학습장애가 비교적 높은 유전성이 있다는 것과 학습장애가 있는 사람과 그렇지 않은 사람들의 뇌에 적어도 약간의 인식 가능한 차이가 있다는 것에 동의한다. 하지만 이 특징들은 미묘하고 꼬집어서 지적하기 어렵다. 또한 일부 생물학적 기원은 문화나 집단에 따라 약간씩 달라질 수 있다. 예를 들어, 특정 유전자(예: DCDC2)는 다른 집단(예: 홍콩 아이들)과 비교할 때 일부 집단(예: 백인 아이들)에서 상대적으로 드물고 희귀하며 결과적으로 영어에서 더 자주 난독증과 관련된다고 여겨져 왔다(Scerri et al., 2017). ADHD의 유전에 대해서도 유사한 논란이 있다. 모든 학습장애의 경우 가족 내에 흐르는 강한 유전적 연결이 드러난다. 이후 장에서 언급되듯이, 뇌의 일부 영역에서는 학습장애가 있는 사람과 그렇지 않은 사람을 구별하는 것이 예측 가능하다. 이것의 세부 사항들은 이 책의 범위를 벗어나지만 학습장애가 일반적으로 유전적이고, 뇌와 관련된 원인을 가지는 경향이 있다는 점을 언급하는 것은 중요하다.

　성별도 학습장애와 관련된다. 보통 남자아이들은 독해에 다소 낮은 점수를 보이는 경향이 있으며, 이러한 어려움은 발달하면서 심화될 수 있다(Chiu & McBride-Chang, 2006; King-don, Serbin, & Stack, 2017; Washington, Branum-Martin, Sun & Lee-James, 2018). 실제로 받아쓰기(Moll, Kunze, Neuhoff, Bruder, & Schulte-Körne, 2014), 읽기장애, 그리고 ADHD는 모두 여자아이보다 남자아이에게서 더 만연하는 경향이 있다[예: Yoshimasu et al. (2010). 그러나 Moll 등(2014)은 읽기장애에서 성별 차이를 찾을 수 없었다]. 때때로 다른 문화에서 학습장애를 다르게 정의하며, 학습장애의 구분 방식이 성별 유병률에 영향을 미칠 수 있다. 예를 들어, ADHD가 있는 소녀는 일반적으로 소녀가 교실에서 덜 활동적이라는 점에서 소년보다 덜 지장을 줄 수 있다(예: Quinn & Madhoo, 2014). 대부분의 연구에서(예: Abu-Hamour & Al-Hmouz, 2016; Ashraf & Najam, 2017) 학습장애로 확인된 소녀보다 소년이 더 많다. 예를 들면, 미국학습장애국가센터(National Center for Learning Disabilities, 2014)에서는 학습장애가 있는 66%는 남성이라고 추정한다. 그러나 성별 차이의 원인이 환경이나 유전적 요인 혹은 이 둘의 조합인지에 대해서 여전히 논란이 되고 있다.

생물학적 기원에 대한 이해는 학습장애를 정의하고 인정하는 데 유용하다. 그러나 그러한 이해만으로는 문제의 교정을 위한 효과적인 방법을 제시하는 데 별로 유용하지 않다. 즉, ADHD를 제외한 대부분 학습장애에서 교정에 도움을 줄 수 있는 유전적 혹은 약물과 관련된 중재가 없다. 여태까지 학습장애를 치료하는 데 가장 효과적인 방법은 다양한 행동 개입이었다. 학습장애를 대상으로 혁신적인 교육이나 추가 훈련을 하는 행동 개입은 가장 잘 통하는 **극복** 전략이다. 극복 전략이란 이러한 장애가 있는 아이들이 자신이 향상시켜야 하는 기술을 더 연습하고 노력함으로써 문제를 해결하려 함을 의미한다. 예를 들면, 난서증이 있는 아이는 그렇지 않은 아이보다 더 자주 연필을 잡고 재미있는 방식으로 선을 그리도록 연습할 것이다. 다른 행동 개입은 우회 전략으로 불린다. 이는 학생들이 장애에도 불구하고 수업에 따라갈 수 있게 자신의 학습장애에 상응하는 보충을 하는 방법이다. 우회 전략의 한 예는 난독증 아이에게 쓰기 대신에 말로 과제를 제출하도록 하는 것이다.

게다가 학습장애의 개인 경험을 막론하고, 즉 우리가 학습장애가 있는지, 학습장애가 있는 사람의 부모나 형제자매인지, 그들과 함께 작업하는 임상가, 교육심리학자, 소아과의사, 정신과의사, 혹은 연구자인지를 막론하고 우리 모두는 '관점'을 가지고 있다. 이 관점은 각각 다르다. 예를 들어, 교육심리학자와 연구자는 공통적으로 특정 학습장애의 '정보'가 광범위한 것을 인정한다. 우리가 내린 결론은 난독증이나 ADHD의 진단을 받은 수백 명의 개인 사이에서 찾은 패턴에 기초한다는 것이다. 그러나 연구자들은 많은 사례의 양적 자료에 기반하여 난독증과 난서증으로 진단되는 사람들이 일반적으로 가지고 있는 구체적인 특성들에 대해 일반화하는 반면, 한 개인에게 딱 들어맞는 특성을 이해하는 능력은 제한적이다. 실질적으로 이는 난독증이 있는 아동에게 유용할 수 있는 다양한 기법에 따라 유연하게 대처해야 한다는 것을 의미한다. 그러한 기법들이 효과가 있을 수도 있고 없을 수도 있다.

결론

우리는 교차-문화적 관점에서 학습장애 징후의 중요한 측면을 다루었다. 이후 장에서는 난독증, 난서증, ADHD의 구체적인 특징과 이러한 장애를 겪고 있는 사람들을 돕는 방법을 다룰 것이다. 학습장애에 대한 개괄적 소개의 마무리에서 이 장의 시작에서 소개되었던 진단되지 않은 난독증으로 힘든 아동기를 보낸 Danna의 경우로 돌아가고자 한다. 성공한 의사, 음악가, 그리고 어머니로서 그녀는 자신의 아들 중 한 명인 Jonny가 가벼운 난독증과 주의력장애를 가지고 있기 때문에 그녀의 이야기 일부를 기꺼이 제공해 주었다. 그녀와 그녀의 남편인 Joe는 아들 Jonny를 돕기 위한 최상의 방법을 찾으려 애쓰고 노력한다. 동시에 Danna가 자신의 학습장애를 성공적으로 극복하고 잘 자란 것을 인정하는 것은 중요하다. 그녀의 성공 이야기와 32명의 모든 인터뷰 대상자의 지혜로운 조언은 학습장애를 겪는 사람에게 용기를 준다. 성공은 종종 노력과 헌신적인 교사들의 결과로 나타난다. Danna는 자신의 삶이 난독증과 싸운 힘든 청소년기 이후에 어떻게 꾸준히 향상되었는지를 되돌아보면서 다음과 같이 말했다.

교수님 중 한 분은 학과 공부에서 나의 지식과 성적 사이에 큰 차이가 있음을 인정했다(간호대에서 매우 높은 임상 점수와 평균인 이론 점수의 차이). 교수는 "Danna는 말하는 것보다 생각이 더 빠르다"라고 구술 시험에서 처음 알려 주었다. 교수는 내가 더 천천히 생각하고 발음하는 방법을 지도해 주었고, 나는 성공했다.

학습장애를 겪는 많은 사람이 성공할 수 있는 또 다른 측면은 특정 강점을 인식하고 강화하는 것이다. 이것은 Danna에게 간호사로서의 성공과 별개로, 그녀의 음악적 재능을 좇는 것을 의미했다.

나중에 나는 지역 최고 음대에 등록했고, 나의 뛰어난 음악 능력을 발휘하면서 장애를 보완해 갈 수 있었다. 나는 큰 자부심을 가지고 음악학의 석사를 하러 갔다.

동시에 학습장애가 있는 사람들에게 성공은 학습장애의 끝을 의미하지 않는다. 오히려 성공은 한 사람이 어려움을 극복하거나 해결하는 것을 의미한다. 학습장애는 개인의 일부이자, 더 넓게는 자신의 종합적인 자기감(sense of self)으로 통합된다. Danna는 다음과 같이 말한다.

나는 여전히 많은 정보량을 처리해야 하고 글을 기억해야 할 때 나의 약점을 깨닫는다. 종종 전화번호 숫자, 글자, 또는 그 외의 것을 뒤섞으며, 책을 읽는 데 매우 힘들게 집중해야 한다. 전보다 훨씬 좋아졌지만, 여전히 읽기 검사에서도 성공적이지 않다. 나는 매우 강력한 의사소통 능력, 음악적 기억, 그리고 자존감 같은 다양한 보완 기술을 발전시켜 왔다. 자존감은 내가 성장할 때 매우 부족했다.

마지막으로 노력, 헌신적인 선생님, 자기 강점의 인식과 발달, 그리고 약점의 인정과 함께 학습장애가 있는 사람은 또한 친구와 가족의 지지를 통해 엄청난 혜택을 받는다. 어려움을 겪는 모두는 힘든 시간을 극복하기 위해 지원이 필요하며, 조력자들은 그 핵심이다. Danna는 인터뷰를 끝내면서 이렇게 말했다.

나의 성장의 큰 부분은 대학 생활 내내 학업과 다른 능력에서 나를 믿어 주고 지지해 준 남편과 시댁 가족이다. 그들은 나의 어머니가 나에 대해 가졌던 (비관적인) 생각을 한 번도 말한 적이 없고 앞으로도 말하지 않을 것이다[울면서 끝냈다].

이 장은 환경, 유전학, 신경생물학을 다루면서 학습장애의 일반적이고 폭넓은 개요를 담았다. 학습장애는 때때로 장애가 있는 개인, 가족, 교사, 학교, 그리고 사회에게 골치 아프고 감정적으로 힘들다. 학습장애의 기본을 이해함으로써 우리는 개선, 수용, 통합에 더 가까이 간다. 다음 장에서 우리는 더 구체적으로 난독증을 다룬다. 즉, 이 중요한 학습장애와 관련된 구체적 특징들을 강조할 것이다. 난독증의 특수한 특성을 파악하는 것은 난독증의 식별과 치료(remediation)를 위한 최선의 실용적 전략을 찾기 위해 중요하다.

제 2장

난독증의 이해

- 무엇이 난독증을 야기하는가
- 난독증은 무엇인가
- 난독증 이해를 위한 인지-언어적 능력
- 환상적인 네 가지: 단어 읽기를 위한 인지적 구조
- 음운 민감성
- 형태소 인식
- 철자 지식
- 유창성
- 마무리

난독증은 기원이 신경생물학적인 특정 학습장애이다. 이것은 정확하고/하거나 유창한 단어 재인이 어렵고 철자 쓰기와 해독 능력이 좋지 않은 것이 특징이다. 이러한 장애는 전형적으로 음운적 요소의 결손에서 비롯되며 다른 인지 능력과 효과적인 교육의 제공에 비추어 보았을 때 예상치 못한 경우가 많다. 이차적 결과는 독해 문제와 읽기 경험의 감소를 포함할 수 있으며, 이는 어휘와 배경지식의 성장을 저해할 수 있다.

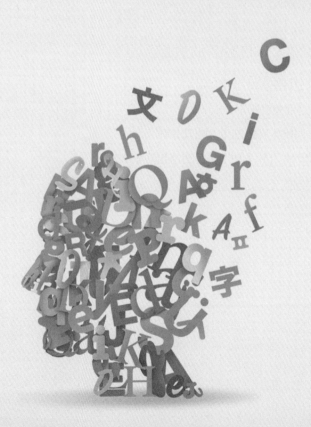

내가 처음 난독증을 직접 마주한 순간은 특수 아동의 교실에서 한 달간 인턴십을 했던 20세인 대학생 때였다. 나는 붙임성이 좋은 2학년인 8세 남자아이이자 유머 감각이 뛰어났던 Jim을 담당했다. 그 아이는 숙제에 약간의 도움이 필요했다. Jim은 스포츠를 좋아했고, 교실에서 인기가 많아 보였다. 나는 Jim의 똑똑함과 내가 몰랐던 스포츠 영웅과 다양한 동물에 대해 얘기하는 것을 좋아하는 것에 놀랐다. 그러나 Jim은 학교 수업에서 읽기에 머뭇거리고, 느리고, 불안해했다……. 나는 리더의 자격이 있는 매력적이고 자신감 있는 아이와 해독할 수 없어서 페이지에 고개를 숙이는 혀가 짧은 아이를 일치시키기 어려웠다. 20세의 나에게 Jim의 밝고 활기 넘치는 모습과 간단한 단어조차 해독할 수 없는 모습의 대비는 충격적이었다.

더 최근에 미술 학교에서 스웨덴의 젊은 여성인 WA를 알게 되었다. WA는 자신이 단어 읽기가 느렸고 단어를 쓰기 위해 엄청나게 집중해야 했음을 기억한다. 그녀의 고모와 할아버지는 난독증이 있었고, 그녀의 아버지도 읽기장애를 가지고 있었다. 그녀는 어린 시절에 급우들과 같은 읽기 과목 교재로 읽기를 배웠던 것을 기억한다. 급우들이 읽기 시간에 페이지를 넘길 때, 그녀는 페이지를 읽었기 때문이 아니라―당시에는 읽을 수 없었으므로―모두가 그렇게 했기 때문에 때맞춰 함께 넘겼던 것을 회상한다. 그녀는 가능한 한 책을 기피하면서 읽기를 싫어함을 인정하며, 학습에 대해 "유튜브가 가장 친한 친구였다"라고 말한다.

WA는 '난독증' 용어에도 갈등을 느꼈다. 스웨덴에서 난독증은 직접적으로 '단어맹(word blindness)'으로 이해된다. 학생들은 때때로 'dyslexia'에서 따온 'dysse'란 스웨덴 속어를 급우를 지칭하는 용어로 사용한다. 그녀는 'dysse'는 부정적인 단어라고 말한다. 그것은 괴롭힘일 수 있다. 그것은 무언가의 '이유'이다. 그렇기 때문에 그들은 'dysse'가 된다. 그 단어는 자신을 똑똑하지 않다고 느끼게 만든다. 'dysse'가 되는 것은 '학교에서 나쁜 것'을 의미한다. WA는 그녀의 미술 경력에서 매우 의욕적이고 성공적이다. 그러나 난독증의 좌절은 평생 그녀에게 큰 어려움이었다.

Jim과 WA는 난독증을 겪는 전 세계의 수백만 명의 아이 중 하나였다. 하지만 난독증이 정확히 무엇일까?

난독증을 이해하기 위해서는 용어를 먼저 정의해야 한다. 이는 간단해 보이지만 다음과 같은 자세한 이유로 쉽지 않다. 아마도 가장 정확한 정의는 국제난독증협회(International Dyslexia Association)에서 제공하는 것일 것이다.

> 난독증은 기원이 신경생물학적인 특정 학습장애이다. 이것은 정확하고/하거나 유창한 단어 재인이 어렵고 철자 쓰기와 해독 능력이 좋지 않은 것이 특징이다. 이러한 장애는 전형적으로 음운적 요소의 결손에서 비롯되며 다른 인지 능력과 효과적인 교육의 제공에 비추어 보았을 때 예상치 못한 경우가 많다. 이차적 결과는 독해 문제와 읽기 경험의 감소를 포함할 수 있으며, 이는 어휘와 배경지식의 성장을 저해할 수 있다.
>
> (International Dyslexia Association, https://dyslexia.org/definition-of-dyslexia/)

난독증의 기초를 단어 읽기와 단어 쓰기의 장애로 강조한 이 정의에 감사드린다. 이것은 여러 문화, 언어, 문자를 망라한 가장 확실하고 쉬운 정의이다. 또한 음운적 장애가 난독증의 원인이라고 제시했다. 이는 여러 언어와 문자에 걸쳐 입증될 수 있다. 음운적 또는 음성의 표현은 나중에 논의될 것이다. 게다가 형태소 인식, 철자 처리, 유창성과 관련된 요인들은 난독증의 중요한 상관 요인으로 여겨진다. 이것들은 공통된 핵심 인지적 속성들이다.

그러나 난독증이 있는 사람들은 단어가 한 페이지에 수영하듯이 떠다니는 것처럼 경험한다는 대중의 오래된 인식이나 오해가 있다. 일부 사람들은 읽을 때 피로감, 눈의 피로, 글자가 왜곡되는 느낌 같은 증상을 포함하는 시각적 스트레스 문제에 대해 말한다(개관 연구, Singleton & Trotter, 2005). 시각적 스트레스의 경험은 중요하며, 단어 재인(읽기)의 과정에서 지치는 난독증 아동에 의해 어느 정도 과장될 수 있다. 이러한 경험은 심리학적으로 중요하고, 실천적 의미에서 즉시 조치를 취해야 한다. 동시에 특정 시각장애가 난독증을 야기한다는 증거는 거의 없다. 난독증이 있는 사람이 경험한 시각장애는 글자의 경험이 없는 결과이거나 혹은 읽기가 어렵기 때문에 나타난 불안의 징후로 지금까지 여겨진다. 앞으로 더 많은 연구가 되어야 하겠지만, 순수 시각장애가 난독증의 주된 원인으로 나타나지는 않는다. 실제로 시각적 스트레스는 난독증이 없는 사람보다 있는 사람에게서 더 흔한 것은 아니다(Saksida et al., 2016).

그러나 동시에 시각적 징후를 가진 난독증이 있는 사람을 위해서는 시력의 조절이 때로 도움을 줄 수 있다. 예를 들어, 난독증이 있는 아동 중에서 시각적 스트레스가 있는 특정 장애를 가진다는 근거는 드물지만(예: Henderson, Tsogka, & Snowling, 2013), 글자 간격이 난독 아동이 글을 더 잘 읽도록 돕는다는 근거는 있다(Zorzi et al., 2012). 시각적 문제가 난독증에 관한 주된 쟁점이 아니라는 것을 기억하라. 난독증이 있는 사람들이 주된 증상으로 글자의 역전을 경험한다는 가정은 글자 역전이 난독증의 원인이라기보다는 결과일 것이라는 일반적 동의에도 불구하고 수십 년 동안 지속되었다. 즉, 난독증이 있는 사람은 그렇지 않은 사람보다 글자에 덜 노출되기 때문에 더 오랫동안 글자 역전 장애를 갖기 쉽다. 아이와 성인 그 누구라도 새로운 문자로 읽기를 처음 배운다면 경험하지 못한 알파벳 낱자 같은 몇몇 문자소(grapheme)를 혼동할 것이다. 여전히 일부 학자들은 시각적 문제가 난독증을 야기한다는 생각을 계속 유지한다(예: Le Floch & Ropars, 2017). 그러나 현재 대부분의 연구자들은 난독증 이해를 위한 핵심 구성 요소로서 단어 재인 유창성과 함께 음운, 의미(형태소 혹은 의미론적), 철자법과 관련된 단어 읽기장애에 집중한다.

이 책에서는 여러 문화에서 난독증에 대해 알려진 것들을 통합한다. 난독증에 대한 대부분의 연구가 인도-유럽 언어와 문자에 대해 행해졌기 때문에 여전히 세계 여러 나라의 읽기장애에 대해 이해하지 못하는 것이 많다. 언어적 또는 인지-언어적 기반의 장애가 난독증에서 가장 흔히 동의하는 인과적 요인이면서 시각-철자적 시선 추적이나 시각-운동적 기술을 포함하는 다른 장애가 부가적으로 기여한다고 생각하는 것은 타당하다. 다른 국가와 지역이 난독증에 대해 다양한 시각을 가지고 있다는 점을 고려하며(전 세계 국가나 지역에서 난독증에 대한 실질적인 개요는 부록 B를 참조하라), 연구자들이 얼마나 많은 아이가 이 장애를 겪고 있는지에 대해 제시한 통계 자료를 보면 놀랍다. 통계 자료에 의하면, 난독증이 있는 인구는 최소 5%에서 최대 20%이다.

그러나 이러한 통계는 장애의 정의에 따라 달라질 수 있다. 국가마다 난독증의 정의를 크게 달리한다. 즉, 난독증의 정의는 인지 능력들의 프로파일에 주목할 수도 있고, 시간 제한이 있거나 없는 읽기나 쓰기 검사를 포함하는지, 지능지수(IQ) 또는 일반적 지능의 포함 여부, 그리고 ADHD가 있는지 여부 등 다양한 사항을 포함할 수 있다. 정의의 차이는 한 국가 내의 도시마다 달라질 수도 있다. 게다가 난독증을 진단하는 다양한 방법은 검사 배터리에서 절대 기준점(cut-offs: 즉, 검사에서 하위 1%, 5% 혹은 10%를 문제가 있는 것으로 결정해야 하는가?)에 따라 때로 다른 결론으로 이어진다. 또한 이러한 기준점은 이용 가능한 자원에 따라 달라진다. 어떤 정부는 읽기를 어려워하는 모두를 돕고 싶지만, 그 도시나 국가의 하위 1% 혹은 5%만 도울 수 있는 재정적 자원을 가지고 있을 수도 있다. 따라서 연구 결과와 가용한 재정적 자원 같은 현실적 고려는 난독증과 다른 읽기장애의 정의에 영향을 미칠 수 있다. 이러한 정의의 차이로 인해 가장 좋은 상황에서도 난독증의 문화 간 비교가 어렵게 된다.

실제로 난독증 같은 건 없다고 주장하는 『난독증 논쟁(The Dyslexia Debate)』이라는 제목의 책이 있다(Elliott & Grigorenko, 2014). 저자들은 읽기와 쓰기장애의 징후가 다를 수 있고, 문식성 장애(예: 음운적 vs. 시각적)와 관련된 인지 능력이 다를 수 있으며, 그 결과 난독증의 진단 수단도 다를 것이기 때문에 난독증이 특정 증상이라고 생각하는 것에 많은 문제가 있다고 언급한다. 이러한 주장은 모두 교육 세계에서 확실하고 관련 증거가 많이 있는 '사실들'이다. 게다가 그 책은 대부분 영어 사용 국가 내의 정의에 초점을 맞추었지만, 우리가 난독증을 어떻게 이해해야 하는가의 문제를 다른 문화, 언어, 문자로 확대한다면 이 주장은 훨씬 더 분명하다.

난독증의 가장 현실적인 정의는 일부 아이들이 단어 읽기와 쓰기 학습에 특정 장애를 가지고 있다는 사실을 고려하는 것이다. 이 아이들은 정상 모집단의 일부

인데, 모집단에서 어떤 사람은 단어를 매우 잘 읽고 다른 사람은 읽지 못하며 대부분은 그 중간에 속한다. 읽기의 극단적 장애는 심각함을 시사하고, 이러한 특정 읽기 문제를 겪는 사람들은 정의에 따르면, 정상 지능(이후 논의되지만, 때때로 매우 높다)의 경계 내에 있고, 충분한 청각과 시각이 있으며, 충분한 문식성 교육을 받는다. 그럼에도 불구하고 아이들은 간단한 읽기와 쓰기 활동을 어려워하고 매우 긴 시간 동안 어려움을 겪는다. 따라서 내가 선호하는 난독증의 정의는 어느 시점에 인구의 일정 비율을 다소 임의적으로 규정해야 한다는 사실을 고려한다. 이 설명은 모호함을 확실히 자각하고 있으며, 다른 어떤 정의보다 타당하다.

> 난독증은 단어 읽기장애의 정규분포에서 하단에 해당한다. 난독증이 있는 누군가를 진단할 때는 연속변수를 다소 임의적으로 절단하는 설정이 필요하다. 단일 단어 해독 검사에서 연령별 평균보다 1.5 표준편차가 낮은 점수를 전형적인 기준점(cut-off)으로 하면 인구의 약 7%가 난독증이 있는 것으로 판별된다.
>
> (Boada, Willcutt, & Pennington, 2012, p. 266)

실제로 여러 문화에서 판단하는 난독증의 기본적인 정의에 약간의 모호함이 있다. Seidenberg(2017)는 난독증 분야의 매우 복잡하고 방대한 연구들을 요약했는데, 다음과 같이 난독증에 관한 네 가지의 중요한 점을 제시하였다(p. 167).

- 난독증에는 하나의 원인만 있지 않다. 많은 기저의 변수—유전적·신경발달적·인지적 수준에서—는 읽기같이 복잡한 능력을 방해할 수 있다.
- 기저의 결손은 심각성, 즉 결손이 영향을 미치는 행동 및 정도, 그리고 유연성 또는 지속성에서 다르다.
- 읽기장애는 단독으로는 문제가 되지 않는 비교적 가벼운 여러 결손이 동시에 발생한 결과이다. 그러한 결손의 영향은 다른 영역의 강점에 의해 조절된다(방어적 요소).
- 이러한 결손의 발현은 아이들이 성장함에 따라 변화한다.

연구자들은 난독증이 어떻게 발달하는지를 설명하기 위해 유전적이고 신경학적 요소에 기반을 둔 아이 개인의 능력뿐만 아니라(예: Ozernov-Palchik, Yu, Wang, & Gaab, 2016) 가정 내 문식성 환경(예: van Bergen, de Jong, Maassen, & van der Leij, 2014)도 강조한다.

무엇이 난독증을 야기하는가

난독증의 본질을 이해하기 위한 노력으로 연구자들은 특히 유전적이고 신경생물학적인 상관 변수에 주목한다(예: Verhoeven, Perfetti, & Pugh, 2018). 난독증의 경우에 부모와 자녀 사이에 유전적 연관성은 확실하다(예: Torppa, Eklund, Bergen, & Lyytinen, 2011; van Bergen, de Jong, Plakas, Maassen, & van der Leij, 2012). 자녀가 난독증이 있는 부모 한쪽에 의해 난독증이 있을 위험성은 4~60%이며, 이 위험성은 부모 둘 다 장애를 가졌을 때 더 증가한다(예: Schumacher, Hoffmann, Schmäl, Schulte-Körne, & Nöthen, 2007). 형제 중 한 명이 난독증이 있을 때 다른 형제의 가능성은 3~10배까지 증가한다(개관 연구, Schumacher et al., 2017). 특정 유전자와 난독증을 연관시키려는 시도는 읽기장애와 관련된 여러 개의 개별 유전자를 밝혀 냈다. 나는 중국인 표본을 사용한 몇몇 논문의 저자였다. 그러나 이 분야는 매우 복잡하고, 난독증과 관련된 개별 유전자에 대한 확고한 결론을 내기 어렵다. 오히려 다양한 유전적 및 환경적 상호작용이 난독증과 관련된 원인이다(예: Gabrieli, 2009).

난독증 가능성을 나타내는 신경학적 징후는 부모가 읽기장애가 있는 신생아에게서 나타났다(예: Leppänen et al., 2010; Molfese, 2000). 이러한 징후는 몇 년 후 아이들의 읽기 수행을 구별했다. 결국 몇 년 후 읽기장애를 갖게 된 영아들의 뇌는 난독증이 아니라고 밝혀진 영아들과 비교했을 때 말소리에 비정상적인 처리를 보이는 경향이 있었다. 난독증이 있는 사람들의 연구는 성인 (Baldeweg, Richardson, Watkins, Foale, & Gruzelier, 1999; Maurer, Bucher, Brem, &

Brandeis, 2003)과 아이들(예: Meng et al., 2005; Schulte-Körne, Deimel, Bartling, & Remschmidt, 1998)을 포함해서 그들이 난독증이 없는 사람들보다 청각 정보를 처리하는 데 있어서 명확한 구분이 더 적음을 보여 준다. 그러나 이러한 지각적인 장애는 난독증이 있는 대부분의 아이에게서 분명한 지각적 장애로 발현되지 않는다는 점에서 포착하기가 매우 힘들다. 동시에 신생아 발달 연구(Leppänen et al., 2010; Molfese, 2000)에 따르면, 이러한 장애는 원인일 수 있다.

게다가 언어장애와 읽기장애 사이에는 확실히 공통 부분이 있다(예: Aram & Hall, 1989; Bishop & Adams, 1990; Butler, Marsh, Sheppard, 1985; Escarce, 1998; Fowler & Scarborough, 1999; Hagtvet, 1998; Lei et al., 2011; Magnusson & Naclér, 1990; McBride-Chang, Lam et al., 2008, 2011; Nash, Hulme, Gooch, & Snowling, 2013; Scarborough, 1989; Snowling, Gallagher, & Frith 2003; Zhou, McBride-Chang, Fong, Wong, & Cheung, 2014; Ziegler & Goswami, 2005). 어느 한 시점에서 특정 언어장애를 발현하는 아이들이 많이 있는데, 이 장애는 초기에 비교적 불안정하다(예: Tomblin, Zhang, Buckwalter, & O'Brien, 2003). 최근 결과에 따르면, 연구자들은 정규 교육이 시작될 때까지 지속되는 언어장애가 있는 아이들에게만 난독증에 대한 특정 위험의 경향이 있다는 주장에 수렴하고 있다(Snowling, Duff, Nash, & Hulme, 2016). 조기 언어장애는 저절로 난독증과 관계되지 않지만, 음운 처리 문제, 난독증에 대한 가족력, 그리고 특정 환경적 위험 요인과 같은 다른 어려움과 결합하여 난독증의 가능성이 더 높아진다(Snowling & Melby-Lervåg, 2016).

난독증에 관한 다른 연구는 난독증이 있는 아이들에게서 시각적 단어 처리가 손상되었을 수 있음을 보여 준다. 예를 들어, 그러한 아이는 활자에 적응하는 특정 기술이 느려 보인다(예: Maurer et al., 2007). 우리는 읽기에 더 많이 노출될수록 문자의 부호를 알아보고 문자가 아닌 다른 부호나 그림과 더 잘 구분할 수 있다. 난독증이 있는 아이들은 빠르게 할 수 없다(예: Meng, Tian, Jian, & Zhou., 2007). 난독증이 있는 아이들이 나타내는 이러한 장애에 관한 인과적 기제는 아직 확실하지 않다. 그러나 단어 읽기가 보통 뇌에서 음운과 철자 처리의 통합을 포함한다는 점을 고려하면 난독증 아이에게서 음운 처리와 철자의 처리가 모두 약간 손상되었다고 생각하는 것은 흥미롭다.

여러 연구에서 난독증의 뇌 구조에 대해서 탐구했다. 단어 읽기를 위한 정보의 통합은 대개 좌측 측두엽의 전두, 측두두정, 후두측두 영역에서 일어난다(예: Gabrieli, 2009; Paulesu, Danelli, & Berlingeri, 2014). 때때로 난독증이 있는 사람들은 그렇지 않은 사람들과 비교할 때 이 영역들에서 뇌 활동의 감소가 나타난다(예: Hu et al., 2010; Shaywitz et al., 2002). 다른 연구는 난독증이 있는 사람들의 뇌에서 눈에 띄는 구조적 차이가 있음을 발견했다. 예를 들어, 난독증이 있는 사람들은 우측 비대칭이나 대칭적인 측두 평면(planum temporale)을 가질 수 있지만, 난독증이 없는 사람들은 이 영역에서 좌측 비대칭을 이룬다(개관 연구, Caylak, 2009). 흥미롭게도 다른 연구들은 난독증이 있는 사람은 뇌의 좌측 측두엽 영역에서 회백질의 밀도나 크기 역시 작다는 것을 증명했는데(예: Hoeft et al., 2007; Ramus, Altarelli, Jednoróg, Zhao, & di Covella, 2018), 이것은 아마도 더 적은 수의 신경세포들이 덜 활동적인 처리를 한다는 것을 나타낼 것이다(Caylak, 2009). 이 간략한 요약을 통해 난독증을 이해하는 데 유전자와 뇌의 수준에서 다양한 인과적 측면이 있을 수 있다는 사실이 전달되기를 바란다. 그러나 현실은 학자들이 난독증이 있는 사람과 없는 사람의 뇌 차이와 더 적지만 유전자 차이에 대해 이해하고 있으나 여전히 많은 부분을 모른다는 것이다. 난독증이 있는 집단과 그렇지 않은 집단 간의 차이에 주목하는 것은 인과적 기제를 이해하는 것과 같지 않다.

여기서 중요한 부분은 난독증에 신경생물학적 원인이 있다는 것이다. 이는 두려움과 위안 둘 다 될 수 있다. 난독증이 부모나 다른 누군가가 예방할 수 없는 생물학적이며 유전적인 의미라는 사실 때문에 두려울 수 있다. 아마도 우리는 난독증의 영향을 완화하기 위해 초기에 훈련을 시도할 수는 있지만 막을 수는 없다. 같은 이유로 부모나 교사가 난독증의 발현을 막기 위해 할 수 있는 일은 없었다는 위안이 될 수 있다. 이는 어떤 부모의 혹은 본인의 죄책감(내가 더 열심히 했어야 하나? 내가 공부를 더 할 수 있었나? 내가 XXX를 더 해야 한다. 여기서 XXX는 죄책감을 느끼는 사람이 상상할 수 있는 어떤 어리석은 생각일 수 있다—임신 중일 때 연어를 더 먹어야 하나? 임신 중일 때 초콜릿을 덜 먹어야 하나? 특정 허브를 먹거나 먹지 말아야 하나? 더 운동을 해야 하나? 미신적인 콧노래나 주문을 불러야 하나? 모차르트 곡을 더 듣고 록 음악을 덜 들어야 하나?)이 현실에 기반하고 있지 않음을 의미한다. 중요한 것은 난독증의 문제를 수용하고, 이해하고, 극복하려고 노력하는 것이다.

난독증은 무엇인가

난독증 개념의 복잡성은 이론적으로, 그리고 실제로도 어렵다. 학습장애를 연구하고 스스로 난서증이 있는 홍콩 사람인 Mr. Cheung은 이렇게 말한다.

> 대부분 정책 입안자, 교사, 그리고 부모는 난독증이 있는 사람들이 동질적인 그룹에 해당한다는 인상을 받는다……. 비전문가에게 난독증의 일반적인 인상은 읽기, 받아쓰기, 손 쓰기, 기억, 처리 속도, 조직 능력, 자기 훈련 등에 어려움이 있다는 것이다. 기본적으로 대부분의 사람은 난독증이 있는 아이들이 모든 단일 연구에서 발견한 특징들이 있어야 한다고 생각한다. 아이들의 행동이나 반응이 수백만 개 난독증의 특징 중에서 하나를 따르지 않으면 부모나 교사는 매우 혼란스럽고 좌절감을 느낀다……. 보통 두 가지 반응 중 하나가 나타난다. 교사와 부모는 난독증에 대한 정보에 의문을 가질 것이고, 난독증이 있는 아이들을 다루는 데 자신감을 잃거나 혹은 아이들이 진짜 그러한 장애를 겪는지를 의심할 것이다.

이 인용문은 난독증에 대한 하나의 정의를 따르는 것이 연구자와 임상가를 곤란하게 하는 이유를 잘 요약하고 있다. Mr. Cheung의 생각은 많은 사람에게 공유되었고, 그는 다음과 같은 현실적인 조언을 했다.

> 특정 방법이 효과가 없을 때 가장 중요한 것은 난독증의 이질성을 알고, 다른 방법을 적극적으로 시도해 보고, 무력감을 가지지 않는 것이다. 그러한 실패는 치

료 방법과 아이들의 상황이 잘 맞지 않기 때문일 수 있다. 당신 자녀의 능력을 세밀히 관찰하고, 한 가지 진단에만 의존하여 아이 능력에 대해 고착된 견해를 갖지 말라.

난독증이 있는 사람을 모니터하는 데 필요한 능력은 인지-언어적이다. 일본 언어치료사인 Mr. Toyota는 특히 일본어에 대해 "교사나 치료사는 각 아이의 인지적 강점과 약점에 대해 알아야 한다. 또한 교사나 치료사는 학생이 학업 지식을 잘 배울 수 있도록 보조 기술을 사용하거나, 히라가나 글자뿐 아니라 어려운 간지를 가르치거나, 숙제의 양과 질을 조정하는 것과 같은 교육 계획을 세워야 한다"라고 언급한다. [일본에서 히라가나 쓰기 체계는 소리-상징 조합에 많이 의존한다. 반면 (중국의 한자와 같은) 간지는 때때로 임의적 상징처럼 보이고 그 개수도 매우 많기 때문에 특히 배우기가 벅찬 것 같다.] 이 제안은 히라가나가 더 어려운 간지를 배우는 데 도움을 주는 방법을 강조하기 때문에 유용하다(예: Bowers & Michita, 1998). 스웨덴의 임상사회학자 Dr. Emma Lindeblad도 개선뿐만 아니라 재능을 활용하기 위한 기술에 초점을 맞출 것을 제안한다. "유감스럽게도 아이들에게 있는 문제가 무엇인지에 크게 주목하고 실제 능력과 강점에는 집중하지 않는다." 아이들의 장애와 강점에 대한 확실한 윤곽(프로파일)을 아는 가장 좋은 방법은 난독증의 기초가 되는 인지-언어적 능력을 이해함으로써 시작한다.

난독증 이해를 위한 인지-언어적 능력

부모, 교사, 전문가 또는 난독증이 있는 사람으로서 여러분은 읽기 학습에 특히 중요한 인지 능력을 알아야 한다. 자신의 문화와 아이에 따라 읽기를 위한 인지 능력의 중요성은 달라질 수 있다. 다양한 문자는 비교적 읽기를 쉽거나 어렵게 하는 특성을 갖는다. 예를 들어, 말 그대로 수백 개 혹은 수천 개의 다른 시각 부호가 있는 한자, 일본어 간지, 인도 문자인 칸나다는 단지 26/27자와 몇몇 발음 구별 부호(강세 같은)를 쓰는 영어나 스페인어보다 아이들에게 시각 인식(visual awareness)을 더 많이 요구한다. 게다가 난독증이 있는 아이들도 우리 모두와 마찬가지로 상대적으로 강한 능력과 약한 능력이 있을 것이다. 우리는 각자 능력의 패턴이 있다. 자신이나 자녀를 잘 알고 있다면, 아마도 이러한 능력 중 일부를 바로 알아차릴 수 있을 것이다.

일상생활의 과제에 잘 적응하기 위해서 개인의 강점과 약점을 이해하는 것은 중요하다. 강점과 약점의 이해는 자기 자신을 관리하는 데 유용하다. 자신의 강점과 약점은 극복 전략[(work through strategy), 예: 약점을 극복하기 위해 지속적으로 노력해야 하는 능력]과 우회 전략[(work around strategy), 예: 목표를 달성하기 위해 약점보다는 강점을 사용하여 최대로 효율적으로 구현하는 절차]을 제시한다.

예를 들어, 나는 상대적으로 능숙하게 읽기/쓰기가 가능한 사람이지만 나의 시공간 기술은 평균 이하이다. 그러므로 이메일이나 보고서를 쓰는 데에는 대부분의 사람보다 시간이 덜 걸리지만, 지도를 읽고 다른 장소로 가기 위한 가장 좋은 길을 결정하는 데에는 평균보다 훨씬 오래 걸린다. 이러한 광범위한 읽기, 쓰기, 그리고 지도 파악 능력은 보다 단순한 내 일생에 걸쳐 발전된 인지적 및 언어적 능력에서 진화했을 것 같다. 요즘 나는 이 책을 쓰는 것과 같은 것들을 함으로써 나의 강점을 사용하기 위해 노력한다. 우리는 모두 자신의 강점을 활용하는 것을 좋아한다. 하지만 나는 부족한 시공간 기술도 관리해야 하는데, 이 방법은 쉽지 않고 즐겁지 않다. 내가 할 수 있는 한 가지 방법은 이 능력을 과도하게 연습하는 것이다. 내가 전혀 지도를 읽을 수 없는 것은 아니다. 나는 천천히 많은 노력을 통해 지도를 읽는다. 더 많은 연습으로 많이 나아졌지만, 나에게 힘들고 좌절감을 주기 때문에 좋아하지 않는다. 할 수 있다면 피하고 싶다. 하지만 때때로 선택의 여지가 없으므로 개선하기 위해 시간을 내서 연습해야 한다. 또 다른 흔한 방법은 내가 강점을 사용함으로써 지도 읽기의 어려움을 피하는 것이다. 예를 들어, Google 같은 검색 기능에 주소 A에서 주소 B로 가는 방법을 입력할 수 있다. Google은 목적지에 가는 방법을 화면에 보여 줄 것이다. 지도는 내가 이해하기에 비교적 느리고 노력이 들지만, 말로도 설명해 준다(예: 내가 독일 Freiburg에 오늘 있었던 거리인 Berliner Allee 코너에서 오른쪽으로 가라). 나는 언어적 지시를 따르는 것이 지도를 기반으로 계획을 세우는 것보다 훨씬 낫다. 따라서 나는 문제가 있는 시공간 능력을 상쇄하기 위해 구어 능력에 종종 의지한다.

이 예시는 자신의 언어와 문자의 난독증을 이해하는 데 관심이 있는 우리 모두가 난독증의 기초가 되는 인지-언어적 능력을 이해하는 데 많은 시간을 보내야 하는 이유를 강조한다. 여러분이 읽기 학습에 중요한 기본적인 인지-언어적 능력을 이해한다면 이 능력에서 개인의 강점과 약점의 프로파일에 대해 생각할 수 있다. 난독증이 있는 사람은 자신감과 성공을 위해 자신의 강점을 활용해야 하며, 대부분의 사람이 숙달하기 위해 해야 하는 것보다 훨씬 오래 훈련함으로써 약점을 극복하려고 노력해야 한다. 게다가 난독증이 있는 사람은 배우는 데 어려움이 있는 약점을 피하며 일하기 위해 강점을 이용해야 한다. 자신의 강점을 활용함으로써 아이들은 더 효율적으로 성취할 수 있다.

인지 능력이 난독증에 매우 중요한 세 가지 주된 이유가 있다. 첫째, 한 국가 혹은 지역의 문자와 언어로 인지 능력을 측정할 수 있다면, 이는 아이들의 난독증 위험 정도를 평가하기 위해 사용될 수 있다. 즉, 몇 가지 인지적 기술 혹은 적어도 이 기술의 전조 능력은 아이가 읽기를 배우기 전인 비교적 초기 발달 과정에서 검사될 수 있다. 많은 연구자(예: Adams, 1990)와 우리 면담자들의 일부(예: 소아과의사 Theresia와 Stoeckl-Drax)가 언급했듯이, 우리가 난독증이 있는 아이들에게 할 수 있는 가장 좋은 방법은 읽기를 시작하기 전, 초기에 식별하는 것이다. 조기 치료는 아이의 읽기장애가 심각해지지 않도록 돕는 데 매우 효과적이다. 따라서 인지-언어적 기술에 초점을 두는 것은 도움이 필요한 어린아이들을 식별하는 것을 도울 수 있다. 둘째, 인지적 기술은 보통 난독증과 밀접하게 연관되어 있으므로 인지적 기술의 훈련은 아이들이 읽기를 더 잘 배우도록 도울 수 있다. 특정 기술을 강화하는 게임은 아이들의 읽기를 고취하는 데 도움이 된다. 이러한 기술을 게임으로 강화하는 것은 훈련과 관련된 고통을 조금이라도 줄일 수 있으므로 아이들이 게임을 통해 인지적 기술을 사용하는 방법에 대해 생각해 봐야 한다. 창의적으로 해야 한다! 셋째, 아이들의 강점 이해는 우회 전략을 촉진하는데,

이는 아이가 경험하는 장애를 보완함으로써 일상생활이나 특히 학교에서의 과제를 달성하는 데 도움이 될 수 있다. 예를 들면, 다음에서 다루게 될 인지적 기술의 일부는 난독증이 있는 특정 아이에게 상대적으로 쉽지만, 다른 인지적 기술은 어려울 수 있다. 각 아이에게 어떤 인지적 기술이 쉬운지 어려운지 아는 것은 중요하다.

난독증이 있거나 있을 위험이 있는 아이들의 식별과 훈련은 종종 집단 수준에서 발생하지만, 개인별 수준에서의 인지적 과제도 생각해 보라. 예를 들어, 한 아이는 음운 비교에 약하고 시각 분석에서는 비교적 능숙할 수 있다. 문자와 아이에 따라 각 인지 능력의 중요성 정도를 달리 해야 하는 것을 기억하라. 인지 능력은 또한 동기와 특정 생활 상황에 의해 영향을 받는다. 난독증의 소위 하위 유형에서의 많은 변이(예: Chen, Zheng, & Ho, 2018; Hanley, 2017; Peterson, Pennington, Olson, & Wadsworth, 2014)는 인지-언어적 기술의 강점과 약점의 유형에 기인하는 것 같다.

이 장의 처음에 언급된 Ms. WA는 이에 대한 가슴 아픈 사례이다. 난독증이 있는 대부분의 사람처럼 그녀는 읽기 학습을 못한 것이 아니라 다른 학생보다 더 오래 걸린 것이다. 그녀의 생물학적 어머니는 WA가 8세 무렵에 설암으로 사망했다. 그 당시 WA에게는 4세인 남동생이 있었다. 설암의 특성 때문에 어머니는 사망할 무렵 소리 내어 말을 할 수 없어서 자녀들과 소통하기 위해서는 쓰기에 의존해야 했다. 따라서 WA는 어머니가 쓴 짧은 문자를 남동생이 읽을 수 있도록 가르치게 되었다. 난독증이 있는 어린 소녀는 포스트잇에 쓰인 자신과 동생을 위한 어머니의 메시지를 완벽하게 읽었다. 이러한 필요와 용기가 있는 활동은 많은 부분에서 놀랍다. 이 상황에서 한 작은 측면은 WA가 단어 재인에 관한 약점을 보완하기 위해 자신의 강점을 활용해야 했다는 것이다.

다음 내용에서 나는 읽기 학습에 핵심적인 인지적 기술들을 강조한다. 인지-언어적 과제를 크게 분류하면, 음운 민감성, 형태소 인식, 시각-철자 기술, 그리고 유창성이 포함된다. 일부 언어/문자는 다른 언어/문자보다 읽기 쉽기 때문에 이러한 인지적 기술들과 이것들을 측정하는 방법은 난독증과 관련된 중요성에서 달라질 수 있다. 이러한 기술들은 특정 언어에서 식별되고 훈련될 수 있지만, 각 언어와 문자에서는 약간의 조정이 필요하다. 게다가 능숙하게 읽는 사람이 되기 위해 필요한 훈련 시간의 양은 문자에 따라 다를 수 있다. 이 부분은 언어학적인 내용이 다소 많다. 그러나 이는 난독증이 있는 아이들을 훈련하기 위해서 게임이나 기법을 고안하고자 하는 사람들에게 특히 중요하다. 치료의 목적을 위해 인지-언어적 기술들이 무엇인지를 이해하는 것은 중요하다. 처음 세 가지는 확실하고 직접적으로 단어 수준의 읽기와 관련된다. 네 번째는 효율적인 단어 재인을 위한 더 광범위한 능력과 관련된다. 이것들은 다음에서 자세히 개관된다.

환상적인 네 가지: 단어 읽기를 위한 인지적 구조

단어 재인의 기본은 음운 능력이다. 말하자면 이것은 말소리를 의미한다. 뱀바어[Bemba(잠비아에서 7개 공식 언어 중의 하나)], 히브리어, 또는 러시아어로 누군가 말하는 것을 들었을 때, 여러분은 비록 이 언어를 모를지라도 언어를 구성하는 소리를 인식할 수 있다. 코미디언은 이러한 소리에 고정관념을 갖고 있다. 예를 들어, 독일어는 때로 비음을 내는 미국식 영어나 선율이 있는 만다린(표준 중국어)보다 더 끊어지거나 목 뒤에서 나오는 연구개음 소리를 낸다고 여겨진다. 적어도 우리는 넓은 의미에서 다양한 언어의 음운적 측면에 민감하다. 우리는 모르는 언어의 말소리에 대한 미세한 구별을 할 수는 없으나(예: 중국어의 성조, 또는 영어에서 /g/ vs. /k/ 소리), 언어에 따라 큰 차이가 있음을 듣는다. 그러나 우리가 언어를 배우기 전까지 추론할 수 없는 것은 말소리와 말소리의 변화에 속한 의미이다.

의미는 형태소 인식에 의해 나타난다. 형태소 인식은 일반적으로 의미론이나 의미의 가장 작은 측면만을 포함한다. 단어 읽기와 관련하여 형태소 인식에 대한 초점은 단어 수준에서 일어난다(반면에 구, 문장, 또는 단락 수준을 포함하는 본문의 유형과 관련되면 의미론은 더 넓어지지만). 여러분이 영어에서 REfuse가 명사인 '쓰레기'를 의미하고 reFUSE가 동사인 '거절하다'의 의미라는 것을 이해한다면, 이는 의미 이해의 일부이다. 형태소는 굴절어의 어형 변화, 파생어, 접두사, 접미사를 포함한 의미의 가장 작은 단위이다. 이러한 형태소의 일부는 쉽고(예: s는 영어에서 많은 명사의 복수를 의미한다), 다른 일부는 까다롭다[예: hydro는 물을 의미하고 수상 비행기(hydroplane), 수력 발전(hydroelectric) 등의 단어가 있다. hydro의 의미를 아는 것은 그것을 포함하고 있는 단어의 의미를 알아내도록 도울 수 있다].

활자에서 철자 측면은 단어가 특정 문자에서 쓰이는 방법을 지칭한다. 소리와 의미는 쓰기로 전달된다. 예를 들어, no와 know는 영어에서 같게 발음되지만 매우 다른 의미와 철자로 표시된다. 중국어에서 한자는 글자의 구성 요소와 관련된 특정 맞춤법 규칙에 따라 형성된다. 베트남어, 독일어, 프랑스어 같은 다른 표기 체계에서는 주어진 단어의 발음 변화를 나타내는 발음 구별 부호도 맞춤법의 일부이다. 영어조차 soufflé나 naïve 같은 외래어 때문에 가끔 발음 구별 부호를 사용한다. 이러한 부호는 다른 문자에서는 다른 위치에 나타날 수 있는데, 위, 아래, 심지어 쓰인 문자소의 중간에 나타나기도 한다.

읽기 학습을 위한 인지적 구조로서 음운, 형태소, 그리고 철자 지식을 넘어 네 번째 능력이 이 장에서 강조된다. 이는 빠르고 쉽게 읽고 쓰는 (혹은 실제로 더 넓은 의미에서 어떤 주어진 과제를 달성하는) 능력인 유창성이다. 난독중이 있는 사람들에게 유창성을 달성하는 것은 가장 큰 도전 가운데 하나이다. 우리는 유창성의 한 측면을 측정하는 방법으로 보통 RAN이라고 불리는 과제를 사용하는데, 정확히 RAN이 무엇을 측정하는지에 관해 합의되지는 않았다. 최소한 그것은 유창성과 음운 민감성 요소의 일부를 포함하는 듯하다. 그러나 RAN은 여러 언어와 문자에서 단어 읽기와 가장 강력한 상관 변수이면서 예측 변수이다.

이러한 네 가지 능력을 영어에서 측정하는 방법에 초점을 맞추어 다음에 설명하겠다. 내가 다양한 문자와 언어에서 이를 측정하지 못해 유감이지만, 영어를 참고하여 여러분이 잘 아는 언어와 문자에 적용하기를 바란다. 네 가지 능력은 모든 언어에서 어떤 방식으로든, 적어도 문식성 발달의 일부 시점에서 읽기와 쓰기에 중요하다.

음운 민감성

언어의 소리는 의미에 큰 영향을 미친다. 나는 몇 년 전 홍콩에서 항해를 배우기 시작했을 때 이를 다시 깨달았다. 홍콩에는 매우 분주한 항구가 있고, 홍콩 정부는 바다에서 보트를 조종하는 사람들에게 무선전화 역량 면허증을 취득하도록 요구한다. 내가 이 시험을 보기 위해 공부하면서 알게 된 내용은 오래전에 선원들이 다른 나라 선박의 선원과의 사이에서 틀린 발음과 의사소통의 오류에 대한 가능성을 알게 되었을 때, 그들은 가외의 음운 정보에 기반해서 숫자와 글자를 구분하는 체계를 고안했다는 사실이다. 지금까지 선원들은 숫자와 글자에 관해 특수하고 긴 명칭을 사용한다. 예를 들어, 공해에서 숫자 2는 Bisso-Two로, 숫자 3은 Terra-Three로 나타낸다. 모든 알파벳 낱자는 두 음절의 이름이 있는데, 예를 들면 V는 Victor, W는 Whiskey이다. 그러한 명칭이 거의 혼동되지 않기 때문에 이 체계는 숫자와 글자 정보를 전달하는 것을 훨씬 쉽게 만든다. 이러한 긴 음운 명칭은 배를 구별하고 운항 정리를 위해 쓰인다. 이 해결법은 음운 정보가 소통에 얼마나 중요한지를 보여 준다. 이는 단어 읽기만큼 중요할 수 있다.

알파벳 문자의 읽기 학습이 기본적으로 비교적 간단한 방식으로 소리 정보를 전달하는 기호에 집중하도록 요구하기 때문에 음운 능력에 대한 집중은 특히 알파벳을 사용하는 문자뿐 아니라 알파벳의 요소를 갖는 다른 문자(한국의 한글같이)에 도움이 된다. 영어에서 P는 대부분 글에서 /p/ 소리를 만든다. 이는 philosophy와 psychology를 쓸 때처럼 항상 옳은 것은 아니지만, 보통은 그러하다. 따라서 P는 /p/ 소리가 난다는 것을 학습하는 것은 중요하고 도움이 된다. 이 소리를 이 기호와 연결하려면 아이는 /p/ 소리를 따로 분리하고 조작할 수 있어야 한다. 한 소리를 분리하고 조작하는 능력은 아이가 이 소리를 다른 소리와 합쳐서 단어를 만들 수 있도록 한다(예를 들어, p-i-t는 pit라고 읽는다).

중국어 같은 문자는 알파벳 문자가 아니다. 그럼에도 불구하고 알파벳이 아닌 문자를 읽는 사람들에게도 어느 정도 소리는 중요하다. 예를 들어, 중국어로 쓰인 한자는 어떤 단어 맥락에서도 일관되게 같은 소리가 난다. 예를 들면, '국'(國, guó)이라는 글자는 그것을 포함한 모든 단어, 즉 프랑스(法國, fǎ guó), 독일(德國, dé guó), 미국(美國, mei guó), 중국(中國, Zhong guó)처럼 일관되게 guó로 발음된다. 이 경우에 소리와 관련된 음운적 요소는 음절 수준에 있다. 음절 수준의 정보는 여기서 특히 중요하다.

　다른 쓰기 체계에서는 단일 음소 혹은 중국어 읽기 학습에서처럼 전체 음절의 중요성에 초점을 맞추는 대신 각운(라임, rime) 단위에 초점을 맞추는 것으로 확장할 수 있다[단어 끝을 동일하게 만들어 운율을 맞추는(rhyme) 단위를 라임(rime)이라고 한다. rime은 오타가 아니다]. 예를 들어, 독일어에서 zwei(two), drei(three), frei(free)는 모두 ei의 각운을 갖고 있다. 이 ei 각운을 발음하는 방법을 배워서 그것이 포함된 다른 단어를 본다면, 이는 그 발음을 일반화하도록 돕는다. 비슷하게 fight, sight, light는 발음에서 모두 같은 각운(ight)을 갖는다. 전반적인 아이디어는 우리가 단어의 어느 수준(예: 음소, 각운, 음절)에서 소리를 분리하도록 배워 소리의 지식과 그 소리가 나타내는 활자 표상의 지식을 읽기에 적용시킨다면, 이는 더 효과적인 문식성 기술을 촉진하는 데 도움이 된다는 것이다.

　종종 분절 음운 인식으로 불리는 말소리 분리의 기술과는 별도로, 또 다른 중요한 기술은 전체 단어의 말소리에 초점을 두는 것이다. 이 기술은 초분절적 (supresegmental) 능력으로 불린다. 우리는 외국인이 우리의 언어를 말하려고 하거나 아이들이 모르는 단어를 읽으려고 하는 것을 들었을 때, 적어도 특정 언어에서 대부분 이 능력을 인식하게 된다. 앞선 두 경우에서 우리는 강세로 인해 단어를 틀리게 발음하는 상황에 부딪힐 수 있다. 예를 들어, 단어가 POcket이 아닌 poCKET으로 발음된다. 또 다른 예시는 성조를 사용하는 중국어를 외국인이 발음하는 것을 듣는 중국인은 성조 발음에서의 실수를 종종 들을 것이다. 강세나 어조가 어디에 있고 무엇인지를 아는 능력이 여러 단어의 읽기와 쓰기 학습에 추가적으로 도움이 됨이 밝혀졌다. 우리는 강세가 없는 음절의 쓰기보다 있는 음절을 더 잘 쓰는 경향이 있다(예: Treiman, Berch, & Weatherston, 1993). 자신의 모국어에서 옳은 강세 패턴(예: Wade-Woolley & Heggie, 2015; Wang & Arciuli, 2015) 및 어휘의 성조 사용(Cheung et al., 2009; Liu, Shu, & Yang, 2009; Zhang et al., 2012)을 파악하는 데 어려움이 있는 사람들은 난독증의 위험성이 더 크다.

그러므로 아동의 읽기와 쓰기 문제의 위험 정도를 측정하는 방법에 대해 생각한다면 음운 처리가 핵심이다(예: Verhoeven et al., 2018). 그러나 음운 처리를 측정하는 방법 또는 이를 위해 하는 게임은 언어에 따라 달라질 수 있다. 여러분은 영어의 예시를 이해하고, 자신의 언어에 적용할 수 있는지를 살펴봐야 한다. 많은 영어 음운 인식 검사는 음운 탈락이나 대체 또는 다른 단위와의 조합을 활용한다. 예를 들어, 음소를 사용할 수 있지만 다른 때에는 각운 또는 음절을 사용할 수 있다. 다음에서 몇 가지 간단한 영어 예시를 제시하는데, 여러분은 자신의 목적에 맞게 활용할 수 있다. 더 많은 예시는 부록 H에 제시되었다.

음운 인식은 실제 단어나 비단어를 사용하여 측정될 수 있으나, 비단어는 실제 단어보다 더 어렵다. 여러분이 알고 있는 단어가 답이라면 말소리를 조작하는 방법을 이해하는 것이 더 쉽기 때문에 다음 예시는 모두 실제 단어를 사용한다. 단어는 설명하기가 더 쉽기도 하다.

음운 민감성에 대한 모든 연습의 경우, 실험자는 아이들에게 구두로 예시를 제시하고 측정하고 훈련해야 한다. 아이들에게 읽도록 하는 것이 아니라 말하고 질문함으로써 음운 민감성을 훈련시키는 것이 중요하다. 여러분이 음운 민감성 측정의 기본 원리를 이해한다면 꽤 쉽게 예시를 만들 수 있다. 그 원리는 개인의 말소리 및 음운 단위에 초점을 맞추는 것이다. 가장 쉬운 음운 단위의 유형은 음절 수준이다. 그중 가장 쉬운 것은 복합어에서 발생하는데, 다루는 음절도 단어이다. 예를 들어, 아이에게 스노우맨(snowman)에서 맨(man) 부분을 떼고 말하도록 할 수 있다. 답은 스노우(snow)가 된다. "스노우맨(snowman)에서 맨(man)(단어의 일부)을 빼고 말해 보라" [답: 스노우(snow)]와 같은 방식으로 다음의 각 항목에서 아이가 소리의 탈락을 조작하도록 요청할 수 있다. 다음에서 단어와 답을 대체할 수 있는 몇 가지 예시를 더 제시했다. 아이와 함께한다면 이 형태(XY에서 X를 빼고 말해 보라)로 요청할 것을 잊지 않아야 한다.

Sunshine에서 shine을 빼면 sun이다.

Meatball에서 meat을 빼면 ball이다.

Lightbulb에서 bulb을 빼면 light이다.

Doorknob에서 door을 빼면 knob이다.

음절 수준에서 더 어려운 훈련은 단어가 아닌 음절을 제거하는 것이다. 예를 들어, 퍼니(funny)에서 '이(yee)' 소리가 없다면 펀(fun)이다. 다음에 예시들이 더 있다.

Pillar에서 er을 빼면 pill이다.

Contact에서 con을 빼면 tact이다.

Spider에서 der을 빼면 spy이다.

Window에서 win을 빼면 dough이다.

(이 질문을 글이 아닌 구두로 해야 함을 명심해야 한다. 질문들이 대화에서 오직 말로 제시될 때 소리를 내기 때문이다.)

음절에 관한 이러한 항목들 외에도 음소, 즉 개별 말소리의 처리 능력에 대해 아이들을 검사할 수 있다. 이것도 음절 탈락에서 언급한 것과 같은 형식을 따른다. 즉, 아이들에게 단어에서 음소를 제거한 후 남는 소리로 단어를 말하라고 한다. 이때 다음 항목에서 알파벳 이름(예: 에스)이 아니라 개별 알파벳의 소리(예: 스)를 내야 한다. 예를 들면, 아이에게 단어 랩(lap)에서 첫소리를 제거하면 어떤 새로운 단어가 되는지를 말해 보라고 한다[답: 앱(app)]. 또는 아이에게 "lap에서 /l/(르) 소리 없이 말해 보라"고 질문한다. 여기서는 (엘처럼 쓰이는) 알파벳 이름이 아닌 (르르르르처럼 발음되는) 알파벳의 소리를 언급한다. 다음 예시에서 글자가 아닌 소리를 강조하는 이유이다. 예를 들어, 카우(cow) 단어에서 첫소리는 C(씨)가 아닌 /k/(크)이다. /k/(크) 소리는 미국 중서부 사람들이 kuh(커)처럼 발음한다. 여러분은 이해했을 것이다! 아이나 어른에게 단어의 모든 단위 수준에서 소리를 삭

제하도록 요청할 수 있다. 예시들을 더 제시한다.

> Seat에서 /s/ (스) 소리를 빼면 eat이다.
> Paw에서 /p/ (프) 소리를 빼면 awe이다.
> Fan에서 /f/ (프) 소리를 빼면 an이다.
> Cup에서 /k/ (크) 소리를 빼면 up이다.

우리는 단어의 첫 음소에서뿐만 아니라 단어의 끝소리(종성)에서도 이렇게 할 수 있다. 예를 들어, 비트(beat)에서 /t/ (트) 소리가 없으면 비(be)이다. 다음에 예시가 더 있다.

> Bone에서 /n/ (느) 소리를 빼면 beau가 된다.
> Feel에서 /l/ (르) 소리를 빼면 fee가 된다.
> House에서 /s/ (스) 소리를 빼면 how가 된다.
> Soak에서 /k/ (크) 소리를 빼면 so가 된다.

영어에서 음소 수준의 과제를 훨씬 더 어렵게 만들기 원한다면 자음군 (cosonant cluster) 내에서 소리를 조작할 수 있다. 중국어, 벰바어(잠비아에서 쓰이는 언어), 한국어와 같은 많은 언어에서 자음군은 흔하지 않다. 영어는 보통 2~3개의 자음군을 포함하고 있기 때문에 부분적으로 음운 인식을 하는 것이 어렵다. 몇 개의 예시가 있다.

> Speak에서 /s/ (스) 소리를 빼면 peak가 된다.
> Sling에서 /l/ (르) 소리를 빼면 sing이 된다.
> Crow에서 /k/ (크) 소리를 빼면 row가 된다.
> Scream에서 /r/ (르) 소리를 빼면 sheme이 된다.

단어 끝에 자음군이 있는 단어도 있다. 다음이 그 예이다.

Fast에서 /s/ (스) 소리를 빼면 fat가 된다.
Fern에서 /n/ (느) 소리를 빼면 fur가 된다.
Act에서 /k/ (크) 소리를 빼면 at가 된다.
Pieced에서 /t/ (트) 소리를 빼면 piece가 된다.

초분절 인식 검사는 어떨까? 영어에서 이를 검사하는 방법은 단어의 어느 부분에 강세가 있는지와 관련된다. 이 검사를 할 수 있는 한 가지 방법은 2~3음절 단어에서 두 개의 다른 버전을 제시한 후 아이들에게 단어의 올바른 발음을 선택하도록 요청하는 것이다. 예를 들면, CAmel 또는 caMEL을 제시한다(대문자 부분이 강세 음절을 의미한다). 다른 예가 있다.

ANgry vs. anGRY
PARcel vs. parCEl
SOfa vs. soFA
SUNbathe vs sunBATHE
FORget vs. forGET
PERhaps vs. perHAPS
REnew vs. reNEW
UNless vs. unLESS

(처음 네 개에서는 첫 번째 선택이 옳다. 반면에 이후 네 개는 두 번째 선택이 옳다.)
더 긴 단어 형식으로 하는 것도 가능하며, 3~4음절로 구성된 단어의 예시는 다음과 같다.

BEAUtiful vs. beauTIful

iDENtify vs. identiFY

HOSpital vs. hospiTAL

afterNOON vs. AFternoon

(앞선 모든 단어에서는 첫 번째 선택이 옳은 것이다.)

초분절 인식을 이용하는 다른 방법이 있는데, 이것의 일부는 언어에 따라 달라진다. 예를 들어, 중국어에서 두 개 이상의 음절로 구성된 단어에서 한 음절의 성조를 바꿀 수 있으며 이는 의미를 바꾼다. 틀린 성조의 단어와 바른 단어를 동시에 제시하여 아이에게 어느 것이 정답이냐고 묻는 것은 이 능력을 검사하는 또 다른 유용한 방법이다.

종합적 의견은 음운 민감성이 모든 언어의 읽기 학습에 도움이 된다는 것이다. 의미와 철자의 특성을 소리 표현에서 보여 주기 때문에 이것은 읽기에서 기초가 된다. 믿을 수 없게도 중국어에서조차(예: Shu, Chen, Anderson, Wu, & Xuan, 2003) 음운은 중요하다. 음절 수준에서 중국어에서는 보통 형태소 수준인 특정 음절의 발음은 거의 항상 동일하다. 소리를 사용하는 모든 게임에서의 훈련은 아이들이 말소리에 집중하고, 그것을 조작하고, 그것을 합치도록 돕는다. 영어에서는 단어의 첫소리(군)를 제거하고, 그것을 단어의 끝에 놓고, ay의 모음을 끝에 붙임으로써 주어진 단어를 바꾸는 Pig Latin 게임을 한다. 즉, rat은 at-ray, spot은 ot-spay, make는 ake-may가 된다. 여러분의 언어에도 우스꽝스러운 말-소리 게임이 있는가? 자녀의 소리에 대한 민감성을 향상시키기 위해 이러한 게임을 하는 것을 두려워하지 말아야 한다. 이 게임은 잠재적으로 모두에게 도움이 되는데, 특히 이러한 소리에 어려움이 있는 난독증 아이들에게 그러하다. 여러분이 쉽게 참조하도록 음운 민감성과 관련되어 여기에 제시된 항목과 추가 항목들을 부록 H에 제시하였다.

이제 우리는 거의 모든 언어의 읽기 발달과 읽기 및 쓰기장애에 매우 중요한 두 번째 인지-언어적 능력에 대해 알아볼 것이다.

형태소 인식

형태소 인식이란 여러 문화에 걸쳐 난독증에 대한 모든 공식적 및 비공식적 평가를 종합하는 데 두 번째로 중요한 인지-언어적 기술이다. 형태소 인식은 비교적 측정하기 쉽지만, 측정 방법은 언어에 따라 상당히 다를 수 있다.

이 의미 측면을 언어의 의미론이라고 한다. 형태소 기술은 의미론의 부분집합이다. 여기서 형태론적 측면은 주어진 언어에서 형태소가 어떻게 결합되는지를 의미한다. 형태소는 언어에서 가장 작은 의미의 단위이다. 예를 들어, 단어 birds에는 두 개의 기본 단어, 즉 bird와 복수를 나타내는 s라는 두 개의 형태소가 있다. 따라서 말소리 음운 단위는 의미론/형태소 단위의 형태로 단어의 의미에 대응한다.

형태소 인식이 읽기 학습에 중요한 이유는 무엇일까? 답은 사실 문자와 언어에 따라 부분적으로 달라질 수 있으나, 모든 문자와 언어에서 의미를 활자에 대응하는 것은 중요하다. 단어 읽기 및 쓰기를 위해 단어가 음운 체계를 바탕으로만 생성될 수 있는 것은 아니다. 이 점을 설명하기 위해서 비교적 명확한 영어에서 살펴보겠다. 대표적인 예는 동사의 과거시제를 나타내는 ed 형태소이다. 예를 들면, cook의 과거시제는 cooked, walk는 walked, mop은 mopped이다. 또 다른 예가 있다. Bloom의 과거시제는 bloomed, plan은 planned, manage는 managed이다. 처음 예시에서는 ed 발음이 /t/ 소리가 난다. 반면에 두 번째 예시에서 ed 발음은 /d/ 소리가 난다. 그럼 왜 이 예시들을 소리에 따라 쓰지 않을까? 그 답은 형태론과 관련이 있다. ed 형태소는 소리가 아닌 의미를 나타내는 데 중요하다. 그것은 읽는 사람에게 단어가 과거시제 형태임을 보여 준다. 이는 독자에게 글의 더 넓은 의미를 알려 준다.

포괄적 방법으로 언어에서 단어의 형태소를 이해하는 것은 우리의 읽기와 쓰기에 도움을 줄 수 있다(프랑스어 예시는 Pacton, Foulin, Casalis, & Treiman, 2013을 참조하라). 기본적으로 단어 shriek이 동사이고, 영어에서 동사의 과거시제를 만들기 위해 종종 끝에 ed를 붙이는 것을 이해하는 아이는 shrieked를 바르게 읽고 발음하고 쓸 수 있을 것이다. 이와 관련해서 동음어의 의미를 구별하는 것도 중요하다. 예를 들어, 아이가 똑같이 발음되는 loan(빌려주다)과 lone(외로운)의 의미를 알아야만 loaned는 맞지만 loned는 틀렸다는 것을 알 것이다. lonely는 맞지만 loanly는 틀렸다.

  동음어는 특히 중국어에서 한 개의 한자/단어의 단일 발음이 15개 이상의 의미를 갖는 점에서 중요하다. 예를 들어, 중국어 표준어에서 음절 shū는 25개 이상의 다른 한자를 사용해서 쓰일 수 있다. 아이들이 shu1Shu1[단어 뒤 숫자 1은 중국어 병음(발음 표기)에서 4성조 중 제 1성(고른 고음)을 가리킨다: 역자 주]와 똑같이 발음되는 한자에서 차이를 이해하지 못한다면, 중국어에서 書包('책가방'의 의미)로 쓰이는 shū bāo는 맞지만 書服으로 쓰이는 shū fū는 틀리다는 것을 모를 수 있다. 두 번째 예시의 첫 글자는 書가 아니라 舒로 쓰여야 하며, shū fū를 쓰는 옳은 방식은 舒服('편하다'의 의미)이다. 따라서 똑같이 소리가 나는 shū 음절은 많은 다른 형태가 있다. 형태소 인식은 중국 아동에 대한 여러 연구에서 난독증과 연관이 있다고 밝혀졌으며, 동음어 인식은 형태소 인식의 여러 측면 중 일부분이다(예: McBride-Chang, Shu, Zhou, Wat, & Wagner, 2003; Shu, McBride-Chang, Wu, & Liu, 2006).

  형태소 인식이 읽기에 중요한 또 다른 이유는 형태소 인식을 잘하는 사람들이 더 좋은 어휘 지식을 갖춘 경향이, 그 반대도 마찬가지로 있기 때문이다. 어휘 지식과 형태소 인식은 서로 강화하는 경향이 있다. 어휘 지식 자체는 읽기 발달의 초석이다. 전형적으로 발달하는 아이들의 경우, 학교 첫 몇 년 동안 '읽기 학습'에서 '학습을 위한 읽기'로 전환이 일어난다. 광범위한 어휘 기반은 독해를 통한 성숙한 학습의 초석이다(예: Hoover & Gough, 1990; Lervåg & Aukrust, 2010; Kieffer & Lesaux 2012; Tong, Deacon, Kirby, Cain, & Parrila, 2011). 중국어, 한국어(McBride-Chang, Tardif et al., 2008), 영어(McBride-Chang, Wagner, Muse, Chow, & Shu, 2005)와 관련된 다양한 연구에서 형태소 인식은 어휘 지식을 예측하며, 그 반대도 마찬가지이다. 일반적으로 형태소 인식에 어려움이 있는 아동은 읽기 학습에 더 어려움을 보일 수 있다.

다행히 형태소 인식은 검사하기도, 가르치기도 비교적 쉽다. 본인 모국어의 몇몇 기본적인 원리를 이용해서 많은 재미있는 게임을 만들 수 있다. 초기 중국어 학습자를 위해 고안된 게임 몇 개가 웹사이트(http://ww9.psy.cuhk.edu.hk/chineseearlyliteracy/)에 있다. 여기에 포함된 게임들은 중국어(및 영어)의 형태소 인식, 즉 동음어 인식(당신은 같게 발음되는 to, two, too를 구별할 수 있습니까?)과 어휘 조합에 관한 두 가지 측면을 목적으로 한다. 어휘 조합은 기본적으로 언어의 가장 작은 의미 단위인 형태소를 새로운 단어 및 의미를 만들기 위해 합치는 것이다. 어휘 조합은 복합어를 만든다.

복합어의 많은 예시가 있다. 영어에서 가장 쉬운 것은 두 개의 간단한 단어를 결합하여 새로운 단어를 만드는 것이다. 예를 들면, snowflake, cowboy, endgame이 있다. 프랑스어도 복합어가 있는데, savoir-faire(knowhow), couvre-lit(bedspread), oiseau-mouche(hummingbird)처럼 종종 하이픈을 이용한다. 중국어와 독일어에는 무수히 많은 복합어가 있다. 중국어에는 영어에 있는 복합어(예: seahorse, soybean, fingernail)와 없는 복합어(예: computer=electric+brain)를 포함하여 복합어가 많다. 독일어의 예시로는 watch를 나타내는 Armbanduhr(arm+band+clock), glove인 Handschuhe(hand+shoe), vacuum cleaner인 Staubsauger(dust+sucker)가 있다. 한 유명한 예는 오스트리아의 운송 지역과 관련된 것이다. 그곳은 독일의 도나우강을 지칭하는 푸른 도나우강을 중심으로 운송을 한다. 그 회사는 Donaudampfschiffahrtgesellschaft(Danube+steam+ship+drive+company)이라는 상서로운 이름이 있다. 후에 더 발음하기 쉽게 DDSG Blue Danube로 줄였다. 'DDSG 선장의 모자는 뭐라고 부를까요?'라는 질문으로 농담은 계속된다(독일어에서 선장 모자에 관한 유명한 한 단어가 있다. Kapitaensmuetze). 답은 물론 매우 긴 단어이다. Donaudampfschiffahrtsgesellschaftkapitaensmuetze(Donau+steam+ship+drive+company+captain+hat).

복합어는 단순 단어와 문법적 파생어를 포함한다. 예를 들어, sucker는 suck한 것(사람/물질)을 의미한다. 이 점을 확장하여, 예를 들어 영어와 독일어에서 er

는 무언가를 하는 사람을 나타낸다. 예를 들면, 영어에서 teacher는 가르치는 사람, mourner는 조문하는 사람, complainer는 항의하는 사람이다. 독일어에서 Arbeiter는 일(arbeitet)하는 사람, Taxifahrer는 택시 운전(fährt)하는 사람, Bäcker는 베이킹(bäckt)하는 사람이다.

다른 언어에서는 단어의 범주를 변경하거나, 복수를 만들거나, 격을 표시하는 등의 다양한 문법적 변화를 줄 수 있다. 예를 들어, 프랑스어에서는 여성형과 남성형을 구별하고, 독일어에서는 여성형, 남성형, 중성형을 구별하며, 독일어의 'sie'와 'du' 또는 프랑스어의 'vous'와 'tu'처럼 공손한 형태와 비공식적인 형태를 구별할 수 있다. 중국어에서는 명사를 분류사로 표시하여 평평한 것, 무거운 것, 조각 등과 같은 형태 유형의 명사로 구분한다. 또한 명사, 형용사, 부사 등 다양한 구조로 변형하거나, 주격, 소유격, 직접 목적격, 간접 목적격 등의 문법적 구조를 변화시키는 등의 방법으로 언어에 따라 많은 방식으로 단어의 구조를 변화시킬 수 있다.

Urban Dictionary(최신의 비공식적인 영어 표현을 수록한 사전: 역자 주)는 영어가 '진화'하여 새로운 단어를 통합하는 재미있는 예시들을 제공한다. 이들 중 많은 예는 어휘 복합의 다양한 형태를 포함하고 있다. 예를 들어, fauxpology는 진실되지 않은 (거짓의) 사과를 의미하고, pregret은 당신이 후회할 일을 하기 전에 이미 알고 있음에도 불구하고 무언가를 했음을 의미하며, 형용사 typeractive는 이메일이나 글을 너무 많이 쓰는 사람을 의미한다. 여기서 여러분은 단어나 개념을 형성하기 위한 형태소 복합이 얼마나 대중적인 것인지를 알 수 있다.

나는 언어학자가 아니며, 프랑스어, 독일어, 그리고 중국어에 대한 지식이 부족해서 나의 예시는 매우 제한적이다. 나의 모국어인 영어 외에는 그리 많이 알지 못한다. 그러나 예시는 기본 수준에서 여러분의 모국어에서 형태소 인식을 확인하는 방법을 이해하는 데 중요하기 때문에 이 개념을 폭넓게 언급하고자 한다. 기본적인 것은 형태소 인식을 확인하기 위해서 자신의 언어 구조와 단어의 형성 방법에 대해 생각해야 한다는 것이다. 형태소 인식을 발달시키기 위해서 게임을 만들고, 검사를 하기 위해서 이러한 기본 원리에 집중해야 한다. 다음에 영어로 만든 몇 가지 예시를 적어 놓았는데, 난독증이 있는 아이가 단어 구조를 더 많이 알도록 도와주는 언어 게임에 당신의 언어를 적용해야 한다. 이 언어 게임은 아이들이 더 잘 읽도록 도와줄 것이다. 이 예시들의 일부는 영어를 사용한 우리의 이전 논문에서 발췌한 것이다(McBride-Chang et al., 2005). 여러분이 만드는 모든 항목은 기본적으로 새로운 개념에 초점을 맞추고 새로운 단어를 구성하도록 해야 한다. 새 단어에는 보통 짧은 설명이 필요하다. 여러분이 새로 만드는 모든 단어는 자신의 모국어에서 실제하는 단어인지 확인해야 한다. 실제 단어를 사용하면 형태소 능력을 측정하기보다는 어휘력에 집중하는 것이 된다. 어휘력도 물론 중요하지만, 어휘력은 형태소와는 다른 언어의 측면이다. 새로운 복합어를 만드는 전형적인 여러 예시를 다음에 제시했다.

질문	답
밤에 sun(해)이 진다면 우리는 그것을 sunset이라고 부른다. 밤에 moon(달)이 진다면 뭐라고 부를까?	Moonset
Apple tree는 나무(tree)에 사과(apple)가 자라는 것이다. 나무(tree)에 코트(coat)가 자란다면 그 나무를 뭐라고 부를까?	Coat tree
Horseshoes(말발굽)는 금속 신발(shoes)을 말(horse)에게 신긴 것이다. 금속 신발(shoes)을 돼지(pig)에게 신기면 뭐라고 부를까?	Pig shoes
Basketball은 공(ball)을 바스켓(basket)에 넣는 게임이다. 공(ball)을 스카프(scarf)에 넣는 게임을 뭐라고 부를까?	Scarf ball
상자(box)에 우편(mail)을 보관하면 mailbox라고 한다. 트렁크(trunk)에 우편(mail)을 보관하면 뭐라고 부를까?	Mail trunk

Berko(1958) 덕분에 문법적 복합어의 예시가 더 있다.

- 오늘 John은 sotting을 한다. 어제 그는 같은 것을 했다. John은 어제 무엇을 했을까? 어제 그는 **stotted**(답).
- 여기 fron으로 불리는 얇고 기름진 장난감이 있다. 나는 그것을 두 개 가지고 있다. 나는 두개의 **frons**(답)를 가지고 있다.
- 나는 gamp 하기를 좋아한다. 그것은 정말 재밌다! 매일 아침 나는 **gamping**(답) 한다.
- 농부는 농사를 짓는다. 청소부는 청소를 한다. 이 사람은 pask 한다. pask를 하는 사람을 뭐라고 부를까? pask 하는 사람은 **pasker**(답)이다.
- 나는 wex로 불리는 반려동물을 가지고 있다. 내 친구 역시 wex를 가지고 있다. 우리는 두 마리의 **wexes**(답)를 가지고 있다.

음운 민감성과 마찬가지로, 형태소 인식은 검사하고 훈련할 수 있는 중요한 능력이다. 형태소 인식을 이용하는 게임도 권장한다. 중국에서도 한국의 끝말잇기 같은 놀이를 종종 하는데, 두 개(혹은 그 이상) 형태소 단어에서 끝 형태소를 가지고 다음 사람이 첫 형태소를 가진 새로운 단어를 만들어 단어 사슬을 계속해서 잇는 것이다. 영어의 단어 사슬에 대한 예시가 다음에 있다.

- 시작은 **doghouse**로 한다. **House**boat – boatyard – yardstick – stickball – ballgame – Gameboy – boyfriend – friendship – shipshape – shapeup – uptake – takeover – overblown
- **cupcake**으로 시작하는 또 다른 예가 있다. **Cake**walk – walkway – waypoint – pointwork – workhorse –horsshoe – shoehorn – hornpipe – pipecleaner

형태소 게임을 하는 것은 아이들의 문식성 능력을 증진시킬 수 있다. 이는 난독증이 있는 아이들에게 중요한 능력인 언어와 활자에서 패턴을 찾도록 하는 즐거운 방법이 될 수 있다. 형태소로 놀이를 하는 것은 어휘력 성장을 촉진시킬 수도 있다(예: Zhou, McBride-Chang, Fong, Wong, & Cheung, 2012). 어휘력 성장은 또한 읽기에 직접 및 간접적으로 중요하다. 형태소 인식과 관련된, 특히 앞에서 실제 개념이 아닌 굵은 글씨로 나열된 예시 항목을 사용하는 게임의 잠재적 문제점은 아이들이 만든 답이 진짜 단어가 아니라는 점이다! 일부 부모와 교사는 이 점을 싫어하고 틀린 것을 아이들에게 가르친다고 걱정한다. 그 염려를 이해하지만 부모와 교사가 이에 대해 걱정하지 않기를 바란다. 형태소 인식을 강조하기 원한다면 실제 어휘 단어가 아닌 형태소에 초점을 두어야 한다. 진짜 어휘 단어를 너무 강조하면 단지 어휘 지식을 가르치게 된다. 분명히 어휘 지식 자체는 매우 가치가 있으나, 형태소 지식과 자신의 모국어에 타당한 규칙에 맞는 새로운 개념을 형성하기 위해 형태소들을 합치는 방법은 다소 다른 능력이다. 이 형태소 인식 능력은 앞에서 논의된 몇몇 이유 때문에 그 자체로 가르칠 가치가 있다. 아이들은 '우스꽝스러운 단어' 혹은 그에 상응하는 것을 창조해 내고 있다는 말을 들었을 때 재미있게 반응하며, 이러한 새로운 창의적인 구성에 초점을 맞춘 것이므로 문제는 없어 보인다.

그러나 새로운 구성이 힘들다면 형태소 인식을 이용하는 다른 게임들은 단어의 형태소 패턴에 초점을 둘 수 있다. 앞선 단어 사슬이 하나의 예시다. 또 다른 게임의 예시는 동음어를 강조하는 것이다. 이 게임도 글이 아닌 말로 해야 한다. 이 동음어 게임에서 두 단어가 다르게 글로 쓰인 방법을 아이들이 본다면 정답을 즉시 알게 되므로 아이들이 형태소에 대해 충분히 생각하는 것을 방해하기 때문이다. 두 사람 모두 말로 게임하는 것이 더 좋다. 예를 들어, Sunday의 sun과 같은 단어는 어떤 것인지 아이에게 물어본다. Sunny의 sun일까, grandson의 son일까? 답은 Sunny가 Sunday의 sun과 같다. 다른 예는 다음 표와 같다.

질문	답
Wastebasket에서의 waste는 어느 것일까? waistband 혹은 wasteful?	Wasteful
One-off에서의 one은 어느 것일까? Hard-won 혹은 one day? (참고: 영어에서 많은 복합어나 개념은 형태소 사이에 스페이스나 하이픈을 사용하여 쓰인다)	One day
Unbearable에서의 Bear는 어느 것일까? Childbearing 혹은 barefoot	Childbearing

Sea creature에서의 sea는 어느 것일까? Seafaring 혹은 foresee	**Seafaring**
Painful에서의 pain은 어느 것일까? Stomach pain 혹은 windowpane	**Stomach pain**

이러한 유형의 게임이 여러분의 언어에서 가능한지 살펴봐야 한다. 전체 단어를 구성하는 더 작은 단어나 단어의 일부를 말하면서 '제거할' 수 있는 형태소에 아이들을 집중시킨다면 문식성을 향상시키는 데 도움이 될 수 있다. 이것은 난독증 아동이 패턴을 찾을 수 있도록 돕고, 패턴을 찾는 것은 문식성 학습에 중요하다. 형태소에 대한 일부 개념을 기억하는 것(예를 들어, 동사 끝의 ed는 종종 과거 시제를 의미하고 계속 이 방식으로 필기된다)은 아이들이 더 효과적으로 읽기와 쓰기 학습을 하도록 돕는 좋은 접근이다. 형태소 인식과 관련하여 앞서 제시된 항목들과 추가된 새로운 항목들을 부록 H에 제시했다.

철자 지식

여러 언어에 걸쳐 강조되는 세 번째 인지-언어적 기술은 철자 지식이다. 철자 지식은 문자가 쓰이는 방법에 대해 시간이 지남에 따라 의식적이거나 무의식적으로 쌓이는 지식이다. 많은 경우, 우리는 읽기 학습에 이미 어느 정도 시간을 들인 사람들에게 철자 지식을 검사한다. 이는 어린 아동에게 쉽게 검사할 수 있는 것은 아니다. 여러분이 본인의 언어에서 모든 단어를 완벽하게 읽는 방법을 안다면 아마 철자 지식의 측정 점수와 단어 읽기의 측정 점수가 기본적으로 같을 것이므로 나는 이 구성 개념에 대해 생각할 때 약간 혼란스럽다. 그러나 대개 유창하게 읽기를 배우고 있지만, 아직 능숙하지 않은 성장하고 있는 아동에게 철자 지식을 측정한다.

철자 지식을 검사하는 기본적인 방법은 아이들에게 바르거나 틀리게 쓰인 단어를 보여 주고 무엇이 맞는지 틀린지 구분하게 하는 것이다. 영어와 같이 알파벳 문자에서는 재미있는 모든 변형을 사용하여 단어를 바꿀 수 있다. 예를 들어,

이러한 단어를 보고 그것이 진짜 단어인지 아닌지를 구분해야 한다.

Septrm ssot trhn joaen spot plan rear toys hib stime jook crint

처음 네 단어는 기본적인 원칙에 위배된다. 첫 단어는 단어의 끝이 네 개의 자음으로 되어 있다. 네 개의 자음 구조는 드물고, 영어 단어가 네 개의 자음으로 끝나는 것은 마지막 자음이 S가 아니면 불가능한 것으로 보인다. 두 번째 단어는 두 개의 ss가 단어의 시작에 있다. 단어 시작에서 두 개의 ss 구조는 영어에서 불가능하다(단어 끝의 ss는 가능하다). 세 번째 단어는 단어에 모음이 없으므로 불가능하다. 네 번째 단어는 세 개의 모음이 나란히 있는 구조인데, 이것 또한 영어에서 거의 볼 수 없다. 그다음에 있는 네 단어는 모두 진짜 단어이다. 마지막으로 나머지 네 단어는 실제 단어는 아니지만 영어의 철자법에는 맞다. 즉, 이러한 철자 구조는 영어에서 허용된다.

이것들은 내가 만든 영어의 예시이지만, 모든 언어와 모든 문자(로마자 또는 완전히 다른 문자에서)는 쓰기에 고유한 특징이 있다. 자신의 모국 문자에서 가능한 것과 불가능한 것을 되짚어 보고, 난독증이 있는 아이들에게 유용할 중요한 특징들을 강조하는 것이 중요하다. 영어에서 모든 단어는 모음이 필요하다는 사실, 대부분의 단어는 1~2개 자음으로 시작하고 끝나지만 세 개의 자음으로 시작하거나 끝나는 단어는 드물다는 사실, 또는 특정 글자의 조합(예: tr, pl)이 단어의 맨 앞에 오지만 끝에 오지 않고, 어떤 조합(예: ss, lp)은 끝에는 오지만 처음에는 오지 않는다는 사실을 직접적으로 강조하는 것은 아동의 수준에 따라 유용할 수도 있고 아닐 수도 있다. 우리가 모국 문자에 대해 가지고 있는 많은 무의식적이거나 암묵적인 지식이 있는데, 이를 아이들에게 강조하는 것은 유용할 수 있다. 예를 들어, 어린아이들은 비교적 일찍부터 자신의 언어에 적합한 맞춤법 패턴을 사용하여 글을 쓰는 것으로 보인다(예: Treiman, Kessler, Boland, Clocksin, & Chen, 2017; Yin & McBride, 2018). 우리는 이것이 얼마나 도움이 될지, 그리고 어떤 문식성 수준에서 도움이 될지 전혀 알지 못한다.

철자 지식은 그 자체로 탐구할 가치가 있다. 특히 인도나 중국처럼 시각적으로 복잡한 문자를 사용하는 경우, 교사와 부모는 아이들을 위해 추가로 시각-운동이나 시각 맞추기(visual matching) 기술을 강조하길 원한다. 예를 들면, 세부 사항에 대한 시각-운동 기술과 시각 맞추기 주의력을 포함하는 복사(copying) 능력은 중국어의 단어 쓰기와 연관된다는 사실이 입증되었다(예: Wang, McBride-Chang, & Chan, 2013). 그러나 전반적으로 철자 지식 자체는 특히 난독증 경향이 있는 사람들을 식별하는 데 관심이 있는 심리학자들의 주된 관심사가 되는 경향이 있다.

이 특정 기술을 검사할지 또는 훈련할지 결정할 때 주의해야 한다. 아이들에게 틀린 철자를 노출시킨다면 아이들이 이러한 철자를 잊고 올바른 철자를 사용하는지 확인하는 데 더 어려움을 느낄 수 있다. 나는 아이들과 하는 엉망인 소리나 언어의 게임(즉, 형태소 인식)에 대해 걱정하지 않는다. 이유는 난독증과 난서증이 있는 아이들은 보통 난독증으로 진단되는 무렵에 평균의 변동성 내에서 보통 정도의 언어 능력을 가지고 있기 때문이다. 이러한 소리나 언어 게임은 아이들이 말소리의 단위를 분리하고 그것들을 조작할 수 있도록 돕는다. 그러나 잘못된 철자로 된 단어를 보는 것은 단어를 읽고 쓰는 학습에 이미 어려움이 있는 아동을 혼란스럽게 할 수 있다. 철자 인식을 이해하는 것과 그것을 확인하는 방법을 아는 것은 중요하다. 그리고 철자의 규칙(예를 들어, 영어에서 단어는 ss로 끝날 수는 있지만 시작하지는 못한다)을 가르치는 것은 도움이 된다. 그러나 이 부분에서 아이들에게 완전히 틀린 맞춤법의 단어에 노출시키는 것을 피하도록 해야 한다. 이와 관련된 진짜 문제가 되는 과제는 같은 단어로 하나는 맞고 다른 하나는 틀린 두 개의 그럴 듯한 철자를 제시하여 아이에게 올바른 것을 고르도록 하는 것이다(예: embarrass vs. embarass). 전자가 올바른 것이지만, 쉽게 혼동할 수 있는 단어를 보는 것은 경우에 따라 혼란을 가중시킬 수 있다.

여기서 언급하는 일반적인 철자 처리 아래에 포함된 또 다른 인지적 구성 개념은 복사 기술(copying skills)이다. 별개의 인지-언어적 능력으로서 고유한 지위를 보증하기 위해 이 특별한 측정치에 대해 진행된 연구는 충분하지 않다. 하지만 여기서 복사 기술을 언급하지 않는다면 나는 최선을 다하지 않는 것이 되므로 중국어의 단어 읽기(예: Kalindi et al., 2015; McBride-Chang, Chung, & Tong, 2011) 및 단어 쓰기(예: Lam & McBride, 2018; Mo, McBride, & Yip, 2018; Wang et al., 2013; Wang, Yin, & McBride, 2015)와 연관된 복사의 일부 측면을 증명한 독립적으로 출판된 연구 몇 개를 제시하겠다. 복사 연구에 대한 시발점은 중국어에서는 알파벳 철자법이 아닌 방식으로, 쓰기가 복잡하고 사각 형태 안에 모여 있다는 관찰에서 왔다(예: Tan, spinks, Eden, Perfetti, & Siok, 2005). 또한 나는 2016년 인도에서 열린 난독증 관련 학회에 참가했다. 그 학회는 주로 난독증이 있는 아동을 가르치는 교사들을 위한 것이었다. 내가 여러 문화권의 문식성 발달에서 음운 인식의 중요성에 초점을 맞춘 기조 연설을 한 후 교사 중 한 명이 복사에 대해 질문했다. 그녀의 표현에 따르면, 인도 아이들이 문식성 능력에 집중하도록 하는 최고의 방법은 문자와 관련되지 않은 선과 모양(즉, 추상적인 그림, 선 그리기)의 복사, 그리고 나서 글자 자체의 복사 같은 다양한 복사 활동을 제공하는 것이다. 중국어와 일부 인도어 문자는 알파벳 쓰기보다 시각적으로 더 복잡하다(예: Nag, 2007, 2011).

앞서 언급된 다른 주요 인지-언어적 능력과 달리, 복사 능력에 대한 근거는 드물고 경우에 따라서는 부정적이다. 예를 들어, 한 저명한 연구에서는 영어를 쓰는 아동이 장애가 있거나 없거나 낯선 문자를 복사하는 데 차이가 없었다(예: Vellutino, Steger, Karman, & De Setto, 1975). 동시에 문식성에 대한 연구의 관점으로 여러분은 영어의 단어 읽기와 단어 쓰기의 예측 변수를 다르게 한다는 점과 다른 알파벳 문자와 비교할 때조차도 영어 학습이 일부 특이점(예: Seymour, Aro, & Erskine, 2003)과 평균에서 벗어남(eccentricities, Share, 2008)을 가진다는 점을 유념해야 한다. 중국어 또는 일부 인도 문자의 경우, 알파벳 문자 체계보다 더 많은 시각적 패턴이 인식되어야 한다. 이들 문자의 경우, 영어의 20~30개의 다른 문자소(graphemes)와 비교했을 때 수백 수천 개의 시각적 패턴 사이에 식별이 필요하다. 상대적으로 중국어나 인도 문자에서 문식성을 예측하는 관련 변수들에 대한 연구가 적으며, 연구자들은 읽기와 쓰기 학습에 대한 복사의 중요성을 아직 확신하지 못하고 있다. 그러나 복사가 잠재적으로 중요한 인지-언어적 기술이라고 생각하는 나름의 이유가 있다. 복사 능력은 쉽게 검사될 수 있다. 복사 능력이 아이의 약점이라면 문식성을 향상시키기 위해 그것을 더 훈련하여 아이가 특정 단어에 대한 운동 기억(motor memory)을 습득하도록 도울 수 있다. 만약 복사 능력이 아이의 강점이라면 쓰기 형태에의 시각적 철자 주의력(visual-orthographic attention)이 문식성 습득 과정에서 다른 약점을 보완하기 위해 사용될 수 있다.

앞서 언급한 인도 교사처럼 항상 아이들을 위해 즉흥적으로 복사 과제를 만들 수 있다. 실제로 우리는 어린 시절에 읽기와 쓰기 학습을 할 때 점선을 따라 그리고, 간단한 기하학적 패턴을 포함하는 그림을 복사하도록 요구받았다. 난독증이 있는 아동이 따라 그리고, 복사하도록 기하학적 패턴을 창안하는 것은 유용할 수 있다. 더 나이가 많은 아동에게 훨씬 유용한 것은 그들의 학습을 증진시키기 위해 단어를 몇 번 복사하는 것이다. 그러한 복사가 생각없이 행해진다면 수행을 향상시키기 어렵다. 하지만 철자 규칙에 집중하면서 하는 복사는 패턴의 재인을 촉진하는 데 도움을 준다. 예를 들어, 난독증이 있는 아이는 같게 발음되는 철자 패턴이 포함된 몇 개의 단어를 복사하도록 요구받을 수 있다. 일례로 preparation, narration, vacation, salvation, altercation, 그리고 examination과 같은 ation 패턴이 있는 단어들이 있다. 더 간단한 것은 bay, may, play, stay, 그리고 ray 같은 ay 패턴의 단어들이다. 동일한 패턴에 초점을 맞추면 그것에 대한 기억을 촉진하고 맞춤법이 유사한 단어 그룹의 학습을 증진시킬 수 있다. 복사는 구식 학습 기법이며, 복사가 너무 많이 요구되거나 생각 없이 하는 아동에게는 역효과를 낳을 수 있다. 하지만 복사는 철자 패턴의 이해를 시각 운동 능력과 통합하기 때문에 철자 정보를 강화하는 데 유용하다.

유창성

여기서 모두가 알고 싶어 하는 마지막 기술은 유창성, 즉 자동성이다. 근본적으로 이 능력은 문식성과 관련된 모든 과제(또한 비문식성 과제도 포함)를 빠르고 효율적으로 수행하는 아동의 능력을 다룬다. 여러분이 새로운 능력을 배울 때,

대부분의 사람과 같다면 처음에는 느릴 것이다. 각 단계를 하나하나 기억해야 하며, 각 단계를 어색하고 신중하게 실행할 것이다. 신발 끈 묶기, 악기 연주, 또는 춤의 스텝을 기억하는가? 이러한 기술들은 순서대로 정교하게 실행해야 하는 일련의 움직임을 요구한다. 우리가 그 순서를 잊어버린다면 각 단계의 실행은 일어날 수 없다. 같은 방식으로 기억은 유창성과 절대적으로 관련된다. 우리가 머뭇거림없이 순서를 기억한다면 더욱더 빨리 행동을 실행할 수 있다. 이는 읽기 학습에서 또한 마찬가지이다. 대부분의 경우에 우리는 더 긴 단어를 만들기 위해 소리를 합친다. 이것은 철자 cat를 /k/-/ae/-/t/ 소리로 합성하는 영어나 다른 알파벳 문자에서 분명하다. 두 개 이상의 한자로 구성된 긴 단어의 재인으로 이어지는 개별 한자의 재인은 중국어에서도 어느 정도 사실이다[예를 들어, 愛國은 애국심을 뜻한다(ái / 사랑 愛 + guó / 국가 國)].

연구자들이 읽기 연구와 난독증이 있는 아동의 임상적 진단에서 유창성을 포착하기 위해 노력하는 방법 가운데 하나는 RAN으로 불리는 과제를 사용하는 것이다. 이 RAN 과제에서 아이들은 쉽게 재인해야 하는 자극들로 가득 찬 종이나 화면을 보도록 요청받는다. 이러한 자극 혹은 상징들은 무작위 순서로 여러 번 반복된다. 상징은 사진(예를 들어, 동물이나 다른 흔한 물체), 색깔 블록(예를 들어, 빨강, 파랑, 검정) 또는 아라비아 숫자(예를 들어, 1, 9, 6, 5, 2), 알파벳(예를 들어, H, J, L, M, B), 혹은 간단한 한자(예를 들어, 一, 九, 六, 五, 二)가 될 수 있다. RAN 과제는 모든 언어와 문자 전반에서 읽기장애를 가장 잘 예측하는 변인들 중 하나이다(예: BarKochva & Breznitz, 2014; Georgiou, Papadopoulos, & Kaizer, 2014; Ibrahim, 2015). RAN은 일부 음운 정보와 순차적인 처리 및 조음에서 일부 능력을 측정하는 것처럼 보인다(Georgiou, Aro, Liao, & Parrila, 2015). RAN은 특히 전 세계에서 난독증의 특징인 읽기 유창성(또는 유창성의 부족)에 중요하다(Georgiou et al., 2015).

Nicholson과 Fawcett(예: Nicholson & Fawcett, 2011; Nicholson, Fawcett, & Dean, 2001)은 더 나아가 난독증이 있는 아동이 운동 능력을 포함하는 많은 과제에서 또래보다 더 느린 경향이 있음을 증명했다. 그들은 간단한 운동 처리를 포함해서 많은 처리의 자동화를 위해 소뇌의 중요성을 강조했다. 실제로 난독증 아동이 가지고 있는 처리 속도와 관련된 다양한 장애를 요약한 Nicholson(2014)은 과제에서 시간을 측정하는 데 표준 공식이 있음을 주장했다. 그는 이것을 '제곱근 법칙'으로 불렀는데, 이는 '난독증 아이가 한 과제를 숙달하는 데 필요한 추가 시간은 난독증이 없는 아이가 걸리는 시간의 제곱근에 비례한다'는 것을 의미한다. 예를 들어, 난독증이 없는 사람이 어떤 과제를 숙달하는 데 보통 16번을 시도해야 한다면, 난독증이 있는 사람은 그것을 터득하는 데 64번이 걸린다. 이는 16의 제곱근(4)에 16을 곱한 값이다. 유사하게 또 다른 능력을 숙달하는 데 보통 약 100번의 시도가 필요하다면 난독증이 있는 아동은 숙달하는 데 약 1,000번이 걸릴 것으로 예상된다. 모든 학습 상황에서 이 법칙이 사실인지는 확실하지 않다. 그러나 이 경험 법칙은 난독증이 있는 사람에게 유창성 기술 발달의 중요성 및 긴급함을 구체적으로 증명하는 데 도움을 준다.

난독증이 있는 아동에게 어떻게 유창성을 훈련시킬 수 있을까? 많은 연구자는 이 주제에 관심이 있으며 이를 시도하고 있지만 상반된 결과가 나타났다. 유창성에 초점을 맞춘 가장 잘 알려진 프로그램 중 하나는 RAVE-O[인출(Retrieval), 자동화(Automaticity), 어휘 정교화(Vocabulary Elaboration), 철자(Orthography)]로 불린다(Wolf et al., 2009; Wolf, Miller, & Donnelly, 2000). 연구자들은 여러 능력을 함께 목표로 하는 것이 확실히 아동을 더 잘 읽도록 돕는다는 것을 입증했다. 읽기 속도를 강조하면서 아이들을 계속 읽게 연습시키는 것은 때때로 효과적이고 탐구할 가치가 있다(Meyer & Felton, 1999). 반복해서 빠르게 읽는 것에만 초점을 맞춘 연구가 많지 않으나, 이것은 RAN 자극, 개별 단어, 또는 실제 연결된 텍스트를 포함하는 자극의 반복된 확인 작업은 다양한 처리 과정을 수반할 수 있기 때문이다. 실제로 이 '환상적인 네 가지' 인지 능력에 관한 개관의 목적은 이들 각각을 개별적으로 강조하는 것이며, 그것들은 우리가 단어를 읽을 때 모두 통합된다.

유창성을 훈련하기 위해 내가 추천하는 가장 단순한 방법은 아이가 있는 곳이 어디든지 시작하고, 자신 내면과의 경쟁에 호소하는 것이다. 특히 난독증이 있는 아동은 그들의 읽기를 다른 아이들과 비교할 때 좌절감을 느낀다. 이는 거의 난독중의 정의이다. 하지만 우리는 스스로 성장하는 것을 좋아한다. 우리가 자신과의 경쟁에 이기고 성공한다면 만족스러울 것이다. 내가 '아이가 있는 곳이 어디든지 시작하라(start wherever the child is)'라고 말한 것은 난독증이 있는 아이에 따라 알파벳 이름이나 알파벳 소리를 잘 모르거나, 비교적 읽기 과정에서 낮은 수준이거나, 또는 더 나이가 들면 단어 재인은 비교적 정확하지만 속도는 매우 느릴 수 있기 때문이다. 아이가 단어를 읽을 수 없다면 아이가 무작위 알파벳(예를 들어, b, n, l, j, k, t) 세트 혹은 몇 개의 한자나 한글 자/모음자(즉, 아이가 학교에서 배우는 문자가 무엇이든)를 가능한 한 빠르게 읽는 데 집중하도록 요청해야 한다. 당신은 핸드폰이나 다른 타이머로 시간을 맞춘다. 아이에게 자신이 소리 내어 그것을 읽는 데 얼마나 시간이 걸렸는지 보여 주고 나서 이번에는 더 빠르게 읽도록 요청한다. 기본적인 개념은 나중에 읽은 것을 이전에 읽은 것과 비교하는 것이며, 아이가 더 빠르게 읽기를 바란다. 이것은 글자, 단어, 문장까지 모든 수준에서 할 수 있다. 목표는 적혀 있는 글을 읽는 작업을 몇 번 반복한다면 더 빠르게 습득할 수 있다는 점을 아이에게 보여 주는 것이다. 당신이 사용하는 문자나 단위가 무엇이든지 문제가 되지 않는다. 이는 비교적 단순하다. 당신이 생각할 것은 아이가 좌절감을 느낄 정도로 어렵지 않아야 하며, 그것을 몇 번 크게 읽게 하는 것이다. 우리는 홍콩의 초등학교 아이들에게 이 과제를 실시했고, 교사들은 간단하지만 효과적인 결과를 얻은 이 방법에 깊은 인상을 받았다. 한 가지 더 추가하자면, 아이들은 모두 자신의 이전 시간 기록을 깨고 싶어 하기 때문에 동기 부여가 되었다.

마무리

정리하자면 음운 민감성, 형태소 인식, 철자 지식, 유창성, 이러한 기술들은 모든 언어와 문자의 읽기에 필요하다. 그러나 언어와 문자에 따라 달라질 수 있는 것은 각 기술이 읽기 발달과 장애에 미치는 상대적 중요성이다. 왜 그럴까? 몇몇 다른 언어와 쓰기 체계에 대해 생각해 보면 그 어려움을 설명할 수 있을 것이다. 로마자를 사용하는 언어를 비교하는 연구(예: Seymour et al., 2003)에서 연구자들은 단어가 발음되는 방식과 쓰이는 방식 사이의 불일치, 즉 말소리-쓰기 대응의 불일치 때문에 영어를 읽고 쓰는 학습이 어려운 것으로 인정했다.

비교적 읽기 쉬운(주의: 나는 읽기를 의미하지, 말하기를 의미하는 것이 아니다. 문법, 어휘, 언어에서 말로 하는 모든 것은 읽기와는 다른 범주이다. 여기서 나는 한 페이지에 쓰인 단어를 발음하는 것만을 의미한다) 언어들 중에 독일어와 이탈리아어도 포함되는데, 이것들은 비교적 철자-소리 대응이 일치한다. 이러한 언어의 읽기는 좋은 음운 기술에 의존한다. 알파벳의 소리에 익숙해지면 알파벳 낱자들을 조합할 수 있고, 말소리를 조작하는 능력이 높아지면 알파벳 낱자들이 새롭게 조합된 단어들을 비교적 빨리 읽을 수 있다.

다른 문자에서는 다른 기술이 음운적 측면보다 훨씬 더 중요할 수 있다. 예를 들어, 중국어에서 기본 음성 단위인 개별 음절은 보통 몇 개의 의미들, 즉 형태소들로 대응되며, 각 형태소는 다른 한자로 쓰인다. 중국어는 세계에서 가장 많은 동음이의어(homophones)와 동형이의어(homographs)를 가지고 있다. 주어진 형태소나 단어를 쓸 수 있는 방법이 많기 때문에 비교적 길고 음운적으로 복잡한 단어를 가진 영어 또는 독일어와 비교할 때, 중국어에서 음운 능력의 중요성이 감소할 수 있다. 마찬가지로 아랍어를 포함한 세계의 많은 문자 체계, 예를 들어 인도의 칸나다어(Kannada)와 같은 일부 악샤라 문자 체계(예: Nag et al., 2014), 그리고 중국어에서는 시각-철자 형태 재인이 로마자 알파벳을 사용하는 언어보다 훨씬 더 복잡하다. 그러한 경우, 비교적 높은 수준의 광범위한 철자 지식이 요구된다. 각각의 인지-언어적 기술이 상대적으로 중요한 문자 수준과 별개로 개인도 음운, 형태소, 철자, 또는 속도와 관련된 능력에서 상대적인 강점 및 약점이 있다.

여러분이 이 장에서 음운 민감성, 형태소 인식, 철자 지식, 그리고 유창성이 어떻게, 그리고 왜 모든 언어와 문자의 읽기 학습에서 중요한지에 대한 이해를 얻어 가길 바란다. 또한 어떤 능력이 난독증이 있는 각 개인에게 강점이 되고, 또한 약점이 되는지를 여러분 스스로 판단할 수 있기를 바란다. 이러한 능력이 무엇이고 그것들을 검사하거나 훈련하는 방법에 대해 안다면 아이들 각각의 어떤 능력에, 그리고 어떻게 초점을 둘지를 알 수 있을 것이다. 어릴 때 난독증이 있는 아동이 계속 배운다면 대부분은 성인기에 읽기를 비교적 잘하지만, 그들은 상당히 많이 노력해야 했고, 많이 좌절했을 것이다.

난독증과 관련하여 인지-언어적 기술들에 대한 광범위한 이론적 배경을 감안하면서 평생을 난독증으로 어려움을 겪었던 성공한 미술 전공 학생인 WA의 경우로 돌아가 보자. 그녀는 그래픽 아티스트가 되기 위해 공부하는 중이다. 그래픽 아트는 인쇄물의 양식과 관련되는 활판 인쇄술에 중점을 둔다. WA는 난독증이 있는 상황에서 그래픽 아트 프로젝트에 접근한 멋진 이야기를 말했다. 과제는 학생 개인이 장서표(책의 소유자를 나타내기 위해 책의 앞 표지 안쪽이나 첫 페이지에 붙이는 작은 장식된 라벨 또는 스티커이다. 보통 소유자의 이름이나 개인 문장, 또는 독특한 디자인이 포함되어 있다: 역자 주)를 만들어 자신의 것으로서 표시하기 위해 그것을 자신이 정말 좋아하는 책에 넣는 것이었다. WA는 장서표에 Times New Roman 폰트를 사용하기로 결정하고 다음과 같이 설명했다. "나는 그 글꼴을 정말 싫어했어요. 그 글꼴과 정말 안 좋은 관계가 있었기 때문에 사용했어요. 나는 단순히 보기만 하는 것이 아니라 무언가 활동적인 것을 원했어요." WA는 고등학교 시절 내내 많은 어려운 숙제에서 이 글꼴을 사용해야 했다. 그래서 WA의 아트워크에서 Times New Roman으로 쓰인 책 제목의 문장을 슬라이드 퍼즐로 만들고, 때때로 단어들을 여러 방식으로 흐리게 했다. 그 패턴들은 매우 흥미로운 장서표를 만들어 냈고, 즉시 선생님들의 눈에 띄었다. 게다가 WA는 "나는 책을 싫어하지만, 마침내 '이건 나야'라고 생각했어요. 그래서 내가 좋아하지 않는 유명한 책인『죄와 벌』에 장서표를 넣었어요"라고 설명했다. WA가 이 접근 방식과 과제에 대한 생각을 설명했을 때, 선생님들은 창의성, 정직함, 그리고 아이러니에 매료되어 기뻐했다. WA는 "난독증을 좋은 방식으로 사용할 수 있고, 좋은 방식으로 볼 수 있어요. 선생님들은 정말로 그걸 좋아했어요"라고 설명했다.

긍정적인 방식으로 직장 생활에 난독증을 병합한 WA의 성공은 매우 최근이다. 난독증은 쉽거나 즐겁지 않지만, WA의 일부이다. 학습장애의 어려움은 분명히 있다. 많은 좌절에도 때때로 희망이 있다. 난독증의 기초적인 부분을 검토한 우리는 같은 정도로 힘든 학습장애인 난서증에 대해 알아보겠다.

제 3장

난서증이란 무엇인가

- 단어 쓰기와 단어 읽기의 구별
- 난서증의 기본 과정
- 난서증 유형의 분류
- 난서증을 넘어: 단어 쓰기장애의 장기적 결과
- 계획-작성-편집

왜 우리는 난독증과 난서증을 별도로 생각해야 할까?

먼저, 단어 읽기와 단어 쓰기는 약간 다른 과정을 포함한다. (…) 처음부터 아이들은 읽기를 더 많이 경험하므로 읽기는 시간이 지나면서 많은 사람에게 더 쉽고 자동적으로 되는 반면 쓰기에는 엄청난 노력이 필요하게 된다.

약 4년 전, 내가 있던 홍콩의 한 대학에 재학하는 청년이 학위논문을 지도받기 위해 나를 만났다. 그는 난서증이 있었고, 심리학을 전공하게 된 주요 동기 중 하나가 난서증에 대해 더 알아보기 위해서였다고 설명했다. 나는 그의 논문을 지도했고, 그는 졸업 후 나의 연구 보조원이 되었다. 철저한 연구 검토와 자신의 사적인 이야기를 통해 난서증의 상태에 대해 나에게 가장 잘 알려 준 사람이 바로 그였다. 그는 어린 시절 내내 쓰기장애를 겪었지만 항상 정확하게 읽을 수는 있었다. 그는 중국인이고, 역사상의 이유로 중국어와 영어 모두의 문식성 학습을 강조하는 홍콩에서 자랐다. 그는 4세부터 중국어 및 영어로 읽기와 쓰기를 배워야 했다. 결국 그는 중국어보다 영어로 쓰는 것이 더 쉽다는 것을 알았는데, 이는 아마도 한자가 영어보다 기억해야 할 시각적 정보가 더 많이 필요하기 때문일 것이다. 그러나 그는 초기부터 두 문자로 쓰는 것에 어려움이 있었다. 몇몇 선생님들은 지나치게 엄격해서 그의 초기 불행에 기여했다. 예를 들어, 매우 서투른 쓰기에 실망한 한 학교 선생님은 교실마다 그를 데려가 앞에 세우고 쓰기가 얼마나 형편없는지를 말하면서 공공연히 그에게 창피를 주었다.

그 소년은 어떻게 '멍청이'라는 거듭되는 꾸짖음에도 현재 매우 명망 있는 대학의 박사과정 학생으로 입학할 수 있었을까? 이에 대한 대답은 3학년 때 방과 후의 추가 개별 지도를 하고 그의 쓰기에 관심을 보였던 선생님 때문인데, 그가 스스로를 잠재력이 있는 학생으로 여기도록 도왔다. 더 큰 전환점은 어머니에게서 만년필을 받은 것이었다. 글을 쓸 때 손에서 느껴지는 펜의 느낌은 쓰기를 더 많이 연습하도록 만들었다. 게다가 그는 기타를 배웠는데, 기타를 칠 때 필요한 미세한 움직임은 쓰기에서 손의 움직임에 대한 인식을 향상시킨 것으로 보인다. 또한 홍콩에서 인기 있는 과목이 아닌 심리학과 영어에 대한 그의 관심도 시간이 지남에 따라 도움이 되었다. 그는 먼저 중국어로 된 자기계발서를 읽었고, 더 자랐을 때는 자신이 더 잘하고 기분이 나아질 수 있는 방법을 알아내기 위해서 영어로 된 자기계발서를 읽었다. 이것들은 그가 자신의 쓰기장애를 극복하는 데 집중하도록 용기를 주었다.

이 청년은 결국 난서증에 대한 훌륭한 논문을 썼고, 그 과정에서 나는 난서증에 대해 많이 알게 되었다. 그는 홍콩의 많은 초등학교 교사들에게 자신의 경험에 대해 강의했고, 일부 교사들은 그의 성공 이야기에 감동받았다. 그를 만나기 전까지 나는 잘 읽을 수 있으나 심각한 쓰기장애가 있는 사람에 대해 전혀 몰랐다. 난서증이 난독증의 일부이지만 그것과 분리할 수 없는 것으로 생각했다. 여러 문화권에서의 난서증과 관련된 연구와 경험들을 이 장에서 집중적으로 다루어 보겠다.

난서증은 기본적으로 '손쓰기장애(impaired hand-writing)'(International Dyslexia Association, https://dyslexiaida.org/)이다. 일부 아동은 운동통제장애의 이유로 난서증을 겪지만, 다른 일부 아동은 쓰기장애로 이어지는 시각-공간적 혼란을 가지고 있을 수 있다. 다른 아동의 경우, 난독증이 있는 아동과 난서증이 있는 아동 간 공통 부분이 표출된다. 난서증은 난독증보다 훨씬 덜 알려져 있으나, 그 개념은 주목을 받고 있다. 추정에 따르면, 난독증이 있는 아동 중 거의 30%가 손쓰기장애를 보인다(예: Arfé et al., in press; 개관 연구, Montgomery, 2008).

단어 쓰기와 단어 읽기의 구별

왜 우리는 난독증과 난서증을 별도로 생각해야 할까? 먼저, 단어 읽기와 단어 쓰기는 약간 다른 과정을 포함한다. 예를 들면, 나의 인터뷰 대상자이며 앞서 언급된 Mr. Cheung은 자신을 난독증이 있는 아동과 비교하면서 다음과 같이 되짚었다.

> 나처럼 쓰기장애만 있는 아동은 (학습 상황이) 더 쉽다. 우리는 정상적으로 발달하는 아이들처럼 읽기를 통해 독립적으로 학습할 수 있다. 차이는 우리에게는 쓰기의 훈련이 부족하다는 것이다.

대부분 단어 읽기가 쓰기보다 더 쉽다는 점에 동의한다. 이에 대한 몇 가지 이유가 있는데, 난서증이 있는 사람이 어려워하는 단어 쓰기의 처리 과정을 개관하기 전에 단어 읽기와 단어 쓰기의 차이에 대해 생각해 보는 것은 의미가 있다. 단어 쓰기가 단어 읽기보다 더 힘든 몇 가지 이유는 Winkes(2014)에 의해 제시되고, Döhla와 Heim(2016)에 의해 요약되어 있다. 여기서 언급된 한 가지 아이디어는 그들이 전체 vs. 부분 단서로 부른 것이다. 아이들이 오직 일부 단서를 이용하여 단어를 읽을 수 있음은 사실이다. 예를 들어, 한 문장에서 내가 probalby라고 영어 단어 철자를 틀리게 써도 독자는 '아마(probably)'라고 읽을 수 있다. 아이들은 단어의 모든 단서를 고려하지 않고도 단어를 읽을 수 있을 것이다. 성인이 embarrassed나 handkerchief와 같은 단어를 쓸 때는 어떤 낱자(알파벳)는 간과하기가 쉽지만, 이것들을 읽는 것은 어렵지 않다. 이러한 단어 쓰기에서 한 개의 낱자만 생략해도 부정확하게 쓴 것이 된다. 이러한 사실은 단어 재인(recognition)(자극 단어가 기억에 있는지 없는지를 확인하는 것: 역자 주)이 단어 회상(recall)(자극 단어의 이름을 기억하는 것: 역자 주)보다 더 쉽다는 그들의 두 번째 아이디어에서 나타난다(Döhla & Heim, 2016). 이는 일반적으로 인지 과정에서 자명한 사실이다. 당신은 시험에서 객관식과 주관식 형식 중 어느 것을 선호하는가? 객관식은 재인만을 수반한다. 마찬가지로 단어 읽기에서 우리는 단어를 재인할 수 있으나 회상할 필요는 없다. 단어 쓰기는 기억에서 단어를 산출해야 한다. 단어에 대한 우리의 기억이 완전하지 않다면 단어는 틀리게 쓰일 것이다.

Winkes(2014)와 Döhla & Heim(2016)은 또한 맥락의 중요성을 언급한다. 우리가 문장 속에서 단어를 읽으면 맥락상 단어의 의미를 유추할 수 있다. 읽기 부진이 부정확한 유추의 가능성이 있다는 점을 고려하면 이러한 맥락 의존이 항상 도움이 되는 것은 아니지만, 이 전략은 독자들이 단어 수준(예: Bu Rabia & Siegel, 1995)과 중국의 한자(예: Wang & McBride, 2016) 수준에서 주로 사용하는 방법이다. 그러나 단어를 쓰는 데에는 맥락을 사용할 수 없다. 우리가 글을 쓸 때, 맥락은 그다음 단어의 철자를 쓰는 데 아무런 도움이 되지 않는다.

Winkes(2014; Döhla & Heim, 2016에서 인용)는 우리가 읽기와 쓰기에 들이는 시

간의 양이 불균형하다는 점을 지적하면서 시간에 따른 연습의 영향을 강조한다. 이 점은 역사적으로 교사는 수업에서 쓰기보다 읽기에 더 초점을 두고 훨씬 더 많은 시간을 할애하였으며, 말하자면 학생의 쓰기는 '연습한 정도 만큼'이라고 언급한 Montgomery(2008)의 주장과 일치한다. 처음부터 아이들은 읽기를 더 많이 경험하므로 읽기는 시간이 지나면서 많은 사람에게 더 쉽고 자동적으로 되는 반면에 쓰기에는 엄청난 노력이 필요하게 된다.

이 저자들(Döhla & Heim, 2016; Winkes, 2014)이 제시하는 마지막 이유는 다양한 문자와 그것들의 특성과 관련이 있다. 그 아이디어는 특히 알파벳 문자에 적용된다. 전반적으로 대부분 언어에서 쓰기는 음운 부분과 문자소 간에 대응의 불일치가 크기 때문에 읽기보다 더 어려운 경향이 있다. 종종 읽기에서 낱자를 볼 때 단어 내의 단서에 기반하여 발음하는 한 가지 방법이 있다. 예를 들어, 영어에서는 일반적으로 C는 모음 A, O, U의 앞에 올 때 /k/ 소리가 나지만 모음 E, I의 앞에 올 때는 /s/ 소리가 난다. 이탈리아어나 독일어 같은 더 투명한 표기에서는 주어진 낱자를 발음하는 방법이 딱 한 가지만 있다. 하지만 반대로 쓰기에서처럼 소리에서 글자로, 즉 음소에서 문자소로 이동하면 부가적이고 복잡한 가능성이 있을 수 있다. 예를 들어, 내가 'seeply'(SEE-plee로 발음되는)처럼 영어 넌센스 단어(비단어)를 쓰도록 요청한다면(당신은 오직 단어를 듣기만 하지 내가 쓴 단어를 볼 수 없기 때문에 쓰기가 어렵다!) 그 넌센스 단어가 쓰일 수 있는 여러 가지 방법을 생각할 수 있다. 당신은 seaplie나 ceiplee로 쓸 수 있다. 전자인 seaplie에서는 sea와 see가 동음이의어이며, birdie, auntie, scrunchie 같이 단어의 끝이 ie이고, 후자인 ceiling은 cei로 시작한다는 사실과 jubilee와 parolee의 끝이 lee라는 사실을 이용한다. 유추를 통해 영어 철자를 쓸 가능성은 읽기에서 보다 훨씬 더 높다.

이러한 단어 읽기와 쓰기의 기본적인 차이를 기억하면서 난서증의 문제로 돌아가 보자. 앞에서 개관한 것처럼 단어 쓰기 학습이 읽기 학습과 다소 다른 과정을 내포함을 알 수 있다. 동시에 제2장에서 난독증의 본질을 논의했듯이, 쓰기 장애에 기여하는 복잡하게 상호작용하는 능력들이 있다. 일부 능력은 상대적으로 광범위하고, 다른 일부는 더 구체적이어서 단어 쓰기의 행동과 더 직접적으로 관련되어 있다. McCloskey와 Rapp(2017)가 발달 난서증의 문제를 요약한 것처럼, "발달에서 쓰기 결손으로 이어질 수 있는 다양한 가까운(proximal) 원인과 먼(distal) 원인이 있으며, 우리의 목표는 이러한 가깝고 또한 먼 원인의 모든 것을 파악하는 것이다"(pp. 75-76). 난서증의 원인이 되는 기저 메커니즘을 확인하는 것은 적어도 두 가지 분명한 방식으로 도움이 된다. 첫째, 난서증이 어떻게 발달하는지를 이해한다면 아동에게 난서증의 위험이 있는지를 확인하기 위해서 매우 어린 시기에 쓰기 발달에 기여하는 일부 기술을 검사할 수 있을 것이다. 그러한 아동을 초기에 식별하는 것은 임상가와 교사가 난서증의 이후 발달을 미연에 방지하고, 효과적인 조기 개입에 집중하도록 도울 수 있다. 둘째, 이러한 메커니즘의 확인은 어떤 기술에 초점을 맞추어 훈련해야 하는지를 제시한다. 전형적으로 개입은 이미 존재하는 난서증을 완화하거나 난서증의 위험이 있는 아동에게 그 장애가 나타나는 것을 방지하는 데 도움을 주기 위해 게임이나 직접적인 교육을 통해 어떤 기술들이 발달되어야 하는지를 강조한다.

초등학생의 7~15%에게서 쓰기장애의 일부 유형이 나타난다는 추정(Döhla & Heim, 2016; McCloskey & Rapp, 2017)에도 불구하고 난서증에 대해서는 연구가 부족하다. 여러 문화권에 걸쳐서 자신의 모국 문자의 쓰기에 필요한 인지-언어적, 지각적, 그리고 운동적 특성을 고려하는 것이 특히 중요하다. 아이들이 다른 언어의 쓰기를 배우는 데 강조되어야 하는 몇 가지 문자에 특수한 능력들이 있는 듯하다. 이에 대한 연구는 부족하지만, 예를 들어 왼쪽에서 오른쪽으로 또는 오른쪽에서 왼쪽으로 쓰는 것이 다른 어려움을 초래할 수 있다. 예를 들면, 중국 한자를 구성하는 각 획의 순서에 초점을 두는 것이 한자 단어 쓰기에 중요하다는 점은 중국어 연구에서 이미 분명하게 밝혀졌다(Lam & McBride, 2018; Law, Ki, Chung, Ko, & Lam, 1998). 로마자로 쓸 때 기호의 순서는 비교적 복잡하지 않기 때문에 이탈리아어, 스페인어 또는 프랑스어 같은 로마자를 사용하는 언어의 쓰기에서 이런 순서에 관한 연구의 필요성은 덜하다.

그러므로 나는 난서증 연구의 목표에 관해 McCloskey와 Rapp(2017)가 다음과 같이 언급한 것(p. 76)에 감사한다.

우리는 일부 진단 기준에 따라 발달 난서증의 한 집단을 선택하고 그들을 한 집단으로 조사함으로써 연구를 시행할 수 없다(예를 들어, 참가자의 결과를 평균 내고, 유의한 집단 효과 찾기). 이 연구 방법은 그 집단이 관련된 측면에서 동질적인 것을 가정하며, 특히 모두 같은 장애 유형을 갖는다고 가정한다. 우리는 참가자를 개별적으로 연구해야 하고, 연역적 추론이 아닌 세부적인 단일 사례 조사의 결과에서 공통점과 차이점이 나타나도록 해야 한다.

내가 이 책에서 좋아하는 부분은 개인적 특성과 집단 연구를 병렬적으로 둔 것이다. 연구자들은 집단 내의 일반적인 경향을 볼 수 있기 때문에 집단 연구에 의존하며, 이는 우리가 난독증, 난서증, 혹은 주의력장애 같은 현상의 기본적인 특징을 정확히 찾아내도록 돕는다. 그러나 우리가 여기서 멈출 수 없는 이유는 부모, 교사, 임상가, 그리고 학습장애가 있는 아동에게 봉사해야 하기 때문이다. 우리는 난서증(또는 다른 모든 학습장애)이 있는 각 개인을 이해하고 돕기 위해 개별적 요구와 특징을 이해해야 한다.

난서증의 기본 과정

난서증은 단어 쓰기에 기본적인 장애가 나타난다. 왜 아동에게 단어 쓰기가 어려울까? McCloskey와 Rapp(2017)는 쓰기와 관련된 개별적인 인지-언어적·지각적·운동적 능력의 중요성을 다루는 쓰기 과정의 두 가지 모형을 제시했다. 하나는 철자 받아쓰기에 초점을 맞추고, 다른 하나는 한 단어에 관한 모든 지식을 활성화하여 그 단어를 종이 위에 쓰는 과정에 초점을 둔다. 두 모형은 모두 인지적 기술들이 처리되는 순서를 명시한다. 그러나 두 모형은 받아쓰기에 필요한 다양한 인지적 기술을 포함하므로 나는 처리 순서에는 별로 관심이 없다. 모형들은 인지적 기술 각각을 포함하기 때문에 우리는 난서증이 어떻게 발달하는지, 그리고 이 상태를 개선하기 위해 어떤 기술을 목표로 해야 하는지를 평가할 수 있을 것이다. 우리가 어떤 인지적 기술들이 있는지를 안 다음에 그 기술들이 일어나는 순서를 고려할 수 있다.

철자 받아쓰기 모형(the spelling-to-dictation)(McCloskey & Rapp, 2017)에는 기억이 강조된다. 특히 장기 음운 및 철자 기억이 강조된다. 알파벳 문자, 악샤라(aksharas) 음절문자, 알파-음절문자(alphasyllabaries)와 같은 대부분의 세계 문자 체계에서는 음운적 장기기억이 중요하다. 쓰기 체계는 음운 단위(음소 같은)와 그것에 상응하는 문자소 사이의 대응에 의존한다. 우리는 먼저 단어를 듣거나 생각하고, 말-소리 특성에 기반하여 그것이 무엇인지를 개념화한다. 이 다음 단어의 음운 표상과 그 의미를 대응시키는데, 의미는 어휘 의미론(lexical semantics)이라고 불린다. 극단적인 예로 동음어의 경우에는 단어를 쓰기 전에 단어의 의미를 정확하게 이해해야 한다. 예를 들면, 우리는 by, buy, bye 또는 peek, peak, pique를 쓰기 전에 단어의 맥락을 이해하고자 할 것이다. 그다음 우리가 가지고 있는 장기기억에서 단어의 철자 표상을 생각한다. 단어가 어떻게 생겼는지 기억하는가? 이는 우리가 철자 장기기억(orthographic long-term memory)을 사용하도록 요구한다.

일단 우리가 한 단어를 어떻게 쓰는지를 기억하면 우리는 철자 작업기억(orthographic working memory)에 의존한다. 이 작업기억은 불완전하지만 우리 머릿속의 철자 이미지를 종이 위에 쓰기 위해서 필요하다. 아마도 철자 작업기억은 글자, 발음 구별 부호, 부수, 또는 쓰기의 다른 측면 같은 단어의 구성 요소들을 고려하고 이것들을 쓰는 방법을 계획하는 것을 포함한다.

단어 쓰기에 집중하는 모형에서 그 초점은 단어의 개별적인 측면을 고려하는 것으로 시작한다. 그 모형의 저자들은 영어로 단어 cat의 처리 과정을 강조하지만, 단어의 일부가 발음 구별 부호 diacritics나 중국어의 의미나 음운 부수 같은 표상을 포함한다는 것을 상상할 수 있다. 저자 또한 어떤 이서체(allograph, 동일한 문자가 서로 다른 모양으로 나타나는 것을 의미한다. 이는 다양한 필기체, 서체, 대문자와 소문자 등의 형태를 포함할 수 있다: 역자 주)를 사용하여 쓸지 결정해야 한다.

이서체는 다양한 정의가 있지만, 우리는 그것을 문자소의 다른 형태로 여길 것이다. 예를 들어, 낱자 B는 b로도 쓰일 수 있다. 중국어에서 많은 한자는 간체나 전통적인 문자로 쓰이는데, 그것들은 꽤 다르게 보인다. 아랍어에서는 아동의 유형에서는 아니지만 숙달된 형태의 쓰기에서 모음이 생략된다. 게다가 이러한 모든 형태는 쓰는 스타일에 따라 바뀔 수도 있다. 글꼴에 따라 사용되는 스타일이 다를 수 있다. 예를 들면, 알파벳 T는 t나 ＋로 나타낼 수 있다. 필기체와 인쇄된 형태를 이서체로 여길 수도 있다. 실제로 여러분이 보안 목적으로 웹사이트에 글자와 숫자의 이상해 보이는 코드를 다시 타자를 치도록 요청받는 이유는 이 서체가 크게 달라서 컴퓨터 프로그래밍이 상당히 어렵기 때문이다. 이 모형에서 아이는 실제 쓰기 과정과는 독립적으로 머릿속에서 시각적으로 계획하는 생생하고 상세한 그래픽 운동 계획을 만든다. 이 계획은 페이지의 어디에서 시작하고, 펜의 움직임의 방향과 순서 같은 사안을 포함하며, 실제로 단어 쓰기를 상상할 수 있다. 마지막으로 아이의 발달된 운동 계획은 그 아이가 단어 이미지를 실제로 쓰도록 한다. 쓰기는 그림을 그리는 것과 똑같지는 않으나, 우리의 독자적인 그래픽 운동 계획을 따른다.

이러한 모형은 복잡하지만 우리가 쓰기를 이해하려면 여러 기술을 목표로 할 수 있음을 시사한다. 이는 난독증에 대해 이전에 논의했던 기술들과 다소 유사하지만, 이 모형들은 주로 기억에 집중한다. 쓰기 위해서는 음운 기억, 어휘-의미 기억(단어의 의미에 초점을 둠), 그리고 철자 기억이 있어야 한다. 이와 더불어 이서체(즉, 우리가 쓰기를 원하는 문자소에 대한 그림 묘사)에 대한 기억과 일부 운동 학습에 대한 기억이 있어야 한다. 이서체의 기억은 특히 시각-공간 능력과 관련될 수 있다. 이는 문자소 산출 방식과 관련되며, 단어의 구성 요소적 부분에 대한 인식을 포함할 것이다. 예를 들어, 알파벳 b에서 수직선은 얼마나 길어야 할까, 원은 얼마나 넓어야 할까, 서로 어떤 비율일까? 운동 기억은 연필이나 펜을 사용하여 쓰기 위해 우리의 손가락과 손이 어떻게 함께 작동하는지에 집중한다. 이러한 기술은 쓰기의 여러 연구에서 확인되었다(예: Berninger et al., 2006; Berninger et al., 2002; Cheng-Lai, Li-Tsang, Chan, & Lo, 2013; Lam & McBride, 2018).

요약하자면 난서증은 난독증과 관련하여 앞서 논의된 세 가지 핵심적 구조인 음운, 의미(다양하게 형태소와 어휘-의미 기술들을 포함), 그리고 철자 처리를 포함한다. 이것들이 방해를 받는다면 단어 수준의 읽기와 쓰기가 손상될 수 있다. 그러나 난서증은 읽기에는 없고 단어 쓰기에는 중요한 두 개의 다른 과정을 추가로 포함하고 있다. 그것은 시각-공간 민감성을 내포하는 이서체 기술과 쓰기 산출을 위한 손 움직임의 순서를 포함하는 운동 기억이다.

난서증 유형의 분류

난서증에 대해 한 가지 중요한 점은 전 세계에서 공식적으로 진단되는 경우가 거의 없다는 것이다. 실제로 난독증의 한 하위 유형으로 여긴다(예: McCloskey & Rapp, 2017). 난서증은 학습장애로 인정되지만, 난독증과 달리 규격화된 검사가 비교적 적다. 우리가 시각-공간 민감성을 포함하는 이서체의 능력과 운동 기억을 난서증의 특징으로 인정할 때, 난독증과 난서증을 분리하여 생각하기 시작할 수 있다.

난서증의 특징은 매우 좋지 않은 필체나 쓰기이다. 난서증이 있는 일부 사람들은 다른 글자 크기, 선이나 네모 칸을 벗어나는 것, 많이 지워지거나 줄이 그어져 있는 혼란스러운 표시처럼 공간의 특이한 사용으로 매우 읽기 어려운 필체를 가지고 있다. 난서증은 난독증과 별개로 존재할 수 있다. 이 장의 초반에서 언급되었듯이, 면담자인 홍콩인 Mr. Cheung은 난서증이 있지만 난독증은 없다. 그는 읽기가 가능하고 항상 좋았으나 쓰기에 많은 문제가 있다. 난독증을 동반하여 난서증을 보이는 경우는 흔하다. 같은 맥락으로, 빈약한 철자법 자체가 난서증이 되는 것은 아니다. 예를 들면, 철자를 구두로 잘 말할 수 있지만 종이 위에 단어로 쓰는 것은 실패하는 사람이 있다. 오히려 난서증은 문자소, 즉 활자에서 사용되는 부호를 읽기 쉽게 확실하게 산출하는 것을 실패하는 데 초점을 맞춘다. 개개인이 다소 다른 원인을 가지므로 각기 다른 해결책이 있기 때문에 일부 연구자들은 적어도 다른 유형의 난서증 세 가지를 구별하고 있다(예: Deuel, 1995).

즉, 결과가 같아 보일 때조차─악필이나 형편없는 글쓰기의 경우─기저하는 인과적 메커니즘은 상당히 다를 수 있다. 실제로 난독증이 있는 아동과 이들의 손쓰기(handwriting)에 대한 이전 연구(예: Sumner, Connelly, & Barnett, 2013, 2014)와 발달적 협응장애(운동장애를 의미함)가 있는 아동과 이들의 손쓰기에 대한 이전 연구(예: Prunty, Barnett, Wilmut, & Pum, 2013, 2014)는 모두 아동의 산출 결과 (output)와 관련하여 비슷한 현상을 증명한다. 두 경우에서 장애(난독증, 운동장애)가 있는 아동은 정상적으로 발달하는 또래에 비해 쓰기를 할 때 더 주저하는 경향이 있다. 동시에 난독증이 있는 아동에게서는 미세한 운동장애가 자주 보인다 (예: Haslum & Miles, 2007). 비교적 단순하고 투명한 언어/문자 체계인 이탈리아어에서 쓰기장애와 함께 난독증이 있는 아동들에 관한 최근의 한 연구는 손쓰기 장애가 운동 문제보다 철자법 장애와 더 관련이 있음을 제시한다(Arfé et al., in press). 손쓰기 문제와 관련하여 공간적 장애는 뇌 손상을 겪은 사람들을 제외하고는 거의 언급되지 않지만, 여전히 가끔씩 손쓰기장애에 작용한다고 기록된다 (예: Smits-Engelsman & Van Galen, 1997).

이러한 배경을 고려하면 Deuel(1995)의 발달 난서증의 분류는 유용하고 널리 사용된다. 이 체계에서 난서증은 세 유형으로 구별된다. 난독성 난서증, 운동성 난서증, 그리고 공간성 난서증이 그것이다. 세 가지 난서증 유형 중 하나라도 있는 아동은 특히 즉흥적으로 글을 써야 한다면 비교적 이해하기 곤란하게 쓴다. 난서증의 특징은 즉흥적인 상황에서 쓰기가 요구될 때 글씨가 유난히 나쁘다는 것이다. 그러나 이 세 유형은 다른 네 개의 과제가 포함될 때 구별된다. 난독성 난서증이 있는 아동은 철자 말하기를 적절하게 수행할 수 없다. 한 단어의 철자를 소리 내어 말하도록 요구받았을 때 난독성 난서증이 있는 아동은 미흡하다. 그들은 쓰든지, 철자를 말하든지 간에 철자에 부족한 사람이다. 반대로 운동성 혹은 공간성 난서증이 있는 아동은 철자 말하기를 충분히 잘할 수 있다. 난서증의 유형을 구분하는 또 다른 검사는 인쇄된 글을 복사하는 것이다. 여기서 난독성 난서증이 있는 아동은 비교적 문제없이 과제를 수행할 수 있으나, 다른 두 유형의 난서증 아동은 그렇지 않다. 운동 및 공간 형태의 난서증은 쓰기 자체의 행동과 가장 관련이 있으며, 상대적으로 읽기장애와 분리해서 생각하는 것이 필요하다. 난독성 난서증은 일종의 눈-손의 운동 때문이 아닌 순전히 철자를 말하지 못하는 좌절감의 결과이다.

　다른 과제 두 개는 운동성 및 공간성 난서증을 구분하는 데 사용된다. 이는 보통 난독성 난서증이 있는 아동이 정상적으로 수행하는 과제인 그림 그리기와 손가락 두드리기이다. 그림 그리기 과제에서는 이론상 운동성 난서증이 있는 아동의 수행이 좋지 않지만, 공간성 난서증이 있는 아동은 더 좋지 않다. 아마도 공간성 난서증이 있는 아동은 시각-공간 지각 및 배치에 가장 큰 문제가 있을 것이다. 마지막으로 일부 연구자들은 난서증 의심 아동에게 손가락 두드리기의 속도를 검사한다. 운동 능력을 관찰하기 위해 이 검사에 참가한 아동들은 그들 앞에 있는 테이블이나 키보드 키를 한 손가락으로 두드리도록 요구받는다. 운동성 난서증이 있는 아동은 여기에서 수행이 좋지 않은 경향이 있다. 반면에 난독성 난서증이나 공간성 난서증이 있는 아동은 이 과제를 정상적으로 수행한다. 난서증이 있는 아동의 운동장애를 검사하는 또 다른 방법은 손가락 연속 과제를 사용하는 것이다. 여기서 아동은 대개 우세한 손(쓰기에 사용하는 손)에서 각 손가락을 엄지손가락에 순차적으로 터치한다(예: Berninger et al., 2006).

　모든 문자에서 난서증에 관한 정보가 부족함을 고려하면 중국어에서 난서증에 대한 연구가 상대적으로 부족한 것은 놀랍지 않다. 중국어를 언급하는 이유는 부분적으로 내가 그동안 특히 중국어 연구를 해 왔기 때문이고, 또한 대부분의 사람이 중국어 쓰기가 얼마나 복잡한지 직감적으로 알기 때문이다. 실제로 중국어는 전 세계의 모든 문자 중 쓰기가 가장 복잡하다(예: Chang, Chen, & Perfetti, 2018). 중국어 쓰기 학습에서의 나의 경험과 나의 자녀들의 경험에 비추어 최근 나는 개인적으로 이 주제에 관심이 있다. 사람들은 중국 아동이 초등학교부터 각각의 한자를 여러 번 복사함으로써 한자를 배운다는 것에 비교적 보편적으로 동의한다(예: Wu, Li, & Anderson, 1999). 알파벳을 배우는 사람들도 단어 쓰기를 학습하기 위해 복사 방법을 사용하고 있지만, 중국어에서 복사의 중요성은 훨씬 큰 것 같다. 한자 학습은 알파벳 학습보다 음운에 상대적으로 덜 의존한다. 나는 이러한 사실에 흥미를 느껴서 중국 사회에서 난서증의 유병률을 조사했다. 여전히 확실한 결론은 없다. 그러나 몇몇 연구자(예: Chang & Yu, 2005; Lee, 2004; Poon, Li-Tsang, Weiss, & Rosenblum, 2010; Tseng, 1993)들은 중국어에서 난서증의 특징을 밝히기 위해 시도해 왔다. 그들의 결론은 운동장애, 시각-공간장애, 그리고 난독증을 난서증의 상관 변수로서 식별하는 것이 중요하다는 점에서 서구의 연구 결론과 일치해 보인다. 난서증이 있는 모든 아동에게서 기억은 특히 가장 중요한 핵심 변수인 것 같다.

난서증을 넘어: 단어 쓰기장애의 장기적 결과

난서증이 있으면 쓰는데 필요한 인지적 자원이 초기 과정부터 과부화되기 때문에, 기억은 난서증이 있는 아동에게 중요한 부분이다. 난서증이 있는 아동은 한정적인 기억 용량 때문에 아이디어 생성이나 다양성 또는 이야기를 만들거나 글의 내용을 구성하는 능력을 포함하는 높은 수준의 쓰기 기술이 부족한 것으로 잘못 진단될 수 있다. 우리 모두는 새로운 아이디어나 기술을 배울 때 기억 용량과 관련된 어려움을 느낀다. 예를 들어, 악기를 배울 때 한 번에 몇 개의 기술에 집중해야 한다. 바이올린을 배운다면 악보를 읽는 방법, 바이올린 현 위에 있는 어떤 손가락이 어떤 음에 해당하는지, 좋은 소리를 내기 위해 활을 움직이는 방법에 관한 모든 정보를 동시에 처리할 수 없다. 마찬가지로 당신이 항해를 처음 배운다면 항해사가 사용하는 모든 어휘(jib, mainsail, sheets, bow, port starboard), 바람이 불어오는 방향을 판단하는 방법, 최대 속도와 안전을 위해 알맞게 돛을 다루는 방법을 한 번에 배울 수 없다. 새로운 것을 배울 때 정보의 과부하는 항상 문제가 된다.

난서증이 있는 사람에게 단어 쓰기의 신체적 활동은 너무 힘들어서 에세이나 더 긴 글을 쓰는 데 필요한 생각을 하기 위해 남아 있는 인지적 자원이 거의 없다. 이것은 교사나 부모에게 아이가 전체적으로 쓰기를 못한다는 인상을 주기 때문에 특히 문제가 된다. 그러나 이 문제의 경우, 아동의 조력자들은 쓰기가 여러 하위 과정으로 나뉠 수 있음을 이해해야 한다. 단어 쓰기는 시작일 뿐이다. 궁극적인 목표로서 더 중요한 것은 텍스트, 즉 본문을 쓰는 것이다.

내가 가장 선호하는 텍스트 쓰기 모형 중 하나는 Hayes와 Flower(1980)의 것이다. 두 학자는 근본적으로 쓰기를 최소 세 과정으로 나누었다. 이는 1) 무엇을 쓸지 계획하는 것, 2) 아이디어를 작성하는 것, 3) 쓰기를 편집하는 것이다. 후속 연구자들은 이 모형을 상당히 세련되고 정교하게 만들었다(예: Hayes, 1996; POWER에 대한 온라인 Reading Rockets 설명 참조; www.readingrockets.org/article/dysgraphia-students-perspective-writing). 하지만 나는 초기의 간단한 관점을 선호한다. 쓰기 과정을 세 부분으로 분명히 구분하고 이 세 가지 측면에서 글쓰기를 고려하는 것은 도움이 된다. 첫 번째 과정인 계획은 실제로 생각으로 수행될 수 있는 기술이다. 여기에는 창의력, 상상력, 타당성이 포함된다. 이 과정은 기본적으로 당신의 '이야기'가 무엇일지, 즉 당신이 무엇에 대해 쓸지를 결정하는 과정이다. 두 번째 과정인 아이디어 작성은 가장 중요한 단계일 수 있다. 나는 이를 브레인스토밍으로 생각한다. 여기서 작성자는 스스로 검열 없이 써야 한다. 이 단계에서 작성자가 틀린 철자, 문법, 또는 구두법을 수정하는 것은 스스로를 낙담하게 하거나 심지어 창의력을 방해하고 아이디어를 흘릴 수 있기 때문에 이에 대한 걱정으로 아이디어를 제한하지 않는 것이 특히 중요하다. 세 번째 쓰기 과정은 편집이다. 이 과정은 꼼꼼한 교정을 수반한다. 이는 다른 두 과정보다 더 지루하다. 여기서 작성자는 무엇을 쓰든지 매우 주의를 기울이고 엄격해야 한다. 그리고 마지막 형태가 논리적으로, 문법적으로, 구두법으로, 그리고 철자로서 올바른지 확인해야 한다.

계획-작성-편집

특히 내가 높이 평가하는 이 모형의 한 측면(Hayes, 1996 & Flower, 1980)은 세 개의 이러한 모든 과정이 쓰기에 필요하다는 것이지만, 글 쓰는 사람은 모두 잘 할 수도 있고, 일부만 잘할 수도 있고, 혹은 잘하는 것이 없을 수도 있다. 게다가 이 모든 과정을 향상시키는 것은 다른 기술에 달려 있다. 계획은 창의력이나 프 로젝트 변수의 이해에 근거한 좋은 아이디어에 의존한다. 예를 들어, 단순히 '제 2차 세계대전'에 대한 에세이를 쓰는 것은 불가능하다. 이는 다루기 힘들고, 너 무 포괄적이어서 불가능하다. 개인은 에세이를 쓰는 데 다루기 쉽고 흥미로운 주 제로 만들기 위해 '제2차 세계대전'이라는 주제를 구체적이고 세련되게 만들어야 한다. 아이디어 작성은 좋은 배경지식, 어휘, 필요한 새로운 정보를 탐색하는 능 력, 그리고 다른 여러 능력에 의존한다. 좋은 에세이를 계획할 때, 훌륭한 저자는 '논지(thesis)'를 염두에 두어야 한다. 여기서 '논지'란 기본적으로 쓰기 활동으로 나타난 결론, 즉 주제문을 의미한다. 편집은 바른 철자, 구두법, 그리고 문법 지 식에 의존하여 적어도 불확실하고 틀린 것을 발견하고 재점검하는 것을 의미한 다. 확실히 정의상 난서증이 있는 사람은 편집에 어려움이 있을 것이다. 쓴 결과 물을 제시하는 어려움이 바로 난서증의 특징이다. 반면에 원칙상 난서증이 있는 사람이 아이디어 계획 및 쓰기의 작성에서 제한이 있을 것으로 예상될 특별한 이 유는 없다.

의심할 여지없이 이 글을 읽는 대부분의 사람은 계획이 난서증이 있는 사람에 게 어렵지 않다는 점에 동의할 것이다. 계획은 모두 아이디어에 관한 것이다. 실 제로 난서증이 있는 사람들은 어느 시점에 학습을 위해 다양한 방법을 추구하도 록 요구될 것이며, 그들의 경험에 근거한 아이디어는 특히 흥미로울 수 있다. 그 러나 아이디어를 작성하는 것은 어떨까? 이는 더 복잡하고 확실히 논쟁의 여지가 있다. 하지만 난서증의 모든 정의(난독성, 운동성, 혹은 공간성 난서증)에서 알 수 있 듯이, 난서증의 본질에는 아동의 언어장애를 강조하는 것이 없다. 이 때문에 일부 부모와 교사들은 아이들이 대체 프로젝트 형식으로 자신의 아이디어를 발표할 수 있도록 하는 것의 중요성을 그토록 강력하게 주장한다. 예를 들어, 난서증 아동에게 여러 매체를 이용하여 프로젝트를 만들도록 한다면 난서증 아동의 약점인 쓰기 표현만을 사용하면서 만드는 것이 아니기 때문에 그들은 종종 탁월함을 보일 수 있다. 예를 들어, 난서증이 있는 아이가 에세이, 이야기, 또는 보고서를 구술(음성을 텍스트로 변환)로 작성할 수 있으면 어휘 지식, 아이디어의 복잡성, 논리성 등 고차원적인 요소들의 질은 아이가 직접 글로 작성해야 할 때보다 일반적으로 훨씬 뛰어나다. 따라서 난서증이 있는 아이가 Hayes와 Flower(1980) 모형의 아이디어 표현 부분에서 어려움을 겪는 것은 불가피한 것이 아니다.

　대부분은 아니지만 전 세계의 많은 교사와 부모는 서면 과제를 기본으로 여긴다. 게다가 종종 그들은 멀티미디어 프레젠테이션 같은 과제가 학교 수업에 포함되어야 한다고 믿지 않는다. 그러나 난서증이 있는 아동에게 그러한 적용은 중요하다. Hayes와 Flower(1980) 모형의 가장 큰 실용성은 쓰기에 필요한 과정을 세 개로 나눈 것이다. 이 모형은 우리가 쓰는 방법에 대해 쉽게 이해하도록 설명해 준다. 이 모형의 논리적 연장은 성적이 모형의 각 과정에 기반하여 평가되어야 한다는 점이다. 이런 방식으로 철자, 문법, 또는 전반적인 가독성에 문제가 있는 아이는 이러한 결함 때문에 이 측면에서 낮은 점수를 받아 불이익을 받을 수 있다. 그러나 아이디어 생성 및 일반적인 논리와 언어적 표현에 대해서는 별도로 평가를 받아야 하며, 이는 글쓰기가 아닌 다른 방식으로도 평가될 수 있다. 오스트리아의 학교심리학자 Barker-Benfield는 다양한 학교 체계에서 일부 견해는 다른 어떤 것보다도 난서증이 있는 아동에게 더 피해를 주고 있음을 느꼈다. 그녀는 어느 교장이 한 학생에게 "나는 네가 (이 과제를) 통과하지 못할 것이라고 지금 당장 말할 수 있다. 이건 네가 이야기를 얼마나 멋지게 쓰는지와는 상관없다"라고 말했던 것을 언급했다. Barker-Benfield는 일부 학교에서 앞서 제시했던 규칙과 비슷하게 성적의 각 25% 비율로 네 가지 측면, 즉 철자, 문법, 이야기의 창의성, 사용된 어휘를 평가한다고 언급했다. 이는 상대적으로 모두에게, 특히 난서증이 있는 아이들에게 매력적이고 공평하게 보인다. '그러나' 그녀는 "일부 학교에는 또 다른 규칙이 있다. 그들은 학생을 철자 쓰기로만 평가한다"라며 말을 이었다.

이러한 오스트리아 사례는 난서증이 있는 아동에 관한 전반적인 문제를 묘사하고 있다. 한편, 최근 발전된 기술을 통해 난서증이 있는 아동은 그들의 특정 쓰기장애를 피하며 복잡한 작업을 잘 수행하는 것이 가능하다. 예를 들어, 홍콩의 Mr. Cheung은 심리학 박사학위 과정에 있다. 제5장에서 언급되는 (다른 학습장애 중) 난서증에 관한 또 다른 면담자인 미국의 Ms. Amy는 다국적 기업의 번역가이다. 그러나 교사와 학교가 난서증을 다루는 방법은 학교마다, 그리고 국가마다 매우 다르다. 지금까지 내용을 요약하자면 난서증은 운동, 시각-공간 혹은 읽기 관련 문제에 의해 야기된 단어 수준의 쓰기장애임을 알 수 있다. 난서증이 있는 아동은 특유의 읽기 어려운 필체가 있다. 어떤 면에서 이는 비교적 사소한 문제처럼 보인다. 난서증은 독립된 장애로서 아동이 쓰기에 장애가 있으나 읽기에는 어려움이 없음을 시사한다. 이 특정 문제에 대해서는 다양한 조절이 가능하다.

동시에 학교는 손으로 쓰는 과제에 더 초점을 맞추는 경향이 있다. 이는 문화 전반에 걸쳐 자연스러우며, 먼저 아동이 단어를 손으로 쓰면서 배우는 이점을 알기에 계속할 이유가 있다(예: Alves et al., 2016; Bara, Morin, Alamargot, & Bosse, 2016). 그러나 쓰기에 특정 장애가 있는 아동을 위해 쓰기 연습에 일부 에너지를 쏟을 수 있지만, 쓰기장애가 이후 작문 수업에 장애물이 되어서는 안 된다. 컴퓨터를 통해 타자를 치거나, 또는 말로 하는 과제의 제출 같은 우회적 해결 전략은 그러한 경우에서 가능하며 선호된다. 학교 생활의 많은 부분이 쓰기 과제 수행과 연관되기 때문에 난서증이 있는 아이는 자신의 과제가 계속해서 부족하다는 것을 알게 되므로 교사나 부모에 의해 크게 좌절할 수 있다. 그러나 실제로 그 문제는 글쓰기의 전체 '메커니즘' 측면에서 보면 비교적 작다. 난서증이 있는 많은 사람은 창의적이고 논리적이며 공유할 수 있는 많은 정보를 갖고 있다. 그들은 단순히 필기 형태 면에서 어려움이 있는 것이다. 제8장에서 난서증이 있는 아동을 돕기 위해 취할 수 있는 실용적인 단계를 고려할 것이다. 다음 장에서는 난서증처럼 난독증과 종종 동반이환되는, 즉 ADHD에 대해 알아본다.

제 4 장

주의력결핍과잉행동장애 (ADHD)의 기초

- ADHD의 정의
- ADHD와 자기–조절
- ADHD와 동기: 정서 통제가 핵심이다
- 청소년과 성인 ADHD
- 무엇이 ADHD를 야기할까
- ADHD와 뇌

주의력결핍과잉행동장애(ADHD)는 종종 난독증과 동반되어 나타난다. 둘 사이의 동반이환에 대한 대부분의 추정치는 25~40% 사이이다. 중요하게도 두 장애를 모두 가진 아동은 두 장애에 대해 비교적 강력한 유전적 요소를 보이는 경향이 있으며, 둘 중 하나의 문제만 있는 아동보다 인지적 및 사회적 측면에서 어려움이 더 많이 나타난다.

주의력 결핍의 개념은 교육에서 기본적인 것이다. 사실 몇몇 국가에서는 난독증과 주의력 결핍 간에 확실한 차이가 없다. 둘 다 폭넓은 학습장애의 구성으로 여긴다. 실제로 주의력결핍과잉행동장애(ADHD)는 종종 난독증과 동반되어 나타난다. 둘 사이의 동반이환에 대한 대부분의 추정치는 25~40% 사이다(개관 연구, Boada et al., 2012). 중요하게도 두 장애가 모두 있는 아동은 두 장애에 대해 비교적 강력한 유전적 요소를 보이는 경향이 있으며, 둘 중 하나의 문제만 있는 아동보다 인지적 및 사회적 측면에서 어려움이 더 많이 나타난다(개관 연구, Boada et al., 2012). 이 장에서 ADHD의 기초에 대해 알아보자.

14세 소년인 Jonny에 대한 설명으로 시작하겠다. 그의 아버지 Joe에 따르면, Jonny는 사랑스럽고 매우 똑똑하며 수학에 특출한 재능을 가지고 있다. 그러나 Jonny는 주의집중에 뚜렷한 어려움을 겪고 있다. Joe는 아들 Jonny에 대해 이렇게 말한다.

> 우리는 주의력 문제를 Jonny가 매우 어렸을 때부터 알 수 있었다. 아이는 쉽게 주의가 산만해졌고, (간단한 것을 포함한) 지시를 따르는 데 어려움이 있었으며, 가족에게는 어머니 지구에서 떨어져 나간 '우주비행사'로 알려져 있다. 나는 많은 예시를 들 수 있는데, 특히 정리와 계획 능력의 부재, 건망증 등을 꼽을 수 있다. 예를 들면, 매일 아침 나는 Jonny를 위해 학교에 가져갈 샌드위치와 물 한 병을 준비한다. 한 번은 책가방 안에서 2개가 아니라 3개, 4개도 아닌 5개의 물병을 발견했는데, 이는 그가 학교에 갈 때 얼마나 세심하게 물건을 정리하지 않는지를 상기시켜 준다. 게다가 Jonny는 형제들이 들어오고 나가는 것에 주목하지 않기 때문에 형제들이 집에 있는지 없는지 전혀 모르는 것 같다.

종종 주의력장애가 있는 아동은 부모나 교사에게 무례하게 보인다. 이 아동들은 듣지 않는데, 의도적으로 불복종하는 것으로 인식될 수 있다. 먼저 몇몇 부모는 자신의 아이가 노래를 잘하거나 컴퓨터 게임을 하는 데 몇 시간을 보내기 때문에 특정 주의력장애가 아니라고 주장하기도 한다. 그러나 일부 연구자들(Barkley, 2014c)은 주의력장애를 전반적으로 부주의(inattention)보다는 조절(regulation)의 부재로 특징짓는다. 앞서 언급한 Jonny 같은 일부 아동은 실제로 어떤 활동에는 매우 집중할 수 없으나, 재미있는 컴퓨터 게임 같은 활동에는 집중력이 매우 좋다. 근본적인 문제는 주의력의 부족보다는 주의력의 조절장애이다. ADHD는 실제로 잘못 명명된 것 같다. 이 장애를 특징짓는 더 좋은 방법은 Barkley(예: 2017b)에 의해 알려진 것으로, 자기-조절장애로 정의하는 것이다. 이러한 오해를 고려하여 학업에는 많은 노력이 필요하고 지루하므로 학교에서 주의력장애가 있는 아동과 없는 아동이 가장 쉽게 구분될 수 있다는 것을 이 장에서 강조하고자 한다. 주의력장애가 있는 아동은 학교 및 학업 수행의 집중에 큰 어려움이 있다. 이 주의력장애에서 과잉행동 부분이 있는 아동은 앉지 않거나 말을 계속함으로써 종종 수업에 지장을 준다. 과잉행동장애 없이 주의력 결핍이 있는 아동은 더 쉽게 지나칠 수 있다. 이들은 가끔 단지 '멍한' 것처럼 보인다. 이들을 가르치는 것이 때때로 큰 인내를 필요로 하기 때문에 ADHD가 있는 모든 아이는 교사와 부모를 좌절하게 만든다. 이들은 주의력 결핍 또는 충동적 과잉행동의 특징이 있거나 가끔 두 가지를 모두 갖고 있다.

부주의형 ADHD 소년의 어머니인 Sally는 "이것은 신경학적 차이이다. ADHD는 의도적인 반항과 똑같이 보이지만 아니다. 벌은 행동 문제를 고치지 않지만, 전략은 행동 문제를 고칠 수 있다"라고 말했다.

이어서 ADHD의 근본적인 특징들에 대해 알아보겠다.

ADHD의 정의

정신질환의 진단 및 통계 편람(The Diagnostic and Statistical Manual of Mental Disorders: DSM)은 주의력 결핍 장애의 특성을 정확하게 정의하는 데 노력을 기울이는 임상가와 과학자를 위한 세계적인 참고 자료이다. 2013년, 이 매뉴얼

(American Psychiatric Association, 2013)은 주의력결핍과잉행동장애(ADHD)를 주의력 결핍, 충동적과잉행동장애, 또는 두 가지가 모두 있는 증상을 포함하는 신경발달장애로서 정의했다. 주의력 결핍과 충동적과잉행동장애는 다르게 분류된다. 그것들은 겹치는 부분이 있을 수 있으나 과잉행동에 관한 징후 없이 주의력 문제만 있는 아동이 있다. ADHD를 진단하는 임상가는 DSM-V를 따르며, 17세 미만의 경우 최소 6개, 17세 이상의 경우 최소 5개 증상을 다음 두 가지 범주, 즉 부주의와 과잉행동-충동성에 해당하는 증상 중에서 확인하여 이 장애를 진단한다(예: Rabiner, 2013).

부주의(Inattention)

- 세밀한 것에 대한 부주의 또는 비교적 많은 부주의한 실수
- 집중의 어려움
- 직접적으로 말을 걸 때조차 듣지 않아 보임
- 집안일이나 숙제를 마무리하는 데 어려움을 겪음
- 수행하는 과제를 체계화하는 것이 어려움
- 노력이 필요하거나 복잡한 과제의 회피
- 과도하게 무언가를 잃어버리는 것
- 관련 없는 사건, 생각, 다른 자극으로 인해 쉽게 산만해짐
- 잘 잊어버리는 것

과잉행동-충동성(Hyperactive-impulsive)

- 손발을 만지작거리거나 몸을 꿈틀거리는 것
- 학교나 사무실에서 지나치게 자리를 이탈하는 것
- 기어오르거나 뛰어다니는 형태의 안절부절못함
- 조용한 여가 활동의 어려움

- 가만히 있는 것에 큰 어려움, 항상 움직이는 것처럼 보임
- 지나치게 수다스러움
- 순서를 기다리지 못하고 대답하거나 말함
- (줄을 설 때, 자신의 차례에 대한) 기다리는 행동의 어려움
- 다른 사람들의 활동을 방해하거나 침범

DSM-5는 ADHD의 세 유형을 공인한다. 이는 앞서 나열된 것처럼 충동성 없이 주의산만함에 초점을 맞춘 부주의(inattentive) 유형, 주의산만함 없이 충동적 과잉행동의 특징이 있는 과잉행동/충동성(hyperactive/impulsive) 유형, 그리고 둘 다 나타나는 유형이다.

여기서 요점은 이러한 증상이 최소 6개월간 비교적 긴 시간 동안 지속되고 연령에 따른 발달단계에 기반한 일반적 기준에 미치지 못할 때에만 ADHD로 진단될 수 있다는 것이다. 예를 들면, 우리는 나이가 들면서 성숙해지기 때문에 보통 7세는 10세보다 더 가만히 못 있고 충동적이며 잘 잊어버리고 부주의할 수 있다. 이러한 증상들은 7세 아이가 그 또래보다 훨씬 더 미성숙하고 부산스러우며 남을 방해하고 부주의할 때에만 문제가 된다. 또한 이러한 증상들은 단일 환경보다 다양한 환경에서 발생한다. 즉, 누군가 ADHD로 진단되려면 그러한 증상이 교실뿐 아니라 집이나 친구들과 놀 때처럼 다른 장소에서도 나타나야 한다. 아이가 주어진 환경의 이유로 단일 환경에서 증상이 나타나는 것은 가능하다. 그러나 그들이 스트레스를 받는 학교 환경뿐만 아니라 상대적으로 편안한 집에서도 유사하게 반응한다면 이는 그러한 행동들이 아이의 기본 특성임을 나타낸다. 마지막으로 이러한 증상이 ADHD로 진단되려면 12세 이전에 나타나야 한다.

Jergen(2004)은 이 상세하고 구체적인 ADHD 정의의 이론적 근거를 자세히 설명한다.

학교에 가는 것은 종종 ADHD가 있는 아이들이 그들의 과잉행동, 충동성, 부주의와 관련해 있는 문제들을 확대한다. 사실 많은 경우, 입학하고 나서야 ADHD

증상들이 쉽게 나타나거나 걱정을 불러일으킬 정도로 심해진다.

(p. 23)

그는 계속해서 말한다.

아이가 학교에 가서 괜찮다가 나중에 삶의 어느 시점에서 증상을 나타낸다면 이 사람은 실제로 ADHD가 있지 않을 것이다……. 사람들은 ADHD를 '발달시키거나' 혹은 '얻지' 않는다. ADHD 증상들은 아이의 환경에 따라 나빠지거나 덜할 수 있지만 갑자기 과잉행동을 보이고 부주의해지거나 충동적으로 되지 않는다.

(pp. 23-24)

비슷한 기준으로, Polanczyk와 그 동료들(2007)은 전 세계 연구를 분석하여 평균적으로 아동과 청소년의 약 5.3%에 ADHD가 있다고 추정했다.

입학이 가정 내에서 ADHD를 특히 두드러지게 만들 수 있다는 Jergen(2004)의 관찰은 학교의 초기에 그리고 실제로 더 높은 학년으로 진학하면서 아이가 지루하고 노력해야 하는 학습에 집중할 필요성이 증가한다는 사실에 기인한다. 학교 과제와 스트레스는 상응하여 증가한다. 반대로 ADHD를 진단받은 아동이 집이나 놀이에서 자신이 좋아하는 활동에 참여할 때 주의력장애는 훨씬 덜 분명하다. 그럼에도 불구하고 일부 ADHD와 관련된 증상들은 종종 눈에 띈다. 부모들은 학교 입학 스트레스에 의해 그 증상들을 더 많이 의식하게 된다.

ADHD는 종종 평생의 싸움이다. 실제로 ADHD가 여전히 있는 성인들이 많다. Barkley와 동료들(2008; Roberts, Milich, & Barkley, 2014, p. 57에서 인용)은 주의 산만성, 충동성, 멈춰야만 할 때 행동 중단의 어려움, 먼저 과제 방향에 대해 읽기나 듣기를 통해 이해할 시간을 갖지 않고 새로운 프로젝트를 시작하는 것, 다른 사람에게 한 약속을 이행하지 않는 것, 순서대로 업무를 수행하는 것의 어려움, 일이나 놀이와 관련된 활동에 주의를 지속하는 것의 어려움, 그리고 정리에 대한 어려움을 포함하는 성인 ADHD에 대한 9개의 진단 기준 리스트를 구성했다. 그들은 또한 ADHD가 있는 많은 성인이 운전할 때 지나치게 속도를 내는 경향이

있을 수 있으며, 여가나 다른 재미있는 활동에 조용히 참여하는 데 다소 어려움
이 있을 수 있음에 주목한다. 흥미롭게도 Barkley(2016)는 발달함에 따라 과잉행
동 특징들이 부주의 특징보다 확실히 더 감소하는 경향이 있음을 언급한다. 일생
에 걸쳐 이 장애가 있는 남성의 수가 여성보다 많지만, 성 비율은 아동기에 가장
불균형한 경향(여아 1명당 남아 3~4명)이 있다.

Barkley(2012, 2014a)는 ADHD에 대해서 현대에 가장 영향력 있는 학자 중 한
명이다. 그는 ADHD에 대한 연구를 발표하면서 많은 책을 쓸 준비가 되어 있었
으며, 부모, 교사, 그리고 ADHD에 관심 있는 모든 사람에게 매우 유익하고 이해
하기 쉬운 여러 강연 및 영상을 만들었다. 나는 특히 이 주제에 대해 더 많은 자
료를 원하는 사람들을 위해 부모를 위한 30가지 필수 아이디어를 담은 그의 2012
유튜브 강연과 웹사이트(www.russellbarkley.org)를 추천한다. 그의 작업에서 가
장 가슴 아픈 측면은 ADHD가 있는 그의 형제가 56세에 ADHD로 인해 사망했을
가능성이 있다는 것이다(Barkley, 2017a). 이 형제는 안전벨트를 하지 않고 차를
운전하는 것과 같이 위험하게 행동하는 경향이 있었다. Barkley는 ADHD에 대해
잘 알고 있었지만, 형제의 이른 죽음을 방지할 수 있을 만큼 충분하지는 않았다.
그는 이 사고에 대해 솔직하고 감동적인 방식으로 서술했는데, 만연한 이 학습장
애와 관련하여 연구의 중요성 및 개인의 관점과 이야기의 중요성을 기술하였다.

ADHD와 자기-조절

Barkley와 동료들(예: Weyandt & Gudmundsdottir, 2014)은 ADHD의 주된 본질
에 대해 매우 중요한 사례를 제시하는데, 주의력뿐만 아니라 집행 기능과 궁극적
으로는 자기-조절과 관련된 다수의 능력에 대한 것이다. 집행 기능은 자신의 행
동을 통제하는 것과 관련되며, 이 통제 측면을 구성하는 능력은 주의력, 속도, 기
억, 계획 및 억제이다. 이 광범위한 집행 기능의 개념은 실제로 중요할 수 있다.
나를 포함해 ADHD에 상대적으로 익숙하지 않은 많은 사람은 이 장애가 실제로

아동이 주의를 기울일 수 없음을 의미한다고 생각한다. 그러나 당신이 ADHD가 있는 사람들과 시간을 보낸다면 이것의 일부만이 사실임을 알 것이다. ADHD가 있는 사람들이 자신의 주의력을 배치하고 통제하는 데 특수한 장애가 있다고 말하는 것이 더 정확할 수 있다. 그들은 실제로 특정 상황에서는 주의를 기울이는 능력이 있지만 자신의 주의력을 충분히 통제하는 자원이 부족하다. ADHD가 있는 24세 스위스인 남성인 Apecu98는 자신의 어린 시절과 관련해서 이렇게 말했다. "나는 책을 읽고 영화를 보거나 비디오 게임을 할 때는 주의력에 문제가 없었다." 자신의 주의력을 적절히 배치하는 것은 다양한 인지 능력을 요구한다. 그러나 주의력 조절을 구성하는 인지 능력에 대한 이해보다 ADHD가 가장 근본적으로 자기-조절의 문제라는 점이 더 충분히 이해되어야 한다(Barkley, 2014a).

성장함에 따라 집행 기능은 우리가 다양한 자기-조절 활동을 하는 데 중요하다. 자기-조절 활동이란 ADHD의 증상들, 즉 충동적으로 행동하는 것, 주위에서 진행되고 있는 것에 주의를 기울이는 데 실패, 앞 좌석을 발로 차거나 다른 사람들을 짜증나게 할 정도로 몸을 흔드는 것을 포함한 과도한 움직임과 같이 이전에 언급된 대부분 장애를 억제하거나 멈추는 것을 포함한다. 더 나아가서 Barkley(2014a)는 자기-조절을 '1) 자신에게 지시하는 어떤 행동, 2) 후속 행동을 변화시키기 위해, 3) 멀거나 지연된 결과를 변화시켜 그 결과를 극대화하려는 것'(p. 87)으로 정의한다. 이 간단한 분석은 일상의 목표 이행 및 학업 숙련을 위해 필요한 근본적인 필수 요건을 설명한다. 그러한 자기-조절은 ADHD가 있는 아동에게 엄청나게 어렵다.

부모와 교사를 위한 ADHD 주제에 대한 가장 좋은 책 가운데 하나는 앞에서 인용된 Robert Jergen의 『작은 괴물(The Little Monster)』(2004)인데, 이 책은 ADHD가 있는 사람들이 사고하는 방식에 대한 통찰을 준다. Jergen의 일상생활에 대한 설명은 ADHD의 경험을 더 잘 이해하기 원하는 사람들에게 매우 중요한 자료가 된다. 이 책은 Jergen이 교육심리학 박사학위를 수료하고 ADHD와 함께 성장한 자신에 관한 것이다. 이 책에서 그는 교육심리학자로서 ADHD 전문가인 성인의 시각을 통해 아이였을 때 가졌던 감정과 생각에 거리를 두고 평가한다.

동시에 ADHD는 그의 인생에 큰 부분이었고, 여전히 그러하며, 이 장애가 있는 사람이 되는 것이 어떤 느낌인지를 독자에게 전한다. Jergen은 ADHD 외에 난독증과 같은 장애가 있는 것 같지는 않다. 그러나 ADHD가 있는 모든 아동에게는 난독증이 일반적이어서 그의 ADHD는 학업 진행 방식에 영향을 미쳤다. 예를 들어, 그는 책 50쪽에 ADHD가 때때로 그의 읽기에 어떻게 영향을 미쳤는지에 대해 언급한다.

> ADHD가 있는 사람들은 자신의 주의력을 조절하는 데 어려움이 있다. 예를 들어, 나는 읽을 수 없었던 시기가 있었다. 나는 페이지에 있는 단어들을 말할 수는 있지만, 그것들을 합쳐서 이해가 되게 할 수는 없었다. 동기가 없는 것은 아니었다. 나의 동기 수준은 중요하지 않다. 당신이 나에게 한 문단을 읽으면 백만 달러를 준다고 제안해도 결과는 똑같다. 나는 단지 그 단어들이 이해가 되도록 집중할 수 없다.

계속해서 다음과 같이 말한다.

> 특히 학교에서 소리 내어 읽는 것이 나를 좌절시켰다. 나는 단어들을 말할 수 있었지만, 나의 말은 내가 지능이 낮은 것처럼, 언어장애가 있는 것처럼, 또는 영어가 모국어가 아닌 나라의 출신인 것처럼 들렸다. 나는 각 단어 사이에 마침표가 있는 것처럼 또는 단어가 외국어인 것처럼 읽었다.

이 읽기장애는 어느 정도 자기-조절 부족의 결과로 보인다. 우리 모두는 어느 시점에서 동기가 없거나 우리의 행동을 바꿀 수 없다고 느끼지만, ADHD가 있다면 이러한 자기-조절의 부족이 매우 크게 나타난다. 실제로 이는 학습장애의 특징이다.

ADHD와 동기: 정서 통제가 핵심이다

지금까지 강조한 대로 ADHD 장애가 있는 사람에게서 나타나는 ADHD의 징후는 확실히 다양하다. 그러나 이 장애가 있는 많은 사람에게서 주된 공통점 중의 하나는 자기-조절에 대한 계속되는 어려움이다. 자기-조절에 대한 지속적인 난관은 동기 부여의 난관으로 이어진다. Barkley(2014c)는 ADHD가 있는 사람에게 종종 동기가 부족하다는 인식이 있지만(개관 연구, Luman, Oosterlaan, & Sergeant, 2005), ADHD의 이러한 동기 측면은 현재 이 장애의 진단이나 연구에서 관심을 받지 못했다는 사실에 안타까워한다. 왜 ADHD가 있는 아동에게서 동기의 부족이 나타날까? Barkley에 따르면, 이는 사건(event), 반응(response), 그리고 성과(outcome)와 관련된 자기-조절과 연관이 있다. 예를 들어, 많은 아이는 성적표에 A를 받는 것과 같이 장기간에 걸친 결과를 내기(성과) 위하여 학교 시험에서 좋은 성적을 받도록(반응) 열심히 공부하기(사건)를 원한다. 이러한 순서는 ADHD가 있는 아동에게는 일반적인 것이 아니다. 장기적 결과에 대한 인식이 그들의 레이더에 없다. 따라서 어떤 의미로 동기 부여가 손상되어 있는 것이다.

동기에서 필수 부분은 정서 통제이다. "정서조절장애는 ADHD의 핵심 요소이다"라는 제목의 장에서 Barkley(2014c)는 ADHD의 또 다른 주요 측면이 정서적 충동성이라는 강력한 사례를 제시한다. 그는 "ADHD가 있는 사람들은 자신의 주요 감정에 대해 운동이나 행동 반응과 마찬가지로 충동적으로 반응할 것이다. 이는 행동과 감정이 본질적으로 하나의 단일 사건으로 통합되어 있기 때문이다. 행동과 감정은 반응에서 하나로 결합되어 있다(p. 88)"라고 주장한다. ADHD가 있는 아동은 때때로 빠르게 좌절하고 화를 내는 것으로 관찰되어 왔다. 이것은 부분적으로 자기-조절에 관한 그들의 어려움이 원인이다. 그들은 스스로를 달래는 데 어려움이 있다. 이러한 아동은 때때로 유연하게 반응하는 것에도 어려움이 있다. 예를 들어, ADHD가 있는 아이가 놀이 약속과 같은 어떤 한 상황을 기대하는 중인데 상황이 바뀌어서 취소가 된다면 이 아이는 ADHD가 없는 아이보다 더 강하고 부정적으로 반응한다. 일련의 자기 진정 단계를 사용하여 좌절감을 없애는 데 ADHD가 없는 아동보다 있는 아동에게서 종종 더 많은 노력이 든다. 이는 우리가 미래의 목표를 달성하기 위해서는 자신의 부정적인 정서에 대처해야 하기 때문에 중요하다. 그러나 ADHD가 있는 아동은 미래가 아닌 'here and now'의 현시점에 자신의 생활 대부분을 작동시킨다. 그들은 시간과 시간 관리에 있어 대단히 미흡하다(Barkley, 2014a).

정서 관리에 대한 이 핵심적인 장애는 동기 부여 및 교우관계를 고려하는 측면에서 중요하다. 자신의 정서를 관리할 수 있다면 이는 미래의 목표를 향한 노력에 도움이 될 것이다. 반대로 핵심 정서 관리의 불능은 목표 달성을 방해한다. ADHD 아동에 관해 연구하는 사람들은 종종 미래를 위한 노력을 보이지 않고 행동하는 아이들을 관찰한다. 그리고 이는 궁극적으로 ADHD가 있는 아동에서의 성과 부족을 설명한다. 게다가 ADHD 아동의 또 다른 특징은 또래들과 어울리는 데 어려움이 있다는 점이다(Hoza, 2007). Hoza(2007)는 초등학생에 관한 연구를 검토하여 ADHD가 있는 아동의 52%에서 80%가 따돌림을 경험했고, 따돌림의 일부는 강도가 세고 지속적이었음을 밝혔다. Barkley(2014c)는 여러 연구를 개관하며, 그러한 따돌림은 보통 아동 일부에게서 나타나는 충동성, 협력 부족, 그리고 부정적인 정서성을 포함한 ADHD와 관련된 장애의 직접적인 결과라고 결론을 내렸다. 실제로 긍정적인 상호작용에서 ADHD가 있는 아동은 ADHD가 없는 아동과 다르게 보이지 않으나, 부정적인 상호작용에서는 눈에 띄게 다르다.

Barkley(2014c)는 더 나아가 ADHD가 있는 아동에게 정서관리장애가 비교적 전형적이지만, 기분장애는 ADHD가 있는 아동에게 전형적이지 않음을 주목한다. 그는 다음과 같이 설명한다.

정서는 짧은 기간 동안 지속되며, 자극에 의해 유발되고, 종종 자극 상황에 특정적이다. 또한 정서는 대부분 합리적이어서 일반적인 사람들도 같은 자극에 대해 비슷한 주관적 반응을 보일 것이라는 점에서 타인에게 이해될 수 있다.

(p. 106)

그러나 그는 계속해서 말하기를 동일한 특정 문제 상황에 직면했을 때 일반적으로 대부분의 아이는 스스로 진정시키거나 더 성숙한 자기-조절 기법의 이점을 통해 상대적으로 빠르게 자신을 진정시킬 수 있는 다른 방법을 찾으며, 좌절이나 다른 부정적 정서가 과장되지 않도록 한다. 반면, ADHD가 있는 아동의 경우, 자기-조절 기법이 제한되어 상황의 정서적 납치(emotional hijacking)가 잘 억제되지 않으므로 외부인에게 정서가 다소 극단적으로 보인다.

요약하자면 아동에서 ADHD의 특징은 부주의, 과잉행동, 그리고 충동성이다. ADHD로 진단된 모든 아이에게서 이 특징들이 전부 나타나는 것이 아니라 부주의를 전형적으로 보이거나, 과잉행동과 충동성의 조합을 보이거나, 혹은 두 경우를 다 보인다. 이러한 특징들은 전반적인 수행에 방해가 되며, ADHD로 진단받기 위해서는 발달적으로 부적절한 전형적인 특징들이 있어야 한다. 시간이 지남에 따른 성숙의 중요성을 고려했을 때, 5세, 7세, 9세, 13세에 예상되는 행동이 다를 것이기 때문에 이는 중요한 부분이다. Barkley(2012)는 ADHD가 있는 아동의 약 30% 정도가 발달적으로 지연된다는 대략적인 추정치를 독자들에게 제공한다. 따라서 ADHD가 있는 아동의 부모나 교사는 아이가 현재 나이의 약 30% 정도로 자신의 생활연령보다 더 어리게 행동할 것임을 가정해야 한다. 예를 들어, 7세 아이는 자기-조절과 관련된 다양한 행동에서 정상적으로 발달 중인 5세 아이와 비슷하게 행동할 수 있다. ADHD를 일반적인 개념으로 이해하는 가장 좋은 방법은 자기-조절의 아이디어, 즉 변화하는 환경에서 자신 스스로를 관리하는 것뿐만 아니라 계획, 정리, 그리고 목표 달성과 같은 많은 측면을 포함하는 개념으로 자기-조절을 이해하는 것이다(Barkley, 2014a). ADHD가 있는 사람들은 인지, 행동 및 정서 수준에서 자기-조절을 하는 데 어려움을 갖는 경향이 있다.

청소년과 성인 ADHD

ADHD가 있는 아이가 성인으로 자라면 어떻게 될까? 다른 학습 및 정신장애와 마찬가지로 ADHD는 사람에 따라 정도가 다를 수 있다. 정의에 의하면, 발달하면서 뇌도 성숙해진다. 그러므로 ADHD가 있는 아동은 보통 두뇌가 발달하면서 자기-조절을 더 잘하게 된다. 그러나 동시에 ADHD가 있는 성인은 여전히 많은 자기-조절 업무에서 어려움을 보인다. 한 결과는 어렸을 때 ADHD가 있다고 진단된 사람 중 30%에서 60%는 성인이 되어도 ADHD와 관련된 어려움을 계속 겪는다고 한다(ADHD, By the Number, 2018).

ADHD가 있는 청소년은 ADHD가 없는 또래에 비해 전반적으로 더 위험한 행동을 보이는 경향이 있다. 청소년기는 자신의 길을 만들기 위해 부모와 약간의 거리를 두고 실험하는 시기이다. ADHD가 있는 십대의 경우, 정의상 그들은 자신의 충동, 욕구, 그리고 자신이 경험한 또래 압력을 통제하는 것이 더 어렵기 때문에 이 시기가 걱정스러울 수 있다. 술이나 마약류 등의 약물남용은 ADHD가 있는 청소년이 없는 청소년들보다 더 문제를 일으키는 위험한 행동의 한 영역이다(Patino, 연도 미상). 관련 내용으로 ADHD가 있는 청소년은 ADHD가 없는 또래보다 흡연율이 두 배 더 높다(Four Things People with ADHD Should Know About Smoking, 2015). 안타깝게도 담배 속 니코틴은 뇌의 불안을 줄이고 차분함과 통제감을 증진시키는 즉각적인 효과를 가져온다. ADHD가 있는 사람은 없는 사람보다 정서, 기분과 관련된 ADHD의 유전에 의해 더 자주 불안감을 느끼기 때문에, 그리고 ADHD 자체로 스트레스를 촉진하는 학습과 사회적 장애를 초래하기 때문에 이 점은 이해할 수 있다. 술과 다양한 기분 전환 약물 같은 다른 약물은 뇌에 기분 좋은 감정을 촉진한다. 유감스럽게도 이들은 일시적이고 장기적으로 추가적인 장애를 만든다. 그러므로 ADHD가 있는 모든 사람은 ADHD가 없는 사람들보다 중독에 더 취약하고, 그것을 멈추는 것도 어렵기 때문에 장기적 건강을 위해 이러한 약물을 피하거나 제한하도록 주의해야 한다(Sherman, 2018).

ADHD가 있는 청소년의 두 번째 특징은 위험 성행위의 경향을 보인다는 점이다. 학습장애가 없는 청소년들에 비해 ADHD가 있는 청소년들은 더 많은 파트너와 성관계를 가졌고, 콘돔을 덜 사용하고, 성병에 걸리며, 계획되지 않은 임신을 경험했다고 말할 가능성이 있다(예: Flory, Molina, Pelham, Gnagy, & Smith, 2007).

그러한 위험 성행위는 다시 자기-조절장애의 결과이다. 성행위에서 자신을 보호하는 것은 ADHD 청소년이 어려워하는 능력인 계획과 조심을 필요로 한다(예: Isaksson, Stickley, Koposov, & Ruchkin, 2018).

ADHD 청소년에게 종종 발생하는 세 번째 위험한 행동은 위험 운전이다. 운전은 안전 문제와 밀접하게 연관되어 있으므로 따로 언급할 필요가 있는 중요한 주제이다. 모두가 ADHD를 이해하도록 돕는 것을 목표로 하는 웹사이트인 Attitude(ADHD, By the Numbers, 2018: www.additudemag.com/the-statistics-of-adhd/)는 ADHD가 없는 사람에 비해 ADHD가 있는 사람은 5배 더 속도를 내는 경향이 있으며, 심각한 차량 충돌사고를 경험하고, 심지어 죽기까지 한다고 언급한다. 이는 자기 형제가 차량 충돌사고로 사망한 Russell Barkley 교수에게 특히 의미 있는 주제이다. 속도를 내면서 안전벨트를 착용하지 않는 경향이 있었으므로 형제의 ADHD는 죽음과 연관된다(Barkley, 2017a). 사실 이 죽음은 56세인 남성에게서 발생했으며, Barkley는 고령도 성인의 자동차 사고의 원인이 될 수 있다고 지적한다. 그러나 청소년은 운전을 시작하고 경험이 부족한 시기이다. 실제로 청소년들은 일반적으로 성인보다 더 위험 운전을 하는 경향이 있다(예: Bina, Graziano, & Bonino, 2006). 그리고 전반적으로 ADHD가 있는 청소년들은 가장 위험한 운전자들이다.

많은 위험 행동은 함께 발생하는 경향이 있다. 예를 들어, 술과 약물은 모든 개인의 판단을 손상시킨다. 따라서 약물을 복용하거나 술을 너무 많이 마시는 사람은 무방비한 성관계나 위험 운전 등에 대한 높은 위험에 처할 수 있다. ADHD가 있는 것이 그 상황에 또 다른 어려움을 더한다. 그 발달 시기의 청소년은 정신에 변화를 주는 물질, 성관계 및 차량에 접근할 수 있다는 점을 고려할 때, 이러한 특정 행동들이 시작되는 위태로운 시기이다. 그러나 이러한 위험 행동들은 성인이 되어서도 지속될 수 있다.

성인에게 가장 두드러지는 일반적인 ADHD 관련 장애는 시간 관리, 정리, 그리고 집중의 어려움이다. 좌절과 분노 관리도 비교적 흔하다. ADHD가 있는 사람들은 불안감이나 우울증 위험이 더 많다(ADHD, By the Numbers, 2018). 이러한 일반적인 장애와 달리 ADHD가 있는 학생은 없는 학생보다 보통 더 많은 약점이 있다. 예를 들어, 그들은 낮은 성적 때문에 유급 당하고 더 낮은 성적을 받으면서 고등학교나 대학에서 졸업을 하지 못하는 등 학교에서 더 많은 어려움이 있었다(Barkley, 2014a). 난독증을 진단받지 않았지만, ADHD가 있는 성인은 기본적인 읽기, 쓰기(즉, 철자 쓰기) 및 산수에 더 어려움을 갖는 경향이 있다(개관 연구, Barley, 2014b).

ADHD가 있는 성인이 경험하는 다른 장애가 있다. ADHD는 비교적 광범위한 자기-조절장애를 내포하는데, 그러한 성인이 경험하는 잠재적 장애의 범위는 상대적으로 넓다. 예를 들면, 이 장애를 가지지 않은 사람에 비해 ADHD가 있는 사람들은 더 많이 해고되거나 자신의 직장을 그만두며, 연인과의 관계의 어려움을 호소하고(Barkley, 2014b), 은퇴 후를 위한 저축 실패, 낮은 신용 등급, 파산 신고 같은 재정적 문제를 경험한다(Barkley, Murphy, & Fischer, 2008).

ADHD가 관리를 위해 헌신과 낙관주의를 요하는 심각한 장애라는 점은 앞에서 개관한 것처럼 분명하다. 제9장에서 부모, 교사, 그리고 다른 보호자들이 ADHD가 있는 사람들을 돕고, ADHD가 있는 사람들이 스스로를 돕는 다양한 방법에 대해 더 정확하게 다룰 것이다. 그러나 제시된 중재와 현실적 조언에 집중하기 전에 우리는 우선 무엇이 이 장애를 야기하는지에 대해 알아야 한다.

무엇이 ADHD를 야기할까

난독증처럼 ADHD에는 상당한 유전적 요소가 있는 것 같다. 예를 들어, 한 연구에서 ADHD가 있는 부모가 ADHD가 있는 자녀를 가질 가능성은 57%였다(Biederamn et al., 1995). 쌍생아 연구는 ADHD의 유전력이 70~80%임을 밝힌다(Faraone et al., 2015). 난독증처럼 ADHD와 관련된 많은 '후보 유전자'가 있다. 후보 유전자들은 연구자들이 ADHD의 조건이나 가장 우세한 특징과 연관된다고 생각하는 것이다. 일반적으로 ADHD는 여러 유전자가 함께 작용한 결과일 가능성이 있다는 점과 ADHD에 어떤 유전자들이 가장 중요한지, 그리고 실제로 인종에 따른 특정 유전적 특징들이 ADHD에 얼마나 중요한지에 대해 여전히 논의되고 있다(예: Leung et al., 2017). 그러나 ADHD에 대해 강력한 유전적 요소가 있음을 확립한 광범위한 연구에서 특히 한 가지는 분명하다. 장애의 유전은 강하고 명백하다.

그러한 결론은 ADHD에 관한 자신의 양육 능력을 걱정하는 부모들에게 환영할 만한 소식이다. 사실 ADHD와 유전과의 연관성에 관한 광범위한 연구를 바탕으로 연구자들은 ADHD가 있는 사람의 특징 중 약 5% 이하만이 가정의 환경적 요인에서 기인한다는 점을 알아냈다. 이 점은 부모가 ADHD가 있는 아이에게 자신이 했던 일이나 할 수 있었던 일에 대해 죄책감을 느끼기 때문에 특히 중요하다. 사실 부모는 이 장애의 발현에 거의 영향을 미치지 않는다. 예를 들어, ADHD와 관련하여 양부모와 아이의 상관은 0이다. 즉, 양부모가 자녀의 행동에 전혀 영향을 미치지 않는다. 연구자와 일반 대중은 과거에 ADHD 아동이 보이는 문제 행동에 대해 부모 탓을 하는 경향이 있었다. 후속 연구에서 양육은 ADHD의 원인이 아님이 밝혀졌다(Barkley, 2012; Barkley, 2014a). 그러나 (제9장에서 자세히 설명된 것처럼) 부모의 행동이 ADHD를 야기하는 것은 아니지만, 부모가 ADHD가 있는 아이를 위한 행동 개입을 지지하는 것은 부모, 교사 및 ADHD가 있는 아이의 삶을 더 행복하고 즐겁게 만드는 데 매우 도움이 될 수 있다. 또한 ADHD가 있는 아이에 대한 양육자의 반응은 ADHD 아이의 문제 행동을 악화시킬 가능성이 있다. 따라서 ADHD가 있는 아이를 위해서 가족이 행동 개입을 탐색하는 것은 부모가 검토할 하나의 방안으로 계속해서 지지되고 있다(Barkley, 2014a; Faraone et al., 2015).

ADHD의 원인에 대한 많은 설명이 유전학에 초점을 맞추지만, 이 장애는 몇 가지 환경적 요인과도 상관이 있다. 환경적 요소로 자궁 내 환경이 주목된다. 예를 들어, 저체중아는 후기 발달 과정에서 ADHD에 대한 위험이 약간 있어 보인다. 게다가 임산부의 음주와 흡연 모두 아동의 ADHD 발생 정도와 관련이 있다. 또한 유아기에 연쇄구균 감염(패혈성 인두염)이나 외상성 뇌손상을 경험한 아이들은 유년기 말에 ADHD의 위험성이 높다. 현재까지 다른 환경적 원인에 대한 증거는 적다.

특히 ADHD의 가능한 인과적 기제로 텔레비전과 비디오 게임에 강력히 초점을 맞춤에도 불구하고, 이 연관성에 대한 뚜렷한 증거는 없다. 오히려 ADHD가 있는 사람이 텔레비전과 비디오 게임에 특별히 보상을 받는다고 느끼기 때문에 이에 끌리는 경향이 있다(Barkley, 2014a). 그러므로 사회는 건강과 학업성취도를 위해 아이들의 미디어 노출과 텔레비전, 비디오 게임, 그리고 인터넷 노출의 부정적인 영향에 대해 점진적으로 더 걱정하지만(Impact of media us on children and youth, 2003), ADHD가 미디어 노출 때문이라는 확실한 증거는 없다. 실제로 양육, 미디어 노출 또는 식단과 같은 모든 환경적 개입이 ADHD의 발달과 관련된다는 확실한 증거는 없다. ADHD는 비교적 최소의 환경적 영향을 받지만, 신경 발달적 요인과 강하게 관련되는 장애인 것으로 보인다.

Barkley(2016)는 ADHD가 유전자와 환경적 위험 요인의 상호작용에 의해 야기될 수 있음에 더욱 주목한다. 예를 들어, 임신 중 흡연을 하는 ADHD 유전자가 있는 여성은 같은 유전자를 갖고 있으면서 흡연을 하지 않거나 해당 유전자를 가지지 않았지만 흡연을 하는 여성보다 ADHD가 있는 아이를 낳을 가능성이 더 높다. Barkley는 이 조합이 아동의 ADHD 발현 가능성을 약 2~3배 더 높인다고 추정한다. 궁극적으로 그는 ADHD의 약 60~70%는 유전적 요인에, 20~25%는 자궁 내에서(즉, 임신 중에) 일어나는 환경적 요인에서, 그리고 5~20%는 출산 후 뇌 손상에서 기인한다고 추정한다.

ADHD와 뇌

ADHD에 관한 유전의 기본적인 중요성과 태아기 환경 요인들의 추가 위험성에 대해 일부 이해함과 동시에 우리가 살펴볼 또 다른 ADHD의 표면상 원인은 뇌 발달이다. 뇌 발달은 여러 가지 이유로 관심을 받는다. 가장 중요한 사실은 전문가들이 대부분의 경우, 아동의 실행기능장애를 기반으로 ADHD를 식별하며, 이 실행 기능은 주된 인지 능력이라는 점이다. 대부분 실행 기능 능력은 언어적 및 시각적 기억, 속도, 그리고 주의력과 이들의 통합으로 구성된다. ADHD에 관해 가장 중요하게 두드러지는 뇌 기능의 전반적인 측면은 특히 회백질과 백색질, 대뇌피질 및 전전두엽 피질이다. 이에 대한 더 세부적인 내용은 Barkley(2014a)와 Faraone 등(2015)을 참고하길 바란다.

한 가지 중요한 발견은 종합적인 뇌 크기에 초점을 맞추는데, 이는 ADHD가 있는 사람이 약간 더 작다는 것이다(3~5% 정도)(Castellanos et al., 2002; Durston et al., 2004). 그러한 발견은 실행 기능과 이 기능의 운동 계획 측면과 연관된다 (Barkley, 2014a). 또한 그러한 능력은 전전두엽 피질 영역과 관련된다. Shaw 등 (2007)은 ADHD가 있는 사람(10.5세경에 최대 피질 두께에 도달)은 ADHD가 없는 사람(7.5세경에 최대 피질 두께에 도달)에 비해 피질의 성장이 평균적으로 약 3년 뒤처진 경향이 있음을 보여 주었다. 추가로 성인이 되어서조차 ADHD가 있는 사람은 피질 두께와 관련해 일부 이상을 보이는 경향이 있다(개관 연구, Faraone et al., 2015).

Barkley(2014a)는 대부분의 연구가 뇌의 전두엽-선조체-소뇌(frontal-striatal-cerebellar) 영역을 ADHD에 영향을 미치는 중요한 부분으로 확인한다고 언급한다. 다음과 같은 영역을 포함한 전전두엽 피질, 즉 배외측, 복내측, 그리고 내측 전전두엽 피질 영역은 ADHD와 관련되며, 작업기억, 의사결정, 계획 및 전반적 실행 기능과 관련된다. 각성 촉진 및 계획과 관련된 전두엽 피질 또한 ADHD와 관련이 있다. 신경학적 검사에서 이 영역 중 일부에서 비정상적인 활성화, 특히 저활성화가 확인되었다.

물론 이는 복잡하고 방대한 연구들을 간략하게 요약한 것이다. 자기-조절은 광범위한 개인의 능력과 그러한 능력의 종합을 포함한다. ADHD와 뇌 연구는 이러한 복잡성을 반영한다. 실제로 ADHD의 신경해부학에 주목했던 연구자들(예: Makris, Biederman, Monuteaux, & Seidman, 2009)은 뇌의 다른 부분들에 의해 통제되는 ADHD의 최소 4개의 다른 측면을 식별했다. 첫째는 ADHD의 과잉행동, 둘째는 주의력과 계획, 셋째는 억제, 넷째는 정서 조절과 관련된다(Barkley, 2014c).

ADHD 아동에서 저활성화된 뇌 영역의 활동을 증진시키기 위해 사용되는 약물 중 하나인 자극제의 효과는 이러한 아동의 뇌를 '정상화하는' 데 도움이 된다. 즉, 자극제를 복용한 ADHD 아동의 뇌 발달은 시간이 지남에 따라 약물을 복용하지 않은 ADHD 아동보다 ADHD가 없는 아동과 더 비슷한 경향이 있다. Barkley(2014a)는 이러한 결과가 최소 29개의 여러 연구에 걸쳐 증명되어 결과는 확고하며, ADHD 아이에게 장기간 약물복용의 영향에 대해 걱정하는 가족에게 용기를 준다는 점을 강조한다. 이러한 결과는 특히 자극제로 알려진 ADHD 약의 일반적인 종류에 대해 주목하도록 했다. 자극제가 아니어서 ADHD에 관해 같은 방식으로 연구되지 않았으나, 뇌 영역에 다소 비슷한 효과가 있는 약물은 뇌에 비슷한 영향을 미칠 수 있을 것이다. 후속 연구는 이 부분을 더 검증할 것이다. Faraone 등(2015)은 다양한 약물을 검토하여 그것들이 ADHD 아동과 그 가족에게 대체로 장기간 도움을 준다는 것을 보여 주었다. 제9장에서 ADHD 약물에 대한 보호자의 양면성을 다시 다루겠다. 이는 가족에게 어려운 문제이다. ADHD 아동은 사용하는 약의 부작용이 적고, 그들에게 잘 맞는지를 확실히 하기 위해 전문가들과 함께 긴밀하게 작업해야 한다. 게다가 다른 행동 개입 없이 ADHD 아동에게 약 복용만을 옹호하는 책임감 있는 전문가는 거의 없을 것이다.

현재 연구에 대한 나의 견해는 ADHD 아동을 돕기 위한 노력으로 시도해 볼 만한 많은 아이디어가 있다는 것이다. 개입은 조기에 시작할 수 있으며, 이른 개입은 종종 더 좋은 결과를 보장한다. 연구자와 의사들이 ADHD를 더 잘 이해하기 위해 함께 연구하고 있으므로 ADHD와 관련된 전 세계 사람들에게 더 큰 희망이 있다. ADHD가 무엇인지에 대한 간략한 검토를 기반으로 다음 장에서는 학습장애를 가지고 생활하는 또 다른 중요한 측면, 즉 두 개 이상 장애의 동시 발생으로 주제를 옮겨 보겠다.

제5장

동반이환: 두 개 이상의 학습 혹은 정신건강장애

- 동반이환 이해의 중요성
- 동반이환의 사례 연구: Ms. Amy
- 난산증
- 불안장애
- 우울증
- 결론

난독증, 난서증, ADHD 중 두 개가 동시에 혹은 세 개가 동시에 나타나면 어떨까? 가정이나 학교에서 학습 실패의 경험으로 인해 확대될 수 있는 불안이나 우울증 같은 부수적인 난관에 대해서는 어떨까? 이것은 보호자와 학습장애가 있는 아동이 직면하는 중요한 문제, 즉 한 인간의 전체를 보호해야 하는 문제다.

학습장애의 동반이환, 즉 동시 발생은 상대적으로 흔하다. 제4장에서 언급했듯이 ADHD가 있는 아동 중 최소 25%는 난독증도 있으며, 난독증이 있는 아동 중 25~40%도 ADHD가 있다. 난독증이 있는 아동 중 약 25%는 특정 수학 학습장애인 난산증(dyscalculia) 역시 있다(예: Saltz, 2017). 최근 연구들은 이러한 장애가 상당한 부분 겹친다는 것을 다양한 문화적 맥락에서 일관되게 증명했다(예: Landerl & Moll, 2010; Moll et al., 2014). 더 많은 학습장애를 겪을수록 학교 생활이 더 어려워진다.

동반이환의 문제는 학습이 외부와 단절된 상태에서 일어나지 않기 때문에 중요하다. 모든 사람은 인지 능력, 정서적 취약성과 능력, 신체적 도전과 능력, 그리고 삶에 대한 동기 부여를 포함한 영역에서 다양한 강점과 약점이 있다. 그러한 학습장애들은 종종 함께 나타나기 때문에 이 책은 난독증뿐만 아니라 난서증과 ADHD를 강조한다. 학습 외에도 정신건강에 대한 문제도 학습장애가 있는 아동에게 존재할 수 있다. 난독증, ADHD, 난서증 중 두 개가 동시에 혹은 세 개가 동시에 나타나면 어떨까? 가정이나 학교에서 학습 실패의 경험으로 인해 확대될 수 있는 불안이나 우울증 같은 부수적인 난관에 대해서는 어떨까? 이것은 보호자와 학습장애가 있는 아동이 직면하는 중요한 문제, 즉 한 인간의 전체를 보호해야 하는 문제이다.

동반이환 이해의 중요성

장애의 동반이환은 그러한 조건의 높은 위험성 때문에 고려해야 할 중요한 주제이다. 둘 이상의 학습장애가 있는 아이들은 학교에서 유급하는 것, 일반적인 학업 문제, 일부 사회적 장애, 일의 어려움, 그리고 심지어 체포되는 것에 더 많은 위험이 있는 것으로 보인다(Willcutt, Pennington, Olson, & DeFries, 2007). 또한 이 책의 범위를 벗어나지만, 이해해야 하는 동반이환의 추가적 유형이 있음을 인정하는 것도 중요하다. 예를 들어, ADHD나 난독증 같은 학습장애는 때때로 자폐증, 불안장애, 우울증 혹은 다른 장애와 함께 발생한다(예: Saltz, 2017). 실제로 Saltz(2017)에 의하면, "우리는 계속해서 뇌의 차이와 이와 관련된 증상들이 별개가 아님을 알게 된다. 모두는 아니지만 많은 사람이 뇌 차이의 다양한 범주에 속해 있다"(p. 10). 학습장애와 관련하여 사소한 뇌 차이는 특별히 주목할 사항이 아니다. 그러나 전 세계 어디에서라도 학생에게 더 큰 역경을 주는 학습에서의 다양한 차이는 분명히 인정되어야 한다. 연구자들은 최소 네 가지 이유로 동반이환을 인정하는 것이 중요하다는 데 동의한다(Pennington, Willcutt, & Rhee, 2005).

첫째, 한 가지 장애만 있는 사람보다 둘 이상의 학습장애가 있는 사람에게 여러 치료가 권고된다. 예를 들어, 난독증만 있는 사람에 대한 치료는 유창하고 정확한 단어 읽기를 위한 최적의 훈련에 초점을 맞출 것이다. 그러나 난독증과 ADHD가 모두 있는 사람에 대한 치료는 유창하고 정확한 단어 읽기뿐만 아니라 공부하는 시간 동안 계속 수업 내용을 따라가기 위한 일반적 전략에도 초점을 맞출 것이다. 여기에 더하여 어떤 경우에는 주의력장애를 돕기 위해 약물치료를 고려하는 것이 가능하다(이에 대한 장단점은 제9장에 나온다). ADHD가 우울증 또는 불안장애와 같은 심각한 경우와 동반이환되고, ADHD를 위한 약물치료가 고려된다면 우울증이나 불안에 대한 약물 문제도 ADHD 약물에 비추어 고려해야 한다. 이 장에서는 학습 또는 기분/정서와 관련된 여러 장애가 한 번에 있는 것이 한 가지 장애만 있는 것과 어떻게 다른지를 쉽게 이해할 수 있다. 하지만 약물의 다양한 유형은 이 책의 요점이 아니므로 더 많이 언급하지는 않겠다.

둘째, Pennington 등(2005)은 여러 장애의 동반이환이 간과된 경우에는 개인의 수행 특성을 한 가지 특정 장애의 결과로 여길 수 있으며, 그것이 실제로 다른 장애와 관련된다는 사실을 이해할 수 없다고 강조한다. 예를 들어, 쉽게 산만해지고 때때로 다른 사람을 방해하는 행동은 ADHD 아동에게서 일반적이다. 이는 난독증과 관련되지 않는다. 산만함이 난독증의 특징이라고 여기는 것은 실수가 될 것이다. 마찬가지로 난독증이 아닌 난서증이 있을 수 있다. 많은 사람은 이 두 장애를 혼동한다. 그러나 난독증과 난서증은 확실히 다르다. 자메이카, 필리핀, 잠비아에서 성장한 연구자들의 비공식 토론에서 나는 교사와 부모들이 원인과 이해 측면에서 비슷한 실수를 한다는 인상을 받았다. 이러한 지역과 다른 지역에서는 난독증이 있는 사람은 ADHD도 있다는 생각이 때때로 존재한다. 두 장애가 모두 있는 아동은 교실에서 방해가 되기 때문에 쉽게 인식된다. 반면에 읽기장애만 있는 아동은 특별한 장애가 있는 것이 눈에 잘 띄지 않는다. 여기서 동반이환 이해의 부족은 난독증이 있는 많은 아동이 인정을 받지 못하는 결과를 낳을 수 있다. 그들은 주의력이 있으나 단어 읽기에서만 낮은 성과를 보이기 때문이다.

셋째, Pennington 등(2005)이 동반이환을 강조한 이유는 '동반이환은 진단 기준을 구성하는 타당도에 위협이 된다'(p. 265)라는 것이다. ADHD와 난독증의 비교가 여기에도 해당된다. ADHD가 있지만 학년 수준 이상으로 읽는 아동이 많이 있다. 한 아이가 ADHD가 있다고 여겨질 정도로 산만할 뿐만 아니라 단어를 읽을 때 매우 느리고, 힘들고, 좌절하는 것처럼 보인다면 이러한 느린 읽기 특징은 ADHD와 별개로 분석되어야 한다. 힘든 단어 읽기는 ADHD의 특징이 아니다. 두 증상이 대다수 경우에 겹칠 수 있으나 ADHD와 난독증을 구분하는 것은 중요하다. 다른 학습장애의 구분은 부모, 교사, 그리고 학자들이 각각의 특징들을 분리하여 이해하도록 돕는다. 우리가 특징들을 개별적으로 이해한다면 각각의 주요 측면에 초점을 맞추어 치료를 위한 다양한 방법을 고려할 수 있다.

따라서 Pennington 등(2005)에 의해 제시된 동반이환의 인정과 이해를 위한 네 번째 이유는 각 학습장애가 분명하게 구분되고 이해된다면 각 장애의 발달을 개별적으로 검사할 수 있게 되기 때문이다. 그러한 발달과 근본적인 원인과 상관관계[예를 들어, 유전적 혹은 신경적(뇌 패턴) 연관성]를 살펴보는 것은 우리 모두가 각각의 장애를 조기에 식별하고 치료하는 방법을 이해하는 데 도움을 줄 것이다.

동반이환의 사례 연구: Ms. Amy

동반이환이 무엇인지, 그리고 왜 그것을 인정하고 인지하는 것이 중요한지 이해했으므로 프랑스에서 석사학위를 취득하여 현재 번역가로 대규모 다국적 기업에 재직하는 30세 미국인 Ms. Amy의 사례에 대해서 이야기할 것이다. Ms. Amy의 사례는 많은 부분에서 용기를 준다. 그러나 여기서는 그녀가 여러 분명한 학습장애로 고통받는 점에 방점을 둔다. 그녀는 난독증, ADHD, 그리고 난서증이 있다. 그녀는 또한 심각한 수학 학습장애인 난산증이 있는데, 이것은 난독증이 있는 사람에게서 비교적 일반적이며, 이 장의 후반부에 언급된다. 마지막으로 Ms. Amy는 인생의 여러 시기에 불안을 겪었다. Ms. Amy는 학습장애와 관련된 많은 도전에 직면해 왔다. 게다가 그녀는 저소득층 가정에서 자랐으며, 어린 시절의 대부분 동안 주거와 식량의 불안정을 경험했다.

나는 매우 밝고 차분한 이 여성과 대화하면서 깊은 인상을 받았으며, 그녀에게 빈곤한 가정환경과 여러 학습장애가 있는 채로 어떻게 대학을 마치고 프랑스에서 석사학위를 취득했는지 물었다. 그녀는 미국 내 가난한 학군의 저소득층 가정 출신으로, "낮은 소득을 받지 않는 유일한 방법은 대학에 가는 것이라고 들었다"라고 말했다. 가난에서 벗어나기 위한 그녀의 소망은 다른 모든 것을 능가했으며, 어려서부터 대학 입학이 그녀의 목표였다. 16세 때의 다소 우연한 사건이 그녀의 대학 전공을 결정했다. 그녀가 다녔던 저소득층 공립학교에서 괴롭힘을 당했고, 초등학교 이후로 계속하여 그녀가 학습장애가 있는 학생들을 위한 프로그램에 배치되었다는 것을 알고 있는 Ms. Amy는 고등학교로 대안학교를 선택했다. 이 대안학교에서 그녀는 유럽에서 온 몇몇 교환학생과 친구가 되었다. 이 친구들은 프랑스에서 1년 동안 살며 학교에 다니는 데 지원할 수 있는 프로그램을 그녀에게 추천했다. 그녀는 처음에는 불합격했지만, 다시 지원하여 대기 명단에 오르고, 마침내 기회가 왔다. 프랑스에 도착하여 여러 호스트 패밀리(외국인 학생이 일시적으로 머물고, 숙소와 음식을 제공하는 가족: 역자 주) 집에 머물면서 주로 시간을 보냈다. 세 번째 가족은 영어를 사용하지 않았으므로 Ms. Amy는 "배가 불러요. 그만 먹을게요"와 같은 기본적인 생각을 전하기 위해 결국 스스로 언어를 배워야 했다. 그녀의 방법은 자신의 요청을 영어로 쓰고 그녀가 다니는 프랑스 학교 친구들에게 번역을 부탁하여 그 번역을 암기하는 것이었다. 그녀의 노력은 성과를 냈으며, 그녀는 결국 프랑스어에 숙달하게 되었다.

　Ms. Amy는 자신을 '장기 목표에 대한 인내와 열정'으로 정의되는 그릿(grit) (Duckworth, Peterson, Matthews, & Kelly, 2007)이 매우 높다고 묘사한다. 그녀는 이 특성을 학창 시절에 계속해서 보여 주었으며 지금까지 계속된다. 그녀는 학습장애가 있는 사람은 대학원 과정을 이수하지 못할 것으로 추정되기 때문에 대학원에 입학하지 못한다고 들었다. 그녀는 그 말이 틀렸다고 생각했고, 여러 해 전부터 남들에게 부정적인 반응을 받았지만 대학원에 진학했다. 어떻게 이렇게 할 수 있었을까? 자신과 자신의 학습을 이해하는 데 도움이 되는 수많은 노력과 연구로 가능했다.

　학습장애가 있는 다른 사람들에게 해 주는 그녀의 조언은 뒤이어 나온다. "잘 되지 않는다면 하던 것을 중단하라. 계속 찾다 보면 당신에게 도움이 되는 무언가를 발견할 것이다." 그녀는 자신의 학습장애와 좌절과 슬픔처럼 동반하는 다른 문제에 대처하는 방법에 관한 정보를 얻기 위해 많은 자료를 찾았다. 예를 들어, 모르는 단어를 발음해 주는 소프트웨어에 투자하여 온라인 자료를 읽는 데 도움을 받았다. 무엇이 자신의 읽기를 증진시키는지 알아내기 위해 빛과 색종이 같은 재료로 실험했다. 일부는 효과가 있었고, 일부는 그렇지 않았다. 예를 들면, 작업에 집중하기 위해서 키보드를 밝게 비추고 방은 비교적 어둡게 했다. 그러나 색종이는 자신이 더 잘 읽는 데 도움이 되지 않아서 포기했다. 자신의 식단을 바꾸기도 했다. 특히 기분을 더 좋게 만드는 당분이 많고 식용색소가 있거나 카세인 (우유에 든 단백질)이 있는 음식을 피했다. 대학 생활 동안 자신의 정서 문제를 관리하기 위해 일주일에 두 번씩 상담사를 만났다. 기본적으로 자신의 학습 과정에 가장 효과적인 방법이 무엇인지 알기 위해 많은 방법으로 실험했으며, 점차 그녀의 수행은 향상되었다.

대학원과 짧은 교직 생활 후에 Ms. Amy는 주된 책무가 프랑스어를 영어로 번역하는 번역가로 자리 잡았다. 그녀는 지금 자신의 삶에 감사하며, "나는 생계를 위해 글을 쓰기 때문에 여전히 가끔 겁이 난다"고 말한다. 흥미롭게도 그녀는 사람들이 사무실에 있는 누군가에게 약간의 ADHD가 있다고 농담할 때 ADHD로 '인식되는' 것에 대해 걱정하지 않는다. 그녀는 이 꼬리표가 현재 다양한 사회 속에서 꽤 흔하며, 긍정적이거나 부정적인 의미를 모두 가질 수 있다고(일을 빠르게 끝내거나 멀티태스킹 하는 것처럼) 생각한다. 그러나 그녀는 난독증과 난서증의 요소들을 완전히 부정적으로 인식했다. 자신이 여전히 난독증으로 '밝혀지는' 것을 계속 두려워하는데, 이 증상이 동료들에게 부정적인 인상을 줄 것으로 상상한다. 동료들이 난독증을 부정적으로 인식할 것이라는 그녀의 우려는 불행히도 근거가 있다. 난독증이 있는 성인의 작업 참여에 대한 개관 연구(de Beer, Engels, Heerkens, & van der Klink, 2014)에 의하면, 발달성 난독증이 있는 사람들과 그들의 고용인들은 직장에서 난독증을 비교적 부정적으로 보는 경향이 있다. 난독증이 있는 성인들은 자신의 장애 때문에 직장을 얻고 유지하는 것에 대해 걱정한다. 그렇다면 Ms. Amy는 어떻게 대처했을까?

첫 번째로 주목해야 할 점은 그녀가 학습장애를 동반한 자신의 삶이 여전히 쉽지 않음을 인정한 것이었다. ADHD가 자신의 일 자체와 관련해서 덜 골칫거리인 것 같은 반면, 그녀는 "이것은 힘들다. 여전히 내 결혼 생활에 문제를 초래할 수 있다"라고 인정한다. 그녀는 때때로 자신의 남편과 진지한 이야기를 하는 동안 집중하지 못하는 것처럼 보이며, 이는 그들 모두에게 좌절감을 줄 수 있다. 직장에서 가장 큰 두려움은 쓰기이다. 그녀는 사람들 앞에서 무언가 쓰기를 거부한다. 그녀는 모든 회의에 컴퓨터를 가져오고(손으로 쓴 메모가 아닌), 다른 사람들과 메모를 검토해야 할 필요가 있을 때는 항상 인쇄된 복사본을 가져온다. 다른 사람 앞에서 무언가를 쓰는 것은 너무 신경이 쓰인다. 또한 그녀는 가끔 읽거나 쓰기 어려운 단어들은 카드로 만들어 주머니에 넣고 다니다가 직장에서 필요할 때 참고한다. 특히 쓰거나 타자를 치기 어려운 단어들은 '근육 기억'이라고 부르는 것을 사용하여 키보드로 계속해서 연습한다. 그녀는 단어의 철자 패턴에 대한 자신의 이미지를 참고하거나 음운 능력을 사용하는 것이 아니라, 자신의 손가락으로 그것들을 타자로 치는 느낌을 인식하며 쓴다. 그러나 그녀는 확실히 직장에서 잘 해내고 있으며, 다른 사람들에게 그녀의 제2 언어 능력이 얼마나 대단한지에 대해 칭찬을 받는다. 실제로 그녀는 키보드로 자주 연습하는데, 이는 다른 번역가들과 비교했을 때에도 그러하다. 더 연습하는 이유는 꼭 필요한 경우가 아니라면 다른 사람들에게 이메일을 보내는 것이 망설여지기 때문이다. 그녀는 글로 소통하는 것보다 직접 동료를 찾아가 어려움을 함께 이야기하는 것을 선호한다. 그녀의 상황에서 드러나는 것은 매우 잘 연마된 전문 기술과 끈기, 그리고 동시에 '사기꾼'으로 발견될 것에 대한 지속적인 두려움이다. 한 번은 번역에서 동음이의어로 잘못 쓰는(예를 들어, sight를 site와 혼동하는 것 같은) 오류를 냈는데, 그녀는 6개월 동안 그 실수로 인해 '좌절감'을 느꼈다. 동료들이 자신의 난독증을 부정적으로 인식할 것이라는 우려는 그녀가 많은 성공을 거둔 것을 감안할 때 약간 과한 것처럼 보이지만, 그 우려가 지금까지 생각을 지배하고 있음이 분명하다.

나는 Ms. Amy의 모습을 상세히 그리기 위해 많은 노력을 기울였다. 그녀는 여러 학습장애를 가지고 있음에도 불구하고 뛰어난 사람이 된 멋진 사례이며, 여러 가지 학습장애로 인한 일상의 어려움을 보여 주는 사례이기 때문이다. 당연하게도 Ms. Amy는 불안장애로 인생이 고통스러웠다. Galuschka와 Schulte-Körne(2016)는 읽기와 쓰기장애가 있는 아동 중 불안장애가 있는 비율은 20%로 일반 아동 인구에 비해 4배 높다. 우울증의 비율은 14.5%, 난산증의 가능성은 20~40% 사이이며, 사회불안장애의 비율은 학습장애가 없는 아동의 6배이다. Neil Alexander-Passe(2015)는 실제로 읽기와 쓰기장애가 있는 아동이 직면하는 정서적 갈등과 심리적 고통에 잘 대처하는 방법을 자세히 살펴보기 위해『난독증과 정신 건강(Dyslexia and Mental Health)』이라는 제목의 책을 썼다. 그러한 장애들은 학교에서 학습장애가 있는 아이에게 자주 고통스러웠던 상황과 위험 요인의 복합적인 조합일 수 있다.

난독증과 함께 발생할 수 있는 모든 장애에 대해 말할 수 없으나, 나는 난독증이 있는 소수의 아동에게 비교적 높은 빈도로 나타나는 세 가지 장애에 주목하고

자 한다. 하나는 일반적인 학습장애이며, 두 가지는 아동, 청소년, 성인에게서 자신의 권리를 약화시킬 수 있는 심리적 장애들이다. 난독증과 함께 이것들을 직면하는 것은 분명한 도전을 나타낸다. 다음으로 난산증의 본질을 짧게 논의하고, 학습장애가 있는 사람에게 드물지 않은 두 가지의 심리적 장애인 불안장애와 우울증을 언급할 것이다.

난산증

난산증은 수학적 개념과 연산에 대한 특정 장애다. 이 장애에 관한 연구는 비교적 짧은 역사를 가졌으며, 표면상 이 학습장애는 난독증 및 난서증과 다소 별개의 것으로 보인다. 그러나 난독증이 있는 소수의 아동은 수학에도 극심한 어려움이 있다. 난산증이 있는 아동에게 두드러지는 것은 수학의 가장 근본적인 개념조차 손상된 것으로 보인다는 점이다. 예를 들어, 그들은 1에서 10 또는 1에서 20까지 세는 것을 터득하는 규범적 나이(즉, 발달적 규범)가 지난 후에도 이것을 어려워한다. 또한 그들은 시각적으로 제시된 적은 양(예를 들어, 다섯 개의 버튼이나 일곱 개의 쿠키 사진)을 보고 몇 개인지를 말하는 것에도 어려움을 보인다. 예를 들면, 우리가 무언가를 보고 복숭아 세 개나 팽이 네 개가 있다는 것에 동의하는 것은 쉬우나, 난산증 아동에게는 이와 같이 간단한 유형의 숫자 연결에 노력이 필요하고 때때로 오류가 나기 쉽다. 난산증이 있는 아동에게 문제가 있어 보이는 주요 능력은 작업기억이다. 이러한 아이들이 자신의 기억 능력을 잘 사용하는 것은 어렵다. Menon(2006)은 아동의 난산증에 대한 인과 요인으로서 시공간 기억에 특별한 장애가 있는 강력한 사례를 제시한다.

Geary(2013)는 난산증이 있는 아동에게서 다소 손상되었으며, 초기 수학에 필요한 세 가지 인지 능력의 중요성을 강조한다. 이것들은 대략적인 숫자 감각인데, 임의적 기호(예를 들어, 단어 seven 및 기호 7)를 이것이 무엇을 표상하는지에 대한 이해(이 경우, 7 조각이 어떻게 생겼는지에 대한 구체적인 이해)와 연관시키는 능력이며, 숫자 속 연관성을 이해하기 위해 논리를 이용하는 능력이다. 예를 들면, 아이는 총합이 14인 2×7이 일곱의 두 세트(또는 반대로 둘의 일곱 세트)라는 의미임을 이해할 수 있을까? Geary는 이러한 연관성을 알아내는 능력에서 주의력 통제의 중요성을 강조한다. Wong, Ho, 그리고 Tang(2017)은 홍콩에서 난산증으로 진단된 아동이 저성취 아동을 포함한 다른 아동에 비해 저조한 숫자 감각을 가졌음을 밝혔다. 따라서 난산증에서 초기 숫자 감각의 현저한 부족은 여러 문화 전반에 걸쳐 비슷한 것으로 보인다.

『신경과학과 교육의 동향(Trends in Neuroscience and Education)』(Szücs & Goswami, 2013)의 한 사설은 난산증에 적어도 중간 정도의 유전적 요소가 있다는 사실을 강조한다. 한 쌍둥이에게 장애가 있다면 다른 쌍둥이도 장애가 있을 것이다. 그러나 이 분야에 대한 연구가 거의 없다. 가족이나 학교 환경 같은 일부 환경적 요인도 중요한 역할을 한다. 게다가 아직 난산증의 표준화된 정의가 없다. 이 분야는 매우 새로운 것이기 때문에 아동의 학습을 돕기 위해 활용되는 개입이 비교적 적지만, 몇 가지 컴퓨터 기반의 일반 보드게임은 정상적으로 성장하는 아동과 난산증이 있는 아동 모두에게서 수학 학습을 촉진시킨다는 점이 밝혀졌다(개관 연구, Wong et al., 2017). 난독증 및 난서증과 함께 난산증의 문제를 완화하도록 도울 약이나 빠르고 쉬운 치료법은 없다. 오히려 이 장애를 관리하는 열쇠는 극복(work-through) 전략과 우회(work-around) 전략의 조합을 사용하는 데 있다.

극복 전략은 난산증이 있는 사람에게 가장 손상된 능력들을 향상시키는 데 초점을 둔다. 예를 들면, 물체 다섯 개와 기호 5를 연관 짓는 것을 쉽게 배울 수 없는 아동은 명칭과 그 의미 사이의 대응을 반복해서 강화하는 데 도움이 필요할 것이다. 이런 반복 강화는 부모, 교사 혹은 가정 교사에게 지루할 것이지만, 여러 컴퓨터 게임에서는 기본적인 수학 능력의 목표에 아이들이 집중한다면, 다양한 게임 형식을 사용하여, 반복적으로 보상하도록 돕는다. 난산증에서 요점은 이 기술을 반복해서 연습하는 것이다. 이를 달성할 수 있는 방식이 무엇이든지 아이가 지속할 수 있다면 이상적인 선택이다.

우회 전략은 약간의 도움으로 아동이 의미 있는 수학적 시도에 참여하는 방법에 초점을 맞춘다. 도움의 가장 좋은 예는 계산기이다. 전문가들은 난산증이 있는 아동에게 그들 수준보다 높은 계산 작업에 계산기를 사용하도록 한다. 다중매체(예를 들어, 문자-음성 변환 프로그램) 같은 것도 또한 아이가 수학적 처리를 하는 데 도움이 될 것이다. 난서증이 있는 아동은 때때로 기호들을 혼동하거나 맞지 않게 나열하고, 그러한 간단한 실수는 끝없는 심적 고통을 야기한다. 고급 수준의 문제, 예를 들어 대수를 포함하는 문제와 같은 경우에는 문제의 개념적 측면에 집중해야 하며, 계산은 그다지 중요하지 않은 부분으로 취급되어야 한다. 난독증이 있는 아동의 경우처럼, 난산증이 있는 아동도 모두 다양한 요구, 강점 및 약점이 있는 개인들이다. 이 아이들 중 한 명에게 효과적인 것이 다른 아이에게 동일하게 작용하지 않을 수 있으므로 요점은 다양한 도움과 기술을 탐색하고 무엇이 효과가 있는지를 확인하는 것이다. 부모와 난산증이 있는 아동에게 조언을 줄 수 있는 웹사이트는 www.dyscalculia.org/dyscalculia이다. 난산증이 현재 연구에서 '주목받고 있는 주제(hot topic)'라는 점을 고려하면 앞으로 난산증이 있는 아이들, 그들의 부모 및 교사에게 유용한 다양한 서비스와 아이디어가 제공되어야 한다. 지금 당장은 부모, 교사, 그리고 학생 스스로가 함께 동의하여 적절한 수준의 숙제와 게임을 통해 어려운 과제를 푸는 데 시간을 보내고, 학생들이 수학 개념을 이해하고 익히는 데 도움을 줄 수 있는 보조 도구를 활용하여 공부를 계속할 수 있는 방법을 찾아야 한다.

불안장애

난산증, ADHD, 난서증과 달리, 난독증이 있는 아동은 종종 부수적으로 불안장애가 있다. 한 블로그 www.beatingdyslexia.com에서는 불안장애의 원인으로 난독증이 있는 아이가 학생들 앞에서 읽는 것을 언급한다. 불안장애의 중요한 특징은 과도한 걱정이다. 우리 모두가 걱정을 하지만 걱정하는 데 온통 마음을 빼앗기고 아동의 정상적인 일상 활동을 방해한다면, 그것이 얼마나 지속되는가에 따라 불안장애로 여길 수 있다. 침착하거나 집중할 수 없고, 완벽주의로 보이거나 과도하게 불안전함을 느끼는 것처럼 보이는 아동은 불안장애를 겪고 있을 수 있다. 이것의 일부 신체적 증상은 불면증, 피로, 발한 또는 심장 두근거림을 수반한다(예: Anxiety disorders Symptoms & Causes, 연도 미상). 불안장애가 있는 많은 아이는 학교를 피하려고 하며, 난독증이 있는 아이들도 그러하다. 그들에게 학교는 간혹 '고문 받는' 장소이며(예: Alexander-Passe, 2015), 수업시간 내에 읽기와 같이 겉보기에는 쉬운 일들로 인해 겪는 어려움 때문에 계속 창피를 당한 장소를 의미한다.

Hurley(2018)는 부모가 자녀의 사회불안에 적용할 수 있는 여러 기법을 추천하는데, 이것들은 다양한 불안장애에 효과가 있다. 이 기법들은 이완 기법, 인지적 재구성을 통한 사고 패턴 변화의 도움, 문제 해결 과정의 지도, 그리고 교우관계 기술의 연습별로 분리된다. 이 방법들은 모두 아이가 불안감에 맞서기 위해 사용하도록 몇 가지 도구를 제공한다. 보통의 불안감은 삶의 일부이며, 힘든 상황을 회피함으로써 아이가 불안을 완벽히 피하도록 돕는 데 초점을 맞추는 것이 아니라, 아이가 터득한 도구들로 자신의 불안을 해결하도록 돕는 데 초점을 맞추는 것이 중요하다.

먼저 이완과 인지적 재구성을 살펴보자. 이완 기법은 느리고 집중적인 호흡, 즉 명상과 관련이 있다. 이 기술은 연습을 통해 완벽해질 수 있으며, 모두에게 이롭다. 이완 기법은 다양한 온라인 자료를 통해 간단하게 배울 수 있다. 인지적 재구성은 부모가 가르치도록 도울 수 있는 두 번째 도구이다. 누군가의 사고 패턴을 바꾸는 일은 인지행동치료(Cognitive Behavior Therapy)의 중요한 목표인데, 임상심리학자들이 자주 사용한다. 여기서 요점은 사람들이 때때로 그저 그런 생각일 뿐인 자신의 생각에 압도된다는 것이다. 이것은 현실의 왜곡이며, 때때로 극심한 부정적 생각을 수반한다. 난독증이 있는 사람의 경우 부정적인 생각은 '절대로' 읽기나 쓰기를 배울 수 없거나, '멍청하거나' 또는 장애 때문에 미움을 받을 것이라는 주제를 중심으로 이루어질 수 있다. 이러한 생각을 할수록 그 생각 자체가 과제를 확실하고 직접적으로 숙달하는 것을 더욱 방해할 수 있으므로 성과는 더 나빠질 것이다. 인지행동치료 기술은 아이들이 자신의 생각에 도전하도록 가르치고, 그러한 생각에 의해 극단적이 되지 않도록 돕는다. 예를 들어, 낮은 받아쓰기 점수를 받은 난독증이 있는 소녀는 스스로 멍청하다고 생각하는 방식에 빠지는 것 대신 부모의 도움을 받을 수 있다. 시험을 준비하는 데 충분히 노력했지만, 받아쓰기는 난독증이 있는 사람이 숙달하기에 가장 어려운 과제임을 스스로에게 말하도록 배우는 것이다. 또한 그녀는 이야기하기, 노래, 수영 같은 자신이 잘하는 여러 가지가 있음을 스스로 상기시킬 수 있다. 이러한 재능들은 자신이 '멍청이'가 아니라는 근거가 되며, 그녀는 모든 것을 아우르는 부정적인 자기평가로서 우둔하다는 생각을 버려야 한다. 게다가 이 받아쓰기 시험을 위해 자신이 준비한 방법은 효과가 없을 수도 있다. 이는 다음 시험 공부에서 또 다른 더 좋은 대안을 탐색해야 함을 의미한다.

다른 두 기법은 문제 해결과 새로운 기술의 학습에 초점을 맞춘다. 문제 해결은 생활을 더 쉽게 만드는 방법에 대한 것이다. 난독증이 있는 아동의 경우, 이러한 많은 문제가 혼자 혹은 친구들과 함께하는 작업에 대한 불안장애와 관련될 것이다. 예를 들어, 앞에서 언급한 Ms. Amy는 동료들이 자신이 쓰기와 말하기를 얼마나 못하는지 알고 자신에 대해 나쁘게 생각할 것을 두려워한다. 이 불안장애에 대처하기 위해 Ms. Amy는 쓰는 데 컴퓨터를 사용한다. 컴퓨터는 철자 검사를 도와주고, 자신의 악필에 대해 걱정하지 않도록 할 수 있다. 여기서 기억해야 할 것은 그녀가 30대의 성인이라는 점이다! 난독증이 있는 어린아이들의 일부 문제는 선이나 여백이 더 큰 특별한 종이를 사용하거나 쓰기를 돕는 여러 도구를 활용함으로써 극복할 수 있다. 예를 들어, 수업 중 에세이를 작성해야 하는 난독증 아동의 경우, 에세이에서 사용하기를 원하는 단어 목록이 미리 주어져서 이것들을 보고 옮겨 적을 수 있다면 안정감을 느낄 수 있으며, 단어가 주어지지 않아 스스로 철자를 기억한 것보다 더 정확하다는 것을 확신할 수 있다. 그리고 불안장애가 있는 일부 아동을 위한 문제 해결의 마지막 유형은 친구들과 잘 어울리는 방법이다. 교우관계 능력이 난독증이 있는 아동에게 부족하다고 믿을 이유는 없지만, ADHD가 있는 일부 아동에게 교우관계 형성을 어렵게 하는 특정 장애가 있는 것은 사실이며, 난독증과 ADHD는 중첩되는 부분이 있다. 교우관계 기술은 순서 주고받기(turn-taking), 그리고 사회적 상호작용의 시작과 같은 능력에 중점을 둘 것이다.

우울증

우울증은 난독증과 관련해 잘 알려진 또 다른 장애이다. 청소년이나 성인처럼 아동의 우울증 개념에 대해 말하는 것은 쉽거나 일반적이지 않지만, 일부 난독증 아동에게 영향을 미치는 현상으로 인정된다(예: Galuschka & Schulte-Körne, 2016). 우울증은 슬픔, 짜증, 또는 절망의 장기적인 감정이다. 때때로 슬픔을 느끼는 것은 정상이고 건강하지만, 우울증은 이러한 감정이 오랜 기간, 임의적으로 전문가들이 정의한 바로는 2주 이상 지속된다. 우울증이 있는 아동은 종종 자신에 대해서, 그리고 자신의 미래에 대해서 부정적인 감정을 표현하며 행복한 시간을 상상할 수 없다.

우울증의 또 다른 증상은 이전에는 재미있다고 여겼던 활동에 대한 흥미 상실, 집중력 결여, 수면 및 식사의 어려움, 에너지 상실, 일반적으로 집착하거나 과도한 울음, 심리적인 문제로 인한 질병(예를 들어, 두통 및 복통 등 신체적 이유가 명확하지 않은 경우), 그리고 매우 간단한 의사결정장애를 포함한다(Shiel, 2017). 미국정신의학회(What Is Depression?, 2017)는 우울증의 원인을 뇌 생화학(biochemistry in the brain), 유전학(우울증은 가족력이 있다), 개인 성격 및 환경이라는 네 가지 특성의 상호작용에서 찾는다. 난독증이 가져오는 장애로 이미 비교적 비관적이거나 쉽게 스트레스를 받는 사람은 상대적으로 낙관적이고 집중력 있는 사람에 비해 같은 환경에서도 우울감에 영향을 받기 쉬울 수 있음을 상상할 수 있다. Twenge(2015)는 우울증 증상과 과부하를 느끼는 것이 모두에게서 몇십 년 전보다 증가했으며, 학업 강조, 경쟁 및 앞서가기 등 현대 사회적 측면이 기여했을 것이라고 언급했다(예: Schrobsdorff, 2016).

우울증의 치료는 특히 가벼운 경우에는 불안장애가 있는 아동에 대한 인지 행동치료와 유사할 수 있다. 우울증이 있는 아이가 가족과 친구들로부터 사회적으로 지지받고 있음을 느끼는 것 또한 중요하다. 아동이 자신의 감정을 타인과 공유할 수 있도록 강조하는 지지 집단이나 치료는 도움이 될 수 있다. 더 심각한 경우에는 많은 의사가 항우울제 사용을 권고한다. 일부에서는 우울증에 걸린 아동, 청소년들에게 약물 부작용을 우려하기도 하지만, 이 상태를 치료하기 위한 약물에 대한 고려는 아동과 청소년이 이미 상당한 고통을 겪은 경우에만 이루어져야 한다는 점도 강조되어야 한다. 따라서 부모, 의사, 해당 아동, 그리고 다른 조력자들은 약물의 잠재적인 부정적 영향과 잠재적 혜택을 따져 보아야 한다. 이에 관해서 한 가지 확실한 견해는 Mayo Clinic 웹사이트에서 알 수 있다 (Antidepressants for children and teens, 2016). 다수의 경우 항우울제가 우울증을 겪고 있는 아동에게 도움을 줄 수 있다는 것은 사실이다. 그러나 전문가 대부분은, 특히 우울증을 겪는 아동과 청소년의 경우, 약물만으로는 치료가 충분하지 않다는 점에 동의한다. 오히려 우울증을 앓고 있는 사람, 특히 젊은 사람들에게 최상의 결과를 얻으려면 어떤 유형의 치료나 다른 행동 개입과 함께 약물을 복용하는 것이 가장 중요하다. 이는 우울증이 개인의 생물학적 특성과 환경의 결합일 수 있으므로 필수적이다. 구체적으로 어린이들의 경우 난독증으로 고민하는 것과 학교에서 교사나 친구들이 그들을 이해하지 못할 때 무시당하는 괴로움을 생각해 보면 우울증이 아이들과 그들의 환경 간의 복잡한 상호작용으로 인해 발전할 수 있다고 상상할 수 있다. 이 난제를 해결하기 위해서는 아이의 전체를 보는 관점이 중요하다. 가족과 친구들을 포함한 사회적 지지를 이용하는 치료, 문제해결 증진에 대한 집중, 비관적인 사고의 제거, 그리고 낙관적인 사고가 가장 중요하다.

대중적인 매거진 『오늘의 심리학(Psychology Today)』에 난독증이 있는 Carlton Davis(2011)가 발표한 난독증과 우울증이 있는 삶에 대한 개인적인 설명은 유전에 크게 의존하는 개인의 생화학과 성격을 포함하여 개인과 환경의 상호작용이 얼마나 근본적인지를 분명하게 언급한다. '정신을 혼란스럽게 만드는 난독증(Crazy making dyslexia)'이 제목인 글에서 예술가, 건축가, 작가이자 연설가인 Davis는 예일대학교 학부생이었을 때 기간이 임박한 과제를 위해 컴퓨터 이전 시대에 타자기로 단어 the를 hte로 계속해서 잘못 타자를 쳤던 한 사건을 설명한다. 그가 수정액(오타 위에 덧칠하는 데 사용되는 접착제 같은 물질)을 사용하여 오타를 고치려고 했을 때 종이와 타자기는 끈적거리고 엉망이 되었다. 좌절감은 커졌고, 결국 그는 5층 창밖으로 타자기를 던져 버렸다. 난독증의 문제는 Davis의 대학 시절에 비하면 컴퓨터에 있는 맞춤법 검사로 인해 오늘날에는 더 쉬워졌다. 중요한 것은 Davis는 우울증, 특히 양극성 우울증을 겪었으며, 이 주제에 대한 책을 썼다는 사실이다. 난독증과 우울증이 어떻게 관련되는지에 대한 그의 견해는 독특하다. 그러나 다음 인용문은 난독증이 있는 사람의 동반이환에 관한 우리의 주제를 생각하는 데 의미가 있을 것이다. Davis는 다음과 같이 말한다.

어떤 사람은 난독증 없이 정신질환을 가질 수 있지만, 난독증이 있는 사람들 중에서 어떤 면에서도 정신질환의 증상이 나타나지 않는 사람을 본다면 놀랄 것이다. 나는 의료 모델을 통해 정신 상태를 보지 않기 때문에 질환이라는 단어를 싫어하지만, 그것은 우울증, 양극성장애, 그리고 조현병을 설명하는 더 좋은 방법을 찾기 전까지 사용된 용어이다. 장애의 좌절감이 너무 커서 또 다른 생화학 반응이 정신질환을 만든다면 난독증은 정신질환을 초래할 수 있다. 나의 난독증은 나를 미치게 하기 때문에 나의 양극성장애와 일부 관계가 있음이 틀림없다. 특히 내가 원하지 않은 키를 눌러서 커서가 이곳저곳에 돌아다녀 타자에 실패하고, 그것이 반복되면 나의 뇌는 녹아내린다. 나는 넌더리 나는 기계를 창밖으로 던지지 않도록 자기 통제를 위한 모든 능력을 발휘해야 한다. 나는 실제로 하지 않지만 자살에 대해서 생각한다. 나는 스스로 멍청하고 부족한 사람이라고 생각한다. 누가 이 끔찍하지만 드러나지 않은 장애와 함께하고 싶을까? (Davis, 2011)

난독증이 정신질환을 '야기한다'는 견해에 대해 입증된 것은 없다. 그러나 장애와 관련된 좌절이 얼마나 사람의 자존감을 깎고 부정적 감정을 확대하는지는 분명하다. Davis의 난독증에 대한 감정은 생생하고 강력하며 성인기까지 계속된다. 그의 말은 난독증과 다른 장애들(그의 경우 우울증)의 동시 발생이 난독증과의 고군분투를 얼마나 더 어렵게 하며 좌절감을 더 뚜렷하게 만드는지를 강조한다.

결론

이 장에서 장애의 동반이환에 대해 결론을 내리자면 둘 이상의 학습 및 정신건강장애가 있는 아동의 큰 역경을 인정하는 것은 중요하다. 학습과 때때로 다른 측면의 정신적 처리의 장애물은 엄청난 것이며 극복하는 데 긴 시간과 많은 노력이 든다. 각각의 장애는 삶에서 어떤 종류의 부정적인 심리사회적 적응의 위험을 증가시킨다. 부모, 교사, 그리고 다른 전문가들은 이러한 추가적 위험과 이로 인한 난관을 고려하고, 이러한 개인을 돕기 위한 추가적인 편의 제공에 대해 숙고해야 한다. 학습이나 다른 정신적 처리에 관련된 여러 장애를 겪는 사람들은 자신에게 증가한 도전에 대해 의식해야 하며, 이 생각을 염두에 두고 스스로에게 인내심을 갖고 친절해야 한다.

동시에 이 책의 주요 목적은 장애를 인정하는 것과 희망과 최적의 발달을 위한 가능성을 강조하는 것이다. 난독증과 다른 문제들이 있지만, 꾸준히 노력하여 성공한 존경할 만한 많은 롤모델이 있다. 예를 들어, 킨코(Kinko)의 복사 사업 창립자인 Paul Orfalea는 난독증과 ADHD가 있었다(25 Famous People with Learning Disorders, 연도 미상). 예술가 Robert Toth(GreatSchools Staff, 2018)도 마찬가지였지만, 그의 작품은 전 세계 미술관에 전시되고 있다. 올림픽 금메달리스트 Jim Shea Jr.는 난독증과 우울증이 있었다(GreatSchools Staff, 2018). 게다가 우리의 면담자이며, 난독증, 난서증, ADHD 및 불안장애가 있는 Ms. Amy는 현재 대기업의 성공한 번역가이다. 이들은 단지 일부이다. 더 많은 이가 있다. 다시 말하지만 성 공의 예고는 하나 이상의 장애로 인해 겪는 엄청난 역경에서 벗어나는 것이 아니 라, 단지 이러한 고난 속에서 아무도 혼자가 아니라는 사실을 공유하는 것이다. 제7장, 8장, 9장, 11장, 그리고 부록 B에서 F까지 모두 학습장애, 좌절, 그리고 낮 은 자존감에 대처하는 방법에 대한 다양한 견해를 제공한다. 모든 사람을 위해 자체적으로 개발된 개별적이고 중요하며 생활을 더 용이하게 만드는 자원의 도 구가 있어야 한다. 효과적이지 않은 것을 버리고 효과가 있는 새로운 견해를 찾 아야 한다. 자신의 장단점과 연관시키면서 삶의 목표를 달성하기 위해 자신의 길 을 따르는 것은 가능하다. 제6장에서는 학습장애 아동의 또 다른 어려움에 대해 이야기한다. 바로 다양한 언어의 학습이다.

제6장

다중 언어나 문자의 학습이 읽기/쓰기 학습에 미치는 영향은 무엇인가

- 외국어 학습의 다양한 맥락
- 어떻게 외국어를 배울까
- 난독증이 있는 사람을 위한 외국어 학습 조언
- 외국어 학습: 축복일까, 저주일까
- 가난과 외국어 학습
- 결론

난독증이 있는 아동에게 자신의 모국어와 더불어 또 다른 언어를 배워야 하는 것이 난독증에 미치는 영향은 무엇인가에 대한 답은 이것이다. 바로 추가적 언어를 배우는 방법에 좌우된다. 언어 학습의 맥락이 구술 능력과 실용에 주로 초점을 둔다면 난독증이 있는 아동이나 성인은 이 과제에서 난독증이 없는 사람들과 비슷하게 성과를 보일 것이다.

세계 아동의 대다수는 둘 또는 그 이상 언어의 말하기, 읽기, 쓰기를 배울 수밖에 없다. 영어의 전 세계적인 대중성은 세계에서 가장 인구가 많은 나라인 중국과 인도를 포함하여 세계의 많은 어린이가 적어도 두 개의 문자를 읽도록 요구한다. (문자란 로마자나 한자 또는 아랍 문자와 같은 특정한 쓰기 체계이다.) 연구들은 난독증이 있는 아동에서 이 현상을 어떻게 설명할까? 이는 논란의 여지가 있는 부분인데, 난독증이 있는 아동이 그들의 모국어 읽기에서 어려움이 있기 때문에 외국어 읽기를 면제받아야 한다고 주장하는 학자들이 있다. 『난독증 극복하기(Overcoming Dyslexia)』(2003)의 저자인 Sally Shaywitz는 난독증이 있는 아동이 외국어 학습을 피하기를 원한다면 배우도록 강요되어서는 안 된다고 주장하는 사람들 중 한 명이다. 실제로 그녀가 소속한 예일그룹은 난독증이 있는 대부분의 사람에게 외국어를 배우도록 강요되어서는 안 된다(Landau, 2011)고 강력하게 주장한다. 전 세계 대부분의 학교와 직장에서 아동이 최소 둘 혹은 그 이상의 언어를 배워야 한다는 기대와 그러한 실질적인 요구가 있다는 점에서 이 입장은 상대적으로 미국 중심적인 것 같다. 미국인으로서 나는 미국에서 외국어 학습이 내가 자랄 때는 저평가되었고, 오늘날까지도 많은 다른 국가보다 덜 중요하게 여긴다는 사실을 증명할 수 있다. 난독증이 있는 아동이 경험하는 모든 어려움을 고려했을 때, 난독증 아동에게 외국어 학습 과정에 대한 노출을 제한하는 것은 의미가 있을까?

때로 다른 연구자들(예: Miller-Guron & Lundberg, 2000)은 난독증이 있는 아동의 새로운 언어 학습 능력이 평균 혹은 그 이상임을 밝히고 주장한다. 제5장에서 언급한 Ms. Amy의 사례를 떠올려 보자. 그녀는 대기업에 근무하는 성공적인 번역가(프랑스어를 영어로)이다. 그녀는 외국어 학습이 다른 과목에 비해 난독증이 있는 사람에게 특별히 어렵다는 견해에 동의하지 않는다. 그녀는 난독증이 읽기와 쓰기의 문제를 수반하지만 외국어 학습이 언어적 의사소통임을 언급한다. 그녀는 "그것들은 서로 관련이 없다"라고 말한다. 나는 홍콩에서 동일하게 생각하는 사람들을 만났다. 한 파티에서 만났던 Mr. T는 나의 연구 관심사에 대해 알게 된 후 자신이 난독증이라고 밝혔다. 그에게 자신의 가장 자랑스러운 성취는 중국어와 영어, 그리고 프랑스어에 능한 것이었다. 캐나다 출신인 그는 중국어 학습을 위한 그의 구어(oral language) 전략(그림과 짝지어진 구두 발음)을 설명했다. 그는 읽기 학습에 대한 자신의 장애가 외국어를 배우는 어려움과는 다소 차이가 있음을 느꼈다. Peer와 Reid(2016)는 이 문제를 대략적으로 다룬『다중 언어, 문식성, 그리고 난독증: 교육의 장벽 허물기(Multilingualism, Literacy, and Dyslexia: Breaking Down Barriers for Education)』라는 제목의 책을 편집했다. 이 책의 20개 장은 여러 분야의 개업 의사와 연구자에 의해 집필되었다. 영국난독증협회와 국제난독증협회에도 이 문제에 관한 블로그나 조언이 있다. 여기에는 분명히 논쟁의 여지가 있다.

종합적으로 읽기와 쓰기 학습은 다양한 사회적/문화적, 그리고 인지적 요인에 좌우된다. 연구자들은 다양한 언어의 난독증 또는 난서증의 본질을 완전히 이해하지는 못했다. 하지만 모국 언어와 문자에서의 난독증 그것 자체가 또 다른 언어에서의 장애를 초래한다고 확신하지 않는 것은 중요하다. 그럼에도 일부에게는 위험이 분명히 존재한다.

외국어 학습의 다양한 맥락

이 주제에 대해 논의해야 할 주요 문제 중 하나는 '외국어를 배우기 위해 정확히 무엇이 필요한가'이다. 예를 들어, 다중 언어의 사용과 난독증에 대해 다룬 앞에서 언급된 책『다중 언어, 문식성, 그리고 난독증: 교육의 장벽 허물기』(Peer & Reid, 2016)에서 대부분의 장은 영어권 국가 출신의 사람이 썼다. 캐나다는 예외이지만, 미국, 호주, 영국은 영어가 의사소통의 주 언어가 아닌 다른 국가들만큼 외국어 학습을 강조하지 않는다. 세계의 많은 곳에서 영어는 교육, 특권 및 상업의 언어이다. 영어 학습은 종종 주어진 사회적 사다리를 오르는 것과 같다. 따라서 캐나다, 영국, 호주, 미국은 다중 언어의 사용과 난독증을 연구하기에 최상의 장소가 아니다. 학교에서 영어가 필요하지만, 일상적인 의사소통에서 사용되는 주요 언어가 아닌 세계 다른 지역들에서는 상당히 다른 상황이 나타날 수 있다. 여기서는 모국어 외에도 권위가 있기 때문에 수업이나 일부 공식 활동에 자주 사용되는 언어를 배우는 데 초점을 맞춘다. 여기에는 유럽, 아시아, 그리고 아프리카의 많은 지역이 포함된다.

그럼에도 불구하고 이 주제에 관한 대부분의 연구는 영어권 국가에 의한 것이다. 주된 이유는 다양한 언어적 배경이 있는 아이들을 교육 매체로 영어를 사용하는 학교에 통합시켜야 하는 어려운 과제에 대해 논쟁해야 했기 때문이다. 일부 캐나다 또는 영국의 연구들에서, 예를 들어 한 교실에 중국어, 페르시아어, 아랍어 등을 포함하는 20개 이상의 언어가 모국어인 아이들이 포함될 수 있다. 이는 중국, 일본이나 스웨덴 등과 같이 한 국가에서 자국어와 영어를 포함하여 한두 개의 외국어를 모든 아이가 배우도록 돕는 방법과는 다른 문제다. 홍콩이나 스위스의 독일어권에서처럼 아이들이 수업 언어와 다른 특정 공용어(이 경우, 광동어나 스위스 독일어)를 사용하는 다른 상황도 있다. 이 경우, 아이들은 주요한 학교 언어(예를 들어, 만다린 중국어 또는 고등 독일어)로 읽고 쓰는 법, 때로는 말하는 법을 배워야 한다. 그들은 영어와 때로는 다른 언어를 배우도록 요구된다. 예를 들면, 스위스의 독일어권 지역에서는 영어 외에 최소 한 개의 언어(보통 프랑스어나 이탈리아어)를 더 배워야 한다. 다양한 배경이 있는 많은 사람이 이주하고 있는 현재 상황은 특히 유럽에서 다른 차원을 더할 수 있다. 복잡한 차원을 더하는 지역에는 특유의 상황이 있다. 예를 들어, 잠비아는 일곱 개의 공식어와 영어를 사용하고 있다. 교육 정책과 이민 때문에 아이들은 때때로 자신의 모국어가 아닌 언어로 읽기를 배워야 하며, 결국 그들은 영어로 읽기, 쓰기, 사고하기를 배워야 하는데, 영어는 결국 초등학교가 끝날 무렵 많은 학교 과목에서 수업 언어로 사용된다. 인도는 매우 다양한 언어가 사용되기 때문에 더 복잡한 상황이다. 연구자들은 어원이 다른 여러 개의 다른 문자를 사용하는 언어들(예를 들어, 힌두어, 우르드어와 영어)의 학습이 같은 문자를 사용하는 언어들(예를 들어, 독일어, 프랑스어와 영어)의 학습에 반해 더 어려운 정도를 탐구하기 시작했다.

어떻게 외국어를 배울까

외국어를 배우기 위해서는 무엇이 필요할까? 연구자들은 외국어를 가르치는 가장 좋은 방법에 대해 계속 논의하고 있다. 모든 교사는 어휘 지식, 이해될 수 있도록 단어를 발음하는 음운적 능력, 문법적 이해의 중요성, 그리고 종국에는 읽기 능력 습득이 중요하다는 점을 강조할 것이다. 외국어 교육과 학습은 종종 활자에 의존하는데, 특히 더 나이 든 사람들이 배울 때 그러하다. 그러나 문자는 언어 학습에 반드시 필요하지 않다. 우리 모두는 읽기 학습 전에 자신의 모국어로 말하는 것을 배웠다. 따라서 핵심은 어떻게 외국어를 처음 배우는가의 방법에 대한 것이다. 실제로 외국어 학습에 사용되는 용어에 대해서도 논쟁이 있다. 종종 이러한 논의들은 주로 언어가 사용되는 방법에 초점을 맞춘다. 예를 들어, 내가 사는 홍콩에서 중국 아이들은 보통 영어를 3.5세부터 한 과목으로 배운다. 영어는 고등학교까지 학교 필수 및 공식 과목이다. 아이들은 특히 학교 교육을 통해 쓰기 과제를 평가받는다. 다수가 영어를 하기 싫다고 여기지만, 학교 교육 과정의 큰 부분이기 때문에 배우게 된다(예: Lin, Wong, & McBride-Chang, 2012). 그러나 홍콩의 다른 중국 아이들의 경우, 부모가 집에서 요리, 청소, 아이 돌보기를 위해 필리핀 출신의 도우미, 즉 가정부를 고용한다. 법률적으로 이러한 필리핀 여성들은 가족과 함께 생활하며 대개 영어를 사용한다. 필리핀 가정부가 있는 중국 아이들은 몇 년 후에 영어를 사용하는 도우미가 없는 중국 아이들보다 학교에서 영어를 더 잘 수행하는 경향이 있는데(예: Dulay, Tong, & McBride, 2017), 그 두 집단은 사회경제적 지위(Socio-Economic Status: SES)에서 동등하다(Chan & McBride-Chang, 2005). 왜 그럴까? 한 집단은 학교 과목으로 영어를 배워야 하지만 일상에서 영어를 사용하지 않는다. 다른 집단은 영어를 공식적으로 사용하는 학교뿐만 아니라 일상에서도 실제로 사용한다. 외국어를 습득하는 방법에 관한 이 홍콩의 사례는 다양한 언어 학습이 난독증 혹은 난서증과 관련되는지의 여부와 어떻게 관련되는지의 방법을 고려하는 데 있어서 중요하다. 여기서 특히 관련된 하나의 학습 모형은 진화심리학에서 나온 것이다.

진화심리학의 영역에서 연구자들은 학습의 1차 및 2차 진화 능력을 구분한다 (Geary, 2002). 이것들은 진화의 개념에서 나온다. 그 견해는 우리 인간은 조상으로부터 진화해 왔다는 것이다. 진화를 통해 특정 능력이 자연스럽게 생겨났다. 학습 면에서 일부 이러한 기술들은 1차 진화 능력으로 일컬으며, 다른 일부는 2차 진화 능력으로 지칭된다. 1차 진화 능력은 자연적으로 얻어진다. 1차 진화 능력은 자신의 모국어를 말하는 학습이다. 이것에 대해 요구되는 공식적인 훈련은 없다. 대부분의 사람은 특별한 개입 없이 말하기를 배운다. 필요한 것은 아이가 언어를 사용하는 성인 주위에서 시간을 보내는 것이다. 그러고 나면 언어 능력은 자연스럽게 발달한다. 2차 진화 능력은 읽기 학습이다(공식적인 수학 학습은 다른 예시이다). 이것에는 노력이 필요하고, 많은 시간 동안 집중적이고 명시적인 훈련이 필요하다. 아이가 처음에 누군가의 명시적인 가르침 없이 읽기를 배우는 것은 매우 드물다. 1차 및 2차 진화 능력에 관한 이러한 견해는 학습 연구 전반에서 상당히 인기가 있다(Geary, 2002). 이 견해는 일부 학습은 훨씬 더 자연스러운 것이므로 다른 것들보다 쉽다는 사실을 강조한다.

그러나 아무도 외국어나 제2 언어 학습이 1차 및 2차 진화 능력을 사용하는가의 여부를 명확히 다루지 않는다. 아이들에게 말하기와 의사소통을 학습의 목적으로 가르친다면 1차 진화 능력에 대한 논쟁이 있을 수 있다. 의사소통은 중요하며, 읽기와 쓰기보다 더 중요하다는 프로그램들이 있을 수도 있다. 아이들이 의사소통의 목적을 위해 언어를 사용하도록 강요되는 때가 그러한 경우일 것이다. 이 상황은 학교에서 공식적으로 영어를 배우는 것과 더불어 자신을 돌보는 사람(예를 들어, 도우미 또는 가정부)과 영어로 말을 하는 홍콩의 아이들에게 적용된다. 그러나 다른 경우에는 읽기와 쓰기 학습에 중점을 둔다. 이는 유치원 초기부터 영어로 공식적이고 서면으로 된 숙제를 받지만, 영어 학습 교실 이외에는 영어를 사용하지 않는 것이 홍콩의 더 전형적인 상황이다. 나는 스페인도 그러한 상황이라고 들었다. 영어는 학교에서 가르치지만 아무도 그것을 사용할 필요성을 느끼지 않는다. 예를 들어, 모든 교과서는 스페인어로 되어 있고 사람들은 어느 곳에서든 일상의 의사소통에서 영어를 사용하지 않는다. 심지어 영화관에서 상영되는 미국 영화들조차 전 세계의 스페인어 사용 국가와 지역사회로의 배급을 위해 더빙 된다. 따라서 영어를 어떤 특정 목적을 위해 배울 동기나 필요성이 없다.

제2 언어를 가르치고 배우는 방법에 대한 이러한 구분은 난독증과 다중 언어의 상호작용을 이해하는 데 중요하다. 한 언어를 읽는 데 어려움이 있다면 제2 언어에도 어려움이 있을 것이다. 동시에 난독증 아동의 다수는 말하기에서 심각한 장애를 보이지 않는다. 그러므로 제2 언어 학습이 모국어 학습을 했던 방식처럼 행해진다면 난독증 아동들이 불이익을 받을지는 확실하지 않다. 프랑스에서 프랑스어를 배우기 시작했던 번역가 Ms. Amy를 떠올려 보면 그녀는 자신의 일상적 욕구를 충족시키기 위해 언어를 사용해야만 했던 상황이었다. 기본적으로 그녀는 언어를 배우거나 아니면 자신의 필요가 충족되지 않을 위험을 감수해야 했다. 이는 우리 모두가 새로운 언어를 배우는 가장 좋은 방법이다. 우리는 필요에 의해 강요되어서 배운다.

이러한 배경지식과 함께 이 장의 처음에 제기된 질문, 즉 난독증이 있는 아동이 자신의 모국어와 더불어 또 다른 언어를 배워야 하는 것이 난독증에 미치는 영향은 무엇인가에 대한 답은 이것이다. 바로 추가적 언어를 배우는 방법에 좌우된다. 언어 학습의 맥락이 구술 능력과 실용에 주로 초점을 둔다면 난독증이 있는 아동이나 성인은 이 과제에서 난독증이 없는 사람들과 비슷한 성과를 보일 것이다. 대화와 듣기는 난독증의 여부와 관계없이 비슷하다. 결국 전 세계적으로 난독증이 있는 경우가 아니더라도 대부분의 사람은 새로운 언어 학습에 재능이 있지 않다. 모든 개인 사이에서 외국어 학습의 큰 차이를 발견할 수 있을 것이고, 난독증이 있는 사람들도 유사한 패턴의 변동성을 따를 가능성이 있다.

그러나 추가적인 언어의 학습이 주로 읽기와 쓰기를 통해 진행된다면 난독증이 있는 사람은 난독증이 없는 사람보다 언어 학습에 더 어려움이 있을 수 있다. 실제로 한 언어에서 다른 언어로 전이되는 음운, 형태소 혹은 철자법 처리와 관련된 어떤 기술들이 있다(예: Cárdenas-Hagan, Carlson, & Pollard-Durodola, 2007; Durgunoğlu, Nagy, & Hancin-Bhatt, 1993; Li, McBride-Chang, Wong, & Shu, 2012;

Verhoeven, 1994). 특히 음운 기술은 외국어 학습장애에서 매우 강조되는 경향이 있다(예: Sparks et al., 1997). 난독증이 있는 사람이 처음 읽기와 쓰기에 어려움을 겪게 하는 기술이 무엇이든 제2 언어를 배우는 데에도 문제가 될 수 있다.

스웨덴에서 자란 난독증이 있는 젊은 여성인 Ms. WA는 이에 대해 말한다.

> 나는 스웨덴어로 글을 읽는다. 나는 읽기를 싫어한다. 그것은 스웨덴어도 마찬가지다. 나는 더 생각하고, 더 집중해야 한다. 그러나 그것 때문에 당신이 더 적은 수의 언어를 배워야 한다고 생각하지 않는다. 한 언어를 배울 수 있다면 다른 언어도 배울 수 있다. 나에게는 모든 언어가 어려웠다.

여기서 가져올 주요 내용은 난독증과 난서증의 본질에 대해서 각 장에서 강조된 것과 동일하다. 즉, 이들은 그 자체로는 주된 언어장애가 아니다. 말소리를 분석하는 메타언어적 특정 능력에 장애가 있지만 기본적인 말하기 학습에는 장애가 없다. 난독증이 있는 당사자나 그들의 부모, 교사, 상담사 또는 친구인 우리 중 대부분은 그들이 읽기를 배울 때까지 그들에게 구두로 의사소통하는 능력에 특정 장애가 있음을 발견하지 못한다. 오히려 읽기와 쓰기 문제는 좁게 쓰기 표현의 문제에 집중된다. 어떤 면에서는 매우 좋은 소식이다. 요즘에는 초기 읽기와 쓰기장애에 적응하는 데 사용할 수 있는 많은 도구가 있기 때문에 난독증이나 난서증이 있는 것이 역사적으로 (비교적) 좋은 시기일 수 있다. 그러나 이러한 도구가 필요한 전 세계 대부분의 사람은 아직 이러한 도구에 접근할 수 없거나 그러한 도구를 사용할 수 없는 상황에 있다.

난독증이 있는 사람을 위한 외국어 학습 조언

난독증과 다중 언어 사용에 대한 전문가들의 조언은 때때로 난독증 아동에게 일반적인 도움을 줄 때 하는 조언과 비슷해 보인다(예: Martin, 2016; Nadler-Nir &

Pascoe, 2016). 예를 들어, 새로운 어휘 단어의 사용에는 어휘 학습의 정확성뿐 아니라 유창성에도 초점을 맞추어야 한다. Hutchings와 Mortimore(2016)는 영국의 난독증과 다중 언어 사용에 관한 훈련 프로그램을 설명하는데, 문식성 학습과 새로운 언어 학습 모두에 중요한 몇 가지 능력은 언어적 기억 능력, 음운 민감성, 유창성, 이해력, 형태소 기술, 구어 능력이라고 강조하였다. 이러한 기술들은 일반적으로 모든 아동에게 중요하며, 우연치 않게 외국어 학습을 위한 목표에도 가장 좋은 능력들이다.

현재 독일 프라이부르크대학교에서 독일어 수업을 들으면서 어려움을 겪고 있는 나는 Guise와 동료들(2016)이 추가 언어를 배우는 아이들을 위해 제안한 활동 목록(2016)에 공감한다. 나는 난독증이 없으나 외국어를 배우는 고통을 잘 안다. (이 글을 쓰면서 나는 A2 레벨의 독일어 수업에서 목적격과 여격 수식어에 관한 다음주 시험에 대해 걱정하고 있다!) 이 연구자들은 난독증 아동이 외국어를 배울 때 스스로 배운 것을 강화하기 위한 시간을 갖고, 긴장하지 않고 재미있는 방식으로 언어를 사용하는 기회가 주어져야 한다는 점에 주목하며 시작했다. 물론 이는 모든 수준의 아동이나 성인 외국어 학습자에게 일반적인 사실이다. 연구자들은 읽기와 쓰기의 압박 없이 언어 사용을 용이하게 할 수 있는 다양한 활동을 추천했다. 한 가지 방식은 '탐구적 대화'와 집단 토론이다(p. 69). 이것은 많은 창의적인 외국어 교사가 일반적으로 자신의 '(언어 학습의) 속임수 가방'에서 사용할 만한 것이다. 예를 들어, 교사는 그림을 여러모로 사용하여 학생들이 한 장의 그림을 언어로 설명하거나 이야기하도록 하고, 또는 더 높은 수준에서 그림 전후에 발생할 것 같은 사건을 예상하는 데 사용한다. 더 높은 수준에서는 그림과 관련된 전체 스토리를 말하도록 요구할 수도 있다. 이러한 연구자들은 역할극, 짧은 연극, 구술 보고, 또는 서로 구두로 인터뷰하는 것과 같은 여러 가지 다른 즐거운 언어 학습 활동의 사용도 추천했다. 게임도 인기가 있으며, 말하기, 듣기, 또는 둘 다를 목표로 할 수 있다. 예를 들어, 교사는 아이들에게 그 물체에 대해 질문하거나 듣기 빙고 게임을 함으로써 그 물체가 무엇인지 추측해 보도록 할 수 있다.

아마도 난독증이 있는 아이들에게 보다 더 맞춤화된 접근 방식은 추가적인 지원을 포함하는 것이다. 한 연구(Guise, Reid, Lannen, & Lannen, 2016)는 이 학생들에 대한 교사와 친구의 지원이 중요함을 강조했다. 아이들은 수행하는 활동을 매우 명확하게 이해해야 하는데, (자주 그랬듯이 노트에 옮겨 적기보다는) 프린트에 적힌 활동 목록을 받거나, 과제를 노트에 쓰는 데 학우의 도움을 받거나, 또는 과제의 수행 이전에 과제의 특성 및 변수를 완전히 이해하도록 과제를 반복해서 말하도록 요구하는 것 등등의 노력을 통해서 지원된다. 중요한 것은 교사가 가능한 한 확실하고 쉽게 지시하는 것이다. 즉, 지시는 간단하고 명확하며 간결해야 한다.

언어 학습을 즐거운 방식으로 장려하기 위한 이러한 일반적이고 도움이 되는 제안에도 불구하고, Palti(2016)는 대부분의 난독증 아동에게 외국어 학습이 어려울 수 있음을 강조했다. 이 논문은 특히 영어를 배우는 난독증 아동에게 초점을 두었다. Palti(2016)는 음운 민감성, 강세가 없는 형태소(예를 들어, s를 나타내는 소유격이나 복수, ed를 나타내는 과거 시제와 같은 것은 듣기 더 어려운 아동), 그리고 영어의 단어 순서를 비교적 어렵다고 보았다. 그녀는 또한 어휘 학습의 중요성을 강조하면서 어휘 지식과 어휘 단어를 검색하는 데 있어 상대적인 속도의 중요성을 강조했다. 더불어 언어 간 규칙의 유사점과 차이점에 대한 명시적 비교와 두 언어의 문법적 규칙도 고려하도록 권고했다. 나는 홍콩의 초등학교 영어 교사들과 함께 일할 기회가 있었다. 우리는 중국어와 영어의 공통점을 논의했는데, 기본 문장에서의 단어 순서가 유사하고 두 언어가 복합어를 사용하고 비슷한 방식으로 복합어를 구성한다는 사실을 알 수 있었다. 차이점도 많았는데, 영어에서는 (어휘 음조 대신) 강세를 사용하여 여러 음절의 단어를 구별하고, 중국어의 의문문은 문장 앞에 단지 'why'를 붙이면 되지만, 영어의 의문문은 단어 순서를 변경해야 한다(예를 들어, 중국어: Why you are here, 영어: Why are you here). 언어 간 차이에 대해 명시적으로 집중해야 한다는 제안에 감사하게 생각한다. 학습자가 두 언어의 규칙이 어떻게 다른지를 확실하게 알 수 있고, 결과적으로 이러한 규칙을 사용하는 방법을 더 잘 알 수 있도록 도움이 된다고 생각한다.

Simon(2000)은 언어 학습에 좋은 조언을 하는데, 그녀 자신도 난독증이 있다.

자칭 '난독증이 있는 말-언어 전문가'인 그녀는 자신의 프랑스어 학습에서의 어려움과 관련하여 이 논문을 썼다. 그녀의 논문은 그 주제에 대한 연구와 외국어 학습에서의 고난과 성공에 대한 분석을 전문가적인 시각과 개인적인 경험을 통해 훌륭하게 혼합한 것이다. 그녀는 학습자로서 자신의 구체적인 특성을 강조하며 난독증이 있는 많은 사람이 또 다른 언어 학습에 특정 어려움이 있다는 것을 제시한다. 그러나 궁극적으로 그녀는 외국어 학습이 난독증이 있는 학생들에게 '가치가 있으며', 그렇게 함으로써 전략 인식과 사용을 향상시킬 수도 있다고 결론을 내린다. 그녀는 난독증이 있는 학생들을 위한 요령과 난독증이 있는 학생들을 가르치는 사람들을 위한 요령 모두를 제공한다. 난독증이 있는 학생들을 위한 외국어 학습의 요령은 '근면과 건강의 균형', 신중히 준비하는 것, 외국어를 자신에게 의미 있게 만드는 것, 자신이 배웠던 것을 적용하기 위해 스스로 반복하는 것(컴퓨터 프로그램과 인터넷이 여기에 적합하다), 그리고 마지막 순간에 준비하는 것 대신 정기적으로 검토하는 것이다. 그녀는 학생이 기억해야 할 것을 시각적으로 보여 줄 수 있고 항상 외국어를 고집하는 것이 아니라 가끔 모국어로 개념을 설명해 주는 강사를 찾는 것도 추천한다. 이것이 스트레스를 덜 줄 것이라고 주장한다. 또한 전반적으로 문법의 중요성을 강조한다. 그녀는 문법의 규칙이나 그것들이 얼마나 어려운지에 대해 불평하거나 걱정하는 것이 아니라 그것들을 그대로 받아들일 것을 권고한다. (이는 독일어에 관한 최근 나의 좌절감을 떠오르게 했다.) 또한 그녀는 학습자가 문법 규칙을 쉽게 검토할 수 있도록 분명한 방식으로 명시적으로 설명하는 책을 구하도록 권했다.

난독증 학생의 교사를 위한 그녀의 요령도 매우 실용적이다. 그녀는 교사가 학습에 가장 좋은 방법에 대한 아이디어를 모든 학생으로부터 얻을 것을 제안한다. 한 학생에게 효과적인 것이 반드시 다른 학생에게도 효과적이지는 않을 것이며, 여러 제안을 받으면 적어도 한 번에 여러 학생에게 효과가 있는 아이디어가 나올 가능성이 있다. 그녀는 다중 감각 학습(multisensory learning)의 중요성도 강조하는데, 노래로 가르치기, 학생들이 자신의 과제를 다른 색의 펜으로 수정하기, 그리고 문장을 표시하기 위해 차트나 블록의 사용을 들 수 있다. 교사가 학생에게 자신의 고유한 경험(예를 들어, 슈퍼에서 식품을 사는 방법 같이 학생의 학습에 용기를 주도록 만들어진 상황)을 공유하도록 해 주는 것, 문장 구조의 훌륭한 모델을 통해 유창성을 얻게 하는 경험을 제공하는 것, 그리고 추가 작업에 대해 추가 크레딧을 받는 것과 같이 학생들이 다양한 전략을 이용하도록 돕는 것도 제시한다. 이는 난독증이 있는 아동이 특정 좌절에도 불구하고 계속해서 활동하고 성공하도록 독려한다. 적어도 이것은 그들이 열심히 노력하면 언어를 배우고 과정을 통과하는 목표를 달성할 수 있다는 생각에 도움이 될 것이다.

외국어 학습: 축복일까, 저주일까

모국어에 장애가 있는 아동이 외국어로 읽는 것에도 장애가 있는 정도에 관해서는 몇몇 의문이 있다. Siegel(2016)은 캐나다 아동의 추가 언어로서의 영어(English as an Additional Language: EAL) 학습에 대한 자신의 최근 발견들을 한 장에 요약하였다. 연구 대상 아이들은 모국어가 달랐는데, 포르투갈어, 아랍어, 중국어가 포함되었다. 그녀는 모든 참가자의 목표 외국어인 영어의 읽기와 쓰기 능력을 살펴보았고, 여러 연구에 걸쳐 영어만을 사용하는 캐나다 난독증 아동들에 비해 EAL 난독증 아동들이 지속적으로 성과를 보이고 더 잘했다는 점을 발견했다. 이 현상은 여러 연구를 통해 나타났고, 종단적으로도 나타났으므로 특히 인상적이다. 어떤 사람들은 영어를 모국어로 하는 사람들이 모국어가 아닌 사람들보다 읽기와 쓰기에 있어서 더 좋은 성과를 낼 것으로 예상할 것이다. 그러나 이는 사실이 아니다. 저자는 자신의 일관된 발견에 대한 설명으로 영어는 낱자-소리 대응이 다른 알파벳 표기에 비해 비교적 불투명, 즉 일관성이 없다는 점을 언급한다. 저자는 난독증이 있는 아이들이 상대적으로 더 뛰어난 음운적 기술을 가지고 있고, 시각-철자적 기술은 더 낮은 경향이 있다고 본다. 실제로 난독증 아동의 '이중 언어 장점'에 대해 주장한다. 그녀는 완전히 다른 언어를 배우는 과정이 구문이나 음운 같은 언어의 다른 측면을 분류하는 데 잠재적으로 뇌에 도움을 줄 수 있다고 설명한다. "마치 영어와 다른 모국어에 노출되는 것은 난독증 아동들이 (영어에서) 고급 언어 능력을 발달시키는 데 도움을 주는 것 같다"(p. 145).

아마도 가장 논란의 여지가 있을 Siegel의 결론은 다음과 같다.

> 영어가 언어의 소리와 이것들을 나타내는 문자소 사이의 관계의 복잡성과 예측 불가능한 특성 때문에 읽기 학습에 있어서 어렵다는 점을 가정하지만, 나는 이러한 영어의 특성이 실제로 난독인들에게 이점이 된다고 생각한다.
>
> (p. 145)

마찬가지로 Lallier, Thierry, Barr, Carreiras와 Tainturier(2018)는 실제로 여러 이유로 영어만을 사용하는 난독증이 있는 성인들이 웨일즈어와 영어를 함께 사용하는 이중 언어자들보다 전반적으로 문식성 수행이 더 나쁘다는 점을 증명했다. 웨일즈어는 더 투명한 표기 체계이므로 독자가 읽기와 쓰기를 위해 음운 기제들을 사용하는 것이 더 쉬워 보인다. 나는 이러한 아이디어와 결과에 놀라웠고 기뻤다. 이유는 그러한 발견들이 내가 과거 수년 동안 읽기장애가 있는 중국 아이들을 대상으로 한 연구를 통해 우회적으로 도달한 결론과 일치하기 때문이다. 일련의 연구(예: Kalindi et al., 2015)에서 우리는 중국어 읽기장애가 있는 아동의 부분집합만이 영어 읽기에 장애가 있음을 알아냈다. 또한 어떤 아동이 영어 읽기에만 장애가 있는지 알아보았다. 당연하게도 중국어와 영어 읽기 모두에 장애가 있는 학생들 집단이 있었다. 실제로 홍콩에서 중국어에 읽기장애가 있는 아동의 32%는 영어 읽기장애가 있었다. (그리고 북경에서 중국어와 영어 모두에 읽기장애가 있는 아동은 40%였다. McBride-Chang, Liu, et al., 2012). 우리는 오직 중국어에만, 영어에만, 또는 중국어와 영어 둘 다에 읽기장애가 있는 아동을 비교했다. 난독증이 있는 아동은 학교에서 외국어를 배우면 안 된다는 이전의 주장(예: Shaywitz, 2003)을 감안하여 나는 읽기장애가 있는 아동을 세 유형으로 분리할 수 있었고, 그들은 항상 동일한 사람들이 아니라는 점에 상당히 놀랐다. Siegel의 주장(2016)에 의하면, 영어 읽기에는 여러 가지 전략이 필요하며, 다양한 전략을 읽기에 사용하도록 강제되는 것은 다른 언어를 읽는 데 유용하다(see also Lallier & Carreiras, 2018). 이는 우리의 연구 결과와 일치한다.

실제로 아동의 중국어 및 영어 읽기에 대해 부모와 교사로부터 받았던 피드백으로 인해 나는 이 연구를 시작했다. 일부 부모는 아이들의 모국어인 중국어로 가르치는 학교에서 외국어인 영어로 가르치는 학교로 전학하는 것을 고려하고 있다고 말했다. 발달심리학자들을 포함한 대부분의 전문가가 거의 만장일치로 아이들에게 모국어로 가르칠 것을 권장하는데, 왜 아이들이 제2 언어 혹은 외국어로 수업에 참석해야 하는가? 미국 출신인 나는 '중국어가 매우 어렵다'라는 주장을 할 수 없다. 부모들의 말은 중국어를 유창하게 읽고 쓰는 학습이 세계의 많은 사람이 어렵다고 생각하는 언어인 영어로 읽고 쓰는 것보다 훨씬 더 많은 노력, 극도의 노력이 필요하다는 것이다(Seymour et al., 2003). 나는 아이들(그리고 성인 학습자)에게 영어와 대조적으로 중국어 읽기와 쓰기 학습에서는 다소 다른 방법들이 필요하다는 점을 깨닫기 시작했다. 예를 들어, 음운 민감성은 중국어에 비해 영어에서 특히 중요한 것으로 나타난다(예: Tong, X., Tong, X., & McBride-Chang, 2015). 반면에 복사 기술(copying skill)은 영어에 비해 중국어에서 특히 중요한 것으로 나타난다(예: Kalindi et al., 2015). 중요하게도 문자가 읽히는 방법 간의 이러한 차이는 두 언어를 모두 읽는 아동에게서 두드러진다. 우리의 결과는 다른 문자와 언어를 읽는 데 다소 다른 방법들이 필요할 수 있다는 Siegel의 주장을 지지한다.

Singh와 동료들(2016)에 의해 시행된 다른 문자를 비교하는 연구에서 이 연구자 그룹은 비슷한 것을 증명했다. 그들은 뇌의 신경 영상 연구를 바탕으로 같은 아동을 대상으로 하여 비교적 투명한 알파벳 문자인 힌디어(Hindi)의 처리 과정이 상대적으로 불투명한 알파벳 문자인 영어의 처리 과정과 다르다는 것을 알아냈다. 특히 힌디어 읽기는 주로 문자소-음소 전환을 포함한 음운 처리를 통해 이루어진다. 반면에 영어 읽기는 음운과 철자 전략을 모두 필요로 한다. Singh와 동료들은 다양한 언어와 문자로 읽는 법을 배우는 데 있어 문자의 특징이 발달하는 뇌에 어떻게 영향을 미치는지 강조한다. 그들은 아이들이 읽어야 하는 각 문자에 따라 별도의 평가를 요구한다고 결론을 맺으면서 "특히 인도에서 이것은 사실이며 긴급히 필요하다"(p. 212)라고 언급한다. 인도에서 사용되는 모든 언어와 문자의 읽기장애를 선별하는 데 이용할 수 있는 좋은 도구들이 아직은 없는 편이다. 이후 연구자들은 서로 다른 문자를 읽는 데 최소 두 가지의 중요한 기술(여기서는 힌디어와 영어를 특정하여 참조하였지만, 아마도 다른 문자에서도 적용될 수 있음)에 대한 평가의 필요성을 강조하며 결론을 다음과 같이 말한다. "두 언어에서 음운 및 철자 기술에 대한 체계적인 평가가 진행될 때에만 우리는 이중 문자(biliterate)를 사용하는 사람의 난독증을 진정으로 이해하기 시작할 것이다"(p. 212).

나는 처음에 두 개의 알파벳 문자를 배우는 아동의 읽기 능력에 차이가 있을 것이라는 견해에 회의적이었다. 읽기 전략의 차이가 중국어-영어처럼 완전히 다른 문자에서 일어난다는 것이 나에게는 더 일리가 있었다. 그러나 최근 문식성 관련 미팅에서 내가 만난 부모와 학자들은 둘 이상의 알파벳 문자로 읽기를 학습하는, 예를 들어 독일어, 핀란드어, 또는 아이슬란드어와 함께 영어를 배우는 아동들에 대한 자신들의 경험을 말했는데, 때때로 아동은 영어보다 모국어를 더 어려워한다는 것이다. 이를 너무 과하게 해석해서는 안 된다. 확실히 추가 언어로서 영어(EAL)의 수요는 모국어의 수요에 비해 다소 줄어들었다. 모국어 연구는 읽기와 쓰기 측면에서 더 발전된 경향이 있다. 게다가 이들은 집단이 아닌 개별 사례 연구이다. 그러나 이러한 견해들은 한 언어에서의 난독증으로 인해 반드시 제2 언어에서도 유사한 장애를 보이는 것을 의미하지 않는다는 개념을 강화한다. 다시 분명히 말하자면 그러한 장애들은 분명히 존재하지만 모든 아동에게 필연적인 것은 아니다.

한 논문은 이 점을 이미 2000년에 지적했다. Miller-Guron과 Lundberg(2000)는 『Reading and Writing』학술지에 난독증이 있는 스웨덴 아동을 대상으로 이 현상에 대한 매우 흥미로운 글을 썼다. 그들은 스웨덴어에는 난독증이 있지만 영어 학습은 성공한 것으로 보이는 스웨덴 아동에 대한 단일 사례 연구를 했다. 그 논문은 매우 읽기 용이하고 유익한 정보를 준다. 이 연구 팀은 세 집단을 실험했다. 난독증이 없는 스웨덴의 젊은 성인들(약 20세), 난독증이 있지만 영어로 읽는 것을 좋아한다고 주장한 스웨덴의 젊은 성인들, 난독증이 있고 영어로 읽는 것을 싫어하는 스웨덴의 젊은 성인들이다. 연구자들은 난독증이 있는 두 집단 사이에 큰 차이가 있음을 발견했다. 스웨덴어보다 영어로 읽는 것을 더 좋아하는 사람들은 이에 대해 여러 이유가 있었는데, 전략 사용에 있어서 영어가 더 쉽다는 것을 안 사실, 영어로 계속 읽는 것에 어느 정도 의미를 부여하는 영어 학습의 문화적 측면이나 다른 동기 부여 변수가 있다는 생각(예를 들어, 모형 제작을 완료하기 위해 영어 또는 일본어로만 작성된 설명서를 읽어야 하는 필요성), 그리고 영어 읽기가 어떤 의미에서는 다른 학생들과 함께 어느 정도 '공평한 경쟁의 장'을 마련해 주었다는 사실을 들 수 있다. 이 마지막 이유를 자세히 설명하자면 모든 학생은 영어 수업에 기초 지식이 없는 상태로 와서 난독증이 있는 사람도 잘할 기회가 많거나 적어도 이 능력에서는 학우들과 비교할 때 매우 저조하게 인식되지 않음을 느끼는 것이다. Miller-Guron과 Lundberg는 다음과 같이 말하는 것으로 끝을 맺었다 (pp. 59-60).

> 모국어 결함이 외국어 읽기의 실패를 초래할 것이라는 통념은 외국어 읽기 교육에 소홀함을 초래할 수 있고, 심지어 난독증 학생들을 위한 외국어 교육 자원의 적극적이고 의도적인 감소로 이어질 수 있다. 이러한 결과는 난독증이 있는 사람에게 모국어(L1)와 제2언어(L2) 잠재력의 기초가 되는 구성 요소 과정에 대한 보편성 가정을 반박한다는 것을 시사한다.

스위스 난독증협회의 회장이자 스위스 취리히에 위치한 Hull's School의 교장인 Mr. Robin Hull은 유사한 감정을 보이며, 다음과 같이 보고한다.

> 나는 스위스 취리히에서 15~19세 청소년을 대상으로 IGCSEs(국제 일반 중등교육 자격 시험)와 A-level(영국의 고등교육 자격시험)을 포함한 4년 프로그램을 제공하는 영국식 고등교육기관(college)을 운영하고 있다. 300명의 학생 대부분은 독일어가 모국어이며, 약 10%가 난독증이 있다. 보통 난독증이 있고 영어가

모국어가 아닌 사람들에게 영어는 어렵다고 알려져 있으나, 우리는 그들이 영어를 사용하는 교사에게 영어로 모든 과목을 배운다면 상당히 잘할 수 있다는 것을 안다. 이에 대한 연구는 매우 적기 때문에 나는 그 이유에 대해 추측만 한다. 나는 영어에 대한 애정이 중요한 역할을 한다고 생각하며, 이는 영국 교육이 수십 년 동안 난독증에 대해 우호적이라는 사실과 연관된다. 영어를 사용하는 교사는 난독증이 있는 학생들을 민감하게 배려했고, 적극적으로 여러 감각을 사용하는 교육을 한다. 게다가 영국 학교들은 학습지원을 제공하고, 난독증 학생들에게 이용 편의성을 허용하는 데 적극적이다. 또한, 시험에서 언어 정확성이 총 성적의 15% 이상을 설명하지 않도록 한다. 스위스의 독일어권 난독증 청소년들은 영어로 학업을 계속할 수 있게 된 후 훨씬 더 성공적이었다고 일관되게 말하며, 많은 이가 이것이 자신의 삶을 구했다고 말한다.

Peer와 Reid(2016)가 편집한 종합서에서 많은 저자는 모국 언어와 문자에서, 그리고 학교에서 배워야 하는 외국어에서도 학습장애를 고려하는 것이 실제로 어렵다고 지적한다. 읽기와 쓰기장애를 진단하기 위해 사용되는 표준화 검사는 아주 소수의 국가에만 존재한다. 이러한 검사는 대개 모국어를 사용하는 아동을 대상으로 한다. 추가 언어를 배우는 많은 아동에게는 인도에서처럼 표준화된 검사가 거의 없다(Singh et al., 2016). 많은 아이가 모국어가 아닌 언어로 배우고 있기 때문에 미래에 유용한 외국어로 아동을 검사하는 데 관심이 없었다. 실용적으로 말하자면 아이가 외국어를 배우는 데 어려움이 있는 것인지 아니면 난독증, 난서증 또는 이 둘 모두를 가지고 있어서 어려운 것인지는 항상 불확실하다. 부모, 교사와 의사들은 외국어 학습과 문식성 학습장애가 아이들의 학교와 관련된 문제를 통해서 나타날 수 있다는 사실에 민감할 필요가 있다. 명확한 검사가 없다면 이러한 장애를 구분하는 것도 어렵다. 장애를 구분하는 것은 각 문제를 해결하는 데 최적인 다양한 방법을 제시하기 때문에 잠재적으로 유용하다.

가난과 외국어 학습

이 맥락에서 읽기장애가 가난한 아동들에게 더 두드러지는 경향이 있다는 사실을 언급할 필요가 있다(Blanchett et al., 2009; Cheung, Yang, Dulay, & McBride, 2018; Dulay, Cheung, & McBride, 2018; Nag & Snowling, 2012; National Center for Learning Disabilities, 2014; Winzer & Mazurek, 2015). 가난하게 자라는 것은 많은 어려움을 초래하며, 여러 어려움 중에서도 문식성 학습을 따라잡기가 더 힘들다. 지금까지 언급한 책, 게임, 온라인 프로그램, 개인 교사 등 아이들의 문식성 학습을 돕는 도구들은 주로 어느 정도 여유가 있는 가정에서 가능하다. 많은 아이는 자신의 부모가 이민을 왔기 때문에 추가 언어를 배우고, 그들 중 일부는 상대적으로 가난하다. 나는 Peer와 Reid(2006)에 의해 편집된 매우 중요한 책에서 언급된 문식성 증진을 위해 이용 가능한 대부분의 프로그램이나 웹사이트가 무료가 아니어서 모두에게 이용이 가능하지 않다는 것에 놀랐다. 이것들은 사용하기 위해서 비용을 지불해야 하는 화려하고 매력적인 패키지이다. Dr. Sylvia Kalindi가 우리와의 인터뷰에서 언급한 것처럼, 잠비아를 포함한 많은 국가에는 아이들이 이용할 수 있는 진단 도구가 없으며 학교심리학자도 없는 어려움이 있다. 어떤 면에서는 학습에 심각한 위협을 초래하는 난독증과 난서증의 치료는 재정적 재원이 있는 아동에게 주로 제공된다. 가난한 아동은 도움에 대한 접근이 매우 제한적이다. 나는 부록 F에 문식성에 도움을 줄 공개 이용이 가능한 웹사이트 목록을 만들려고 노력했다. 그러나 더 많은 기업이 그들의 서비스를 저소득 가정을 위해 공개한다면 매우 도움이 될 것이다. 유료를 포함한 일부 웹사이트의 추가 예시들은 Peer와 Reid(2016)의 책 부록을 참고하기 바란다.

앞선 장의 난독증, 난서증, ADHD가 있는 채로 가난하게 자란 미국 여성이며, 프랑스어를 배울 강한 동기로 결국 성공적인 번역가가 된 Ms. Amy의 사례는 이와 관련해 감동을 준다. 전 세계적으로 그와 같은 가능성은 외국어를 배우면서 난독증이 있고 최적의 언어 학습 결과를 위한 조건이 불리한 사람에게 분명히 낮다. 동시에 그러한 언어 학습은 아이가 공부하고 배우고자 하는 충분한 이유를 가지고 있다면 가능하다. 그러한 학습에는 동기부여가 중요하다. 또한 아이, 교사, 부모 모두 아이가 학습할 수 있도록 지원하는 데 전념한다면 배려하고 지지해 주는 교사와 부모가 있는 아이들은 잘 수행하는 경향이 있다. 예를 들어, 잠비아에서 Dr. Kalindi는 다음과 같이 관찰했다.

> 학습지원 교사는 인내심을 가지고 아이들이 해낸 더딘 발전을 축하해 줄 수 있지만, 나는 다른 과목의 교사들은 더딘 발전을 이해하지 않고 그러한 아이들에게서 아무런 기대를 하지 않는다는 점을 깨달았다. 부모도 항상 보장되지 않는 빠른 발전(짧은 단어를 유창하게 읽는 것)을 원하는 것처럼 보였다……. 슬프게도 일부 부모는 자녀에게 큰 기대를 하지 않아야 함을 알았다. 그러나 느리지만 모든 매우 작은 발전에 칭찬을 받은 아동은 스트레스를 덜 받고 본인의 학습에 더 몰입하는 것으로 보였다.

결론

따라서 궁극적으로 다중 언어의 사용은 단순히 아이의 일부분이며, 추가 언어를 어떻게 배우는지는 모든 학습이 그렇듯이 주로 아이의 동기와 지원에 의해 그리고 열심히 노력함에 따라 진행된다. 나는 세계 곳곳의 상황에서 언어 교육이 더 간단할 수 있다는 사실에 종종 놀란다. 많은 교사 사이에는 아이들이 재미있는 시간을 보낸다면 그들은 배우고 있지 않다는 암묵적인 느낌이 있다. 그러나 게임과 재미있는 대화는 언어 학습을 촉진하는 가장 중요한 활동 중 하나일 것이다. 이러한 목적이 있는 재미있는 소통 활동은 높은 동기를 부여하고 추가 언어 학습의 구체적인 이유를 제시한다. 난독증이 있는 아동의 경우, 수업을 녹음하거나 문서화 기기를 사용하여 서면 과제를 돕는 등 대안적인 방법을 고려해야 한다. 모국어 읽기 및 쓰기와 마찬가지로, 추가 언어의 읽기 및 쓰기는 필기에 세심한 주의를 요구하지만, 그러한 필기 기술은 의사소통을 위한 도구일 뿐이다. 아이들이 필기 기술에 특정한 장애를 보이는 경우에는 다른 지원을 통해 문제를 관리할 수 있어야 한다. 추가 언어에서의 원활한 의사소통을 촉진하는 것, 읽기와 쓰기 능력 그 자체를 검사하기보다, 다중 언어 교육의 궁극적인 목표여야 한다.

제7장

전 세계에서 난독증을
치료하는 최선의 방법

- 게임을 통한 극복 전략
- 본문(텍스트)의 제시
- 보조 기술
- 추가 시간 제공하기
- 성인의 지원과 격려
- 난독증 아동에게 효과적이지 않은 것
- 처음으로 돌아가서: 난독증이 있는 아동을 돕는
  읽기-관련 기술들

개별적인 학습장애의 치료에 관한 요점은 한 사람에게 효과적인 것이 다른 사람에게
는 효과적이지 않을 수 있다는 것이다. 연구자들은 한 그룹에서 어떤 치료가 다른 치
료보다 더 효과적일 것인가를 밝히고자 연구를 수행한다. 난독증이 있는 학생들 또는
ADHD가 있는 학생들에게는 많은 공통점이 있다. 그러나 동시에 모든 아이는 강점과
약점, 그리고 관심사에서 어느 정도 차이가 있다는 것은 분명하다. 어떤 두 개의 뇌도
완전히 똑같지 않다.

지금까지 난독증 및 동반하는 학습장애와 관련된 몇 가지 기본 문제를 개관하였고, 이제 실질적으로 도울 수 있는 방법에 대해 언급하고자 한다. 우리는 이러한 장애가 무엇인지, 그 원인이 무엇인지 알아보았다. 부모, 교사, 의사, 그리고 해당 장애가 있는 당사자들이 더 잘 배울 수 있도록 돕기 위해 우리는 실제로 무엇을 해야 할까?

개별적인 학습장애의 치료에 관한 요점은 한 사람에게 효과적인 것이 다른 사람에게는 효과적이지 않을 수 있다는 것이다. 연구자들은 한 그룹에서 어떤 치료가 다른 치료보다 더 효과적일 것인가를 밝히고자 연구를 수행한다. 난독증이 있는 학생들 또는 ADHD가 있는 학생들에게는 많은 공통점이 있다. 그러나 동시에 모든 아이는 강점과 약점, 그리고 관심사에서 어느 정도 차이가 있다는 것은 분명하다. 어떤 두 개의 뇌도 완전히 똑같지 않다.

이것은 이 책에서 또한 연구와 실제 사이의 간격을 줄이려는 모든 사람에게 근본적인 쟁점이다. 나는 성인기 이후 생활의 대부분을 연구하는 데 보냈으며, 데이터에 막대한 노력을 들였다. 데이터 분석은 연구자와 실무자 모두에게 전반적인 경향을 보여 주며, 일반적으로 어떤 능력이 난독증과 가장 관련되어 있는지를 판단하는 데 도움이 된다. 이는 읽기장애의 위험이 있는 아동을 식별하고, 또한 아이들이 읽기 능력을 향상시키기 위한 효과적인 치료 프로그램을 설계하는 목적으로 사용된다. 연구에서 도출된 결과의 유형은 신뢰할 수 있고, 학습장애가 있는 아동을 돕는 방법을 진전시키는 데 매우 중요하다. 그러나 동시에 난독증이나 난서증이 있는 학생에게 효과적인 방법이 다른 학생에게도 반드시 도움을 주는 것은 아니다. 이 점은 특정 개인을 돕고자 하는 목적에 매우 중요하다. 많은 교사와 부모가 자신의 자녀에게 특정 방법이 도움이 되지 않았다고 말하는 경우가 많았는데, 나는 그 이유를 설명하는 데 종종 애를 먹었다. 그 이유는 아마도 복잡하며, 해당 아동의 특정 지각, 운동, 인지 및 기타 능력뿐만 아니라 그가 좋아하거나 싫어하는 것과 관련되기 때문일 것이다.

이것은 종종 연구에서의 전반적인 추세와 개별적인 가변성 간의 충돌을 의미한다. 즉, 한 아이에게 도움이 되는 것이 다른 아이에게 도움이 되지 않을 수 있다는 것이다. 무엇보다도 이는 부모, 교사, 임상가, 특히 학습장애를 겪는 사람들 스스로가 매우 끈기 있어야 하며, 난독증이 있는 개개인에게 가장 적합한 방법을 찾을 때까지 다양한 방법을 시도해야 한다는 것을 의미한다. 적합한 것을 찾을 때까지 제안된 기법들을 계속해서 시도해야 한다. 이 책에서는 난독증, 난서증과 ADHD에 대한 현재 연구들을 강조하려고 노력했다. 또한 면담 과정에서 개개의 인터뷰 대상자들이 추천한 다양한 기법을 인용하거나 요약하려고 노력했다. 이것들은 이 책 곳곳에 나타나 있으며, 부록 E에 간단히 요약되어 있다. 또한 부록 B에서 제시한 여러 국가의 난독인을 돕기 위한 웹사이트에서 더 많은 아이디어를 얻을 수 있을 것이다. 이러한 부록뿐 아니라 다양한 자기계발서와 도구에서도 아이에게 적합한 기발한 극복 전략들(work-through strategies)과 우회 전략들(work-around strategies)을 찾을 수 있다. 마치 탐정처럼 자신 또는 그들에게 최상의 선택이 무엇인지를 찾아내는 것이 여러분의 과제이다. 극복 전략은 학습자의 약점을 강화하는 데 중점을 둔 것을 의미한다. 난독증과 관련하여 이는 주로 문식성 능력과 관련된 약점을 보완하는 것을 의미한다. 예를 들어, 그러한 전략들은 읽기 영역에서(일견 단어 읽기 같은) 음운 민감성을 향상시키거나 혹은 읽기 속도나 유창성을 높이기 위해 의도된 훈련들을 포함한다. 우회 전략은 특정 목표를 달성하기 위해 나타난 어려움을 피하거나 돌아가도록 사용하는 기법을 의미한다. 예를 들어, 난독증이 있는 사람은 과학 시험을 위해 글을 읽는 대신 글을 음성 형태로 변환하는 소프트웨어를 사용하여 글을 듣는 방식으로 자료를 학습할 수 있다.

　다음에는 난독증이 있는 아동을 더 효과적으로 가르치는 일반적이고 구체적인 방법에 대해 상세히 설명하겠다. 다양한 언어와 문자로 읽을 수 있도록 학습의 요구에 맞게 조정할 수 있는 많은 전략이 있다. 게임이나 다른 전략들은 독서에서 어렵고 지루한 것처럼 보이는 연결을 강화하는 데 보상이 되고 도움을 준다. 다른 방식으로도 난독증이 있는 개인에게 혜택을 줄 수 있는 연습이나 전략들이 있을 수 있다. 다음으로 이러한 몇 가지를 탐색해 보겠다. 먼저 직접 해결을 통한 극복 전략을 강조하겠다. 그다음으로는 문제를 우회하는 전략을 고려하겠다. 나는 일부 판매자들이 난독증으로 도움을 찾는 사람들에게 팔기 위해 구사하는 몇 가지 전략도 중요하다고 생각한다. 이것들 중 다수는 직접적으로 유해하지는 않지만, 단순히 돈 낭비로 간주될 수 있다. 다른 것들은 실제로 해를 끼칠 수 있으며, 이를 구별하는 것은 중요하다.

게임을 통한 극복 전략

난독증이 있는 아이를 돕는 데 부모와 교사들의 가장 중요한 의견 중 하나는 게임의 중요성이다. 난독증이 있는 아이를 위해 강화해야 할 전략들은 비교적 적으며, 많은 시간의 연습이 필요하다. 어떻게 아이(그리고 자신)가 더 큰 방해나 좌절에 빠지지 않고 이겨 내는 것이 가능할까? 이스라엘 출신 Mr. Joe는 "과제의 게임화는 아이들에게 동기를 부여하는 데 큰 도움이 된다고 생각한다"라고 말했다. 한때 교사였고 지금은 교감인 Dr. Garrito도 이에 동의한다.

교사였을 때 나는 특수교육 수업을 담당했다. 학습장애가 있는 아이들이 종이와 연필로 하는 활동에 흥미를 잃고 참여하기 싫어하는 것을 알게 되었다……. 그 수업에서 대다수의 학생이 난독증을 가지고 있었다. 전형적인 교육 모델을 통해 철자 패턴을 가르치는 것은 학생들의 관심을 끌지 못했다. 교사인 나는 게임을 통해 학생들을 학습에 참여시키는 것이 필요하다는 것을 깨달았다. 게임이 특정 철자 패턴을 가르치는 수단이 되어 학생의 해독 능력을 향상시키는 데 도움이 되는 재미있는 환경을 조성했다.

컴퓨터 프로그램은 연습을 위한 훌륭한 자원이다. 몰타공화국의 학습지원 조교인 Ms. C. Azzopardi가 말하듯이, "대화식 교육용 컴퓨터 게임은 아이들이 독립적으로 즐겁게 학습하도록 동기를 부여한다." 이러한 게임 중 일부는 여러 언어로 제공되거나 혹은 해당 언어로 작용되도록 작업 중에 있다. 예를 들어, 핀란드 심리학자 팀이 개발한 Graphogame은 컴퓨터나 휴대폰으로 이용할 수 있는 컴퓨터 게임이며, 이 게임을 하는 아이들은 읽기를 배우는 데 성공했다. 이는 어린 학생들에게 이상적이다. Graphogame이 작동하는 기본 원리는 유튜브 영상과 인터넷상의 다양한 글에 제시되어 있다. 이 게임이 특히 인상적인 이유는 그 성공에 관해 많은 연구가 출판되었기 때문이다(Ojanen et al., 2015; Saine, Lerkkanen, Ahonen, Tolvanen, & Lyytinen, 2011; Kyle, Kujala, Richardson, Lyytinen & Goswami, 2013). Graphogame은 때때로 GraphoLearn으로 불리는데, 주로 낱자와 더 큰 낱자 단위와 연결된 개별 음소를 가르치는 것에 기초를 둔다[예를 들어, igh는 hi 및 why 또는 high 및 thigh와 같은 단어의 각운(라임) 부분에서 I로 발음되는 한 개의 단위이다]. 게임 웹사이트에 접근하기가 항상 쉽지는 않지만, 인터넷에서 검색하면 다양한 언어와 문자로의 무료 접근을 도와줄 수 있는 연락처를 찾을 수 있다. 영어, 프랑스어, 포르투갈어, 그리스어, 노르웨이어, 스웨덴어, 중국어 병음, 네덜란드어, 핀란드어, 스와힐리어(Kiswahili), 냔자어(Nyanja) 및 아프리칸스어(Afrikaans) 버전으로 이용 가능하다. 이것들의 일부는 자체 웹사이트를 가지고 있으나, 처음 시작하기에 좋은 곳은 www.grapholearn.com인 GraphoLearn 웹사이트로 접속하는 것이다.

또 다른 매우 중요한 프로젝트는 에크스텝 재단(EkStep Foundation)이다. 이 그룹에는 다양한 수준에서 읽기를 증진하기 위한 온라인 자원의 오픈 소스 선택 항목이 있는데, 그것은 음운 인식, 유창성, 어휘 지식, 독해력, 그리고 쓰기 표현을 포함한다. 사람들이 함께 작업하며 자료들을 더해 가는 그곳에는 영어로 이용이 가능한 많은 게임이 있다. 또한 아삼어, 벵골어, 구자라트어, 힌디어, 호어, 주앙어, 칸나다어, 마이틸리어, 마라티어, 문다어, 오리야어, 산스크리트어, 산탈리어, 타밀어, 텔루구어 및 우르두어 수업이 있다. 이것들은 인도의 주된 언어들과 문자들이다. 이것들의 개요는 https://community.ekstep.in/resources/domain-model에서 볼 수 있다.

물론 도움을 주는 다른 컴퓨터 게임도 많다. 그러한 게임들은 종종 일견 단어 읽기(sight word reading, 분석 없이 한 번에 단어 읽기: 역자 주), 형태소 인식, 알파벳 낱자 이름과 소리 등등 다양한 능력을 목표로 한다. 컴퓨터 게임과 문식성 혹은 컴퓨터 게임과 난독증과 관련된 키워드로 인터넷을 살펴보면 조회수가 높다. 읽기에 중요한 기술이 무엇인지 알고 있다면 아이가 해당 기술을 향상시키는 데 도움이 되는 적절한 게임을 찾을 수 있어야 한다. 대부분 문자에서 음운 인식에 관한 기술은 읽기에 필수적이며, 말소리를 글과 대응(매핑)하는 것이 단어 재인(word recognition, 즉 단어 읽기)의 핵심이다(Verhoeven et al., 2018). 따라서 문자소(즉, 낱자나 글자-글의 작은 단위)와 그에 대응하는 소리 사이의 연결을 강화하는 게임들은 난독증이 있는 많은 아이에게 중요한 관심이 된다. 철자의 대조(예를 들어, know와 no를 구분하는 것, 단어의 철자가 알맞게 쓰였는지를 말할 수 있는 것)를 강조하는 게임도 도움이 된다. 게다가 아이들이 게임을 할 때 더 빨리 하도록 독려하는 게임도 바람직한데, 읽기에서 속도, 즉 유창성의 중요성 때문이다(Wolf et al., 2009). 난독증이 있는 아동의 문식성 능력을 높이는 다른 게임들은 형태소 능력 및 어휘 지식을 돕는다. 예를 들어, '일렉트릭 컴퍼니'는 아이들이 복합어와 복합어가 아닌 단어를 구별하고, 복합어를 형태소로 나누도록 하는 Scrapyard Slice라는 무료 온라인 게임을 가지고 있다. 그것은 http://pbskids. org/electriccompany/games/scapyardslice에서 찾을 수 있다. 어휘 지식의 경우, 나는 UN이 후원하는 freeice.com 온라인 게임에 감사하지만(정답 1개당 쌀 10알을 세계 식량 프로그램에 기부하는 부수적 혜택이 있다), 난독증이 있는 어린 아동에게는 수준이 너무 높은 듯하다. 그러나 이러한 방식으로 검사하는 기술은 상당히 강화 효과가 있을 수 있다.

　나는 문식성과 관련된 기술을 강화하는 컴퓨터 게임의 사용을 최소 세 가지 이유로 지지한다. 첫째, 게임을 통한 기술의 연습은 우리에게 때때로 플래시 카드나 다른 연습보다 더 많은 동기를 부여한다. 기술의 사용이 빨라지는 것처럼 간단한 것도 성인과 아동에게 동기를 부여한다. 부모들이 가장 좋은 컴퓨터 게임이 무엇인지 나에게 물을 때, 나는 아이들이 재미있어 하는 것을 찾도록 조언한다. 아동이 자발적으로 즐길 만큼 흥미를 느끼면서도 문식성 능력을 강조하는 게임이다. 둘째, 종종 컴퓨터 게임은 목표한 능력에 초점을 맞춘다. 음소 인식이나 형태소 인식 같은 능력을 훈련하는 것은 문식성 학습에 필요한 기술을 더 인식할 수 있도록 돕는다. 셋째, 컴퓨터 게임은 쉽게 접근 가능하며 인내심을 잃지 않는다. 숙련된 교사, 부모 및 도움을 주는 다른 자원봉사자들은 아이의 읽기 학습을 도와주는 과정에서 항상 칭찬하는 반응을 보여야 하는 반면, 컴퓨터 게임은 더 장기간에 걸쳐 일관된 강화를 제공한다. 다시 말하자면 시중에는 문식성을 증진하기 위한 흥미로운 컴퓨터 게임이 많다. 이 책은 홍보를 위한 공간이 아니라 단지 재미있는 교육용 온라인 게임을 살펴보려는 것이다. 그러나 동시에 전 세계 대부분의 사람이 컴퓨터나 휴대전화에 접근하여 무료 게임을 사용할 수 있기 때문에 나는 적은 수의 무료 온라인 게임과 앱(app)들을 강조하는 것이 가치 있다고 생각한다.

인터넷상의 무료 온라인 게임을 찾는 것에 압도될 수 있다. 대부분의 게임은 당신의 흥미를 유발하고 게임의 최신 버전을 무료로 제공한다. 대부분의 사람과 학교에는 재정이 한정되므로 아이의 흥미를 끌 수 있는 무료 게임을 찾아보라. 아이에게 매우 매력적으로 보이고 제2장에서 검토된 모든 능력을 고려한 게임을 찾는다면 시도해 보는 것이 좋다. 그러나 피해야 하는 것은 비싸고 난독증에 대한 마법 같은 치료를 약속하는 게임이다. 난독증은 평생의 증상이며 단번에 해결하는 방법은 없을 것이다. Paula Tallal(Tallal et al., 1996)에 의해 고안되고 FastForWord에 제공된 프로그램은 비교적 비싸다. FastForWord의 효능감에 대한 여러 연구를 개관한 한 연구(Strong, Torgerson, Torgerson, & Hulme, 2011)에 의하면, 그것이 난독증에 특별히 효과적이었다는 결과를 발견하지 못했다. 게임을 찾는 데 도움이 필요한 사람들에게 주는 나의 조언은 읽기와 관련된 기술(능력)들을 이해하고(제2장 참고), 이러한 기술들 중 하나 이상을 연습시키는 게임을 찾으며, 해당 게임이 아이에게 흥미롭도록 하는 것이다. 그렇게 함으로써 특정한 문식성 기술이 추가적으로 필요한 아이에게 동기를 부여할 수 있다. 또는 직접 게임을 만들 수도 있다. 이는 www.memrise.com 같은 앱을 통해 가능하다. 이 앱을 사용하면 학습하거나 가르치려는 개념을 기반으로 직접 게임을 만들 수 있다.

난독증의 한 가지 특징은 정상 발달 아동이 단기간에 배울 수 있는 문식성 기술들이 난독증이 있는 아동에게는 훨씬 더 오랜 시간이 걸릴 것이라는 점이다. Nicolson과 Fawcett(2010)은 난독증이 있는 아동은 난독증이 없는 아동이 하는 방식으로 자신의 기술을 자동화할 수 없다는 점을 주장하는데, 때로는 정상 발달 아동과 같은 수준으로 기술을 숙달하기 위해서 10번 이상의 시도를 더 해야 한다. 이는 난독증이 있는 아동을 교정하도록 돕는 주된 전략은 계속해서 연습, 연습, 연습하는 것임을 나타낸다. 추가로 읽기 기술을 연습하는 데 도움이 될 수 있는 다양한 언어의 앱과 컴퓨터 게임에 대한 참고자료로 부록 F를 참조하기 바란다. 이 목록은 전체적인 것은 아니지만, 여러 언어에 걸쳐 비교적 포괄적인 검색을 나타낸다. 해당 언어로 되는 앱을 확인하는 것을 잊지 말기 바란다. 이것들은 지속적으로 업데이트 된다.

본문(텍스트)의 제시

나는 제2장에서 난독증이 있는 사람을 지지하는 일부 사람들이 시각적 스트레스 문제를 강조한다는 것을 간략히 언급했다. 시각적 스트레스는 글을 읽을 때의 피로감이나 불편함을 말하며, 종종 단어가 변하고, 빙글빙글 돌고, 또는 점점 커지거나 작아지는 느낌과 함께 나타난다. 연구들은 난독증이 있는 아동이 없는 아동보다 이 장애를 더 많이 가지고 있다는 주장을 지지하지는 않지만, 본문(텍스트)의 제시를 조절하는 것이 특정 개인에게 도움을 줄 수 있다는 것 또한 사실이다. 읽기 과정을 조금 더 편안하게 만들기 위한 방법으로 중요한 것은 난독증의 원인을 난독증 치료 전략과 구분하는 것이다. 따라서 연구자들은 시각 처리나 시각적 문제가 난독증의 주요 원인이라고 생각하지 않지만, 텍스트의 조절은 난독증이 있는 사람이 더 수월하게 읽는 데 분명히 도움을 줄 수 있다.

본문에 집중을 유지하는 데 장애가 있는 사람은 몇 가지 간단한 간격 조절 기법을 사용할 수 있다. 영국난독증협회는 도움이 되는 다양한 제안을 온라인으로 제공하는데, 이것들 중 다수는 여러 언어와 문자에 적용이 가능하다. 여러분은 난독증 독자와 함께 작업할 때, 이 중 몇 가지를 시도해 보고 도움이 되는지 확인해 볼 수 있다. 여기에는 종이의 눈부심을 줄여 본문이 인쇄된 종이의 색깔이 바뀌지 않도록 하는 것, 읽기 쉬운 폰트를 선택하는 것, 또는 본문이 양 끝에 정렬되지 않도록 확인하는 것[오른쪽 정렬은 단어 간격을 너무 많이 바꾸는 경향이 있기 때문이다(British Dyslexia Association, 연도 미상)] 등을 포함한다. 한 회사는 난독증이 있는 사람들을 위한 여러 웹사이트에 기반하여 여러 유용한 제안을 디자인하는 데 공을 들였다(Anthony, 2011). 또한 그들은 문장이 마침표로 끝나고 다음 문장 전에 공백이 하나만 있을 것을 권장했다. 이는 타자기를 기억할 만큼 나이가 든 사람들이 문장 끝의 마침표 뒤에 두 번의 공백을 입력하도록 배웠기 때문에 중요한데, 이것은 한 줄의 간격에 문제를 일으킬 수 있다. 게다가 난독증이 있는 사람에게 긴 단락을 읽는 것은 부담이 될 수 있기 때문에 짧은 단락을 읽는 것이 도움이 된다. 이러한 대안 이외에도 때때로 아이들은 페이지에서 자신이 읽고 있는 위치를 잃지 않도록 구조를 갖추어야 한다. 많은 아동 독자는 본문을 단어에서 단어로 손가락으로 가리키며 읽는다. 이는 독자가 본문을 읽는 속도를 느리게 하지만, 독서의 초기 단계에서 본문을 추적하는 데 도움을 주는 한 방법일 수 있다. 일부 학생들은 자 혹은 일직선인 다른 것을 사용하기를 선호하는데, 이것은 독자가 글을 정상적으로 추적하면서 읽는 데 도움이 된다. 대부분 불투명하지만 한두 단어를 한번에 볼 수 있도록 작은 투명한 창이 있는 간단한 장치는 난독증이 있는 아이들에게 유용할 것이다. 나는 이것을 난독증이 있는 홍콩 출신인 Ms. Monica로부터 알게 되었는데, 그녀는 읽기장애가 있는 어린 아이들에게 이 기술을 완벽하게 적용하였다.

보조 기술

내가 만난 거의 모든 면담자(즉, 부록 A에서 명시된 사람들)는 난독증을 위해 보조 기술의 필요성을 강조했다. 고급 훈련 개발자이자 난독증이 있는 두 아들의 아버지인 Mr. Lars Sanders는 "교사는 학습(지식 습득)을 읽기와 분리하는 것, 그리고 제시 방식을 쓰기와 분리하는 것이 중요하다. 모든 책과 논문은 본문 읽기 전환 프로그램을 통해 접근할 수 있어야 하며, 제시 방식은 서면에 국한되지 않아야 한다"고 말한다. 비슷하게 스웨덴 임상심리학자 Emma Lindeblad는 자신의 연구에서 읽기장애가 있는 아이들은 "글을 소리 내어 읽는(Text-To-Speech: TTS) 아이패드의 도움을 받았다"고 언급한다.

학습장애 분야의 연구원이며 난서증이 있는 Mr. Cheung은 "기기는 학습장애가 있는 아이들이 적응을 더 잘 하도록 돕는다. 현재 성인들을 위한 많은 오디오북이 있다……. 하지만 학습장애가 있는 아이들을 위한 아동용 도구에 대해 비슷한 변환은 이루어지지 않는다"고 언급한다. 그는 학습장애가 있는 모든 학생이 현재 상황을 개선할 수 있는 방법을 다음과 같이 제시한다.

교사나 교과서 출판사는 교육 도구를 오디오 버전으로 제공할 수 있다. 컴퓨터를 사용하도록 설계된 과제는 읽어 주는(read-aloud) 질문과 아이들의 음성 응답을 기록할 수 있다. 우리는 학습장애 아동이 학습하는 데 있는 장애물을 최소화하기 위해서 우리의 현대 테크놀로지를 사용하지 않는다……. 우리는 교과 과정과 일치하고, 체계적이고 편리하며, 고품질의 멀티미디어 학습 도구가 필요하다. 대부분 (기존) 멀티미디어 학습 도구는 혼란스럽다. 제작자는 그 주제의 전부가 아닌 일부만으로 도구를 만들었고, 작성된 도구에 있는 내용은 생략되었거나 어떤 것이 더 추가되었을 수도 있다. 현재로서는 멀티미디어 도구를 대체 학습 도구로 사용하는 것은 불가능하다. 게다가 학생들은 일반적으로 이러한 도구에 접근할 수조차 없다. 이러한 도구는 일반적으로 교사에 의해 보류되며, 학생들은 해당 자료를 복습하는 데 사용할 방법이 없다. 우리는 서면 재료의 대안으로 사용될 수 있는 학습 도구를 만들어야 한다.

아르헨티나 출신의 교육심리학자 Ms. Maria Rufina Pearson은 이에 동의하며 다음과 같이 말한다.

요즘 테크놀로지는 최고의 파트너이다. 학습장애가 있는 아동들(그리고 장애가 없는 아동들도)은 비디오, 기술 프레젠테이션을 통해 더 잘 배우며, 토론이나 신체로 학습하는 상황을 통해 더 잘 배운다. 교사는 능동적인 학습을 촉진하고, 학생들의 사전 지식을 파악하고, 시각적 단서를 제공하고, 새로운 주제를 이미 잘 이해된 다른 개념과 연관시키도록 요구해야 한다.

그리고 몰타어 학습지원 조교인 Ms. C. Azzopardi는 추가로 언급한다. "오늘날의 테크놀로지 세계에서 대화형 화이트보드, 태블릿, 모바일 장치 및 워드 프로세서는 학습자가 지식에 접근할 수 있도록 돕고 학습자가 자신의 지식을 표현할 수 있도록 한다. 예를 들어, 비디오 클립 제시는 학습자가 시각적으로 지식에 접근하도록 도울 수 있으며 워드 프로세서의 사용은 학습자가 철자 오류 없이 작문을 제출하도록 도움을 준다."

추가 시간 제공하기

난독증이 있는 젊은 여성 WA는 좋은 성과를 내는 데 시간의 중요성을 강조한다. 학습장애가 있는 사람을 지원하기 위해 무엇을 할 수 있는지에 대한 질문을 받았을 때 그녀는 다음과 같이 말한다.

시간에 관한 것이 많다. 당신의 여기 있는 것(그녀의 머리를 가리키며)은 시간과 관련이 없다. 시험은 시간을 제한하지 않아야 한다. 시간이 문제가 되어서는 안 된다. 모든 사람에게 시험 시간을 충분히 주는 것이 좋겠다. 가장 어려운 일은 종이에 모든 것을 적어야 한다는 것이다. 난독증이 있으면 시간이 좀 더 주어지지만, 그래도 너무 어렵다. 왜 시간이 당신의 머리에 있는 것을 제한해야 하는가? 시간은 당신의 지식이 아니다.

난독증과 관련이 있는 대부분의 부모와 아이는 장애가 없는 사람들에 비해 과제를 완료할 수 있는 추가 시간을 주는 것이 중요하다고 생각한다. 그러나 난독증이 있는 아동에게 추가 시간을 제공하는 것은 다소 '불공평'하다는 우려가 몇몇 교사 사이에 있다. 난독증으로 학생의 생활에 지속적인 어려움이 있다는 것, 즉 처음부터 불공평하다는 것에 대한 일반적인 동의에도 불구하고 일부 교육자들은 모든 학생에게 공평해야 한다는 강한 욕구가 있다. 이 쟁점에 대한 연구 결과는 항상 일관적인 것은 아니며, 서로 다른 분야에 중점을 둔 여러 학술지 논문의 결과를 분석한 두 개의 메타 분석은 비교적 중립적인 결과를 냈다(Gregg & Nelson, 2012; Sireci, Scarpati, & Li, 2005). 일부 연구에 의하면, 광범위하게 정의된 학습장애가 있는(예: Runyan, 1991), 또는 특정 읽기장애가 있는(예: Lesaux, Lipka, & Siegel, 2006) 아동들은 그러한 어려움이 없는 사람들보다 추가 시간을 더 많이 이용하는 경향이 있었다. 이는 두 메타 분석 중 하나에 의해 지지되었다(Sireci et al., 2005). 그러나 이 주제에 대한 거의 모든 연구는 중고등학생 또는 대학생을 대상으로 진행되었으며, 그들 중 다수는 광범위하게 정의된 학습장애가 있는 사람들이었다.

대부분의 전문가는 난독증이 있는 사람들에게 과제를 완료할 추가 시간을 주는 것이 중요하고 공정하다고 동의한다. 국제난독증협회(International Dyslexia Association, 2017)에서는 난독증 학생의 교사들이 허용해야 하는 중요한 편의 제공 사항으로 추가 시간을 권장한다. 일반적인 숙제에 관해 매우 좋은 제안은 아이가 숙제에 얼마나 많은 시간을 할애해야 하는지를 염두에 두고 난독증이 있는 어린이를 포함하여 모든 아이와 이에 대해 동의하는 것이다. 난독증이 있는 아이가 난독증이 없는 아이보다 더 적게 과제를 하는 것이라면 괜찮다. 이러한 일반적인 이해를 통해 학습장애가 없는 아이보다 더 많은 좌절감을 느끼며 더 오랜 시간 과제를 하도록 요구될 가능성이 적어서 학습장애가 있는 아이의 자존감과 학습 동기가 유지되길 바라기 때문이다. 이는 난독증이 있는 아동이 읽기와 쓰기를 향상시키기 위해 이런 시절의 전부(과장일 수도 있지만, 어떤 경우에는 크게 과장되지 않다)를 숙제에 보내는 드문 상황을 피하는 데 도움이 된다. 인생이 지루하고 좌절스러운 숙제에만 초점을 맞출 때 미래에 대해 낙관적이고 희망적으로 보는 것이 어렵고 또한 자기의 전체적인 모습을 알아 가는 것은 어렵다. 따라서 부모, 교사, 그리고 학생들이 하루에 적당한 숙제의 양과 시간을 논의하고, 그 시간을 일반적인 규칙으로 준수하는 것이 중요하게 보인다.

성인의 지원과 격려

여러 전문가는 종종 난독증이 있는 아이를 돕기 위한 부모와 교사의 전략을 강조한다. 이 중 하나는 앞에서 논의한 대로 인지적 지원과 연습이다. 다른 하나는 아이들이 학교에서 의미와 희망을 찾도록 하는 심리사회적 측면이다. 우리는 여기서 이 부분을 강화하고 독려한다.

일반적인 격려에 관해 부모가 할 수 있는 것은 많다. 하나는 자녀가 어떤 한 분야에서 성공할 수 있다는 자신감을 주는 것이다. 마카오 출신인 한 임상심리학자인 Dr. MC는 이것이 때때로 학업을 뛰어넘는 아이의 잠재력에 대한 강한 믿음을 수반한다는 점에 주목한다.

예를 들어, 나는 딸의 빈약한 철자 쓰기에도 불구하고 쓰기에서 딸의 창의성에 진심으로 감탄하는 어머니를 안다. 나는 또한 언젠가 작가가 되고 싶어 하는 난독증이 있는 다른 소녀를 안다. 이들의 부모는 아이의 약점에 집중하지 않는다. 대신에 그들은 약점을 극복하기 위한 아이의 강점에 대한 믿음을 가지고 있다.

또한 Dr. MC는 아이의 미래에 희망을 줄 수 있는 롤모델이 부모와 자녀 모두에게 있다는 사실을 강조한다. 난독증이 있는 몇몇 유명한 사람은 싱가포르 초대 총리 Lee Kuan Yew, 배우 Tom Cruise, 기업가 Richard Branson, 배우 및 가수 Cher가 있다. 인도 출신의 난독증이 있는 두 아들의 어머니인 K씨도 도전에 직면해서 믿음과 희망이 필요하다고 강조한다. 그녀의 아들들은 성공한 기업가로 성장했으며, 그녀는 "나의 아들은 항상 '어머니, 모든 사람이 내가 할 수 없다고 생각해. 하지만 나는 내가 할 수 있다는 것을 알아'라고 말했다. 나는 종종 자녀가 믿고 의지할 수 있는 유일한 사람은 바로 부모라고 이야기해야 할 때가 있다."

여러 명의 치료사도 아이들과 함께 팀으로 일하는 중요성을 강조했다. 아이들이 자신의 편에서 추가적으로 옹호해 주는 사람이 있다고 느낄 때, 자신감을 얻고 희망을 오래 유지할 수 있다. 일본부터 오스트리아, 덴마크, 홍콩에 이르기까지 다양한 부류의 치료사는 학생들이 자신을 위해 목소리를 내고 부모와 함께 작업할 수 있도록 돕는 아이디어를 강조했다. 읽기장애 해결을 위해 총체적으로 접근하기 위한 것이다. 내가 좋아하는 사례 중 하나는 오스트리아의 교육심리학자 Erika Barker-Benfield의 경우이다. 나는 동료의 추천으로 그녀를 만났다. 우리는 오스트리아의 고전적 카페에서 만났다. 그녀는 멋진 대형 달마시안 개와 함께 도착했는데, 그 개는 미팅 동안 우리와 함께 있었으며 매우 조용하고 아름답고 순해서 카페 주변에서 감탄의 대상이었다. Ms. Barker-Benfield는 자신의 개 Amy가 매일 자신과 함께 일하고 자신의 고객들, 즉 학습장애가 있는 아이들이 달마시안을 총체적 교육 과정의 일환으로 인식한다고 설명했다. 이 치료사가 사용하는 기법 중 하나는 먼저 아이들에게 상자에서 돌 하나를 선택하라고 요청한 다음, 그 돌을 달마시안의 배 아래에 놓아 '달마시안 에너지'를 이용하는 것이다. 아이들은 필요할 때 그 돌을 가지고 있을 수 있지만, 마지막에는 다음 아이를 위해 돌을 돌려주도록 요청받는다. 그녀는 아이들에게 "달마시안 Amy는 모든 것을 알고 있어"라고 말한다. 검사 전에 그녀는 아이들에게서 돌을 돌려받는데, 그녀는 달마시안 에너지뿐만 아니라 많은 학습장애 아이들과 함께 작업하며 얻은 지혜를 불어넣기도 한다. 또한 그녀는 아이들에게 "에너지가 사라지면 어머니에게 이 돌을 쥐서 어머니도 똑같이 할 수 있어"라고 말한다. 이를 통해 아이들이 침착함을 유지하고, 주의력을 높이며, 낙관적이 되도록 돕는다. 낙관, 희망, 그리고 학습 의지를 유지하는 것은 난독증 아이를 지지하는 성인의 가장 중요한 기능일 것이다. 이를 육성하기 위해 사용될 수 있는 모든 기법이나 의식이 고려되어야 한다.

이러한 지원에 대한 또 다른 측면은 교사교육에 관한 것이다. 인터뷰를 통해 나는 난독증 학생의 행복에 관심이 있는 사람들은 교사교육에 관심을 가지고 있다는 것을 알았다. 예를 들어, 언어치료사 Mr. Toyota는 "일본에서 일부 교사들은 여전히 학습장애나 다른 발달장애의 개념을 이해하지 못하고 자신의 교육 스타일을 고수하는 경향이 있다. 그들은 부모나 다른 교사의 요청을 받아들이지 않는다"라고 말한다. 또한 오스트리아 출신의 Ms. Barker-Benfield는 일부 교사들이 난독증의 현상에 대해 전혀 이해하지 못하는 것처럼 보이기 때문에 교사 훈련이 필요하다고 언급했다. 그래서 아이들의 수행이 개선될 때에도(예를 들어, 철자 검사에서 40개의 오답에서 20개로 줄어든 때에도) 교사들은 여전히 실패만을 보게 된다. 몰타의 학습지원 조교인 Ms. C. Azzopardi도 "교사교육이 중요하다. 왜냐하면 선생님들은 학습에 어려움을 겪는 학생들을 지원하려는 좋은 의지를 가지고 있지만, 통합 학급에서 다양한 능력을 충족시키는 데 압도되고 자신감이 부족하다"라고 주장한다.

스웨덴의 임상심리학자인 Dr. Emma Lindeblad도 교사와 부모를 위한 난독증에 대한 지원과 교육이 필요하다고 언급했다. 그녀는 다음과 같이 설명한다.

내가 난독증을 믿지 않는 교사를 만났을 때, 예를 들어 그들에게 안경이 있는지 물어보고 안경을 끼지 않고 평소처럼 할 것을 요청한다. 교사들은 그것이 어렵다는 것을 경험할 것이며, 나는 그것이 바로 교사들이 학습장애 아동에게 요구하는 것임을 설명한다. 더 심한 경우, 나는 교사에게 휠체어를 타는 아이에게 100미터 달리기를 요구할 수 있는지 묻는다……. 그리고 교사들이 읽기장애가 있는 아동에게 동료 학생과 동일한 속도로 읽으라고 요청할 때, 그들이 요구하는 것이 바로 그런 것이라고 설명한다. 편견과 비인정은 구체적인 상황에서부터 추상적인 수준까지 다양한 많은 수준에서 직면해야 할 필요가 있는 핵심 가치이다. 어떤 사람들은 추상적인 개념을 구체적인 상황에 연결하는 데 어려움을 겪고 그럴 때 도움이 필요하다.

우리 모두는 난독증이 있는 사람을 위한 조력자가 필요하다는 것에 대해 동의한다. 학습장애가 있는 아동은 거의 모든 정의에 따르면, 초기에 그 상황과 관련된 모든 어려움을 혼자서 처리할 수 없다. 좌절과 실패와 함께 자신감이 낮아지고, 때로는 희망을 잃을 수도 있다. 따라서 아이가 정확성과 속도를 포함하여 단어 읽기 수행을 향상시킬 수 있도록 돕기 위해 고안된 전략들 외에도 난독증이 있는 사람이 희망과 낙관주의를 유지하는 방법을 찾는 것이 조력자의 가장 중요한 역할 중 하나이다.

난독증 아동에게 효과적이지 않은 것

난독증이 있는 사람들의 읽고 쓰기 능력 향상에 중요한 주요 도구 외에도 효과가 없는 몇 가지 전략이 있다. 여기서는 난독증이 있는 사람들을 돕기 위해 시도되었지만, 궁극적으로 증거가 부족한 연구자들의 아이디어에 초점을 맞춘다. 집단 연구의 결과와 개인적 선호를 구분하는 것은 중요하다. 난독증의 본질은 한 문화적 맥락의 아동이 다른 문화적 맥락의 아동과 상당히 다를 수 있기 때문이다. 비교적 대표적인 샘플을 선택하고 강력한 방법론을 사용하여 조사된 중요한 연구 결과와 일부 전략이 난독증과 고군분투하는 개별 아동이나 성인에게 실제로 효과가 있을 수 있다는 사실 사이에서 조심스럽게 균형을 맞춰야 한다. 이 절의 목적은 집단 연구에서 효과가 없어 보이는 것을 독자에게 알리는 것이다. 연구에 의한 지지가 없다면 대부분 임상가와 교육심리학자들은 특정 훈련 기법이나 다른 대안적 접근을 지지하지 않을 것이다. 특정 치료 접근법이 시도되었으나 효과가 없었다는 것을 강조하여 관심 있는 개인들의 시간과 비용을 절약하도록 하고 싶다. 이러한 치료법에 대한 철저한 검토 및 그것들이 어떻게 그리고 왜 효과가 없는지에 대한 내용은 Elliott과 Grigorenko의 책인 『난독증 논쟁(The Dyslexia Debate)』에서 찾을 수 있다.

설득력 있는 증거기 부족한 개입 중 하나는 시각적 지원이다. 난독증의 전통적인 배제 기준 중 하나는 적절한 시력이다. 난독증의 이해에 대해 제2장에서 언급했듯이, 일부 학생들은 읽으려고 할 때 시각적인 스트레스를 호소하거나 인쇄물이 '페이지 위에서 헤엄치는 것'처럼 보인다. 이러한 불만은 시각적 조작에 기반한 다양한 개입의 시도를 야기했다. 예를 들어, 일부 연구자들은 난독증이 있는 사람들에게 눈 운동을 권장했다. 이러한 치료법은 잘 통제된 연구에서 난독증을 치료하는 데 효과를 보이지 않았다(예: Elliott & Grigorenko, 2014; Handler & Fierson, 2011).

시각적 강조 외에도 다른 연구자들은 난독증의 치료를 위해 청각에 집중하는 것을 목표로 삼았다. 일부 연구에 의하면, 언어장애가 있는 아이들은 청취 속도가 점진적으로 빨라지는 느린 말을 쉽게 지각하는 데 도움이 되었다(Merzenich et al., 1996; Tallal et al., 1996). Tallal과 동료들은 이 결과를 활용하여 난독증이 있는 사람들을 돕기 위해 널리 사용되는 프로그램인 FastForWord를 개발하였다. 그러나 여러 다른 속도의 말에 초점을 맞춘 컴퓨터 프로그램으로 구성된 이 제품의 사용을 정당화하는 데 나타나는 한 가지 문제는 연구자들이 난독증이 있는 사람들에게 그 효과를 입증하지 못했다는 것이다. 그럼에도 불구하고 이 프로그램은 상업적으로 성공했다. 그러나 난독증 아동을 대상으로 이 프로그램을 사용한 연구들을 메타 분석한 결과는 효과가 없다는 것이었다(Strong et al., 2011). 이것은 난독증이 있는 아이에게 유익하지 않고, 다른 청각 기반 프로그램도 효과적이지 않은 것으로 보인다(개관 연구, Elliott & Grigorenko, 2014).

이러한 시각적 및 청각적 개입 외에도, 즉 읽기를 시각과 청각의 결합된 사건으로 보는 이론에 기반한 것들 외에도 다른 대안적 개입 방법들이 시도되었으나 명확한 성공을 거두지는 못했다. 이 중 하나는 지각 운동 훈련 프로그램이다. 이 프로그램은 난독증의 핵심이 어쩌면 소뇌 기능의 지연에 있어서 난독증이 있는 사람들 사이에 일반적인 둔화와 때로는 서투름을 초래한다는 아이디어에 기반을 두고 있다. 실제로 난독증이 있는 사람들은, 어떤 의미 있는 방식으로 대응하는 난독증이 없는 사람들과 비교했을 때, 광범위한 과제에서 어려움을 보인다는 증거가 있다. 이러한 능력 중 일부는 운동 통제를 사용하는 것이다(예: Ramus, 2003; Savage, 2004). 난독증이 있는 사람들은 다양한 운동 활동을 수행할 때 자동화 부족으로 다소 느리게 지각되는 것이 드물지 않다(예: Nicolson et al., 2001). 난독증 환자들이 다양한 작업에서 자동화 능력이 부족하다는 개념을 바탕으로 연구자들은 난독증 성인들을 대상으로 신체 운동을 통해 뇌를 재훈련하려는 여러 연구를 수행했다. 그러나 이러한 시도는 특별히 성공적이지 않았다(개관 연구, Elliott & Grigorenko, 2014). 난독증을 이해하는 이론과 거리가 먼 또 다른 프로그램들은 바이오피드백의 사용과 식이요법의 변화(특히 지방산 보충제의 사용) 등이 있다. 이것들 중 어느 것도 난독증이 있는 사람들에게 측정 가능한 방법으로 도움이 되었다는 증거는 없다(개관 연구, Elliott & Grigorenko, 2014).

이 절은 난독증이 있는 사람들을 돕기 위해 제작되고 검사된 흥미롭지만 때로는 다소 효과가 없는 아이디어를 강조하기 때문에 중요하다. 개인이 이러한 아이디어 중 일부나 모두를 시도하는 것에는 큰 위험이 없지만, 개선에 대한 연구 증거가 없는 치료에 자원을 투입하는 데에는 비교적 신중해야 한다. 모든 사람은 일반적으로 시간이 지남에 따라 배우고 향상되기 때문에 치료 집단에 속한 사람들은 항상 해당 치료 집단에 속하지 않은 유사한 통제 집단과 비교되어야 한다는 사실을 추가로 명심해야 한다. 두 집단의 성과는 치료 전후에 비교되어야 한다. 플라시보 효과의 중요성, 즉 치료에 대한 믿음/희망이 개선에 도움이 될 수 있다는 생각 때문에 목표 치료 집단에 속하지 않은 사람들도 어떤 종류의 치료를 받아야 한다. 예를 들어, 목표 치료 대상인 운동 프로그램 그룹은 마음챙김 (mindfulness)과 같은 다른 종류의 훈련을 받은 그룹과 비교될 수 있다. 목표 운동 그룹이 다른 통제 훈련 그룹보다 더 향상되지 않는 경우, 일반적으로 난독증이 있거나 없는 모든 학생에게 시간이 지남에 따라 기대되는 것처럼, 두 그룹 모두 읽기 능력이 다소 향상되더라도 이 목표 그룹은 읽기의 향상이 있었다고 볼 수 없다.

따라서 개인이 난독증에 대한 새로운 치료법을 찾을 때 이용하는 주먹구구식 어림 법칙(rule of thumb)은 연구자들이 성공을 입증한 치료법이 실험되지 않은 치료법보다 먼저 고려되어야 한다. 치료법이 건강상의 위험이나 시간적 손실이나 비용적 손실 측면에서 해롭지 않다면 객관적일 것을 염두에 두고 실험되지 않은 치료법을 대안으로 시도해 볼 수도 있다. 개인에게는 때때로 새로운 치료로 인해 생기는 낙관주의조차도 동기 부여가 되기 때문에 도움이 될 수 있다. 하지만 지금까지의 연구에서 나온 중요한 결론은 읽기를 더 잘 배우는 가장 좋은 방법은 읽기와 관련된 기술들을 연마하는 것이다.

처음으로 돌아가서: 난독증이 있는 아동을 돕는 읽기-관련 기술들

제1장에서 상세히 설명했듯이, 연구자들이 난독증 이해를 위해 언급한 가장 중요한 기술들은 음운 민감성, 형태소 인식, 철자 지식, 그리고 유창성을 포함한다. 아이들에게 이러한 기술들을 검사하는 것은 그들의 강점과 약점을 드러내는 데 도움이 될 수 있다. 이러한 기술들을 강화하는 데 중점을 두면 읽기 능력이 향상될 수 있다. 인내심 있는 교사와 부모가 이러한 기술들이 무엇인지, 그리고 어떻게 유용한지를 이해한다면 이러한 기술들을 촉진시키는 데 도움을 줄 수 있다.

단어, 구, 또는 절에서 강세나 성조 패턴을 강조하거나 단어에서 말소리를 강조하는 게임은 음운 민감성을 촉진한다. 운율을 갖춘 시를 읽거나, 바보 같은 운율을 만들거나, 'Pig Latin'과 같은 소리 게임을 하는 것(예를 들어, ch 소리로 시작하는 단어를 몇 개나 생각할 수 있을까? 초코릿, 칩, 친칠라, 칠리, 청크, 칩멍크, 찰리 등)은 아이들이 음운 민감성에 더 민감해지도록 발판을 마련하는 좋은 방법이다.

형태소 인식을 자극하는 데 도움이 되는 게임이나 활동은 단어 내에서 개별 형태소를 식별하거나 형태소를 결합하여 단어를 만드는 것이다. 예를 들어, 아이에게 walked, framed, melted 등의 단어에서 공통적인 형태소를 식별하도록 요청할 수 있다(답: ed, 과거시제로 만드는 것). 아이들에게 '다시 하다'를 의미하는 re 형태소를 사용하는 모든 단어를 생각하도록 요청할 수도 있다. 몇 가지 예로는 rethink, replace, redo, recopy 및 recarpet이 포함된다. re로 시작하는 일부 단어들은 이 의미의 형태소를 사용하는 것이 아니라 보다 긴 단어(예를 들어, real, retina, recipe)의 철자의 일부라는 점에 주의해야 한다.

부록 H에는 음운과 형태소의 질문 문항들의 목록이 있다. 여러분이 음운과 형태소 민감성을 촉진하기 위해 게임을 만들고 놀이를 할 때 실제로 적용할 수 있도록 했다.

아이들의 관심을 철자 처리에 집중시키는 방법 중 가장 효과적인 것은 정확한 철자를 강조하는 것이다. 이를 위한 한 가지 방법은 크로스워드 퍼즐(crossword puzzle: 십자말풀이)을 사용하는 것이다. 또 다른 방법은 아이들에게 앞에서 읽어도 뒤에서 읽어도 철자(혹은 글자)가 같은 단어들[회문(palindromes): 예를 들어, mom, wow, Bob, radar, civic, racecar)]에 집중하도록 하는 것이다. 이러한 단어들은 아이들에게 흥미를 유발하고 철자 패턴에 집중하도록 한다. 철자 패턴을 강조하는 또 다른 유형의 활동은 단어가 작은 변화로 매우 다른 의미를 갖게 될 수 있다는 것을 보여 주는 것이다. 이것을 때로는 애너그램(anagram)이라고 한다. 예를 들어, 한자에서 획을 하나 더하거나 빼는 것은 글자의 의미를 크게 바꿀 수 있다. 영어에는 이 현상을 설명하는 몇몇 단어 쌍이 있다. 이것들은 소위 애너그램이라고 불리는 몇 가지 예들이다(예를 들어, causal-casual, tea-ate-eat, nights-things, sacred-scared). 더 많은 회문과 애너그램을 찾으려면 인터넷을 검색하길 바란다. 예를 들어, 이 웹사이트(www.theislandenglishtutor.com/anagrams-palindromes-and-anadromesheteropalindromes.html)는 도움을 준다.

마지막으로 유창성 게임을 고려할 때, 아이들이 모든 유형의 속도 과제에 참여하도록 장려하는 것이 좋다. 읽기장애가 있는 사람들을 위한 스피드 게임을 추천할 때, 나는 아이가 자신과 경주하거나 경쟁할 수 있는 게임에만 집중하도록 강조한다. 다른 아이들 간 경쟁을 포함하는 게임은 자신의 읽기장애에 창피함을 느끼는 난독증 아이들에게 거의 항상 나쁜 아이디어다. 하지만 대부분의 아이는 자신과의 경쟁을 즐기는 경향이 있으며, 자신이 이전보다 더 낫거나 빠르게 했는지 확인한다. 어떤 레이싱 게임이든 당신은 단순한 활동과 타이머만 있으면 된다. 어떤 단순한 활동을 할 수 있을까? 읽기장애가 심각한 사람들은 알파벳(낱자) 이름에 집중할 수 있다. 종이 한 장 또는 컴퓨터에 알파벳 목록, 예를 들어 L T G B F Q을 기입하고 아이에게 가능한 한 빨리 알파벳 이름을 말해 달라고 요청한다. 그리고 시간을 재고 기록한다. 다시 한 번 이번에는 더 빠르게 부탁한다. 시간을 다시 재서 빨라졌는지 확인한다. 알파벳 전체 또는 일부로 할 수 있다. (심각한 읽기장애가 있는 사람에게는 알파벳 수를 비교적 적게 사용하고, 모두 숙달한 사람에게는 알파벳의 전체 목록을 포함한다.) 당신은 여기에 변형을 줄 수 있는데, 예를 들어 아이가 가능한 한 빨리 알파벳 낱자 이름 대신 알파벳 낱자의 소리를 내도록 요구하는 것이다. 중국어의 경우, 한자로 쓰인 숫자 1~10과 같은 아주 간단한 몇 개의 한자로 시도해 보라. 어떤 문자에서도 간단하고 다양한 변형을 생각할 수 있다.

만약 알파벳이 너무 쉽다면 한 번에 읽을 수 있는 일견 단어(sight word)나 특징이 있는 매우 간단한 단어들로 넘어가라. 아이에게 단어를 큰 소리로 빠르게 읽도록 요청한다. 아이의 읽는 시간을 잰다. 두 번째에서는 더 빨리 읽도록 반복하라. 쉬운 단어 목록으로 숙달되면 더 많은 단어나 구문으로 시도한다. 점점 더 긴 문장과 심지어 문단으로 확장할 수 있다. 주된 요점은 아이가 읽기와 관련된 기술을 향상시키고, 더 빨라지고, 더 유창해지기 위해 자신에게 도전하도록 하는 것이다.

전 세계적으로 난독증 주제의 경우, 세계 각 지역의 언어나 문자에 따라 읽기와 관련된 특수성이 많이 있다. 아마도 베트남어나 태국어처럼 주의를 요구하는 발음 구별 기호(diacritics)가 많은 언어일 수도 있다. 아마도 페르시아어, 히브리어, 아랍어처럼, 아이들은 (모음을) 가리지 않은 형태에서 가리는 형태로 넘어가야 하는 경우가 있다. 가리는 형태에서는 모음이 명시적으로 표시되지 않는다.

어쩌면 중국어에서처럼 음운 부수, 의미 부수, 그리고 그것들의 위치 문제에 어려움을 겪을 수도 있다. 나는 각 언어와 문자의 읽기 교육의 특수성을 고려할 만한 전문 지식도, 공간도 가지고 있지 않다. 하지만 난독증이 있는 아이와 함께 모국어로 문자소(graphemes; 예를 들어, 알파벳 낱자, 한자, 특정 문자 체계에서 주어진 기호) 읽기를 연습함으로써 유창성을 향상할 수 있다는 것은 분명하다.

요약하자면 난독증이 있는 아이를 위해 단어 읽기의 네 가지 기본적인 인지적 기술인 음운 민감성(말소리), 형태소 인식(언어와 인쇄물에서의 의미 단위), 철자 지식(올바른 글자 구성), 유창성(재인 속도)에 중점을 두는 것이 성공을 위한 주요 열쇠이다. 게임, 부모나 교사의 훈련 및 지도, 또는 읽기 활동을 포함하는 가능한 모든 방법을 동원하여 이 인지적 기술들을 강화하도록 노력해야 한다.

제8장

난서증 아동을 돕는 방법 제안

- 치료: 난서증의 유형별 쓰기장애 극복
- 다양한 형식과 매체를 사용하여 문자소 만들기
- 미세 운동 협응의 연습과 손 강화하기
- 양측 통합에 집중
- 복사 연습
- 쓰기 훈련
- 우회 전략

난서증의 치료를 위해 당신이 자녀와 어떻게 작업을 해야 하는지는 부분적으로 아이가 가지고 있는 난서증의 종류에 따라 다르므로 장애를 정확히 파악하기 위해 유능한 탐정처럼 관찰해야 한다. 특히 난독증의 결과로 난서증이 발생하는 것인지 아닌지를 파악하고 거기서부터 진행해야 한다.

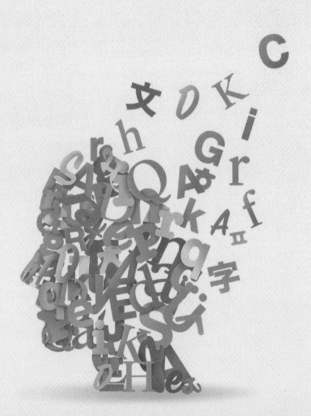

이 장에서는 문제의 원인에 따라 교사와 부모가 난서증 치료(remediation)를 위해 취할 수 있는 다양한 접근 방식을 강조한다. 난독증과 마찬가지로 난서증을 치료하기 위해 강조되어야 할 두 가지 광범위한 전략이 있다. 이러한 전략 중 하나는 실제 쓰기장애를 극복하거나 적어도 치료하려는 시도와 관련이 있다. 우리는 이것을 극복(work-through) 전략이라고 말한다. 이 전략은 장애의 원인이 무엇인지에 따라 달라질 것이다. 만약 문제가 주로 난독증의 결과로 필기든 구술이든 철자 쓰기(spelling) 자체가 약하다면 문제가 시각-공간적 또는 운동장애와 직접적으로 관련될 경우와 비교할 때 실행되어야 하는 전략이 다를 것이다. 다른 세트의 전략은 문제 상황을 피하는 우회 방법에 초점을 맞추고 있다. 글쓰기 연습에 많은 시간을 보내면서 아주 천천히 진전을 보이는 아이에게는 자신이 무엇을 잘하는지 상기시켜 줄 필요가 있다. 종종 아이들은 이야기를 하거나 영화를 만들거나 심지어 그림을 그리는 것(쓰기장애의 원인이 시각-운동이 아닌 아동의 경우)과 같은 다양한 방법으로 소통하는 등 많은 다른 재능을 가지고 있을 수 있다. 학교는 일반적으로 학생들 대부분의 과제에서 쓰기를 요구하지만, 이는 '돌에 새겨진 것'처럼 반드시 고수해야 할 것은 아니다. 그러므로 대부분의 부모(및 소수의 교사)가 지지하는 또 다른 전략은 우회 전략, 즉 가능하면 과제의 쓰기 부분을 피함으로써 더 큰 목표를 달성하는 것이다.

치료: 난서증의 유형별 쓰기장애 극복

우리는 난서증 치료법에 대한 토론으로 시작할 것이다. 무엇보다 중요한 것은 치료에 집중하는 것이다. Richards(2018)는 학습장애 온라인 웹사이트에서 다음과 같이 언급했다.

학생이 아무리 심한 난서증을 가지고 있더라도 글쓰기 과정을 완전히 피하지 않는 것이 중요하다. 글쓰기는 문서에 서명하고, 문서를 작성하고, 수표를 쓰고, 전화 메시지를 받고, 식료품 목록을 작성하는 데 필요한 중요한 생활 기술이다. 그러므로 학생들은 장시간 글쓰기를 할 수 없을지라도 글을 쓸 수는 있어야 한다.

이러한 글쓰기의 어려움을 극복하는 방법은 부분적으로 아이가 겪고 있는 장애의 유형에 달려 있다. 제3장에서 Deuel(1995)이 최소 세 가지 다른 유형의 난서증, 즉 난독성 난서증, 운동성 난서증, 공간성 난서증을 구별한 것을 기억해 보자. 아이들이 구두로 철자를 부르는 능력(이것이 가능한 경우—중국어에서는 이를 상상하기 어렵다), 아이들이 글을 실제로 손 쓰기로 복사하기, 아이들의 그리기 실력, 그리고 아이들의 손가락 두드림 또는 손가락 연속을 점검함으로써 난서증이 있는 사람들에게 중점적으로 개입할 기술을 결정하는 것이 가능할 것이다. 아이들의 자발적 쓰기를 관찰하는 것이 특히 중요하다. 예를 들어, 연필 잡기가 어떻게 보이는가? 아이는 분명히 과도하게 스트레스 받고 좌절하는가? 왜 그런지 확실한가? 다음에 제공된 모든 조언은 특정 아동에 대한 생각을 자극하는 데 도움을 주려는 것이지만 불완전할 것이다. 이 문제에서 가장 어려운 작업은 아이를 개별적으로 집중하여 관찰하고, 다양한 기법을 시도하여 어떤 것이 아이에게 가장 잘 맞는지 찾는 것이다.

난독성 난서증이 있는 사람들을 위한 일반적인 조언은 읽기장애를 치료하는 것을 주된 목표로 하며, 때때로 연필이나 펜을 잡는 데 나타나는 글쓰기 불안과 스트레스를 완화하는 데 도움이 되도록 한다. 즉, 난독성 난서증이 있는 아동의 경우, 철자/문자소 패턴뿐 아니라, 한 문자에 포함된 알파벳 낱자 이름과 낱자 소리, 또는 기타 문자소를 학습하는 데 집중해야 한다. 이 아이들이 글씨를 정상적으로 쓰는지 확인하고, 연필을 잡거나 다른 운동 문제로 어려움을 겪지 않는지 확인하는 것이 중요하다. 그러나 주된 관심은 읽기 기술과 쓰기 기술이 발전하고 서로 강화하는 방법에 있어야 한다. 제7장의 난독증 치료를 위해 권장된 많은 활동이 이 그룹에 적용될 수 있다. 게다가 이 아이들은 가능한 한 많이 쓰는 데 중점을 두어야 하며, 단어를 완벽하게 쓰는지 여부와 관계없이 쓰기를 충분히 연습했다고 확신할 수 있을 정도가 되어야 한다. 이 아이들에게 읽기가 향상되면 쓰기도 향상될 것이며, 다른 모든 아이와 마찬가지로 쓰기에 일상적으로 주의를 기울이게 된다면 더 나은 쓰기가 나타날 것이다.

반대로 정의상 운동성 난서증 혹은 공간성 난서증이 있는 아동은 구두로 단어의 철자를 말할 수 있다. 제3장에서 검토한 바와 같이, 두 그룹 모두 눈-손 협응에 장애를 일으키는 무언가가 있다. 둘 다 본문 복사(베껴 쓰기)와 그림 그리기에 어려움을 겪을 것이다. 그러나 공간성 난서증이 있는 아동은 그림 그리기가 가장 서툴 것이다. 운동성 난서증이 있는 사람은 손가락 두드리기나 손가락 연속 움직임과 같은 운동 활동에 명백한 어려움을 겪을 것이다.

쓰기는 어렵지만 읽기는 어렵지 않은 아이들에게는 운동 능력(운동성 난서증이 있는 아이들의 경우)과 시각-운동 능력(운동성 난서증과 공간성 난서증이 모두 있는 아이들의 경우)에 집중하는 것이 가장 유용하다. 손가락, 손의 힘, 또는 따라 그리기(tracing) 운동은 운동성 난서증이 있는 아이들에게 매우 도움이 될 수 있다.

세 가지 유형의 난서증—즉, 난독성·운동성·공간성 난서증—사이의 구별은 쓰기장애의 정확한 본질에 대해 신중하게 생각하는 데 유용할 수 있지만, 실제로 난서증이 있는 아동은 특히 장애가 심각해져서 다루기 힘들어지기 전에 비교적 일찍 진단받은 운이 좋은 아동은 다양한 접근 방식을 통해 문제를 치료하는 데 혜택을 받을 수 있다. 예를 들어, 공을 쥐어 짜거나, 그림을 그리거나, 손으로 따라 그리는 운동은 특정한 운동장애가 있든 없든 유창하게 글을 쓰는 것을 배우는 많은 아동에게 도움이 될 것이다. 따라서 Deuel(1995)의 세 가지 난서증 범주를 검토한 후 나는 난서증이 있는 사람들이 쓰기장애를 극복하는 데 도움을 주는 더 일반적인 조언을 제공하고자 한다. 이 조언의 대부분은 난서증이 있는 사람들에게 유용한 힌트를 제공하는 다양한 웹사이트에서 온 것이다. 이 웹사이트들에 앞으로도 계속해서 접근할 수 있기를 바라면서 이 책에서는 부록 C에 난서증에 대한 구체적인 정보를 제공하는 많은 기관을 열거하였고, 부록 B에 난독증이 있는 사람들을 돕는 데 헌신하는 기관들(난서증은 여전히 난독증과 관련된 것으로 논의된다)을 나열하였다. 이들 자료는 이 아동들을 위해 실질적인 조언을 주는 기본적이고 중요한 자원이 될 것이다. 이 부록들을 포함시킨 목적은 다음의 요약 외에도 나중에 추가로 업데이트된 정보를 얻을 수 있는 좋은 기관을 찾는 것이었다. 다음의 요약은 운동 및 공간 형태의 난서증에서 중요하게 여기는 난서증 치료 전략들을 전반적으로 제시한다.

다양한 형식과 매체를 사용하여 문자소 만들기

읽기와 쓰기장애가 모두 있는 아동에게는 글자나 기타 관련된 글 패턴을 더 많이 연습하고 시각-철자 배열에 집중하는 것이 특히 유용하다. 쓰기를 싫어하기 시작하는 아이들은 그 부정적인 감정을 지울 필요가 있다. 어떻게 시작해야 할까? 한 가지 제안은 아이들이 다양한 매체를 사용하여 기본적인 문자소의 느낌을 경험하도록 하는 것이다(Rosen, 연도 미상). 아이의 관심사와 나이에 따라 시도해 볼 수 있는 방법에는 점토로 모형을 만들거나, 모래로 따라 쓰거나, 분필, 비누, 손가락 페인트로 글씨를 쓰는 등 다양한 유형이 있다. 쓰기의 운동적 측면에 주의를 집중시키는 또 다른 방법은 아이의 손이나 등에 손가락으로 글을 써서 무엇이 쓰였는지 추측하게 하는 것이다. 아이는 쓰기의 결과물을 볼 수 없으며, 느낌만으로 판단해야 한다.

미세 운동 협응의 연습과 손 강화하기

난서증이 있는 사람들을 위한 또 다른 제안은 손의 미세 운동 협응의 연습과 손 강화를 강조한다. Rosen(연도 미상)은 아이가 물건을 집으려고 할 때 '집기' 도구를 사용할 것을 권장한다. 이러한 아이디어는 고전적인 어린이 게임인 '오퍼레이션'을 떠올리게 하는데, 이용자는 게임기 안에서 물체를 제거하기 위해 게임용 핀셋을 사용해야 한다. 아동이 잡은 핀셋이 게임기의 한 면에 닿을 때마다 소리가 나고 아동은 점수를 잃게 된다. Rosen은 아이들에게 핀셋, 집게, 또는 손가락의 민첩성을 필요로 하는 다른 도구를 사용하여 작은 물건을 집도록 권한다. Rippel(연도 미상)은 미세 운동 기술의 중요성도 강조한다. 아이들이 연습하기에 적절한 미세 운동 기술을 활용한 몇 가지 활동에는 구슬을 꿰는 것, 열쇠로 자물쇠를 잠그고 푸는 것, 퍼즐 조각을 맞추는 것, 신발 끈을 묶는 것 등이 포함된다. 손을 강화하는 것도 도움이 될 수 있고, 이 또한 다양한 활동으로 시도될 수 있다. 예를 들면, 공을 쥐어 짜거나, 점토나 밀가루로 반죽하거나, 접착제나 아이싱, 또는 반짝이로 그릇에 무늬 만들기, 앞서 제시된 활동을 위해 병에서 재료를 빼내는 것, 또는 단추 잠그기, 그리고 똑딱단추 채우기 등 다양한 형태가 가능하다.

양측 통합에 집중

많은 웹사이트(예: Dodge, 2003)에서는 난서증이 있는 아동이 오른손과 왼손을 함께 사용하고 상호작용하는 방법에 대한 교육을 받을 것을 권장하는데, 이는 양측 통합(bilateral integration)이라고도 한다. 쓰기 과정을 생각해 보면 연필이나 펜을 사용하거나 타자하기 등 여러 물리적인 쓰기는 양손을 사용한다. 손으로 쓸 때 한 손으로 종이에 표식을 남기지만 다른 손으로는 종이를 잡는다. 타자를 칠 때는 두 손을 동시에 사용하여 가장 효율적으로 사용한다. 따라서 난서증이 있는 아동에게 중요한 것은 양손을 최대한 조화롭게 사용하는 것이다. 재미있는 방식으로 이 기술을 강화한다면 쓰기를 위한 협응을 향상시키는 데 도움이 될 수 있다. 이를 위한 제안으로는 정글짐(monkey bars) 위에서 움직이기, 손과 발을 함께 움직이기(개나 게 스타일 중 하나), 양손으로 매우 큰 공을 다루고 던지기, 가위를 사용하여 쓰기, 드럼이나 탬버린 연주하기, 손으로 밧줄 잡아당기기, 물고기를 낚기 위해 낚싯대 사용하기(진짜 물고기 또는 게임에서 다른 방식으로 잡아 올리는 것), 머리 위에서 양손을 마주치는 제자리뛰기(점핑잭: jumping jack)나 발가락 터치하기(오른손은 왼발, 왼손은 오른발) 등 많이 있다. 만약 아이들이 기타, 피아노, 바이올린, 트롬본과 같은 악기를 연주할 만큼 충분히 동기 부여가 된다면 이것들 또한 매우 좋은 훈련이다.

여기서 주목할 만한 점은 연구자들이 쓰기에서 손잡이(handedness)의 발달에 대한 몇 가지 아이디어가 있다는 것이다. 많은 문화권에서 한 손을 선호하여 쓰는 것은 약 3~5세에 발달하는 경향이 있다(예: Dodge, 2003; Forrester, 2016). 우리는 자신을 오른손잡이나 왼손잡이로 생각하는 경향이 있지만, 이것은 경향이며 절대적인 것이 아니다. 예를 들어, 아이들은 숟가락을 사용할 때 한 손을 선호하고, 양치질을 할 때 다른 손을 선호할 수 있다. 하지만 우리 대부분은 분명한 선호가 있고, 운동 기술과 관련된 이러한 모든 활동은 손잡이 발달을 자극하는 데 도움이 될 수 있다. 일반적으로 쓰기와 같은 일상적인 활동에서 한 손을 다른 손보다 선호하지만, 정상적으로 발달하는 아동 인구의 약 3~4%는 한 손이 다른 손보다 우세함을 보이지 않는다. 한 손이 다른 손보다 우세하다는 것은 뇌에서 다른 쪽보다 한 대뇌 반구의 사용이 더 특수화되기 시작했다는 것을 나타낸다. 흥미롭게도 자폐스펙트럼장애와 같은 발달장애가 있는 아동의 경우, 비우세한 손 선호도의 비율이 더 높다(17~47%)(Forrester, 2016). 손잡이 우세(hand dominance)는 쓰기와 같은 작업을 수행하는 데 필요한 능력과 초기에 관련이 있다(Hand Dominance, 연도 미상). 따라서 적어도 5~6세까지 아이가 쓰기를 할 때 선호하는 손이 있어야 한다. 선천적으로 또는 훈련 때문에 양손잡이로 보이는 아동은 우세한 손 선호도가 있는 한손잡이보다 더 많은 어려움에 부딪혔다(Dvorsky, 2013). 만약 난서증이 있는 아동이 쓰기에서 한 손 우세를 보이지 않는다면 전문가에게 이 문제에 대해 도움을 받는 것이 유용하다.

또한 전 세계 인구의 약 90%가 오른손잡이인 경향이 있기 때문에 다양한 문화권에서 왼손잡이인 사람들은 오랜 기간 동안 부모와 교사들이 그들에게 우세하지 않은 손을 사용하여 글을 쓰라고 요구했기 때문에 고통을 받았다. 이는 분명 아이에게 문제가 된다. 영국의 왼손잡이 전용 웹사이트에는 이와 관련된 무수한 잠재적 문제가 나열되어 있다(Dvorsky, 2013). 이러한 어려움들 중 많은 것이 작문, 철자 쓰기(spelling), 읽기와 관련이 있다. 손잡이는 손 선호도뿐만 아니라 대뇌 반구의 우세를 의미하며, 이 특수화는 구어와 문어를 더 효과적으로 사용하도록 돕는다.

복사 연습

실제로 글을 쓰지 않고 시각 운동과 기본적인 운동 조절을 자극하도록 고안된 앞서 나열한 다양한 활동 외에도, 난서증이 있는 아이들은 복사와 쓰기 기술을 연마하는 데 도움이 필요하다. 정의에 따르면, 난서증이 있는 아동은 보고 베껴 쓰는 복사 작업에 어려움을 겪는다. 쓰기 자체와는 별개로, 특히 철자 말하기가 아이들에게 추가적으로 좌절감을 줄 때 복사 연습은 이러한 아이들에게 때때로 유용할 수 있다. 나는 인도에서 힌디어와 다른 인도어 문자를 가르치는 초등학교의 교사들과 인터뷰를 했는데, 그들은 정기적으로 난서증 아이들에게 교사들이 종이 위에 특별히 만든 점선 경로를 따라 그리는 연습을 하도록 요구했으며, 이것이 도움이 될 것이라고 했다. 다른 권장 사항은 아동이 관심을 가지고 있는 경우 기하학적 도형을 따라 그리거나 미로와 관련된 게임을 하는 것이다. 아이가 종이에 펜이나 연필로 표식을 할 때 더 정확하게 할 수 있도록 도와준다면 어떤 것이든 이 아이들 집단에 잠재적으로 유용하다.

나중에 각 문화권에서는 실제의 문자소, 즉 알파벳 낱자, 중국 한자나 다른 문자의 기본 요소를 복사하는 연습을 한다. 난서증이 있는 아동은 단순히 더 많은 연습이 필요하다. 이 아이들에게는 문자소를 확대 제시하여 각 표식을 명확하게 볼 수 있도록 해야 하며, 모든 형태와 표식을 명확하게 만들 수 있도록 충분한 공간이 제공되어야 한다. 모양과 표식을 분명하게 볼 수 있다면 특히 도움이 된다. 중국어의 경우, 쓰기장애가 있는 아동이 쓰기장애가 없는 아동보다 획의 순서에 더 많은 변동을 보이는 경향이 있다(Chang & Yu, 2013). 중국어는 문자소 쓰기의 일상화가 중요한 가장 극단적 경우다. 모든 문자소의 쓰기가 일상적, 즉 자동화

될수록 학습자가 활동의 다른 측면에 대해 생각할 수 있는 정신적 공간은 더 많이 확보된다. 모든 아이에게 모든 문자의 쓰기 자동화는 쓰기를 더 쉽게 만들 것이다. 이는 난서증이 있는 아이들에게 각 문자소를 정해진 순서대로 쓰도록 가르치고 권장할 뿐만 아니라 이 순서를 유지할 수 있도록 수업 시간에 정기적으로 감독할 것을 시사한다. 예를 들어, 소문자 b를 최소 두 가지 방법(원 첫 번째, 수직선 두 번째 또는 수직선 첫 번째, 원 두 번째)으로 쓸 수 있다. 아이가 이것을 어떻게 써야 하는지, 특히 b와 d를 구별하는 데 혼란스러워하는 것을 상상할 수 있다. 나는 쓰기장애가 있는 모든 아이에게 글자 쓰는 순서를 명확히 택할 것을 제안한다. 예를 들어, b의 경우에 위에서 아래로 먼저 선을 그은 다음, 원을 자신의 몸에서 멀리 또는 오른쪽에 붙인다. 중국어에서는 획 순서가 쓰기에서 매우 중요한데, 한자들은 획 1부터 마지막 획까지 20개 이상의 획으로 구성된다. 인도의 악샤라(aksharas) 문자에 대한 연구에서도 문자소 쓰기 순서가 확립되지 않은 아동은 전반적으로 쓰기에 어려움이 있다는 것을 보여 준다(Nag, Treiman, & Snowling, 2010). 개별 글자는 다양한 표식의 구성에서 덜 복잡하지만, 주어진 순서대로 쓰도록 자동화하는 것은 마찬가지로 중요하다. 따라서 어떤 문자에서라도 아이들은 정해진 순서에 따라 문자소를 쓰도록 해야 한다—어떠한 예외도 허용되지 않는다.

쓰기 훈련

마지막으로 난서증이 있는 아동은 편안한 방식으로 쓰기 위해 새로운 방법을 찾아야 한다. 많은 아이가 실제로 쓰기와 관련된 고통과 긴장에 대해 불평한다. 어떻게 하면 이 과정을 더 쉽게 만들 수 있을까? Jennifer Dodge(2003)는 소아과 치료사이며, 그녀의 웹사이트에서는 쓰기를 비롯하여 난서증과 관련된 여러 분야에 대한 제안을 집중적으로 제시하고 있다. 나는 그녀의 웹사이트에서 많은 것을 배웠으며, 여러분도 더 자세히 살펴보면 좋을 것 같다. 그 웹사이트의 한 부분에서 그녀는 개인적으로 고객들에게 효과가 있었던 활동들을 언급한다. 이것들 중 다수는 단순히 혁신적인 것과 어떤 쓰기 도구 및 종이 유형이 난서증이 있는 아동에게 효과가 있는지 보여 주고 있다. 예를 들어, 아이들에게 볼록한 줄이 있는 종이를 사용해 볼 것을 제안하는데, 이는 아이들이 쓰면서 선을 넘어가면 부딪히는 것을 느낄 수 있도록 하여 더 효과적으로 줄 안에 쓸 수 있도록 돕는다. 넓은 공간이 있는 용지나, 확실하게 진한 선이나 격자가 있는 용지가 도움이 될 수 있다. 다른 종류의 용지를 실험하여 아이들이 어떤 용지에 더 잘 쓰는지 확인해 보라. 한 페이지에 공간이 부족하면 모든 아이에게 문제가 생긴다. 그러므로 아이에게 쓸 수 있을 정도로 충분한 공간을 제공해야 한다. 또한 다양한 유형의 펜, 마커, 연필을 선호할 수 있다. 제4장에서 소개한 Mr. Cheung은 특정한 만년필이 손에 아주 편안하고 기분 좋게 느껴져서 글을 더 많이 쓰고 싶었다고 말했다. 다양한 두께의 다양한 컬러의 마커, 두껍거나 얇은 연필, 심지어 향기가 나는 펜도 있다. 실험을 통해 아이들이 어떤 것을 더 많이 쓰는지 확인하고 격려하는 것이 가장 중요하다. 필기 도구를 선택할 때, 특히 어떤 것을 잡을 때 그립감이 좋은지 결정하는 것도 중요하다. 이는 장기적으로 더 많은 쓰기를 가능하게 할 것이다.

우회 전략

지금까지 쓰기와 이 과정의 다양한 측면(예를 들어, 발달된 손가락 미세 운동 기술, 한손 우세, 편안한 그립감)을 개선하여 난서증이 있는 아이들을 도울 수 있는 다양한 방법을 다루었다면, 이제는 전반적으로 아이들의 학업 성적을 향상시키는 데 유용한 전략에 대해 논의하겠다. 우선 아이들은 대안적인 쓰기 방법이 주어진다면 더 잘 쓸 수 있을 것이다. 일부 전문가들은 필기체가 인쇄체보다 쓰기가 더 쉬울 수 있다고 주장하는데, 필기체는 중단과 시작이 더 적고 더 매끄럽기 때문이다(10 Tips to Help Children with Dysgraphia, 연도 미상). 일부는 필기체가 띄

어쓰기와 단어의 처음에 연필의 배치에서 더 쉽다고 주장한다(Marianne, 2018). 마지막으로 필기체로 된 글자의 경우에는 좌우 역전이 더 적은 편이다(Hanning, 2016).

타자 치는 법을 배우면 난서증이 있는 아동은 시간을 많이 절약할 수 있으므로 아이에게 아주 일찍 타자를 가르치는 것을 고려해 봐야 한다(10 Tips to Help Children with Dysgraphia, 연도 미상). 과제를 타자로 치면 아이들은 실수를 지우개로 지우거나 줄을 그어 지우지 않아도 되돌아가서 오류를 수정할 수 있고, 이는 훨씬 더 멋진 최종 결과물을 산출한다(Cicerchia, 2016). 게다가 때때로 아이들은 근육 기억(muscle memory)을 사용하여 쓰는 것을 배울 수 있는데, 이는 추가로 철자 쓰기에 도움을 준다. 제5장에서 소개한 번역가 Ms. Amy는 이 기술을 자주 사용하는데, 처음에는 타자를 칠 때 손가락 아래 단어의 느낌을 여러 번 반복해서 연습한다. 손가락을 계속 보지 않고도 타자를 칠 수 있게 되면 아이는 자신이 표현하고자 하는 아이디어에 대해 더 깊게 생각할 수 있는 여분의 인지적 자원을 확보하게 된다.

테크놀로지는 항상 발전하고 있으며, 이는 난서증이 있는 아이에게 좋은 소식이다. 추가로 그들이 도움을 받을 수 있는 가장 효과적인 도구는 음성 인식 기술 분야일 것이다. 다양한 프로그램이 있어서 쓰여 있는 글을 구두 발표로 변환하며, 구두 출력을 글로 쓰도록 변환하는 것 역시 가능하다. 당신의 자녀가 작문할 때 좌절 없이 추론 능력을 최대한 발휘할 수 있도록 이런 프로그램 중 하나를 선택해 보라.

전반적으로 요즘 이용 가능한 테크놀로지를 고려할 때, 아이들이 손글씨의 대체 매체를 사용하여 과제를 제출하는 것은 비교적 쉽게 허락되어야 할 것이다. 모든 아이는 특히 난서증이 있는 아이는 개별 단어의 철자를 쓰는 데 너무 많은 인지적 자원이 필요해서 에세이의 전체적인 논지를 구성하는 것과 같은 고차원적인 기술을 거의 발달시키지 못한다는 점을 알아야 한다. 만약 쓰기의 대안 형식으로 매체를 사용한 과제를 제출할 수 있다면 난서증이 있는 아동은 논리적이거나 합리적인 주장을 펴는 데 특별한 어려움을 보이지 않아야 한다. 심한 장애를 겪고 있는 일부 아이들은 자신이 배운 것을 구두로 기록할 수 있도록 수업을 녹화하기를 원할 수도 있다. 어떤 아이들은 수업 내용에 집중하는 것이 매우 중요할 때 다른 어른이나 아이들에게 수업 시간에 필기를 도와달라고 부탁할 수도 있다. 선생님이 아이에게 내용이 기록된 강의 노트를 추가로 제공할 수 있는지도 알아보아야 한다. 모든 아이와 마찬가지로, 난서증이 있는 아동도 몇 가지 일반적인 프레젠테이션 요령으로 혜택을 받을 수 있다. 예를 들어, 그래프로 나타내는 분류 정리가 도움을 줄 수 있는데, 이는 주제 문장, 요점, 근거, 결론 등과 같이 작문에 필요한 각 단계를 아이들이 기억하는 데 도움을 준다(Osen-Foss, 연도 미상). 요즘에는 아이들이 글을 구성하도록 전격적으로 돕는 다양한 온라인 자원이 있다. 이것들 중 일부도 난서증이 있는 아이들에게 잘 적용될 수 있다.

이외에도 학습하는 방법과 학습을 입증하기 위해 얼마나 많은 다양한 방법이 있는지 유념하는 것도 중요하다. 여러 웹사이트는 이러한 대안들을 나열하고 있다. 그것들은 게임을 창조하고, 연극이나 기본적인 대화를 창작하고, 단편영화를 만들고, 라디오 쇼나 다른 이야기를 만들고, 차트나 그림을 사용하여 지식을 제시하는 것을 포함한다. 더불어 전반적으로 교사들은 시험의 일부를 필기 매체가 아닌 구술 매체를 사용하여 실시할 수 있도록 고민해야 할 것이다. 구술 답변은 처음에 더 많은 시간과 노력이 필요하겠지만, 시간이 지남에 따라 서면 답변과 마찬가지로 똑같이 흥미롭고 도움이 될 수 있다.

아마도 난서증이 있는 아동에게 가장 중요한 메시지 중 하나는 학생들을 평가하는 방법에 대해 교사와 반드시 이야기해야 한다는 것이다. 철자가 정확하게 쓰여 있고 정돈되고 깔끔해 보이는 종이의 가치도 중요하지만, 과제의 구성과 아이디어를 나타내는 내용도 중요하다. 종종 교사들은 과제의 보이는 외형과 그 안에서 전달하고자 하는 아이디어를 구별하지 못한다. 나의 면담자들 사이에서 나오는 공통적인 불만은 교사나 교장이 과제의 내용과 형식을 구분하지 못한다는 것이었다. 단어가 정확하게 쓰인 깔끔한 과제에 전형적으로 일부 점수가 배정되지만, 이는 내용과 구별되어야 한다. 과제의 이러한 다른 측면에 각기 몇 점의 점수를 배정할지 명확하게 제시하는 교사는 특히 난서증이 있는 아동에게 도움이 된다.

　　결론적으로 난서증을 치료하는 데 사용할 수 있는 다양한 도구가 있다. 난서증의 치료를 위해 당신이 자녀와 어떻게 작업을 해야 하는지는 부분적으로 아이가 가지고 있는 난서증의 종류에 따라 다르므로 장애를 정확히 파악하기 위해 유능한 탐정처럼 관찰해야 한다. 특히 난독증의 결과로 난서증이 발생하는 것인지 아닌지를 파악하고 거기서부터 진행해야 한다. 극복 전략과 우회 전략 모두 난서증이 있는 아동이 쓰기와 소통 방법과 관련하여 중요한 것에 집중하는 데 많은 도움을 준다. 게다가 교사는 부분적으로 단어의 깔끔하고 정확한 철자 쓰기에 근거하여 과제를 평가하고, 다른 부분으로는 구성, 창의성, 그리고 자료의 통합과 같은 난서증 아동들이 손상되지 않은 측면에 근거하여 평가할 의향이 있어야 한다. 지금까지 난서증 치료를 위한 몇 가지 기본적인 기법을 다루었고, 제9장에서는 ADHD의 치료를 다루겠다.

제9장

ADHD 아동 돕기

- 계획을 세워 함께 작업하기
- 구조 도입하기
- 아이들에게 자신의 성공과 실패에 대한 어느 정도의 통제권 주기
- ADHD가 있는 사람이 집중하는 데 도움이 되는 기법들
- Barkley(2012)의 접근법: 계속 집중하고 구조화하기
- 정서적 유연성 유지하기
- 약물치료
- 최적의 ADHD 약물 사용 방법
- ADHD 약물에 대한 더 솔직한 견해
- 결론

◇━━━━━━━━━━━━━━━━━━━━━━━━━━━◇

ADHD가 심한 경우에는 때때로 아이의 집중을 돕기 위해 약을 처방하는 것이 사실이
지만, 가장 좋은 접근법은 아이가 과제를 계속하도록 격려하는 행동 기법과 관련된다.
(…) ADHD 진단을 받은 많은 아동에게 행동 수정 기법과 약물은 여러 시기와 여러 상
황에서 도움이 되었다.

이 장에서 나는 주의력장애가 있는 아이들이 학교에서 더 나은 성과를 내는 데 도움이 되는 몇 가지 검증된 방법에 대해 논의하겠다. ADHD가 심한 경우에는 때때로 아이의 집중을 돕기 위해 약을 처방하는 것이 사실이지만, 가장 좋은 접근법은 아이가 과제를 계속하도록 격려하는 행동 기법과 관련된다. 일부 연구자들은 주의력장애를 위한 약물치료가 유럽과 아시아보다 북미에서 더 흔하다고 주장한다. 다행히도 행동 수정 기법은 아이들이 학교에 가고 숙제를 하는 것을 돕는 데 꽤 보편적으로 사용된다. 내가 일부 교사, 부모, 아이들과의 인터뷰에서 발췌한 내용은 주의력 문제가 있는 아이들을 정상 궤도에 들어서게 하기 위한 가장 좋은 훈련에 대한 것이었는데, 이는 이러한 특정 아이들의 학습을 돕는 데 효과적인 것이 무엇인지에 대해 최고로 실용적인 아이디어를 제공한다. 먼저 몇 가지 행동 기법을 고려한 다음 ADHD 치료를 위한 약물의 장단점을 검토하겠다. ADHD 진단을 받은 많은 아동에게 행동 수정 기법과 약물은 여러 시기와 여러 상황에서 도움이 되었다.

먼저 대부분의 사람들에게 주의력장애가 어떤 것인지, 무엇을 암시하는지를 생각해 보자. 이러한 장애가 있는 아이들은 여전히 성장하고 있고, 사람들의 자각은 부족하다. 따라서 주의력장애가 있다는 것이 어떤 것인지에 대한 포괄적인 생각을 갖는 것은 쉽지 않다. 그러나 학습장애를 전문적으로 연구하고 ADHD와 함께 성장한 자신의 삶에 대해 쓴 Jergen(2004)은 주의력장애가 어떻게 느껴지는지를 분명하게 기술한다. 그는 다음과 같이 말한다.

ADHD가 있는 사람들이 집중하는 것은 매우 일시적인 현상이다. 마치 날씨 같다. 1분 동안은 밝고 화창하며, 나는 놀라울 정도로 선명하게 주의를 집중할 수 있다. 다음 순간, 구름이 몰려오고 내 머리는 안개로 가득 차 있다. 그래서 생각할 수 있는 시간들을 잘 활용하고, 그것을 놓치지 않도록 최선을 다한다. 그것이 내가 방해를 용인하지 않고 가능한 한 방해를 최소화하려고 하는 이유이다.

(pp. 108-109)

보완적인 관점에서 ADHD에 대한 입문서를 편집한 Barkley(2014a)에 의하면, 이러한 장애는 근본적으로 자기 조절(self-regulation) 중 하나이며 사람마다 다르게 발현된다고 주장한다. ADHD가 있는 사람들이 과제를 계속할 수 있도록 어떻게 가장 잘 도울 수 있을까?

계획을 세워 함께 작업하기

내가 인터뷰한 몇몇 사람의 광범위한 제안들 중 하나는 학습장애가 있는 모든 아이를 위해 보호자와 멘토들이 공동으로 노력하여 각 개인에게 적합한 포괄적인 계획을 세워야 한다는 것이다. 어떤 면에서 이 방법은 모두에게 평등한 교육을 제공하는 표준적 국가교육의 의무에 반하는 것이다. 그러나 특수교육이 필요한 아동의 경우, 성과를 극대화하기 위해 통합되어야 하는 자신의 강점과 장애의 프로파일이 존재한다. 독일 학교 교사인 Mr. OM은 다음과 같이 정리한다.

우리는 각 학생에 대해 개별적인 전략을 세워야 한다. 이는 시간과 비용이 들지만 아이의 특정 학습장애를 해결할 수 있는 유일한 전문적 방법이다. 주된 문제는 학교에서 선의를 가지고 이 학생들을 위해 특별활동의 교육과정을 조직하는 것이다. 그러나 대부분 그 조직은 개인이 아닌 그룹 전체에 초점을 맞추고 있다.

ADHD 아동의 부모인 Ms. Sally도 비슷하게 말한다.

학습은 다양한 형태와 크기로 이루어진다. 장애가 있는 아이들에게 효과가 없는 방식으로 학습하도록 강요하지 말아야 한다. 전반적으로 다양한 방식으로 학습하는 것은 좋지만, 이 아이들은 특별한 어려움에 직면해 있으므로 똑같은 규정은 적용되지 않는다. 예를 들어, 교육의 최근 추세는 그룹/팀 작업이다. 이는 나의 아들에게 매우 어려우며, 팀 전체를 비참하게 만든다. 아들에게 팀 작업을 하도록 강요하는 것은 더 나은 팀원이 되도록 가르치는 것이 아니다. 아들은 그룹 환경에서 제 역할을 하지 못하기 때문이다. 계속된 이에 대한 강요는 모두를 불행하게 만든다.

이처럼 집단의 노력을 강조하는 것에 대한 핵심은 때때로 옹호가 필요하다는 것이다. 가족은 자신의 아이를 옹호해야 한다. 왜냐하면 가족만이 자녀에게 무엇이 도움이 될 수 있을지에 대해 진정으로 이해하는 위치에 있는 유일한 사람이기 때문이다.

스페인에서 온 Mrs. Mayo는 매우 웅변적으로 말했다. 처음에는 교사와 불가능해 보이는 그들의 과제와 기대에 대해 엄청난 존경을 표했던 그녀는 계속해서 말한다.

그럼에도 불구하고 나는 스페인 교육 체계에 학습장애를 거부하는 구역이 여전히 존재하는 것을 이해할 수 없다. 스페인에는 마치 신의 존재에 대한 의문처럼 여전히 난독증, ADHD, 또는 난서증을 '믿지' 않는다고 말하는 교사들이 있다. 부모가 교사와의 첫 만남에서 자신의 아이에게 학습장애가 있음을 명시한 의료 진단서를 가져왔을 때 교사가 당신에게 '나는 이 진단을 믿지 않는다. 이것은 진짜 장애가 아니며 당신의 아이는 전혀 문제가 없다'라고 말하는지 이해할 수 없다. 이러한 교사들은 자신의 직업을 계속할 수 있으며 처벌을 받지 않는다! 오히려 그들의 수업에 참여해야 하는 아이들은 선생님의 그 리듬을 따라갈 수 없기 때문에 벌을 받고, 추가 과제로 또한 낮은 성적으로 벌을 받을 수 있다.

구조 도입하기

인터뷰의 또 다른 주제는 주의력장애가 있는 학생이 때때로 다른 학생보다 더 오래 외부에서 부과된 구조를 필요로 한다는 사실이었다. 이는 쉽지 않다. 모든 부모는 시간이 지남에 따라 자신의 아이가 자율적이 되도록 키우는 데 어려움을 겪기 때문이다. 주의력장애가 있는 아동의 주요 어려움 중 하나가 과제에 계속 집중하는 것이라는 사실에 맞서서 아이들의 자율성에 대한 요구와 능력 사이의 균형을 맞추는 것은 쉽지 않다. 그러므로 학습장애가 있는 아동에 대한 Ms. Ellen 의 조언은 다음과 같다.

아이의 삶에 구조를 만들어 줘야 한다. 왜냐하면 아동이 스스로 그렇게 하는 것은 매우 어렵기 때문이다. 부모는 ADHD가 있는 아이가 그들의 삶에 일상적인 일과를 하도록 도와줄 누군가가 필요하다는 것을 받아들여야 한다. 예를 들어, 나의 아들에게 10살 무렵 전까지 정기적으로 화장실에 가라고 상기시켜야 했다. 나는 아들이 이리저리 움직이는 모습을 보고 화장실에 갈 시간이라는 것을 알았다. 아들은 스스로 가려고 하지 않았다. 그는 단순히 다른 것들에 대해 너무 많이 생각하고, TV에 나오는 게임이나 영화에 너무 몰두하고 있었다.

Ms. Sally는 비슷하게 다음 전략을 사용하여 ADHD가 있는 아들이 스스로 일상생활을 구성할 수 있도록 돕는 데 집중했다.

서면 알림. 침착하고, 사무적으로 반복되는 지시. 구조화된 규칙. 아침에 양치 전까지는 컴퓨터를 할 수 없다. 그리고 잊었다면 차분히 그것을 상기시켜 준다……. 소리치거나 권한을 금지하는 것은 아이가 다음에 그것을 기억하는 능력을 향상시키지 못할 것이다.

Ms. Ellen의 아들과 비슷하게 Ms. Sally의 아들 또한 그의 또래보다 더 많은 주의 사항을 필요로 한다. "나의 아들은 11살이며, 90%는 양치해야 하는 것을 상기시켜야 한다. 그는 집중한다면 쉽게 15분 안에 할 수 있는 숙제를 끝내는 데 한두 시간이 걸린다." 홍콩 심리학자 Dr. T는 ADHD 아동은 "일관성, 구조, 반복, 그리고 강화"가 필요하다고 간략하게 언급한다.

아이들에게 자신의 성공과 실패에 대한
어느 정도의 통제권 주기

가능할 때마다 학생들에게 학습에 대한 통제권을 부여하는 것도 동시에 중요하다. 일본의 언어치료사인 Mr. Toyota는 "나는 아이들이 사전을 확인하거나, 문자-음성 기능을 사용하거나, 타자를 치는 등 스스로 정보를 얻을 수 있는 방법을 습득하도록 도우려고 노력한다"고 말한다. 마카오의 임상심리학자인 Dr. MC와 미국의 학교심리학자인 Dr. RJ도 학생들이 자신의 실수로부터 배울 수 있도록 발판을 마련하는 것의 중요성을 강조하면서 다음과 같이 말한다.

실패는 종종 솔직하게 혹은 공개적으로 논의되지 않은 학습 과정의 일부이다. 성공은 높게 평가되고 널리 알려진다. 시도하고, 실패하고, 잘못된 것으로부터 배우고, 다시 시도하는 것은 번거로운 것으로 여겨지고 고통스러울 정도로 부끄러운 경험으로 간주된다. 하지만 이는 학습 과정에 필수적인 부분이다. 이 아이들과 함께 공개적으로 이야기해야 한다. 그렇지 않으면 아이들은 너무 빨리 포기할 것이다.

인터뷰에 참여한 호주의 세 교사는 이에 동의한다.

아이를 독립적으로 만들고 부모가 자녀를 위해 모든 것을 하지 않도록 하는 방법을 명시적으로 가르치는 것은 매우 중요하다. 아이들은 실수를 해서 그것으로부터 배워야 하지만 이는 시간, 인내 및 신뢰가 필요하다.

교사들은 "아이들에게 스스로 할 자유를 주어야 한다"라며 아이들에게 적절한 기대를 갖는 것의 중요성을 언급했다.

ADHD가 있는 스위스 남성 Apecu89는 학습장애를 극복하는 데 가장 좋은 조언이 무엇인지에 대한 나의 질문의 답으로 "실패하기, 새로운 전략 세우기, 또 실패하기, 전략 개선하기, 성공, 다시 실패, 전략 다시 개선하기이다. 아이는 이해해야 한다. 나는 학습장애가 있는데 그것이 해결책을 찾아야 하는 이유이다." 인터뷰의 다른 시점에, 그는 아이와 부모 사이의 균형이 숙제를 구조화하는 데 얼마나 중요한지 강조하면서 말했다.

> 나는 (숙제하기를) 강요당했다. 강요하면 안 된다. 이는 장기적으로 효과가 없을 것이다. 물론 아이가 원하는 것을 하도록 항상 허락해서는 안 되지만, 아이가 독립적으로 하는 것이 가장 좋다. 아이에게 한 달의 시간을 주며 "나는 너를 지원할 것이지만, 너는 스스로 공부해야 한다. 네가 원한다면 한계를 정해 주겠다"라고 말하라. 아이가 시험에 통과하지 못하면 무슨 일이 일어나는지 물어보라. 아이가 실패하면 그 결과는 기록되며(매우 중요), 그리고 다시 시험을 봐야 한다. 아이는 실패할 것이나 그것은 문제가 되지 않는다. 아이는 다음달에 다시 시험을 볼 수 있으며, 어머니/아버지가 그 결과에 대해 진지하게 생각하는 것을 알 것이기 때문이다. 아이가 다음 학년으로 진학하기 위해 어떤 성적이 필요한지를 아이에게 설명해야 한다. 부담을 주지 말 것. 그러나 아이는 이해하고, 다시 (부모와 계약을) 체결하고, 자신이 무엇을 해야 하는지를 이해하고 있음을 보여 주어야 한다.

학생들이 자신의 운명을 통제할 수 있도록 하는 아이디어는 중요하다. Barkley(2014c)는 또한 이러한 것들이 아이의 나이와 성숙도를 주의 깊게 고려하여 신중하게 실행되어야 한다고 말한다. ADHD가 있는 아동은 성공과 실패를 모두 경험해야 하지만, 부모와 교사는 이 과정에서 아이의 발판이 되도록 도와야 한다. 즉, 민감한 교사, 부모, 임상가는 아이가 공부 습관, 그리고 더 폭넓게는 자신의 생활을 관리하는 데 어떤 전략이 자신에게 최고로 적합한지를 이해하도록 도와야 한다.

ADHD가 있는 사람이 집중하는 데
도움이 되는 기법들

Robert Jergen(2004)은 자서전의 세 장에서 자신의 ADHD 특성을 고려하여 학습을 촉진하는 데 효과가 있는 기법들을 논의했다. 그의 묘사에서 한 가지 두드러진 특징은 그의 아이디어들이 얼마나 구체적인지이다. 우리 모두는 어떤 셔츠가 가장 좋은지, 일할 때 가장 좋아하는 음악이 무엇인지, 언제 어떻게 잠을 자는지와 같은 다양한 특이함을 가지고 있다. 그가 가장 잘 배우는 방법에 대해 설명한 마지막 장을 읽기 바란다. 그는 빛이 문제라는 사실에 대해 이야기한다. 너무 밝거나 너무 부드러운 조명 둘 다 문제가 된다. 게다가 청각 환경은 매우 중요하다. 사람들 대부분이 조용하지만 기침, 재채기, 말소리, 기계 소음으로 침묵이 깨지는 도서관이나 시험 상황 같이 일정하지 않은 소음에 그는 특별히 고통스러워한다. 많은 사람은 소음 제거를 위해 최근에 출시되는 다양하고 완벽한 헤드폰 사용을 추가로 고려해 볼 수 있다. 일부 헤드폰은 모든 배경 소음을 제거하는 데 도움을 줄 수 있지만 직접적이고 집중적인 청각 자극을 듣게 한다. 나는 그의 관찰 중 많은 부분에 공감할 수 있으며, 학습 방식을 개선하고자 노력하는 사람이라면 누구나 자신에게 효과가 있는 것을 찾을 때까지 계속 다른 기법들(다른 조명, 음악 제거, 일부 음악 듣기, 다른 소리 자극)을 시도해야 하는 점을 강조하는 것은 중요하다고 생각한다. 이는 다른 사람에게 효과가 있는 것과 다를 수 있다.

더 많은 제안은 부록 D에 제시되어 있다. 주의력장애가 있는 사람들을 위한 가장 중요한 제안은 적절한 작업 환경을 만드는 방법과 가능한 한 오랫동안 작업이 지속되도록 보장하는 방법에 초점을 맞춘 것으로 보인다. Apecu98은 지하실, 자기 침실, 부엌, 서재, 할머니 집, 심지어 공부에만 사용되는 큰 테이블의 특정 각도같이 특별히 지정된 공부 공간을 갖도록 권고했다. ADHD와 다른 학습장애가 있는 미국인 Ms. Amy는 관심이 항상 자연스럽게 컴퓨터로 이끌리도록 하기 위해 공부방의 컴퓨터 키보드와 작업 공간을 밝게 하고, 방에 있는 다른 모든 것을 충분히 어둡게 유지하는 것이 얼마나 중요한지를 강조했다.

학생들은 공부 시간에 집중이 흩뜨려질 때 어떻게 방해에 가장 잘 대처할 수 있을까? 일관된 주제는 개인이 주의 산만한 시간에 대해 계획해야 한다는 것이다. 이것은 굉장히 중요하다. 누구나, 특히 주의력장애가 있는 사람들이 단순히 가능한 한 오랫동안 공부를 계속할 계획을 세우는 것은 비현실적이다. 지루한 일에 끝이 보이지 않는다면 우리 모두는 절망할 것이다. Ms. Amy와 Apecu89는 과제나 다른 작업의 진행을 극복할 수 있도록 자신만의 전략을 고안했다. Ms. Amy는 휴식 시간을 계획할 것을 조언한다. 쉬는 시간과 공부하는 시간은 아이가 개별적으로 결정하게 되는데, 나이가 들수록 쉬는 시간을 짧게 하고, 쉬는 시간에 적당한 시간을 할당하는 것이다. Apecu89는 다음과 같이 말한다.

> 짧은 학습: 20분 공부-휴식-20분 공부-휴식. 그러나 이 20분은 온전히 집중해야 한다. 성인인 나는 항상 20분을 공부하고 나서 물/스낵 또는 흡연을 한다. 나는 20분 동안 주의력을 흩뜨리지 않고 공부했다.

또한 Ms. Amy는 휴식 시간이 비교적 짧아야 한다고 언급한다. 이것은 또한 개인의 나이와 능력에 따라 결정되어야 한다. 핵심은 이러한 원칙을 고수하고 생산적인 시간을 만드는 좋은 방법으로 시행하는 것이다.

Ms. Amy가 일부 학생들에게 유용할 수 있다고 추가 제안한 것은 방해 목록을 활용하는 것이다. 이는 외부에서(예를 들어, 사무실이나 집에서 다른 사람이 당신과 이야기하러 오고, 문자나 전화를 받고, 컴퓨터가 이메일이 들어온다는 것을 표시하는 등) 또한 내부에서(예를 들어, 개에게 먹이를 주는 것을 잊었고, 친구를 데려올 준비를 해야 하고, 무언가를 걱정하고, 어떤 여배우가 가수와 데이트하는지를 궁금해하는 것 등) 세상의 끊임없는 방해가 주어진다는 점에서 나에게 공감이 되었다. Ms. Amy는 나중에 후속 조치를 하도록 방해 목록에 방해하는 모든 것을 적도록 조언한다. 이 아이디어는 수면 전문가들이 잠을 더 잘 자고 걱정으로 불면증에 빠지지 않도록 돕기 위해 추천하는 걱정 목록과 유사하다(Holmes, 2017). 이러한 아이디어는 모두 아이가 방해에 압도되지 않도록 하는 데 도움이 된다. 이제 우리는 아이가 주어진 과제를 완수할 수 있도록 어떻게 잘 도울 수 있을지를 다루겠다.

Barkley(2012)의 접근법: 계속 집중하고 구조화하기

'부모를 위한 30가지 중요 아이디어'라는 제목의 유튜브 강연에서 Russell Barkley(2012)는 ADHD가 있는 아동이 집중하고 체계적으로 지낼 수 있도록 돕는 데 초석이 되는 다섯 가지 기본 개념을 제시했다. 이는 모두 ADHD가 있는 사람이 아이디어를 단기기억에 저장하고, 산만하지 않도록 반응을 억제하고, 주의력 자원을 통해 잘 통제할 수 있는 등 자기 조절에 더 많은 어려움을 겪기 때문이라는 전제에 기초한 것인데, ADHD가 있는 아동을 가르치는 기본 원칙은 아이디어를 외부에 유지하는 것이다. 즉, ADHD가 없는 아이들은 자신의 많은 생각과 계획을 마음에 유지할 수 있지만, ADHD가 있는 아이들은 종종 그것들을 구체적이고 가시적으로 보관해야 잊어버리지 않는다. Barkley는 부모와 교사가 이러한 기본 사항들에 집중하고, 해당 아동에게 가장 적합한 방식을 개발할 것을 권장한다.

첫째, ADHD가 있는 아동은 자신의 기억을 외현화했는지 확인해야 한다. 이는 자신이 해야 하거나 고려해야 하는 것들에 대한 물리적인 목록을 갖고 있어야 한다는 것을 의미한다. 이것은 표지판 또는 포스터, 스티커 또는 기타 상징적 표현, 공책 또는 종이의 형태일 수 있지만, 목록은 반드시 외부로 공개되어야 하며, ADHD 아동이 참고하고 추가하고 지속적으로 기억하는 역할을 할 수 있도록 접근 가능해야 한다.

둘째, Barkley(2012)는 ADHD가 있는 아동이 시간 관리를 잘하지 못하는 것에 주목한다. ADHD가 있는 아이들에게 일이 언제 시작되고 끝나는지에 대해 알려 주어야 한다. 그들은 스스로 시간을 관리할 수 없다. ADHD가 있는 아동이 시간을 기록하는 것을 돕기 위해 타이머, 카운터, 시계, 핸드폰 또는 다른 장치를 사용하는 것을 고려해 보라. 어떤 시계와 타이머는 사람이 들을 수 있도록 알람을 울리는 반면, 다른 시계와 타이머는 단지 진동할 뿐이다. 필요한 다양한 기기의 유형과 개수는 ADHD가 있는 사람과 지원 체계에 따라 달라질 것이다. 예를 들어, 십대 청소년들은 학급 친구들이 자신이 시간을 재는 것을 알지 못하도록 진동 타이머를 사용하는 것이 더 나을 수 있다.

Ms. Monica는 추가적으로 아이들이 과제를 완수하는 데 걸리는 시간을 예상하여 그것을 자신의 스케줄에 넣는 습관을 갖도록 제안한다. 많은 아이는 어떤 활동이 얼마나 오래 걸리는지 모르기 때문에 그들이 한 번 해 보고 그 시간을 매일 자신의 일정을 짜는 데 사용하는 것은 도움이 될 수 있다. 이러한 집중은 분명히 아이들에게 일상적인 일과 활동이 얼마나 오래 걸리고 매일이 어떻게 진행될 것인지에 대한 더 나은 감각을 제공한다.

Barkley의 세 번째 기본적인 실천적 핵심은 모든 큰 작업을 더 작은 작업으로 분할해야 한다는 것이다. 그의 모든 조언처럼, 이는 ADHD가 있든 없든 모두에게 유용할 것이다. 하지만 이는 ADHD가 있는 사람들에게 더욱 중요하다. 예를 들어, 4학년인 ADHD 학생이 전체적인 접근으로 독후감을 쓰는 것은 거의 불가능하다. 이 과제는 어떤 아이들에게는 너무 거대하게 들려서 어디서부터 시작해야 할지조차 모른다. 따라서 ADHD가 있는 아이는 스스로 또는 다른 조력자와 함께 그 작업을 감당할 수 있는 작은 작업으로 분할해야 한다. 예를 들어, 독후감은 책을 선택하는 것(즉, 아이가 책이 너무 지루해서 그만 읽는다면 나머지 과정을 진행하기 어렵다), 책을 읽는 것(아이와 책에 따라 한 장씩 또는 한 페이지씩), 책에 대한 전반적인 의견을 형성/표현하고 인용문, 외부 정보 및 자신의 추론을 포함한 예시로 그 근거를 드는 것, 그리고 독후감을 작성하는 것을 포함한다. 독후감의 길이와 형식에 따라 작성하는 것 자체도 일련의 단계를 요구할 것이다. 물론 다른 아이들과 가족은 앞선 내용과는 다른 방식으로 독후감 쓰기 단계를 나눌 수 있다. 여기서 요점은 숙제와 관련된 과제들이 더 작은 과제들, 즉 Barkley가 '아기 단계들'이라고 부른 것들로 나눌 때 달성하기 쉬운 경향이 있다는 것이다. 이것들은 또한 서로 밀접하고 순차적이어야 하며, 각 개별 단계의 수행 사이에 많은 시간이 걸리지 않아야 한다. Barkley는 단계를 사건-반응-결과 순으로 처리하는 것이 가장 쉽다고 주장한다. 예를 들어, 아이는 독후감을 위해 읽을 책을 선택해야 하고(사건), 적시에 선택해서(반응) 행복한 부모, 숙제로 힘들어하지 않는 스트레스 없는 저녁, 또는 놀 수 있는 시간 등과 같은 다양한 결과가 나온다. 이 예는 Barkley의 네 번째 요점으로 이어진다.

ADHD가 있는 아이의 성공을 돕는 Barkley의 네 번째 아이디어는 성공을 위한 동기가 외부적이어야 한다는 것이다. 많은 사람은 적게나마 성공에 대한 막연한 동기를 가지고 있다. 그러므로 주어진 과제가 지루하거나 좌절스럽더라도 성공하기 위해 잘하고 싶기 때문에 힘을 낼 수 있다. 성공은 사람마다 다르지만, 특정 과목에서 최고가 되거나, 고등학교나 대학 졸업이라는 먼 꿈을 성취하거나, 단순히 할 수 있다는 것을 보여 주기 위한 것일 수도 있다. ADHD가 있는 사람에게도 먼 목표가 있을 수 있지만, 이러한 목표는 대부분 완전히 '시야에서 사라져' 있다. 성공을 위한 목표가 없다면 어려운 일을 계속할 동기가 없다. 그러므로 Barkley는 ADHD 아동의 조력자가 즉각적인 보상을 하는 인위적인 체계를 만들어야 한다고 말한다. 이것이 바로 이 아이들에게 학교나 가족 구조에 적합한 토큰 체계나 다른 보상 체계(예를 들어, 종이에 철자 쓰기를 끝내면 컴퓨터로 15분 동안 놀 수 있다)가 중요한 이유이다. 여기서 특히 중요한 것은 아이들이 보상을 얻기 위해서만 과제를 수행한다면 물질주의적인 아이가 될 수 있다는 부모와 교사의 고민을 Barkley도 인정한다는 사실이다. 부모로서, 선생님으로서, 또는 다른 전문가로서 우리는 그러한 물질주의적인 태도를 장려하고 싶지 않다. 그러나 Barkley는 이 점이 ADHD 아이에게 걱정거리가 되어서는 안 된다고 말한다. 기본적으로 이러한 아동에게는 내재적 또는 장기적 동기부여를 위한 내장된 작동 원리가 없으므로 외부적 동기는 ADHD 아동이 서서히 성장하는 오랜 시간 동안 발판이 될 수 있는 방식으로 지속되어야 한다.

이와 같은 보상 기제의 부재는 ADHD가 있는 일부 사람들이 표현하는 변화 및 활동에 대한 필요와 더불어 일부 교육 프로그램을 다른 프로그램보다 더 바람직하게 만든다. 오스트리아, 독일, 스위스에서는 ADHD가 있는 사람들에게 특별히 적합할 수 있는 고품질의 견습 제도를 제공한다. 이러한 교육 제도는 힘들고 공부가 필요하다. 하지만 학생들은 보통 일주일에 하루에서 이틀 정도 공부하고, 나머지 날들은 그들이 선택한 어떤 일이든 직접 해 보는 방식으로 배운다. 대학들이 매우 이론적이고 추상적인 반면, 이들 국가에서 청소년기 중반에 시작되는 견습 제도는 더 실용적이고 실제적이다. 또한 환경에 다양한 변화를 제공하여 학생들이 계속 흥미를 갖고 일에 집중할 수 있도록 한다. 종종 이러한 유형의 견습 제도는 풍부한 환경에서 숙련된 일을 배울 수 있는 기회를 제공하기 때문에 전 세계적으로 효과가 있을 것이라고 생각된다.

Barkley(2012)가 자신의 유튜브 영상에서 제시한 마지막 기본 원칙은 소위 정신적 놀이(mental play)를 통해 ADHD 아동을 돕는 것의 중요성이다. ADHD 장애는 생각과 계획의 측면에서 자기를 조절하는 데 오롯이 집중한다. ADHD가 없는 아이는 어린 시절에 ADHD가 있는 아이보다 더 추상적이고 미래에 대해 더 많이 생각할 수 있다. 이것의 실질적인 시사점은 문제 해결이 손과 신체를 이용한 '여기에 지금(here and now)'의 과정으로 이루어져야 한다는 것이다. 그러므로 수학을 이해하기 위해서 아이들이 손이나 구체적인 물체를 사용하도록 격려되어야 한다. 다시 말하자면 이렇게 한다면 모든 아이에게 학습 초기에 이점이 있지만, Barkley는 ADHD 아동에게 특히 중요하다고 생각한다. 또한 카드로 이야기를 쓰는 방법을 예로 들었는데, 한 가지 기법은 용어처럼 생각을 모두 아이 앞에 배치할 수 있도록 외현화하는 것이다. 아이는 한 아이디어가 생기면 카드에 쓰고, 다른 아이디어가 나오면 다른 카드에 쓰는 것을 계속하면서 여러 아이디어가 생성될 때까지 반복한다. 어느 한 시점에 아이는 많은 카드를 앞에 두고 하나씩 구체적으로 검토하면서 이것들로 이야기를 만들 수 있다.

정서적 유연성 유지하기

Barkley(2016)는 『학교에서 ADHD 관리하기(Managing ADHD in School)』라

는 교사를 위한 책에서 아이들이 학교에서 더 잘 수행하고 집에서 정리 정돈을 더 잘하도록 돕는 것 외에도, 이 아이들이 종종 정신적으로 감정적으로 자기 조절을 위해 하는 노력으로 인해 지치게 된다고 조언한다. 사실 우리 모두가 힘든 일을 견디는 것은 어렵다. 사람들은 집중력을 발휘하고 특별한 노력을 해야 한다. 자기 조절이 어려운 사람에게 이런 노력은 때로 훨씬 더 힘들 것이다. Barkley(2016)는 실행 기능과 관련된 모든 노력을 '이용 가능한 노력의 자원을 고갈시키는 것'이라고 말한다(p. 21). 그렇다면 문제는 어떻게 하면 '자원을 더 빨리 보충할 수 있느냐'이다. 기본적으로 이는 ADHD 학생들이 우리 모두와 마찬가지로 정신적 휴식을 더 필요로 한다는 것을 의미한다. 게다가 다른 사람들과 마찬가지로 ADHD 학생들은 특히 스트레스를 받는 어려운 상황에서 힘든 일을 해야 할 때, 또는 아프거나 혹은 술이나 약물 같은 정신에 변화를 주는 물질의 영향을 받을 때 더 '고갈된다'.

정신적, 정서적으로 지친 ADHD 학생이 자원을 보충하는 가장 좋은 방법은 무엇인가? Barkley는 휴식, 명상, 그리고 시도해 보고 가장 좋아하는 신체 운동을 포함한 몇 가지 활동을 제안한다. 일부 연구들(예: Van der Oord, Bögels, & Peijnenburg, 2012; Zylowska et al., 2008)은 마음챙김 명상이 ADHD가 있는 사람에게 도움이 될 수 있다고 제안했다. 이러한 연구들은 통제 그룹과 비교하지 않아서 항상 명확하고 객관적인 이점을 보여 주지는 않지만, 고려할 만하다. 더 많은 연구가 필요하지만, 자녀가 명상이나 마음챙김 훈련을 즐기거나 효과가 있는 것 같다면 이를 고려할 가치가 있다. Barkley는 또한 그가 말하는 '자기-확인적 진술'(p. 22)을 통해 아이들이 자신의 능력에 대해 더 긍정적으로 느끼도록 격려할 것을 제안한다. 캐나다의 교감이자 특수 교사인 Anna Garito는 인터뷰에서 "나는 최선을 다할 것이고, 나의 능력을 최대한 발휘해서 이 일을 해낼 것이다. 만약 해내지 못하더라도 다시 시도하고 포기하지 않을 것이다"와 같이 말했다. 이것들은 좋은 알림 사항이 될 수 있다. 마지막으로 일이 특히 힘들 때, 특정 시간 동안(Barkley는 10분을 권한다)의 잦은 휴식이 필수적이다. 이 기간 내에는 주어진 상황의 범위 내에서 아이들이 원하는 것을 하도록 허용해야 한다.

Barkley는 또한 보상 개념을 활용할 것을 추천하는데, 아이들이 작업할 때 미래의 보상을 상상하는 것뿐 아니라 주기적으로 그러한 보상을 받는 것을 포함한다. 다시 말하자면 이러한 보상이 무엇이 될지는 아이의 선호도에 달려 있다. 그러나 Barkley가 언급한 ADHD 아동의 '동기 결핍'(p. 20) 때문에 이 아이들을 돕기 위해 체계적으로 보상 체계를 유지하는 것은 중요하다.

일부 ADHD 아동에게 가장 보상이 되는 것은 비디오 게임이다. 전쟁이나 경주에 초점을 맞춘 이러한 몇몇 게임은 특히 ADHD 아동에게 매우 매력적이다 (Maucieri, 2016). 실제로 일부 ADHD 아동은 심지어 비디오 게임에 '초집중'한다. 그들은 다른 거의 모든 것을 배제하고 게임에 매우 심혈을 기울인다. 비디오 게임은 즉각적이고 재미있는 보상 체계를 제공한다. 이러한 게임들은 하는 시간이 제한되어 있는 한, ADHD 학생들에게 실제로 도움이 될 수 있다.

나는 ADHD가 있는 Arnaldo라는 십대 소년을 알게 되었는데, 그는 내가 모르는 언어인 이탈리아어를 모국어로 한다. 나는 스위스의 큰 그룹 모임에서 몇 년 동안 그를 보았고, 매번 나는 그에게 미소를 지으며 고개를 끄덕였다. 그의 ADHD가 심해서 학교에서 영어를 배우지 않았다는 것을 알았고, 그래서 대화하지는 않았다. 어느 날, 나는 들을 수 있는 거리에서 그에 대해 '잘생겼다'고 남들에게 말했고, 그의 반응을 바탕으로 그가 내 말을 이해했다고 생각했다. 그날 저녁 늦게 나는 그가 혼자 있는 것을 발견하고 영어로 천천히 영어를 할 줄 아느냐고 물었다. 그는 이 질문과 이 뒤의 질문에 완전한 영어 문장으로 대답했다! 깜짝 놀란 나는 마침내 그에게 학교에서 영어를 배우지 않았다면 어떻게 배웠는지 물었다. 그의 대답은 '그랜드 테프트 오토(Grand Theft Auto)'였다. 이 인기 있는 컴퓨터 게임은 그와 비슷한 다른 사람들에게 매우 큰 보상이 되었고, 심지어 그에게 훌륭한 영어 기술을 가르치는 감동적인 효과를 주었다. 따라서 ADHD와 컴퓨터 게임에 대한 만트라(주문, 진언)는 컴퓨터 게임을 제한하지만, 완전 금지하지 않는 것이 ADHD가 있는 사람에게 보상을 줄 때 중요하다는 것이다.

마지막으로 Barkley는 '긍정적인 감정 일으키기'(p. 22), 그리고 아이들이 작업하는 동안 포도당이 풍부한 것을 마시게 하는 것은 감정적이고 인지적인 자원을 보충하는 데 도움이 될 수 있다고 제안한다. ADHD에 관하여 식단에 초점을 맞추는 것이 상대적으로 인기가 있었다는 점을 고려할 때, 일부 사람들은 두 번째 제안에 대해 궁금해한다(예: Stevens, 2018). 실제로 인터넷에 ADHD와 설탕을 입력하면 그 둘 사이의 연관성에 대한 엄청난 수의 논쟁을 발견할 것이다. Barkley(2014c)의 주장은 뇌가 모든 종류의 복잡한 계산을 수행하기 위해 포도당을 필요로 하며, ADHD 아동이 스포츠 음료나 주스와 같은 포도당이 있는 음료를 마신다면 도움이 될 수 있다는 것이다. 이러한 음료가 자녀에게 유용한지 알아보기 위해 적당한 양의 음료로 실험해 보는 것은 좋은 생각일 것 같다. 긍정적인 감정을 촉진시키려는 것은 항상 좋은 아이디어이고, 아이를 잘 아는 부모와 교사는 아마도 아이에게 가장 적절한 방식으로 이 아이디어를 실행하기 위해 최선을 다할 것이다. ADHD가 있는 아동이 학교에서 최적의 성과를 낼 수 있도록 돕기 위한 이러한 다양한 행동 기법을 검토했으므로 이제 이 아이들에게 자주 고려되는 ADHD 관리의 다른 측면인 약물치료에 대해 논의하겠다.

약물치료

ADHD 아동의 부모가 직면하는 주된 난관 중 하나는 자녀의 주의력장애를 돕기 위해 약의 복용을 장려할지 아니면 허락할지 여부의 문제이다. 약물치료는 읽기나 쓰기장애 그 자체를 치료하는 데 사용될 수 있는 것은 아니며, 적어도 지금까지 그 장애가 있는 사람들에게 광범위하게 도움이 된다는 강력한 증거는 없으나, 약물이 ADHD 아동의 집중을 돕는 데 종종 효과가 있다는 사실을 강조하는 확고한 연구들이 있다(예: Faraone et al., 2015 참조). 실제로 Barkley(2014b)는 ADHD가 있는 대부분의 어린이와 일부 성인을 위해 약물에 대한 비교적 강한 믿음을 갖고 있다. 그는 ADHD가 있는 사람들에게 '일상적인 약물 사용은 기능을 거의 정상화시키는 결과를 가져올 수 있다'(p. 368)고 주장하며, 계속해서 '이는 의심할 여지없이 지난 15년간의 신경 영상 연구에서 발견된 가장 놀라운 발견 중 하나이다'(p. 386)라고 말한다.

Barkley(2014d)는 또한 미디어와 일반 대중이 뇌에 미치는 그러한 약물의 잠재적인 문제에 대해 종종 염려한다는 것을 인정한다. ADHD 약물이 뇌에 장기간 악영향을 미친다는 증거는 많지 않지만(예: Faraone et al., 2015), 이러한 약물 사용 결정이 일반적으로 가족에게 쉽지 않은 것도 사실이다. 실제로 아이들의 학습을 돕기 위해 약물치료를 사용하는 것이 건강, 성격 또는 아이의 핵심에 큰 대가를 치르게 한다는 양가감정이 지역사회 전반에 걸쳐 퍼져 있다.

이러한 양면성의 좋은 예로 미국의 Sally가 있다. 주의력장애가 있는 아이들이 약물을 복용해야 하는지에 대한 나의 질문에 대한 답으로 ADHD 소년의 어머니인 Sally는 이렇게 말한다.

> 아이들은 약을 복용해야만 할까? 나는 뇌가 아직 발달 중인 아이에게 자연적인 발달을 방해할 가능성이 있는 어떤 것도 주어서는 안 된다고 생각한다. 남편과 나는 이 주제에 대해 매우 고민했다. 나는 발달 중인 뇌에 꼭 필요하지 않은 화학물질을 주고 싶지 않았다. 하지만 아들이 다니는 학교에서는 아들에게 약을 먹이거나(아들이 약 7살이었을 때) 아니면 홈스쿨링을 하라고 우리를 압박하고 있었다. 물론 실제로 그렇게 말로 하지는 않았지만, 다음과 같은 선생님의 말은 그런 의미였다. '나는 우리가 아이의 이런 계속되는 행동 문제로 그를 감당할 수 없을 때 일주일에 하루나 이틀씩 그를 집으로 보내야 할 것 같아 걱정된다. 그러면 우리는 결국 그를 정학시키거나 퇴학시켜야 할 것이다.'

Sally는 계속해서 말한다.

> 나는 전적으로 교사들을 이해하고 비난하지 않는다. 특수교육 대상자를 일반교육 제도에 수용하는 통합교육 제도에서 모든 교사는 자신의 에너지와 관심을 흡수하는 2~4명의 문제 아동을 돌보게 된다. 우리는 그 당시 캘리포니아에 있었고, 많은 학교는 행동 문제가 있는 아이들을 다룰 자원이 없었다. 그건 끔찍하고

극복하기 어려운 상황이었다……. 그래서 결국 우리는 약 복용이 절대적으로 필요하다고 결정했고, 아이가 학교에 가는 날에만 최소한으로 복용시켰다.

이 주제에 대해 인터뷰했던 대부분의 사람은 이를 매우 복잡한 개인의 선택이라고 비슷하게 느꼈다. 독일 학교 교사인 Mr. OM은 다음과 같이 언급했다.

(약물을 사용할 때) 최고의 행동을 보여 주는 학생들이 있다. 그러나 그들은 느려진 것 같고, 일부는 심지어 '나 자신이 편하지 않다'고 말하기도 한다. 다른 학생들은 약이 그들의 작은 세상을 정리하는 데 도움이 된다고 보고한다. 내 생각에 약리학적 치료는 다양한 치료의 일부여야 한다. 항상 다른 것(예를 들어, 행동치료, 게슈탈트치료 등)과 함께 진행되어야 한다. 단순한 약물치료는 아무것도 바꾸지 않는다.

오스트리아의 교육심리학자 Erika Barker-Benfield는 처음에는 주의력장애에 대한 약물 사용에 반대했지만, 약물치료의 혜택을 받은 여러 고객을 알게 된 후 수년에 걸쳐 그녀의 관점이 바뀌었다. 그녀는 약물을 사용하는 이유는 두 가지라고 말했다. 첫 번째는 이 책에서 중점을 두고 있는 교육적인 문제와 관련이 있고, 두 번째는 사회적인 문제와 관련이 있다.

그들은 친구가 없으며, 충동적이지 않기가 매우 어렵다. ADHD는 일종의 스펙트럼이다. 조금이라도 증상이 있다면 치료를 받아 보라. 정말로 큰 문제라면 약물치료가 필요할지도 모른다. 여섯살이나 일곱살짜리 아이가 아무도 자신을 좋아하지 않고, 친구도 없고, 학교를 견디지 못하고, 선생님이 자신을 싫어하기 때문에 더 이상 살고 싶지 않다고 말할 때 당신은 무언가를 해야 한다.

그녀는 특히 부모의 걱정을 고려해서 많은 사람이 지지하는 타협안으로 결론을 내린다. "나는 한 아이를 진단한 후에 항상 다른 모든 것을 먼저 시도하겠다고 말한다. 만약 변화가 없다면 약물치료를 시도할 것이다."

물론 증상의 심각성도 ADHD에 대한 접근법에 크게 영향을 미칠 수 있다. 마카오의 임상심리학자 Dr. MC는 다음과 같이 언급한다.

> 그것은 아이의 주의력장애의 심각성과 기능에 미치는 영향력에 달려 있다. 행동 접근, 운동, 심지어 뇌 휴식과 향상된 수면이 주의력에 큰 차이를 줄 수 있다고 생각하기 때문에 나는 보통 부모님께 약을 권하지 않는다. 모든 것이 실패할 때 이탈, 학습된 무력감, 우울증의 악순환을 억제하기 위해 약물치료를 강력히 추천할 것이다. 이렇게 심각한 경우에는 손실이 너무 크다.

ADHD의 영향을 억제하는 데 도움이 되도록 약물의 사용 여부를 결정할 때, 몇 가지 요소를 고려해야 한다. 첫째, 주의력장애의 특성, 특히 앞에서 설명한 증상의 심각성을 충분히 이해해야 한다. 특히 주의력장애가 과잉행동(예를 들어, DSM-5) 증상과 함께 발생하는지 여부를 아는 것이 중요하다. 둘째, 아이의 가정환경이 중요하다. 이는 다양한 측면을 포함한다. 연구자와 임상가는 재정적 어려움부터 부모의 불화, 가정 내 총기 소지에 이르기까지 가정 내 어디에서든 문제가 발생할 수 있다고 지적한다(Faraone et al., 2015). 가정 내 총기 문제는 세 번째 요소, 즉 문화적 측면을 고려하는 것의 중요성을 강조한다. 임상가들이 ADHD 약물과 관련하여 총기를 생각하는 세계 유일의 국가는 아마도 미국일 것이다. 하지만 문화적 신념에도 기본적인 차이가 있음을 고려해야 한다. 예를 들어, Faraone 등(2015)은 개관 연구에서 ADHD에 대한 약물 수용에 있어서 미국인과 유럽인 사이의 몇 가지 차이점을 언급한다. 미국인은 치료 초기에 약물을 고려할 의향이 더 크고, 유럽인은 다른 가능성이 없어진 후에야 약물치료를 고려할 의향이 있다(예: Atkinson & Hollis, 2010).

다양한 문화적 태도는 거의 또는 전혀 연구되지 않았지만, ADHD의 약물 사용에 대한 일반적인 생각에 영향을 미친다. 예를 들어, 일부 유럽 국가들은 미국과 비교하여 동종 요법(homeopathic cures)을 실제 약물로 받아들이는 경향이 더 크다는 일화적인 증거가 있다. 중국 전통 의학도 역시 ADHD의 해결책으로 일부 그룹에서 인기가 있었다. 어떤 사람들은 ADHD를 치료하거나 존재를 부인하기 위해 종교나 사이언톨로지(Scientologists)와 같은 다양한 사이비 단체에 호소한다. 이러한 접근법 중 어느 것도 과학에 의해 뒷받침되지 않으며, 효과도 없다.

　임상가와 의사는 약물치료를 고려할 때 아이의 나이와 증상의 심각성에 초점을 맞춰야 한다. 대부분의 사람은 약물 사용의 장기적인 결과에 대한 지식이 부족하기 때문에 약물을 가능한 한 가끔만 사용해야 한다는 것에 동의한다. 약물 사용을 지지하는 사람들은 일반적으로 초등학교 이상의 학생들에게만 사용되는 것을 선호하며(예: Atkinson & Hollis, 2010), 시간이 지나면서 단계적으로 중단되기를 원한다.

최적의 ADHD 약물 사용 방법

　따라서 약물이 ADHD가 있는 사람들에게 종종 효과가 있는 것은 분명하지만, 이러한 약물이 부작용도 가져올 수 있음을 인정해야 한다. 약물과 ADHD를 이해하는 많은 사람이 표현하는 양면성을 통해 이러한 약물을 가장 잘 사용하는 방법에 대한 의견을 살펴볼 필요가 있다. 따라서 세계의 다양한 관점에서 약물치료에 대한 최선의 접근법이 무엇인지에 대해 고려해 보고, ADHD가 있는 개별 아동의 이익을 고려해 보겠다.

　독일의 소아과의사인 Theresia Stoeckl-Drax는 개인 맞춤형 신경 피드백(neurofeedback) 방법을 선호하지만 명확한 기준이 있는 약물의 이점을 인정한다.

　약물은 즉시 작용하기 때문에 이로울 수 있다. 그러나 나의 경험상 필요한 복용량은 종종 제약업계가 제안한 것보다 훨씬 적다. 예를 들어, 어린이와 청소년은 거의 부작용 없이 하루에 10mg과 같은 소량의 '서서히 방출되는 MPH(Methylphenidate Hydrochloride: 메틸페니데이트염산염)를 복용하면 큰 혜택을 얻을 수 있다. 따라서 내가 권장하는 약물 사용은 가능한 적게 그리고 필요한 양만큼이다. MPH의 경우 신체적 의존성이 없는데, 이는 학교에 가는 날에만 복용할 수 있다는 것을 의미한다.

내가 따로 면담했던 네덜란드인 어머니와 아들은 ADHD의 약물치료에 대해 거의 같은 의견이 있는 것으로 보인다. 아이들이 배우는 동안에는 약을 복용하는 것이 유용할 수 있고, 아이가 자라면서 중단될 수 있다는 의견이다. 약물이 주의력장애 아동에게 사용되어야 하는가에 대한 나의 질문에 대한 답으로 ADHD가 있는 17세 피터는 다음과 같이 말했다.

학교에 가는 날에는 "예" 주말에는 "아니오"란 ADHD가 실제로 무엇인지, 자신의 마음에 어떤 작용을 하는지 아이에게 알게 해 준다. 아이가 자라면 ADHD에서 오는 충동을 알아차릴 수 있을 것이고, 그 충동이 일어나는 것을 막으려고 노력할 것이고, 궁극적으로 그 충동에서 벗어나 성장할 것이다.

그의 어머니인 Ms. Ellen은 약물치료와 ADHD의 경험에 대해 다음과 같이 말했다.

어린 나이의 아이들이 항상 ADHD와 관련된 문제들을 이해할 수 있는 것은 아니다. 약물치료는 더 평화로운 마음 상태를 제공할 수 있다. 6세나 7세 때부터 나의 아들은 약을 복용하면 주변 사람들이 자신을 더 잘 받아 주는 것 같다고 말했다. 물론 그 이유를 정말로 이해하지는 못했지만, 약을 복용하는 것의 이점을 느꼈다. 15세 이후에 아들은 약 복용을 중단할 것을 제안했다(그리고 2년 후, 약을 더 이상 먹지 않았다). 그 무렵 아들은 ADHD가 무엇을 의미하는지, 혼자서 어떻게 대처해야 하는지 더 잘 이해할 수 있는 것 같았다. 자신의 집중력 부족과 안절부절못함을 해결하기 위해 다른 방법을 배우고 받아들이기 시작했다. 스포츠는 아들이 ADHD에 대처하는 것을 돕는 방법으로 점차 더 중요해졌다.

약물의 종류 또한 아이의 프로파일에 따라 달라진다. 예를 들어, 자극제는 약물 사용 문제가 있는 ADHD 아동에게는 일반적으로 제공되지 않는다. 이러한 학생들의 경우에 자극제를 과다 사용하거나 다른 학생들과 공유할 수 있다는 우려가 있다(예: Wilens et al., 2008). 그러나 동시에 몇몇 연구는 ADHD용 자극제가 흡연과 같은 약물남용에 대해 보호 효과를 주거나(예: Schoenfelder, Faraone, & Kollins, 2014) 혹은 아무런 영향이 없음을 보여 주었다(예: Bierman et al., 2008). 게다가 만약 아이가 동반이환 증상이 있다면 이러한 것들을 고려해야 한다. 예를 들어, 불안이나 우울증이 있는 어린이의 경우에는 아토목세틴(Atomoxetine)이 일부 아이들에게 효과가 있는 것으로 보인다(예: Kratochvil et al., 2005).

난독증 딸을 둔 Mrs. Mayo는 이것에 특별히 주목했다. 그녀는 말했다.

> 약물치료는 교육적 지원이나 인지 및 행동치료와 같은 다른 자원들만큼 우리 딸이 장애에 대처할 수 있도록 도와주었다. 우리에게 가장 어려운 점은 학교에 있을 때 딸이 느끼는 극도의 불안감을 다루는 것이었다. 우리는 (육체적 및 심리적) 증상을 인식하는 법과 위기에 대처하는 법을 배워야 했다. 우리의 경우에는 약물치료도 도움이 되었다. 정신과의사의 도움으로 우리는 메틸페니데이트(Methylphenidate) 대신 아토목세틴을 사용하기로 결정했고, 딸의 불안 증상에 좋은 선택이었다.

실제로 아토목세틴은 연구자들 사이에서 ADHD에 효과적인 것으로 인식되고 있다(예: Barkley, 2014d). 아토목세틴은 ADHD와 난독증이 모두 있는 아이들에게도 어느 정도 도움이 될 수 있다(Shaywitz, Williams, Fox, & Wietecha, 2014; Shaywitz et al., 2017). 전반적으로 어떤 이유로든 약물이 자녀에게 효과가 없다면 전문가의 조언을 통해 몇 가지 대안을 고려해 볼 수 있다.

ADHD 약물에 대한 더 솔직한 견해

약물이 ADHD에 사용될 때, 나의 면담자들은 어떠한 결과를 경험했을까? 이는 부분적으로 개인의 경험에 달려 있고, 부분적으로는 역할에 달려 있다. 나는 약물 사용에 대한 몇 가지 개인적인 의견을 강조함으로써 이 장을 마무리하고 싶다. 내가 여러 문헌을 읽어본 후에 ADHD를 위한 약물치료가 전반적으로 학교에서 이 장애로 많이 힘들어하는 아이들에게 매우 좋은 제안이라고 더 확신하게 되었지만, 교육자와 부모의 우려도 이해한다. 일부 부작용은 현실이며, 보호자들은 약물이 사용될 때 약물, 복용량 및 전체적인 접근 방식이 아이에게 최적화되도록 아이와 함께 노력해야 한다. 그러므로 면담자들의 의견은 여기서 중요할 수 있다.

예를 들어, Dr. L은 난독증과 ADHD 환자들을 자주 보는 홍콩의 소아과의사이다. 그녀는 많은 환자를 진료했다. 그녀는 ADHD 환자에게 약물을 사용하는 것이 비교적 빠르고 효과적이며, 부작용은 대부분 상대적으로 관리 가능하다고 생각한다.

미국인인 ADHD 아들을 둔 어머니 Sally는 다음과 같이 말한다.

- 장점: 약은 학교에서 아들의 집중력과 행동에 많은 도움을 주었다. 그리고 바로 올해 우리는 마침내 아들을 약물 사용 없이 학교에 보낼 수 있었다(그는 이제 10세이고 7세부터 복용하기 시작했다).
- 단점: 아들은 오후에 집에서는 자극제 효과가 떨어져 짜증이 나고 반항적이며 비합리적이 될 것이다. 자극제 효과 때문에 낮에는 배가 고프지 않았지만, 먹지 않으면 혈당이 떨어져 짜증을 내고 적대적일 것이다. 그래서 우리는 아들이 원하지 않아도 학교에 가는 아침에 적은 양의 음식을 먹게 했다. 선생님에게도 점심시간에도 똑같이 해 달라고 부탁했다. 이런 음식에 대한 건강하지 못한 태도가 생길까 봐 걱정이 된다(우리는 주말에 약을 먹이지 않았

고, 주말에는 절대로 음식을 '먹이지'도 않았다. 하지만 그는 약을 먹지 않았기 때문에 보통 주말에는 식욕이 좋았다).

Ms. Aiyada도 같은 것을 발견했다. ADHD가 있는 딸이 더 잘 앉아 있고 더 잘 배울 수 있었지만, 가족은 그녀가 잠을 잘 못 자고 나쁜 꿈을 꾸고 식욕이 없어서 결국 약을 포기했다. "어머니, 나는 이 약이 내게 미치는 효과가 마음에 들지 않아요"라고 딸이 말했다.

Jonny의 아버지인 Mr. Joe는 Jonny에 대해 다음과 같이 말한다.

아들은 매우 어린 나이부터 리탈린(Ritalin)을 복용했고, 엄청나게 개선되었다. 그러나 자라면서 아들은 부작용 때문에 약 복용을 거부했다. 특히 흥미로운 점은 약을 복용하면 '좀비'가 된 듯한 경험을 한다는 것이다. (우리가 리탈린을 복용해보지 않았기 때문에) 그것이 무슨 의미인지 확실하지 않지만, 아이가 놀 때 친구와의 상호작용, 즉 감정이나 생동감의 부족과 관련된다고 생각한다. 이는 쉽게 무시할 수 없는 느낌이다.

홍콩의 교육심리학자 Ms. AG는 ADHD 치료로 약물을 복용한 세 명의 내담자에 대해 다음과 같이 소개했다.

ADHD가 있는 2학년 소년은 약물 복용 후 주의력, 학습, 행동, 감정, 자신감이 상당히 개선되었다. 소년은 '똑똑한 약'이 자신에게 정말로 많은 도움을 주었고, 그는 이것에 대해 매우 기뻤다고 의견을 주었다.

ADHD가 있는 9학년 소녀는 몇 주 동안 약물을 복용한 후에 학업성취도 검사에서 이렇게 좋은 성과를 거둔 적이 없었다고 밝혔다. 공부 효과는 향상되었고, 부주의한 실수를 덜 했다. 하지만 소녀의 어머니는 약물의 부작용을 걱정했고, 학교에 가지 않는 날에는 약을 먹지 못하게 했다.

마지막으로 ADHD가 있는 10학년 소년은 약물치료의 부작용(식욕 없음, 어지러움)을 견딜 수 없었다. 그는 약의 부작용 때문에 성적이 더 나빠졌다고 밝혔다. 그래서 약을 사용하지 않기로 결정했다. 대신 그의 건망증과 부주의에 대처하는 것을 돕는 몇 가지 다른 방법을 시도했다.

일본의 언어치료사 Mr. Toyota는 다음과 같이 언급한다.

약 복용 후 아이들은 더 효율적으로 과제에 집중할 수 있고, 일부 아이들은 교사나 부모님에게 칭찬을 받으며 자신감을 회복한다. 반면, 아이들은 약을 먹지 않으면 완벽하지 않다고 걱정할 수도 있다.

자신감과 ADHD 간의 이러한 연관성은 이 문제에 관한 흥미로운 관점이었다. 캐나다 초등학교 교사인 Ms. Leah는 말한다.

아이들이 학습에서뿐만 아니라 자신감이 급상승하는 극적인 변화를 나는 너무나 많이 보았다. 부작용에 대한 걱정 없이 비교적 짧은 시간 동안 '시도'할 수 있기 때문에 더 많은 부모가 자신의 아이에게 어떤 영향을 미치는지 보기 위해, 그리고 그것이 영구적일 필요는 없다는 것을 알아주고 더 시도해 보길 바라는 마음이다.

ADHD와 약물을 이해하기 위한 논쟁은 오랫동안 계속될 것이다. 이 논쟁의 상당 부분은 모든 아이가 학습장애에 대해 매우 다른 경험을 한다는 사실과 관련이 있다. 학생들이 ADHD로 인해 분명한 불이익을 많이 받을 때 약물은 당연히 고려되어야 한다. 그러나 부모, 아이 본인, 교사, 그리고 전문가로 구성된 팀이 함께 약의 종류와 복용량을 모니터링하여 가능한 한 부작용을 피해야 한다. 우리 모두는 그러한 약물에 대해 다르게 반응할 것이고, 최선의 치료법을 찾기 위해서 약의 긍정적인 효과와 부정적인 면을 함께 따져 봐야 한다. 또한 약물 사용은 ADHD 아동을 위해 조력하는 전체 팀에 의해 일관되게 실시되는 다양한 행동과 최적 학습 전략의 일부분이어야 한다. 이렇게 함으로써 아이의 학습이 모든 각도에서 효과적으로 지원되도록 해야 한다.

결론

이 장에서 나는 연구 전문가들과 본인이나 자녀에게 ADHD가 있는 사람 모두에게 이 학습장애를 관리하는 방법에 대한 조언을 요약하려고 노력했다. 일부 행동 개입은 주의 산만함을 예방하거나 적어도 최소화하는 방법에 초점을 맞춘다. 어떻게 하면 ADHD가 있는 사람들이 정신적으로 '길을 잃지' 않도록 할 수 있을까? 일부 행동 개입은 관련 과제를 달성하기 위해 해야 하는 것, 특히 과제에 쉽게 접근할 수 있도록 외현화하는 Barkley(2012)의 주장에 더 중점을 두었다. 그후 ADHD 관리를 위한 약물치료의 중요성을 고려했다. 물론 민감하고 논란의 여지가 있는 질문이지만, ADHD가 있는 사람들이 적절한 약의 사용으로 좋은 효과를 본다는 많은 증거가 있다. 그럼에도 불구하고 ADHD가 있는 아이에게 집중하는 모든 사람은 약물의 종류, 복용량, 사용 시기(항상 또는 학교 갈 때에만), 그리고 모든 부작용에 대해 신중하게 고려해야 한다. 이러한 문제에 대해 충분히 알고 있을 때, ADHD 아동의 보호자는 이 아동의 학습 결과를 최적화할 수 있는 결정을 내릴 수 있다. 다음 장에서 우리는 매우 다른 내용인 학습장애가 있는 아이들, 그리고 실제로 모든 아이가 읽기 이해력과 작문을 극대화할 수 있는 방법으로 주제를 옮겨 보겠다.

제 10장

학습을 위한 읽기와 쓰기:
독해와 작문 향상을 위한 제안

- 언어
- Snow의 독해 모형: 텍스트의 본질
- 작문의 예술
- 요약

독해와 작문은 일반적으로 사고하는 데 포함된 거의 모든 능력을 포함하는 듯하다. 예를 들어, 독해는 눈의 움직임과 음성 인식에서부터 언어 처리와 기억 능력, 그리고 아이디어에 대한 합성과 가설을 세우는 것에 이르기까지의 모든 과정을 포함한다. (⋯) 고차원적인 글의 이해와 산출을 증진시키기 위해 우리가 할 수 있는 것은 무엇이든 환영해야 하며, 이는 전반적으로 문식성 학습의 진행을 촉진하기 때문이다.

이 책은 지금까지 난독증과 난서증, 즉 단어 수준의 문식성에 국한된 장애에 관한 주제를 다루었다. 연구자들은 단어 읽기 문제가 있는 사람들과 독해 및 작문과 관련된 소위 고차원적 장애가 있는 사람들을 명확하게 구별한다. 이 책은 이해의 장애나 자신의 표현 장애가 있는 사람들에 대한 것이 아니다. 독해와 작문은 일반적으로 사고하는 데 포함된 거의 모든 능력을 포함하는 듯하다. 예를 들어, 독해는 눈의 움직임과 음성 인식에서부터 언어 처리와 기억 능력, 그리고 아이디어에 대한 합성과 가설을 세우는 것에 이르기까지의 모든 과정을 포함한다. 이것은 난독증과 관련된 어려움에 관한 책의 범위를 훨씬 넘어서는 주제이다. 동시에 독해의 증진이나 더 나은 작문을 위한 기본적인 요령들이 있는데, 이는 모든 아이에게 도움을 주지만 항상 명시적으로 가르치는 것이 아니다. 따라서 여기서 나의 목표는 독해력을 증진시키는 몇 가지 요령을 주려는 것이다. 아이들의 고차원적인 글의 이해와 산출을 증진시키기 위해 우리가 할 수 있는 것은 무엇이든 환영해야 하며, 이는 전반적으로 문식성 학습의 진행을 촉진하기 때문이다.

언어

언어로 시작해 보자. 독해와 작문의 중요한 측면 중 하나는 언어를 처리하고 산출할 수 있다는 것이다. 인쇄된 글은 여러 면에서 단순히 쓰인 형태의 언어이다. 이상하게 들릴지도 모른다! 물론 여러분은 쓰기를 말로 하는 단어를 적는 것이라고 생각한다.

그러나 이 생각에는 많은 예외가 있다. 예를 들어, 상을 받은 소설이 쓰인 것과 똑같은 방식으로 말하는 것을 듣는 건 드물다. 마찬가지로 설명서나 기술적인 과학 기사는 고유한 형식으로 쓰일 수 있다. 심지어 매우 복잡하고 기술적인 문제에 대해 말할 때에도 사람들은 같은 문제에 대해 글을 쓸 때와 다르게 소통한다.

말하기는 쓰기보다 더 많은 반복, 더 많은 멈춤, 더 많은 '아' '음' 같은 대기 발언 (filler word)이 포함된다. 형식적 대 비형식적 아이디어는 독해와 작문이 여러 수준에서 고려될 수 있고, 고려되어야 하는 많은 이유 중 하나이다. 나는 어렸을 때 부모님이 저녁에 뉴스를 봤던 것을 아직도 기억한다. 뉴스는 텔레비전에서 나오고 있었고, 그날의 메인 기사들을 시청하는 것은 부모님에게 중요했다. 내가 듣고 있던 것은 모국어인 구어였고, 글로 쓰인 것이 아니었다. 하지만 뉴스 진행자들의 말하는 방식이 7, 8세의 내 수준을 자주 벗어났다는 것을 분명히 기억한다. 나는 그들과 같은 영어를 모국어로 말하고 있었지만, 어휘, 구문, 그리고 무슨 일이 일어나고 있는지 이해하기 위한 배경지식은 종종 내 수준 밖이었다. 여러분이 전문적 지식이 없거나 적은 분야에 대해 작성된 비교적 복잡한 실증 연구 논문을 이해하려고 한다면 성인으로서도 비슷한 경험을 할 수 있다. 예를 들어, 내가 종교학의 역사에 대한 논문을 읽으려고 했을 때 나의 수준을 넘어서는 복잡성에 직면했다. 동시에 우리는 들을 때 필요로 하는 것과 똑같은 이해 기술을 읽을 때에도 사용한다. 우리는 말하거나 쓰인 것을 기억해야 하고, 전달된 아이디어를 요약해야 하며, 때때로 문장에 대한 이해를 확인하고, 무엇이 전달되고 있는지 이해하려고 노력하기 위해 배경지식을 사용한다.

그러므로 아이들을 위해 할 수 있는 한 가지는 아이들이 언어를 처리하는 데 일반적인 많은 경험을 갖도록 하는 것이다. 아이들과 함께 이야기를 읽을 때 좋은 접근법은 주기적으로 이야기에서 무슨 일이 일어나고 있는지 질문하는 것이다. 다음에 무슨 일이 일어날까? 등장인물의 기분은 어떨까? 이 상황에서 너도 그렇게 할 거니? 왜 그럴까 혹은 왜 그렇지 않을까? 이와 유사하게 아이들이 스스로 또는 다른 사람과 실제로 게임을 하면서 이야기를 지어내도록 장려할 수 있다. 이는 이후 작문을 위한 기초를 형성한다. 예를 들어, 아이들은 둥글게 앉아 일관성 있는 이야기를 만들기 위해 앞 사람의 이야기를 이어 한두 단어나 문장을 지어내야 할 수도 있다. 이 게임은 종종 우스꽝스럽거나 매우 재미있는 이야기나 상황을 가져온다. 이는 언어 산출과 이해를 촉진시키는 훌륭한 방법이다.

아이들과 정기적으로 긴 대화를 나누는 것도 도움이 된다. 어른들과의 대화에서 아이들은 새로운 어휘를 배우고 복잡한 문장 구조에 노출된다. 아이들은 이런 식으로 가치 있는 새로운 정보를 얻는다. 정보 교환을 포함하는 대화를 하는 것은 특히 새로운 것을 배우기 쉽게 만드는데, 이는 아이들이 이해하지 못한 대화의 내용을 명확히 하기 위해 질문을 할 수 있게 해 주기 때문이다. 정보의 교환은 유튜브, 영화, 텔레비전에서 이야기의 흐름을 보거나 혼자서 글을 읽을 때는 불가능하다.

전반적으로 언어 이해와 작문의 중요성은 비교적 범위가 좁은 단어 재인과 단어 쓰기 기술보다 크다. 이것은 인간이 의사소통하는 방법이다. 대부분은 아니지만 많은 난독증과 난서증이 있는 사람은 자신이 배운 내용에 대해 매력적인 제작물과 평가를 만들어 낼 수 있는 훌륭한 의사 소통자들이다. 단지 그들은 쓰기 형태로 이것을 최적으로 할 수 없다. 인쇄된 형태의 단어 읽기나 쓰기가 아이의 언어 역량보다 훨씬 낮다면 부모와 교사는 독해나 작문 활동을 구두로 할 수 있도록 함으로써 어느 정도 아이에 맞게 조절하는 것이 중요하다. 이것이 이상적인 것은 아니다. 하지만 이는 아이가 언어 능력을 나이에 맞는 수준으로 계속 발전시키도록 도와주며, 난독증이나 난서증을 독립적인 구성 요소의 장애로 취급하여 별도로 다뤄야 하는 데 도움이 된다.

읽기와 쓰기를 위한 언어 능력에 대해 폭넓게 이야기했고, 이제부터 독해에 가장 중요한 구성 요소에 대한 분석으로 이동하겠다. 독해를 구성하는 기술을 확인하는 것은 어떤 기술이 특정한 아이나 어른에게 상대적으로 강한지 약한지를 고려할 수 있기 때문에 유용하다. 우리는 더 많이 배우려고 할 때 강점에 감사하고 그것들을 활용할 수 있으며, 마찬가지로 약한 기술을 인정하고 더 노력할 수 있다.

Snow의 독해 모형: 텍스트의 본질

Snow(2002)는 독해 모형을 제시하였는데, 이는 독해와 관련된 몇 가지 일반적인 고충을 해결하기 위한 유용한 출발점이 된다. Snow는 모든 사람에게 고려되어야 할 세 가지 중요한 측면이 있다고 주장한다. 이것들은 서로 상호작용한다. 예를 들어, 우리는 에세이가 본질적으로 어렵거나 쉽다고 말할 수 없다. 가령 특정한 구절이 성인에게는 쉽고 2학년에게는 어려울 수 있다. 첫 번째는 텍스트(한 문장 이상이 연결된 문단이나 전체 글: 역자 주)의 본질, 두 번째는 독서 활동의 본질, 세 번째는 아이의 특성이다.

텍스트

첫 번째는 텍스트로, 아이들이 주어진 글을 읽기 시작할 때 고려되어야 할 매우 실용적인 요소를 제공한다. Snow(2002)는 다음에 자세히 설명된 것처럼, 아동의 읽기에 영향을 미칠 수 있는 텍스트의 다섯 가지 측면을 강조한다. 이 다섯 가지 측면은 모두 문식성 학습의 기반이 되고 각 아이에게 적절한 텍스트가 선택되도록 연구될 수 있기 때문에 고려할 만한 가치가 있다. 이 다섯 가지 측면은 독자에게 텍스트의 더 명확한 읽기를 촉진하기 위해 독립적으로 훈련될 수 있다. 텍스트의 다섯 가지 측면은 어휘 지식, 구문(syntax), 심성 모형(mental model), 실용적 맥락, 담화 구조이다. 이것들이 어떻게 중요한지와 그 이유를 이해하게 되면 우리는 어려움을 겪고 있는 독자들에게 이것들을 강조할 수 있을 것이다.

먼저 어휘(vocabulary)는 읽기에서 결정적으로 중요한 요소이다. 많은 전문가는 텍스트가 아이들에게 친숙한 단어를 최소한 95% 포함하도록 보장하는 것이 이해를 위해 중요하다고 조언한다. 이는 텍스트를 관리할 수 있도록 하고 독자에게 동기를 부여할 수 있다. 또한 난독증이 있는 사람들에게도 좋은 경험적 방법이다. 텍스트를 읽든 듣든 간에(난독증이 있는 아이가 텍스트를 음성으로 변환하는 보조 기기를 선택하는 경우) 이해는 이 수준에서 최적이다. 따라서 부모와 교사들의 경우, 아이들이 읽기에 적합한 텍스트를 선택하는 한 가지 규칙은 어휘 단어들이 95% 인식 가능해야 한다는 것이다.

이해에 중요한 두 번째 측면은 **구문**(syntax)이다. 구문은 문장의 문법적 순서를 의미한다. 우리는 모두 단순하게 구조화되거나 혹은 다소 난해하거나 혼란스러운 (그리고 대체로 긴) 형태로 쓰여진 텍스트를 본다. 아이가 텍스트를 선택하도록 돕는 부모나 교사는 구문 구조가 아이에게 '적합'한지 확인하기 위해 텍스트 안의 몇 문장을 무작위로 샘플로 선정해야 한다.

아동의 최적의 독해를 위해 고려되어야 할 텍스트의 세 번째 측면은 텍스트에 제시된 심성 모형이고, 이 모형이 아동에 의해 공유되는지 여부이다. 여기서 심성 모형(mental model)은 기본적으로 도식(schema), 즉 제시된 개념이 어떻게 구성되고 상호 연관되어 있는지에 대한 아이디어를 나타낸다. 예를 들어, 세포가 무엇을 하고 어떻게 작용하는지에 대해 전혀 알지 못한다면 생물학에서 세포분열에 관한 텍스트를 완전히 이해하기 어렵다. 그러므로 텍스트를 아동의 이해 수준에 맞추려면 아동이 처음부터 텍스트에서 논의되는 주제에 대한 기본적인 이해를 하고 있거나 또는 읽기 전에 주제에 대해 몇 가지 아이디어를 주는 것이 필요하다. 텍스트의 측면은 특히 독자의 특성과 다양한 방식으로 상호작용한다. 이 경우, 텍스트에 필요한 심성 모형은 아이의 배경지식과 직접적으로 관련이 있다. 아이들은 항상 새로운 사건이나 새로운 아이디어에 대해 읽는다. 하지만 아이들이 독해에 성공할 수 있는 기회를 늘리기 위해 교사나 부모는 읽기 전에 주제에 대한 매우 간단한 개요를 줌으로써 독자가 미리 준비하도록 도울 수 있다.

Snow(2002)가 강조한 텍스트의 네 번째 측면은 **실용적 맥락**(pragmatic context)이다. 생물학에서 세포와 세포분열 방식에 대해 계속 언급하자면 이 문제에 대한 여러 출판물이 있을 것이다. 일부 출판물은 고도로 전문적인 수준으로 쓰였고, 다른 것들은 과학에 대해 배우는 8~10세 아동의 요구에 맞게 쓰였다. 실용적 맥락은 동일한 아이디어가 다른 청중들을 위해서 다른 수준으로 제시될 수 있다는 사실을 의미한다. 주제의 범위는 실용적 맥락에 따라 달라질 것이다. 교사와 부모(및 서점, 온라인 자료, 사서)는 텍스트의 실용적 맥락에 대해 상대적으로 관심을 가지고 있으며, 그에 따라 선택하는 경향이 있다.

텍스트의 마지막 측면은 **담화 구조**(discourse structure)이다. 이것은 텍스트의 스타일, 즉 텍스트가 제시되는 방식이다. 예를 들어, 텍스트는 1인칭 서술, 허구적 이야기, 또는 폭로 기사일 수 있다. 소년들은 종종[예를 들어, 국제학업성취도평가(PISA)나 국제읽기능력평가(PIRLS) 같은 국제 시험에서] 허구적 텍스트보다는 설명적인 텍스트에서 약간 더 잘 수행하는 경향이 있다. 그들은 평균적으로 허구적인 것보다 설명문을 좀 더 선호할 수 있다. 그러나 이것은 개별적인 아동에 대해서, 또한 각 아동이 어떤 종류의 텍스트를 선호할지에 대해서는 아무것도 알려 주지 않는다. 동기는 전반적인 독서 과정에서 매우 강력한 요소일 것이다.

이러한 텍스트의 다섯 가지 측면은 교사나 부모가 읽기를 배우는 아이와 함께 작업할 때 상당히 전형적으로 참고하는 공통분모들이다. 이러한 측면에 대한 기본적 조언은 텍스트를 검토하여 특정 아이의 흥미뿐 아니라 강점 및 단점과 잘 부합하는지를 확인하는 것이다. 일부 유형의 경우, 아이가 더 잘 읽기 위해 알아야 할 것에 집중함으로써 읽기를 증진시킬 수 있다. 특히 아이들에게 모르는 단어들을 명확히 가르칠 수 있고, 쓰기의 주제에 대해 일반적으로 이야기함으로써 아이들에게 실용적 맥락에 대해 설명할 수 있다(예를 들어, '병원에 간다' 또는 '공원에서 즐거운 하루'라는 주제에 대해 아는 것을 공유하기). 그렇게 함으로써 아이들은 자신이 이미 알고 있는 것을 기반으로 예상하는 것에 대해 몇 가지 아이디어를 만들어 내기 시작한다. 또한 아이에게 담화 구조에 대해 지도하여 어떻게 다른 스타일이나 장르가 아이디어를 다르게 표현하고 초점을 다르게 설정하는지 강조할 수 있다. 어느 측면에 대한 명시적인 개요도 성장하는 독자들에게 매우 유용할 것이다.

Snow의 독해 모형: 텍스트의 목적

Snow의 모형에서 아마도 충분히 논의되지 않은 읽기의 요소는 읽을 때 텍스트의 목적이다. 아이가 글을 읽을 때 성취해야 할 것은 무엇일까? 교사들과의 세미나에서 내가 강력하게 이 부분을 강조했지만, 대부분의 교사가 텍스트 읽기의 목적을 미리 설명하지 않고 학생들을 준비시키지 않는다는 것을 알게 되었다. 내가 볼 때, 이렇게 하는 것은 불필요하게 아이들의 읽기 과제를 더 어렵게 만드는 것 같다. 성인으로서 우리는 읽기 전에 왜 주어진 텍스트를 읽는지를 거의 항상 알고 있다. 때때로 우리는 자발적으로 텍스트를 읽어서 (온라인) 신문에서 뉴스를 알게 되거나, 시나 새로운 베스트셀러를 즐기거나, 심지어 가구를 조립하거나, 레시피를 이용하여 새로운 요리를 준비하기도 한다. 그러나 특히 어린 독자들에게 자신이 읽으려고 하는 것에 읽을 이유가 주어지지 않는 경우가 많으며, 이는 우리가 읽을 내용에 따라 다르게 읽는 경향이 있기 때문에 큰 실수이다. Snow는 '읽기 활동'이라는 제목 하에 세 가지 기본 개념을 구분한다.

　첫 번째 읽기 활동은 읽기의 목적이다. 왜 아이에게 이것을 읽으라고 할까? 과목마다 다양한 이유가 있을 수 있다. 때때로 아이들은 연극에서 시나 대사를 외우도록 요구받는다. 때로는 아이들이 이야기를 분석하거나 두 주제를 비교하고 대조하도록 요구한다. 특정 주제에 대한 퀴즈나 시험이 있을 수 있다. 그리고 가끔 아이들은 특정한 질문에 대답하기 위해 설명문을 읽도록 요구받을 수도 있다. 이 모든 것은 매우 다르다. 읽기 전에 읽기의 목적이 무엇인지 아는 것은 우리가 읽기를 조절하는 데 도움이 된다. 성인은 자신의 독서 목적이 무엇인지 미리 알 수 있는 충분한 자기 이해와 경험, 유연성을 가지고 있다. 예를 들어, 테이블 조립 과정에서 부품을 올바른 순서로 조립하기 위해 설명서를 주의 깊게 읽어야 한다. 우리는 최신 뉴스가 무엇인지 알고 싶을 수도 있으며, 그래서 인터넷이나 종이 신문을 대략 훑어보기로 결정할 수도 있다. 우리는 주어진 형식에 대해 어떤 구체적인 정보가 필요한지 이해해야 할 수도 있고, 구체적인 답을 찾으려는 의도로 설명서 목록에 접근해야 할 수도 있다. 또는 즐거움을 위해 소설을 읽고 싶을 수도 있다. 이 경우, 우리는 종종 적당한 속도로 읽게 될 것이며, 특정한 포인트나 답을 찾는 것이 아니라 단순히 그 과정을 즐길 것이다.

　읽기 목적에 대한 이러한 모든 반응은 Snow의 두 번째 읽기 활동을 보여 준다. 두 번째 읽기 활동은 요구되는 읽기 유형이다. 예를 들어, 때로 우리는 아주 깊이, 천천히, 그리고 주의 깊게 읽어야 한다. 일반적으로 이런 유형의 읽기는 주제가 우리에게 매우 중요한 어떤 이유가 있다. 가령 그것에 대한 시험이 있을 수 있다. 가전제품을 수리하기 위해 모든 정보를 알아야 할 수도 있다. 시험에 합격하기 위해 모든 텍스트를 기억하는 것은 가끔씩 요구되는 신중한 읽기 활동의 예가 될 것이다. 글의 요지를 얻기 위해 대충 훑어보는 것은 또 다른 것이다.

Snow가 언급한 세 번째 읽기 활동은 읽기의 수준이다. 우리는 모두 수행해야 할 읽기 수준에 따라 다른 방식으로 텍스트를 처리할 수 있다. 예를 들어, 시를 외우는 것과 비판하기 위한 목적으로 텍스트를 분석하는 것은 별개의 읽기 유형을 필요로 한다. 이렇게 다른 읽기 활동은 상호작용하고 겹치는 부분이 있으나, 요점은 모든 읽기가 같지 않다는 것이다.

우리가 무엇을 읽고 왜 읽는지에 관한 이 쟁점은 모든 사람, 아마도 읽기장애가 있는 대부분의 사람에게 중요한 사안이다. 난독증의 한 가지 특징은 시간이 오래 걸린다는 것이다. 난독증이 있는 사람들(그리고 종종 그들의 보호자들)은 난독증이 없는 사람들에 비해 동일한 쓰기 작업을 수행하는 데 더 오랜 시간이 걸린다. 이는 여기서 독해를 위한 몇 가지 효과적인 접근법에 주목하는 것이 중요한 이유 중 하나이다. 과제와 학습에 대한 접근이 목표 지향적일수록 학습 효과는 더 커진다.

Snow의 독해 모형: 독자의 특성

Snow(2002)의 독해 모형은 독자가 텍스트를 이해하는 방법을 이해하는 퍼즐의 마지막 조각으로 독자의 특성에 초점을 맞춘다. 이 특성은 본질적으로 인지적이거나 언어적(또는 둘 다)이다. 제2장에서 단어 읽기를 위한 기본적인 인지-언어적 능력(음운 민감성, 형태소 인식, 철자 지식 및 유창성)과 관련하여 언급하였듯이, Snow(2002)가 언급한 다섯 가지 기술은 독해에 추가적인 도움이 필요한 사람의 식별을 용이하게 하고, 독해의 증진을 위해 필요한 기술들을 훈련하는 데 중요하다. Snow가 주장한 기술들은 유창성, 작업 기억, 추론, 배경지식, 메타 인지이다.

첫 번째는 유창성으로, 이미 난독증에 대해 논의한 제2장에서 강조되었다. 다양한 학습장애가 있는 사람들 사이의 한 가지 공통점은 주어진 학습 과제를 달성하는 데 상대적으로 느린 경향이 있다는 것이다. 텍스트를 이해하는 데 어려움이 있는 사람들은 많은 경우에 느리게 읽는다. 그러나 이는 보편적으로 사실이 아니다. 실제로 일반 독자들보다 단어를 더 빨리 읽지만 표면적인 수준에서 그렇게 보이는 과독증(hyperlexics)이라고 불리는 독자들이 있다. 그들의 단어 읽기는 음운적, 즉 발음 수준에서 훌륭하지만, 그 과정에서 의미를 이끌어 내지 못한다. 이는 그 자체로 문제가 된다. 그러나 독해에 장애가 있는 대부분은 상대적으로 느리게 읽는 경향이 있다(예: Kim, Petscher, & Foorman, 2015; Tong, McBride, Shu, & Ho, 2018).

작업 기억은 유창성과 밀접하게 관련되어 있다. 단기기억 측정에서 더 높은 점수를 받은 사람들은 일반적으로 독해 과제를 더 잘 수행하는 경향이 있다. 기억의 효율성과 속도는 독자들이 복잡한 줄거리나 특정 진술과 관련된 모든 사실을 추적하여 텍스트의 주제를 명확히 이해할 수 있도록 돕는다. 여기서 작업기억은 아동이 주어진 시간에 기억할 수 있는 정보의 양으로 정의된다. 예를 들어, 내가 여러분에게 무작위로 12개의 단어를 들려준다면 여러분은 몇 개를 기억할 수 있을까? 개인의 기억력이 좋을수록 텍스트를 읽을 때 더 많은 정보를 유지하고 처리할 수 있다.

추론은 변수들 간의 관계를 이해하는 아이들의 능력과 관련이 있다. 변수는 사람, 사물, 장소 또는 이것들의 조합일 수 있다. 특히 독해장애가 있는 아이들은 때때로 그러한 관계를 이해하는 데 많은 어려움을 겪는다. 어떤 추론은 다음에서 논의되는 배경지식을 사용한다. 예를 들어, 만약 여러분이 방향키, 용골, 삼각형 돛이 무엇인지 애초에 안다면 이것들이 어떻게 보이고, 또 돛단배가 움직이도록 이것들이 어떻게 함께 연합하여 작동하는지 알고 개념화하는 것은 쉽다. 그러므로 배경지식은 일반적으로 추론의 일부이다. 추론은 또한 연관성을 이해하고 텍스트의 단서를 기반으로 이 연관성이 무엇인지 알아내는 능력을 요구한다. 이 능력은 부모와 교사가 아이들에게 그러한 연관성에 대해 생각하게 하는 질문을 할 때 촉진될 수 있다. 예를 들어, 친구들 사이의 대화가 담긴 글을 읽은 후 누가 주인공의 가장 친한 친구인지 물어볼 수 있다. 아마도 이것은 어떤 아이들의 대화가 다른 아이들보다 더 친근한 것에 근거하여 결정될 수 있다. 부모와 교사는 추론 능력을 자극하기 위해 더 구체적인 질문을 할 수도 있다. 예를 들어, "주어진 문장에서 '그녀'는 누구를 가리킬까?"

앞에서 강조한 것처럼, 수준이 높은 독자는 배경지식을 가능한 한 많이 활용해야 한다. 우리는 이미 가지고 있는 지식을 바탕으로 지속적으로 성장하고 있다. 예를 들어, 만약 현대 중국에서 성장하는 한 소녀의 일상적인 고난을 다룬 책을 읽고 있다면 중국이 어떤 곳인지 어느 정도 이해하고 있는 것이 도움이 될 수 있다. 만약 경제의 본질(예를 들어, 빠른 성장), 정부의 운영 방법(통제에 초점을 맞추고 부패에 맞서는 새로운 노력), 이전의 한 자녀 정책 및 가족이 한 명 이상의 아이를 가질 수 있도록 하는 새로운 시도, 역사적으로 소녀보다 소년을 선호하는 전통, 그리고 급속히 발전하는 창조적인 과학기술을 이해한다면 이들은 이야기의 맥락을 파악하는 데 도움이 될 것이다.

여러분은 아이가 읽는 것을 이해하는 데 필요한 배경지식을 갖추도록 몇 가지 방법으로 도울 수 있다. 첫째, 자녀의 읽기에 관심을 가져야 한다. 아이가 출판물을 통해 무엇을 배우고 있는지 듣고, 여러분의 세상 지식을 바탕으로 아이가 관심 있는 주제에 대해 추가적인 세부 정보를 제공하도록 노력해야 한다. 독서 과정에서 공유하는 것은 아이가 많은 것을 배우는 데 도움을 줄 것이다. 게다가 모든 아동을 위해, 특히 장애가 있는 독자들을 위해 아이의 흥미 대상을 그들이 하고 있는 독서와 맞추도록 노력해 보라. 동기 부여는 독해 증진의 핵심이며, 아이들은 주제가 흥미로울 때 훨씬 더 즐겁게 읽을 것이다. 둘째, 아이들이 원하는 정보를 얻을 수 있도록 도와주어야 한다. 자신의 관심 분야를 위한 탐구에 도움을 받을 수 있고 탐구 주제에 대해 재미를 느낄 수 있는 아이들이 유리하다. 아이들이 스스로 그러한 정보를 찾기 위해 인터넷 사용을 제안하는 것만으로 충분하지 않다. 인터넷은 꽤 혼란스럽고 잠재적으로 위험한 장소이다. 인터넷이 제공하는 엄청난 자원 때문에 부모와 교사는 웹사이트를 아이들에게 추천하기 전에 웹사이트의 유용성과 진실성을 가능한 한 많이 평가해야 하는 큰 부담이 있다.

메타인지(metacognition)는 자신의 인지, 자신의 사고를 성찰하는 능력을 말한다. 우리가 독서에 대한 메타인지를 이야기할 때, 아이들이 자신이 어떻게 독서를 하고 있는지를 성찰할 수 있는 방법을 의미하는 것이다. 예를 들어, 당신은 독서할 때 '멍한' 경험을 해 본 적이 있는가? 당신은 갑자기 마지막으로 확인했던 것보다 세 페이지나 더 멀리 있는 것을 알게 된다. 그러나 자신이 무엇을 읽었는지 전혀 모른다. 분명히 당신은 모든 단어를 매끄럽게 읽었다. 당신은 읽을 때 머릿속으로 스스로에게 말했을지도 모른다. 하지만 전혀 이해하지 못했다. 정신이 나가 있었다! 만약 당신이 방금 읽은 것을 이해하지 못했다는 것을 알았다면 그것은 사실 좋은 것이다. 그것은 당신의 읽기를 메타인지적으로 인식하고 있다는 것을 의미한다. 모든 사람은 때때로 '멍하니' 있어서 생각이나 텍스트를 놓친다는 것을 알아야 한다. 중요한 것은 어떤 사람들은 자신이 그렇게 했다는 것을 알아차리고 무엇을 해야 할지를 알아내지만, 어떤 사람들은 알아차리지 못한다는 점이다. 알아차리지 못하는 것은 텍스트를 처리하지 못한 문제를 해결하기 위한 조치가 취해지지 않음을 의미하기 때문에 문제가 된다.

아이들이 메타인지적으로 알아차리도록 돕는 것은 중요하다. 우선 아이들에게 메타인지적인 '트릭', 즉 경험의 법칙을 가르치는 것이 도움을 줄 수 있다. 예를 들어, 영어로 된 한 문단의 중심 내용은 보통 문단의 첫 문장이나 마지막 문장에서 요약된다. 만약 아이가 읽고 있는 세부 사항을 모두 이해하는 것이 어렵다면 중심 내용이 주제 문장에 요약되어 있다는 것을 아는 것은 도움이 될 수 있다. 우리가 중심 내용을 알게 되면 세부 사항을 파악하는 것은 더 쉽다.

이야기를 읽는 경우, 이야기의 기본적인 줄거리의 개요에 익숙한 것이 도움이 될 수 있다. 예를 들어, 보통 소개가 먼저 나온다. 문제는 일반적으로 텍스트의 3분의 1 또는 절반 정도에서 나타난다. 이야기의 나머지 부분은 종종 이 문제를 해결하는 데 초점을 맞춘다. 만약 아이들이 이야기 구조 측면에서 무엇을 찾아야 하는지 안다면 줄거리를 더 잘 이해할 수 있을 것이다.

앞에서 언급한 것처럼, 더 능숙한 독자들에게도 자신의 이해를 확인하도록 가르치려고 노력하라. 글을 읽을 때, 우리는 무슨 일이 일어나고 있는지 또는 지금까지 배운 것이 무엇인지 확실히 알기 위해 매 단락이나 페이지마다 일시 중지해야 한다. 아이들은 자동적으로 이렇게 해야 한다. 무엇보다도 아이들이 '멍하니' 있을 때, 모든 사람이 때때로 그러하듯이 자신이 멍하니 있었다는 것을 깨닫고 처음에 이해하지 못했던 부분으로 되돌아가서 다시 읽어야 한다.

또 다른 간단한 메타인지 방법은 아이들이 처음 접하고 이해하지 못하는 단어의 의미에 즉시 접근하도록 가르치는 것이다. 요즘 온라인 사전은 매우 편리해서 (서면 및 구어 형식 모두) 비교적 간단하다. 가능하면 단어의 의미를 직접 찾는 것이 좋다. 문맥은 많은 도움을 주지만(이야기의 맥락을 고려하여 추측하는 것), 온라인으로 찾아보는 것은 의미를 확실히 아는 데 도움이 될 수 있다.

작문의 예술

독해에 필요한 것처럼, 작문의 예술은 여러 가지 다양한 기술을 결합하는 것을 포함한다. 연구자들(Hayes, 1996; Hayes & Flower, 1980)은 쓰기 과정에 초점을 맞춘 다양한 모형을 제시했다. 이것들은 쓰기 과정을 상당히 잘 분해하도록 돕는 매우 중요한 모형들이다. 때때로 이러한 과정은 두 번 편집하는 과정을 가정하는데(편집하고 마지막으로 한 번 수정) 매우 상세하다. 작문을 3단계로 나누어 강조한 독창적인 모형(Hayes & Flower, 1980)을 여기에 제시하고자 한다. 이것은 제3장의 요점 중 하나였고, 쓰기를 촉진하는 실질적인 연습으로 여기서 확장하여 논의한다.

첫 번째 단계에서 저자는 아이디어를 찾아낸다. 이 단계는 계획하기(planning)라고 불린다(Hayes & Flower, 1980). 이 단계에서 쓰기가 수행되지 않는다는 점을 알아야 한다. 기록물이 만들어지지 않는다. 단지 무엇을 쓸지 계획하는 시간일 뿐이다. 두 번째 단계에서 저자는 쓴다. 나는 이것을 종이에 브레인스토밍하는 것으로 간주한다. 이 단계는 편집에 대한 생각 없이 순수한 글쓰기를 포함하며, 철자가 맞는지 틀리는지에 대한 걱정 없이 단지 모든 아이디어를 처음으로 기록하는 것에 중점을 두어야 한다. 반면, 세 번째 단계는 모두 편집에 관한 것이다. 2단계는 저자가 자유롭게 글을 쓰는 데 초점을 맞춘 반면, 3단계는 저자가 구두점, 구문, 철자 오류를 주의 깊게 확인하는 엄격한 편집자가 될 것을 요구한다. 이것은 글쓰기에 대한 매우 단순한 관점이지만 유익하다. 한 가지 주목할 점은 한 개인이 각 단계에서 성과가 좋을 수도 있고 나쁠 수도 있다는 것이다. 첫 번째 단계에서 누군가는 환상적인 아이디어가 있을 수도 있고 별로 좋지 않은 아이디어가 있을 수도 있다. 어떤 아이들은 이야기를 쓰는 데 창의적이지만, 다른 아이들은 힘들어한다. 두 번째 단계에서 어떤 아이들은 계속 쓰는 것이 쉽다는 것을 알게 되지만, 다수의 아이는 텍스트를 생각해 내는 데 많은 어려움을 겪는다. 거의 모든 경우에 글쓰기 프로젝트는 아이들이 철자를 쓸 줄 아는 단어에 의해 제약을 받는다(예: Berninger et al., 2002). 만약 아이가 좋은 아이디어를 가지고 있지만 그 아이디어와 관련된 단어들의 철자를 모른다면 그 아이디어는 버려진다. 그 이유 중 하나는 이 세 단계가 함께 연결되어 있기 때문이다. 엄격한 편집을 포함하는 3단계는 앞의 두 단계보다 훨씬 덜 흥미로운 다소 전문화된 기술이다. 이 단계는 작은 세부 사항들에 대한 훈련과 높은 주의력을 필요로 한다. 그러나 철자, 구두점, 문법에 꽤 능숙한 아이들이 실제로 있다. 이러한 기술들은 시간이 지나면서 연습의 노력으로 배울 수 있다. 일반적으로 인정하듯이, 난서증 혹은 난독증이 있는 아동은 이 3단계에서 특별한 어려움을 겪을 수 있다.

나는 이 모형을 대단히 실용적인 것으로 본다. 난독증이 있는 사람들을 돕는 많은 사람도 암암리에 그렇게 여긴다. 내가 인터뷰한 여러 사람은 단어의 철자를 정확하게 쓰는 일과 흥미롭거나 논리적이거나 창의적인 글을 쓰는 일을 분리하는 것이 바람직하다고 주장했다. 이는 2단계와 3단계를 분리하기 위한 논리적인 호소이다.

이를 수행하는 여러 가지 방법이 있는데, 일부는 이전 장에서 설명되었다. 한 가지 기본적인 접근 방법은 이 세 단계를 분리하고 각 단계를 개별적으로 연습하는 것이다. 난독증이나 난서증이 있는 학생들과 단순히 아이디어를 생각하면서 시간을 보내는 것이 좋다. 여러분이 할 수 있는 보고서나 이야기나 연극의 줄거리에 대해 브레인스토밍을 해 보라. 어떤 아이들은 이야기가 어떻게 전개될지에 대해 감동적인 상상력과 분명한 아이디어를 가지고 있다. 아마도 교사는 상호작용을 녹화하고 아이들의 구두 참여 및 아이디어에 점수를 매기면서 그들이 어떤 시점에는 혼자서 연습할 수 있도록 해야 한다. 일관성 있는 과제나 논문을 작성하는 두 번째 단계에서는 각 아이들이 산출물을 만들어 내도록 한다. 대부분의 아이는 아마도 손으로 또는 타자로 과제를 작성하고 싶을 것이다. 그러나 난독증이나 난서증이 있는 사람들은 다른 기구를 사용하도록 허용되어야 한다. 예를 들어, 그들은 자신의 생각을 음성 이야기를 기록하는 기기에 구두로 불러 주어 받아쓰게 할 수 있다. 인터뷰, 사진, 영상을 사용하는 것과 같은 다른 방법도 인정한다. 마지막으로 세 번째 단계는 편집하는 것이다. 교사나 부모로서 편집의 개념을 얼마나 광범위하게, 또는 좁게 정의하는지 파악할 필요가 있다. 영상 편집 및 이야기 편집은 둘 다 매우 중요하지만 다소 다른 기술을 요구한다. 그럼에도 불구하고 이 단계를 처음 두 단계와 분리하여 생각하는 것은 중요하다. 이런 방식으로 난독증이 있는 아이는 자신이 아이디어 생성이나 프로젝트 발표와 같은 특정한 측면에서는 매우 유능하고 편집과 같은 다른 측면에서는 덜 유능하다고 인식하는 것이 가능해진다. 일반적인 연습에서 이러한 기술의 구분은 교사와 학생 모두에게 독창적인 과제를 산출하는 데 다양한 기술들이 사용된다는 것을 이해하도록 도움을 주며, 일부 기술은 모든 학생에게서 더 잘 발달될 수 있을 것이다.

요약

이 장에서 우리 모두가 독해와 작문에서 실질적으로 중요하다고 생각하는 몇 가지 기본 사항을 강조했다. 첫째, 자주 다양한 방법으로 의사소통을 함으로써 아이의 언어능력을 자극해야 한다. 새로운 아이디어에 대한 노출은 독해와 작문의 기초가 되는 언어 능력을 촉진하는 핵심이다. 둘째, 독해는 우리가 읽고 있는 것의 특성, 읽기의 목적, 그리고 아이의 인지적 및 동기적 특성 사이의 상호작용이라는 것을 기억해야 한다. 이것들은 주어진 읽기 경험 속에서 결합된다. 따라서 아이들의 독해를 돕기 위해서는 선택하는 텍스트의 유형을 다양하게 바꾸기, 아이가 읽기에 대한 집중과 접근을 조절할 수 있도록 읽기의 목적을 명확하게 설명하기, 그리고 최적의 읽기를 위해 아이들의 흥미와 인지적 장단점을 고려하기 등이 포함되어야 한다. 마지막으로, 텍스트를 쓰는 데에는 적어도 세 가지 분명한 단계가 있다. 첫 번째는 흥미로운 아이디어를 생성하는 것이고, 두 번째는 검열하거나 편집하지 않고 쓰는 것이고, 세 번째는 실제로 글을 편집하는 것이다. 이러한 단계들이 분명히 구분될 때, 이는 '작가의 막힘(writer's block)' 현상(작가가 글을 쓸 때 아이디어 부족, 창의성 저하, 자신감 상실 등으로 마음이 꽉 막히는 현상: 역자 주)을 줄이고 글쓰기 과정에서 더 많은 자신감을 갖게 한다. 아이들은 세 단계 모두에서 자신의 능력에 대해 숙고하기 시작하며, 자신이 하나 혹은 그 이상의 능력에서는 잘하지만 다른 능력에서는 더 노력할 필요가 있다는 것을 발견할 것이다. 교사가 쓰기의 이 세 가지 단계에 따라 점수를 매긴다면 글쓰기가 여러 단계로 구성된 과정이라는 생각을 촉진할 수 있다. 이는 난독증이나 난서증이 있는 사람들에게 특히 도움이 되며, 따라서 정의상 이들은 편집의 최종 단계에서 어려움을 겪을 수 있다. 바라건대 이러한 개념화가 아이, 부모, 교사가 아이들의 강점 및 약점을 구체적으로 이해하고 이러한 관점을 유지하는 데 도움이 되기를 바란다. 난독증이 있는 많은 사람은 훌륭한 생각과 언어 능력을 가지고 있기 때문에 매우 훌륭한 저자들이다. 그들에게 편집은 노동이기 때문에 이 측면에서 어려움을 겪지만, 그들의 더 폭넓은 작문 능력은 훌륭할 수 있다. 그러한 태도는 전체 자기(the whole self)에 대한 현실적인 감각을 증진시키고, 자존감이 고통스러울 정도로 낮아지기보다는 현실적이 되도록 보장하는 데 도움을 준다. 건강한 자존감을 유지하는 것과 관련된 추가적인 아이디어는 다음 장에 제시된다.

제11장

자존감과 학습장애

- 학습장애 아동의 자존감 증진
- 강점 분야의 존중
- 무엇이 동기를 부여할까
- 나쁜 것을 피하고 좋은 것을 장려하기: 약물과
  알코올은 안 되고 긍정적인 청소년 발달은 찬성한다
- 부모도 지원이 필요하다
- 부모가 필요한 지원을 받는 방법
- 교사의 역할
- 교사를 위한 일반적인 조언

아이들의 학습에서 단지 학습장애를 치료하는 것이 아니라 강점을 형성하는 것이 중요한 문제다. 너무나 자주 난독증, 난서증 또는 주의력결핍장애가 있는 아동에게 일상적으로 자신의 장애를 '고치는 데' 모든 시간을 쓰도록 권장한다. (…) 그러나 더 중요하게 해야 할 것은 아이들이 자신의 재능을 사용하여 성공을 경험할 기회를 갖는 것이다.

학습장애가 있는 사람들은 많은 경우에 자존감이 낮아서 실제 초기의 인지 및 주의력장애를 더욱 악화시킨다. 학업 실패로 인해 멍청하고 가치가 없다고 느끼며, 다시 더 많은 학업 실패로 이어지는 패턴이 반복된다. 학업성취가 가장 높이 평가되는 문화에서 이러한 자존감 문제가 특히 심각할 수 있지만, 학습장애가 있는 모든 아이에게 힘든 문제다. 아이들이 학습의 어려움 위에 있는 자신의 부정적인 감정을 관리하도록 돕는 방법은 정말로 수수께끼이며, 적어도 부분적으로는 아이의 성격에 달려 있을 것이다. 이 장에서는 학습장애가 있는 아이들이 자기 의식을 형성하는 데 다양한 기반이 되도록 보장하는 광범위하고도 구체적인 방법을 탐구한다. 이 아이들은 자기를 이해하는 데 너무나 자주 지나치게 학교에 초점을 맞추고, 이 좁은 초점은 너무 자주 부정적이다.

난독증이 있는 젊은 성인 Ms. WA는 난독증에 관하여 다음과 같이 말한다. "어떻게 보면 진단을 받는 것이 과연 좋은지 모르겠다. 당신은 그 이상이니까. 만약 누군가가 당신에게 난독증이 있다고 말한다면 당신은 '난독증이 된다'는 뜻인가?" 그녀는 자신의 학습장애를 멍청함과 동일시하는 교사와 친구들 때문에 어려움을 겪었다. 이것은 지속적인 고통을 야기했다.

교감이자 학습장애 학생들의 전담 교사였던 Dr. Anna Garito는 학습장애가 있는 학생들의 전형적인 어려움 중 일부를 이렇게 설명한다.

나는 학생들과의 작업을 통해 많은 학생이 정규 수업 환경 내에서 자신에게 관심이 쏠리지 않도록 하기 위해 애쓰는 것을 알게 되었다. 이것은 통합 교실에서 학생이 교실의 다른 학생들과 동일한 유형의 작업을 수행하고 또래 학생들과 많이 다르게 보이는 유형의 작업을 하지 않기를 원한다는 것을 의미한다. 또한 십대들은 조롱에 대한 두려움 때문에 추가적인 도움을 받기 위해 교실을 떠나고 싶어 하지 않는다. 이것은 무엇을 의미할까? 그것은 친구들이 자신을 멍청이, 바보, 느림보, 또는 특수교육을 받는 아이 등의 이름으로 부르는 것을 경험한다는 점을 의미한다. 이와 같이 이러한 유형의 정서에 대처하는 것은 매우 어렵고, 학생들은 단지 체면을 지키고 친구들과 어울리기 위해 자신의 학습을 위태롭게 만든다. 핵심은 학생들이 학습하기 위해 고군분투하지만, 부정적인 지적 때문에 받아들여지지 않는다고 느끼기 때문에 악순환이 일어난다는 사실이다……. 모든 행동 문제의 근원은 실제로 자신의 학습 능력에 대해 부끄러움을 느끼는 학생이 어떻게 대처해야 하는지 모르는 것에 있다.

우리 모두는 자신의 근본적인 학습장애로부터 주의를 돌리기 위해 학급의 광대처럼 행동하는 아이를 알고 있다. 우리는 다음으로 먼저 학습장애가 있는 학생들의 자존감을 형성하는 것과 그러한 아이들의 동기를 자극하는 것에 초점을 맞출 것이다. 불안과 우울증의 문제를 고려하고, 학생들이 건강하지 못한 대처 기제를 사용하는 것을 방지하는 방법, 특히 스스로 진정시키는 방법으로 물질을 사용하는 것을 방지하는 방법을 포함하는 것은 중요하다. 학습장애가 있는 아이들이 긍정적인 태도를 유지할 수 있도록 돕는 것의 중요한 측면은 그들의 부모가 스스로 좋은 지원을 찾을 수 있도록 하는 것이며, 여기에 몇 가지 아이디어를 제시할 것이다. 나는 교실에서 장애 아동의 학습에 대해 긍정적인 태도를 장려하는 교사들을 위한 몇 가지 조언으로 이 장을 마무리하겠다.

학습장애 아동의 자존감 증진

부모, 전문가와 교사에게 아이들의 자존감을 유지하거나 형성하는 것을 돕는 방법에 대한 조언으로 시작하겠다. 성인 롤모델이 아이들에게 건설적인 무엇을 제공할 수 있을까? 특히 난독증과 같은 학습장애에 직면한 아이들이 자존감을 유지하거나 형성하는 것을 돕는 방법에 대한 다양한 조언이 있다. 중요한 것은 아이들이 자신에 대한 긍정적인 감정을 촉진하는 방법에 다양한 제안을 받고 이것들의 효과가 있는지 보기 위해 합리적으로 보이는 제안을 시도하는 것이다. 나는 책과 온라인에서 많은 조언을 보았고, 특히 다음과 같은 일반적인 요령을 제공하는 한 웹사이트(www.understand.org)의 아이디어에 감사했다.

자존감의 롤모델 되기

기본적으로 당신 자신의 긍정적인 생각을 아이들의 모델이 되게 하는 것이다. 부모가 좌절하고 '불안정'하거나 '혼란 상태'이며, 본질적으로 도움이 되지 않는 방식으로 행동하는 것을 본 적이 있는가? 나는 약속 시간에 늦거나 시간을 잘못 잡은 부모들이 매우 화를 내며 스스로를 멍청하거나 나쁘다고 비난하는 것을 보았다. 이것은 결코 도움이 되지 않는다. 당신이 부모로서 실수를 했을 때는 문제를 해결하는 방법에 집중해야 한다. 문제와 해결책을 명확히 해야 한다. 예를 들어, 약속을 잊었다면(아이와 노는 날, 학부모의 학교 방문 날 등) 스스로를 비난하는 것("나는 너무 멍청해!" "나는 아무것도 제대로 하지 못해!") 또는 다른 사람들을 비난하는 것 대신에 좌절감을 표현한 후 진정하고 현재 문제를 다루고, 이것이 앞으로는 일어나지 않도록 하는 방법에 대해 이야기하려고 노력해야 한다.

유명한 롤모델에 대해 이야기하여 자존감 높이기

인터넷에서 난독증, ADHD, 난서증이나 다른 학습장애가 있는 유명한 사람들(또는 이러한 장애를 한 개 이상 가지고 있다고 추정되는 역사적 인물들)에 대한 정보를 찾는 것은 쉽다. 특히 아이의 강점에 대해 생각해 보고 동일시할 만한 한두 명의 유명 인물을 언급하는 것은 유용할 것이다. 많은 유명한 사업가, 과학자, 예술가, 음악가, 배우, 작가, 그리고 정치인을 확인할 수 있을 것이다. 고군분투가 삶과 성장의 일부분이라는 기본적인 논의는 비록 난독증(또는 다른 학습장애)이 종종 삶을 어렵게 만들지만, 많은 유명하고 성공적인 롤모델이 특정 장벽과 적극적으로 싸워 왔다는 느낌을 더할 수 있다.

학습장애가 있는 유명한 사람들을 찾는 것은 흥미롭지만 단지 하나의 접근법일 뿐이라는 것을 알아야 한다. 학습장애가 있기 때문에 유명해질 것이라는 것은 아니다. 나는 또한 난독증이나 다른 학습장애를 '선물'로 보지 않는다. 학습장애는 삶을 더 힘들게 만든다. 그러나 학습장애가 있는 사람은 무엇보다도 먼저 사람이고, 여기서 기본적인 생각은 장애에도 불구하고 삶을 아주 잘 사는 성공한 사람들이 많다는 것이다. 롤모델도 유명할 필요가 없다. 가장 중요한 롤모델은 부모님이나 친구들을 포함한 지역사회의 '일반적인' 사람일 수도 있다. 주된 메시지는 '학습장애는 비록 힘들기는 하지만, 그 사람을 정의하지는 않는다.' 이는 매력적인 개인 전체의 일부분일 뿐이라는 것이다.

아이들이 자신의 강점을 찾을 수 있도록 방과후 활동 참여를 장려하기

이 책에서 인터뷰한 대부분의 사람은 이 제목에서 언급한 것의 중요성을 강조했다. Masten(2014)은 난독증 위험이 있는 아이들이 회복력을 형성하는 데 초점을 맞춘 『보통의 마법(Ordinary Magic)』이라는 책에서 학교에서 정규 과정 외의 방과후 과외 활동을 주요 기회로 강조한다. 그러한 다양한 경험은 동기 부여, 학교의 참여, 그리고 역량을 증진시킬 수 있다.

Zarrett와 Lerner(2008)는 더 나아가서 청소년 발달 동아리, 음악 활동, 종교 단체, 스포츠, 지능 게임(체스나 토론 등) 등 모든 유형의 과외 활동이 청소년의 여러 역량을 증진시키는 데 도움이 된다고 주장한다. 종합적으로 저자들은 방과후 활동이 소위 '긍정적인 청소년 발달'을 촉진하는 것으로 여기는데, 성공적인 발달을 위해 5개 또는 6개의 C가 포함된다. 청소년은 이것들 모두를 최적으로 가져야 하는데, 이는 역량(competence), 자신감(confidence), 연결(connection), 성격(character), 배려(caring), 기여(contribution)이다. 이것들은 나쁜 것을 피하고 좋은 것을 증진하는 주제의 절에서 더 깊이 논의될 것이다.

무엇이 강점인지, 무엇이 강점이 아닌지 유연하게 생각하는 것도 중요하다. 예를 들어, 어떤 문화권에서는 학업 능력이 다른 것들보다 가치가 있음이 분명하다. 아이들이 새로운 것을 시도하도록 격려하는 것은 좋지만, 당신이 가장 중요하게 생각하지 않는 새로운 것에도 개방적이 되어야 할 것이다. 예를 들어, 사물을 잘 정리하는 사람이 되는 것, 친구를 사귀는 데 재능이 있는 것, 컴퓨터 게임에서 재능을 보이는 것, 훌륭한 만화가가 되는 것 등이다. 이 모든 것이 강점이 될 수 있다. 학교 너머를 봐야 한다.

명료하지만 비판적이지 않게

이는 교사들에게 주는 Barkley(2016)의 제안에 따른 것인데, 아이가 하지 말아야 할 것보다 해야 할 것에 초점을 맞추어 지시를 긍정적으로 구성해야 한다는 것이다. 명확성은 아이들에게 직접적이고 간략하게 기대하는 것을 말할 때 높아질 수 있다. 모든 행동 관리, 특히 아이들의 행동 관리에서 중요한 원칙은 지시가 짧아야 한다는 것이다. 또한 지시는 아이가 집중하고 있거나 산만하지 않을 때 해야 한다. 지시가 더욱 명료하기 위해서는 아이에게 지시를 되풀이하여 말하고 이해를 했는지 확인해야 한다. 부모는 아이의 강점과 약점에 대해 공감하고 아이들이 필요로 하는 것을 예측해야 한다. 부모가 자신의 기대를 명확히 하기 위해 노력하고, 자신의 기대가 공평하고 비감정적인 방식으로 충족되지 않을 경우에 그러한 결과를 따르려고 노력한다면 전반적인 부모-자녀관계는 향상된다. 긍정적이고 집중적인 의사소통은 아이들이 부모의 기대가 무엇인지, 그 기대의 결과가 무엇인지 알도록 도울 수 있다. 비판을 받는다면 그것은 사람(즉, "너는 게으르다/엉성하다/부주의하다")이 아니라 행동(즉, "이 글씨는 읽기 어렵다. 그러므로 이 부분을 다시 쓸 필요가 있다")이어야 한다.

아이들이 다양한 시각으로 현재 상황을 볼 수 있도록 부정적 생각을 재구성하기

실패와 성공에 대한 좋아하는 인용구를 공유하라. 다음은 내가 좋아하는 인용구이다. 역대 최고의 (미국인) 농구 선수 중 한 명인 Michel Jordan은 다음과 같이 말했다.

> 나는 내 경력에서 9,000개 이상의 슛을 놓쳤다. 나는 거의 300번의 게임을 졌
> 다. 26번, 나는 경기에서 승리 슛을 넣을 것이라고 믿었는데 놓쳤다. 나는 살면서
> 계속 실패했다. 그리고 그것이 내가 성공한 이유이다.
>
> (Jordan, 연도 미상)

알리바바의 중국인 창업자 Ma Yun은 대학 진학에 두 번 실패했고, 중국 켄터
키 프라이드 치킨회사에 취업하는 데 실패했고, 인생에서 다양한 노력에 실패했
다. 그러나 그는 실패를 기회로 여기며 "포기하지 않으면 여전히 기회가 있다"
고 말했다(Stibel, 2016). 그리고 베스트셀러 해리포터 시리즈의 영국 작가인 J. K.
Rowling은 극도로 가난하고 우울했을 때 이 시리즈를 쓰기 시작했고, 그 후 그녀
가 마침내 명성을 얻기 전에 여러 번 출판을 거절당하는 경험을 했다. 그녀가 "인
생에서 일부 실패는 피할 수 없다. 당신이 전혀 살지 않는 것처럼 조심스럽게 살
지 않는 한─이 경우, 기본적으로 실패한다─실패하지 않고 사는 것은 불가능하
다"(Rowling, 2008). 이 인용문은 Understood의 여섯 번째 제안으로 이어진다.

실수는 정상적이며 배움으로 이어진다는 것을 아이들이 깨닫도록 돕기

나의 면담자 중 한 명인 주의력결핍장애가 있는 아들을 둔 미국인 Sally는 실수
를 통한 발견이라는 멋진 철학을 가졌고, 다음과 같이 말한다.

> 나의 접근법은 실수를 축하하는 것이다.
> '멋져! 너는 효과가 없는 방법을 알게 된 거야.'
> '우리는 실수를 할 때 가장 잘 배우고 가장 깊게 배운다.'
> '네가 실수를 하지 않는다면 배우지 못할 거야. 너는 배우고 있는 거야.'

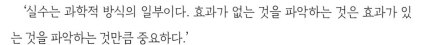

'실수는 과학적 방식의 일부이다. 효과가 없는 것을 파악하는 것은 효과가 있는 것을 파악하는 것만큼 중요하다.'

이러한 말들은 격려의 말이 아니다. 나는 진정으로 이 말을 신뢰한다. 나는 소프트웨어 디자이너이며, 훌륭한 소프트웨어는 효과적이지 않은 것을 발견하기 위해 계속해서 유저를 통해 검사함으로써, 그리고 그것을 수정하여 계속 검사함으로써 개발된다. 개발자로서 우리는 실패를 예상하고 계획해야 한다. 이는 모두 과정의 일부이다.

나는 또한 아들에게 학교 성적보다는 노력과 발전이 더 중요하다고 말한다. 결국 성공은 충분히 오래 열심히 노력한다면 온다. 그러나 노력하지 않는다면 절대 성공은 오지 않을 것이다……. 할 가치가 있는 모든 것은 어렵다. 힘든 것은 우리를 도전하게 한다. 도전은 즐겁다.

나는 이 아이디어에 깊은 영감을 받았고, 모든 멘토와 부모가 이를 면밀히 따랐으면 한다. 우리는 모두 실수를 한다. 학습장애가 있는 아동은 학교에서 더 많은 실수에 직면해야 하며, 그들에게 "괜찮아, 계속해. 계속 배우고 학습할 새로운 방식을 찾자"고 말할 중요한 어른이 없다면 실수에 매우 예민하게 될 것이다. 실수를 삶의 일부로 여기는 아이는 계속 시도할 것이고, 이는 궁극적인 성공의 핵심이다. 이는 자연스럽게 자존감 증진을 위한 Understood의 일곱 번째 제안으로 이끈다.

노력(결과나 '타고난' 능력이 아닌)을 칭찬하라

이 분야의 최고의 작업 중 일부는 『마인드셋(Mindset)』이라는 책을 쓴 Carol Dweck 교수(2006)에 의한 것이다. Dweck은 모든 분야에서 더 높은 성과를 내는 사람들에게 성공의 근본적인 요소는 지능이 바뀔 수 있다는 믿음, 즉 성장 마인드셋이라고 주장한다. 자신이 한 분야에서 발전할 수 있다고 생각하는 사람들은 심지어 실패를 경험한 후에도 더 열심히 노력하고, 더 오래 문제에 매달리고, 동기를 부여하고 흥미를 유지하는 경향이 있다. 지능은 고정되어 있으므로 바꿀 수 없다는 고정 마인드셋이 있는 사람들은 전반적으로 잘 해내지 못한다. 이러한 구분은 학습장애가 있는 아이들에게 핵심이다. 자신이 원래 타고난 재능이 있거나 멍청하거나 똑똑하다고 믿는 사람들은 열심히 하면 발전할 수 있다고 믿는 사람들보다 더 많은 역경에 부딪힌다.

부모들은 자녀들을 칭찬하길 원하고, 아이들은 칭찬을 좋아한다. Dweck은 칭찬받을 가치가 있는 가장 중요한 속성은 아이들이 하는 노력이라고 말한다. 그녀는 부모들에게 다음과 같이 조언한다.

> 아이들이 연습, 공부, 끈기, 그리고 좋은 전략을 통해 성취한 성장 지향적인 과정에 대해 우리가 원하는 만큼 그들을 칭찬해야 한다. 그리고 우리는 그들의 노력과 선택에 감탄하고 감사하는 방식으로 그들의 일에 대해 물어볼 수 있다.
>
> (p. 177)

Dweck은 "학습장애가 있는 아이들에게 효과가 있는 것은 순전한 노력이 아니라 올바른 전략을 찾는 것이다"(p. 178)라고 언급하며, 그들에게 구체적인 조언도 필요하다는 사실을 특히 강조한다. 그녀가 지지하는 몇 가지 조언은 다음과 같다.

> 나는 네가 한 노력을 좋아한다. 그렇지만 함께 작업하면서 네가 이해하지 못한 것이 무엇인지 파악해 보자.
>
> 우리는 모두 다른 학습 곡선을 가지고 있다. 네가 이것을 이해하고 이 자료에 익숙해지는 데 더 많은 시간이 걸릴 수 있으나, 지금처럼 계속한다면 이해할 것이다.
>
> 모든 사람은 각기 다른 방식으로 배운다. 너에게 효과가 있는 방법을 찾기 위해 시도해 보자.
>
> (p. 178)

Understood 웹사이트의 이 일곱 가지 요령에 나는 한 가지를 더 추가할 것인데, 이는 '우리가 공감을 보이려고 노력해야 한다'는 것이다. 학습장애는 아이, 부모, 심지어 교사에게 큰 좌절감을 줄 수 있다. 멘토가 한 가지 전략이나 기술을 가르치려고 노력했는데 아이가 많은 끈기와 인내 후에도 멘토의 입장에서 보면 숙달할 수 없다면 이는 둘 모두를 힘들게 한다. Barkley(2014b)와 다른 교육자들도 반복적으로 학습자에 대한 공감의 중요성을 강조한다.

면담자 모두는 동정심과 공감이 아이들이 발전하는 데 필수적이라는 데 동의했다. Ms. Aiyada는 "베풀고 용서해야 한다. 많은 인내가 필요하다……. 동정심을 갖고 이해해야 한다……. 장애를 견딘 부모의 진정한 성공 이야기는 격려가 될 것이다." 난독증 아들을 둔 인도인 Kate는 이에 동의하며 다음과 같이 말한다.

> 공감적 유대감을 형성하고 유지하는 것은 어린 시절에 특히 중요하다. 아이가 경험했을 것 같은 나의 어린 시절의 경험, 감정 및 두려움에 대해 이야기하는 것은 아이가 겪은 것에 대해 이야기하도록 격려하는 데 도움을 주는 방법이라는 것을 알게 되었다.

Kate의 사례는 학습장애가 있는 자녀를 둔 부모에게도 위안이 된다. 그녀의 이야기는 계속된다.

> 나의 막내 아들은 '수학을 못한다'는 말을 반복해서 들었으며, 심지어 (영국의) 중등교육 국가 자격시험에서 수학을 선택하지 말라는 권고까지 받았다. 그러나 아들은 끈기와 헌신적인 교사의 도움으로 우수한 성적으로 시험에 합격했고, 대학에서 경영과 경제학을 전공했다. 오늘날 그는 자신의 물류 및 장비 채용 회사를 운영하고 있다.

강점 분야의 존중

학습장애 아이들과 관련하여 연구가 덜된 부분 중 하나는 그들에게 동기를 부여하는 방법일 것이다. 학습장애 아이들은 학교에서 반복된 실패를 경험하면서 시간이 지나면 학업을 수행할 에너지가 거의 남아 있지 않게 된다. 나는 인터뷰 대상자들에게 그러한 아이들에게 동기 부여를 하는 데 무엇이 도움이 될 것이라고 생각하는지 물었다. 몇 사람은 학습의 차이를 인정하는 데 초점을 맞춘 일반적인 조언을 제시했다. 학생뿐만 아니라 교사와 부모 모두가 이 조언을 인정하는 것이 중요하다. 예를 들어, 난독증이 있는 홍콩 청년인 Monica는 이렇게 말한다.

> 먼저, 우리는 학습이 단지 인쇄된 글을 읽거나 시험에서 좋은 점수를 받는 것에만 국한되지 않는다는 것을 유념해야 한다. 둘째, 우리는 아이들이 배우기 위해 태어난다는 믿음을 가져야 한다. 모든 사람은 자신만의 방식으로 배울 수 있다. 아이들이 오랫동안 잃어버린 학습 동기를 되찾기 위해 노력할 때, 우리는 아이들의 학습 스타일과 흥미를 고려해야 한다.

학습장애가 있는 아이를 둔 각기 다른 나라 사람인 두 어머니는 같은 감정을 느낀다.

> 이것은 단계별 과정이다. 모든 아이는 자신의 장애와 상관없이 배울 수 있다. 우리의 일은 그들에게 기초(읽기, 쓰기)를 제공하는 것이고, 나머지는 자신들이 발견할 것이다. 우리는 아이들을 지켜보고 응원하며, 그들에게 학습의 기초를 하나씩 천천히 쌓아 가는 과정을 제공한다.

앞선 내용은 ADHD 딸을 둔 태국인 Ms. Aiyada의 조언이다.
두 난독증 아들을 둔 인도인 Kate 또한 조언했다.

아이들에게 어려운 과제를 해결할 수 있는 기술을 가르쳐야 한다. 아이들이 진정으로 즐기고 능숙한 것을 하는 데 시간을 보낼 수 있도록 하라.

아이들의 학습에서 단지 학습장애를 치료하는 것이 아니라 강점을 형성하는 것이 중요한 문제이다. 너무나 자주 난독증, 난서증 또는 주의력결핍장애가 있는 아동에게 일상적으로 자신의 장애를 '고치는 데' 모든 시간을 쓰도록 권장한다. 아이들은 많은 치료 작업을 완료해야 하고, 학습을 지원하는 개인 교사나 다른 사람들과 추가 시간을 보내야 하며, 끝이 없어 보이는 자신의 오류를 수정해야 한다. 그러나 자신의 오류를 고치는 데 시간을 보내는 것은 많은 노력이 필요하며 즐겁지 않다. 점차 학생들은 학교 공부를 어려움과 연관시키게 된다. 그러나 더 중요하게 해야 할 것은 아이들이 자신의 재능을 사용하여 성공을 경험할 기회를 갖는 것이다. 사실상 모든 사람은 자신이 잘하는 미술, 스포츠, 친구 사귀기, 게임, 음악 등의 강점이 있다. 아이들이 성인이 되는 과정에서 기쁨과 성공을 경험하는 것은 중요하다. 이는 학업보다는 다른 영역에서 경험하는 것이다. 일부 임상가들도 비슷하게 생각하며, 아이들의 도전과 그들의 강점을 모두 강조하였다.

예를 들어, 전 학교심리학자이며 스스로 주의력결핍장애가 있는 미국인 Mr. R은 이렇게 제안한다.

우리는 개인의 수행에서 강점과 약점에 관해 가능한 한 많이 알고자 노력해야 한다. 그리고 나서 그 약점에 압도당하는 것을 피하고, 강점을 유지하며, 자신의 약점에 도전할 때 성공의 경험을 줄 수 있는 활동으로 아이를 유도하는 방식으로 개입 프로그램이나 접근법을 구성해야 한다……. 아이들이 수행의 좌절, 불안, 그리고 어느 정도의 이유 등 자신에게서 일어나는 것을 이해할 수 있다면 그들이 어려운 학습 과제에 지속해서 도전할 때 동기를 더 오래 유지한다는 것을 알게 되었다.

홍콩 심리학자 Dr. T도 비슷하게 말한다.

> 교사와 부모는 때때로 SpLD(특정 학습장애)가 있는 아이들이 할 수 없는 것에 몹시 집중하고 그들이 할 수 있는 것을 간과한다. SpLD가 있는 아이는 부끄러움을 자주 느낀다. 아이가 자신의 강점과 잠재력을 의식하도록 돕는 것은 중요하다. 아이의 진정한 잠재력이 어디에 있는지 깨닫기 위해서 아이의 강점과 약점을 확인해야 한다. 동기 부여를 위해서 아이는 성공을 경험해야 한다. 성공을 이루기 위해서는 작은 단계부터 배워 나가야 한다.

덴마크 언어치료사 Ms. HO도 이에 동의하며 다음과 같이 말한다.

> 나는 관심 분야를 사용하고 동기를 부여하는데, 이는 학생의 나이, 환경, 가족 맥락에 따라 달라질 것이다. 계약서는 치료에서 개입의 목적이 무엇인지, 그리고 그것이 학습에 어떤 영향을 미치는지에 대해 학생과 함께 작성해야 한다. 나의 경험상 가장 효과적인 개입은 일반적으로 달성 가능한 목표를 가지고 학생을 긍정적인 방법으로 지원하는 데 초점을 맞춘 강한 팀(즉, 치료사, 교사, 부모)의 결과로 이루어진다. 재미있어야 한다!

우리 그룹의 호주 출신 학급 교사들은 모든 학생의 강점을 지원하려고 노력한다는 것을 똑같이 분명히 했다. 그들이 말한 것처럼, "모든 학생은 강점이 있으며, 만약 우리가 이러한 전문성을 학급 친구들에게 보여 줄 기회를 제공할 수 있다면 이것은 아이의 자존감 향상에 큰 도움이 된다. 학우들은 아이의 진정한 역량을 인정한다." 교사들은 '문식성 발달은 느리지만 자신의 레고 모형을 작동시키고 그것들을 원격으로 조종하는 데 능숙한' 4학년 학생(10세 정도)을 예시로 든다. 교사들은 그 학생이 수업에서 자신의 프로젝트를 설명하는 폰 비디오를 만들도록 했다.

무엇이 동기를 부여할까

면담자 중 일부는 아이들이 동기와 기본적인 자존감을 유지하도록 돕는 기본 철학과 접근법에 초점을 맞춘 반면, 다른 사람들은 성공을 위한 실용적인 제안에 훨씬 더 구체적이었다. 그 제안은 보상에 초점을 맞추었고, 도움을 위한 지원 도구를 사용하고, 아이들의 개인적 흥미를 활용했다.

ADHD가 있는 17세 네덜란드 소년 Peter는 "어린 나이에는 아이들이 하는 좋은 일에 대해 보상을 주라. 하지만 이렇게 하면 학습에 대한 보상을 주지 않으면 문제가 생길 수 있다"고 말했다.

Russel Barkley가 ADHD 학생에게 주는 일반적인 보상에 관해 제의한 많은 주장을 Peter는 기본적이고 간결하게 담아냈다. Barkley(2012)는 ADHD 아동들에게 외부로부터 동기를 부여하는 최고의 방법을 위한 여러 견해를 가지고 있으며, ADHD 아동들은 특히 미래를 생각하거나 현재 동기 부여를 위해 미래의 성공 개념을 활용하는 기능에 결함이 있다고 주장한다. 이 아이들은 자신의 행동에 대해 즉각적이고 빈번하며 상대적으로 큰 결과를 필요로 한다고 주장한다. 보상은 칭찬, 포옹, 구체적인 사건, 기회(예를 들어, 밖에서 놀기, 컴퓨터 게임하기), 또는 물건(예를 들어, 간식, 장난감, 스티커)의 형태일 수 있다. 그러나 이러한 보상이 필요한 빈도와 유사한 보상을 지속적으로 줄 경우에는 지루해지고 동기 부여가 떨어질 위험이 있기 때문에, 특히 아이들에게는 장기적으로 포인트나 토큰 체계가 중요하다. 토큰 체계는 아이가 원하는 목표를 위해 포인트나 토큰을 획득할 수 있는 방법이다. 이때 칩이나 동전을 사용하는 것이 일반적이다. Barkley(2016)는 전반적으로 부정적인 행동보다는 긍정적인 행동에 집중할 것을 권장한다. 예를 들어, 아이들에게 하나의 토큰을 얻기 위해 주어진 시간 안에 다섯 개의 단어를 쓰도록 장려하는 것은 나쁜 행동에 대한 포인트를 빼는 것보다 더 동기 부여가 된다. 아이들이 충분한 포인트를 얻으면 이 체계 내에서 아이들은 컴퓨터를 하면서 더 많은 시간을 보내거나, 그림을 그리는 데 더 많은 시간을 보내거나, 쉬는 시간에 스포츠 장비를 우선적으로 선택하는 것과 같이 원하는 것과 포인트를 교환하게 된다. 여기서 동기 부여가 되는 것은 아이에 따라 달라진다. 이는 내적 보상뿐만 아니라 외적인 보상에도 해당된다.

그렇다면 우리는 어떻게 학습 전반에 동기를 부여할 수 있을까? 학습장애 아동이 종종 직면하는 장애물을 고려할 때, 어떻게 이들이 학교 학습에 관심을 유지할 수 있을까? 캐나다 초등학교 교사인 Leah는 학습의 대안적인 방법에 초점을 맞추자고 제안한다.

> 배울 수 있는 방법이 정말 많다. 특히 요즘 시대에는 그렇다. 독서는 우리에게 새로운 세계를 열어 준다. 그러나 보는 것, 깊이 있는 토론, 이야기를 듣는 것, 연습을 통해서가 아니라 탐구와 게임과 도전 과제를 통해 숫자 감각을 개발하는 것도 마찬가지이다. 이는 두뇌가 수리적 개념을 여러 가지 방식으로 이해하려고 노력하게 한다.

더 일반적인 방법은 난독증이 있는 20대 홍콩인 Mr. Cheung이 다음과 같이 제안한다.

> 나는 당신이 아이들에게 학습의 동기를 주어야 한다고 생각한다. 나의 경우를 예로 들자면, 소셜미디어의 사용은 타자에 대해 더 많이 배울 수 있도록 하는 큰 동기이다. 타자를 침으로써 나는 (중국) 한자에 훨씬 더 익숙해졌다. 사회적 동기 부여는 인간에서 동기의 가장 큰 원천 중 하나였고 앞으로도 그럴 것이다. 그러므로 나는 부모들이 소셜미디어 사용에 대해 좀 더 관대할 것을 제안한다. 즉각적인 메시지 보내기, 블로그 사용, 포럼에서의 커뮤니케이션, 이 모든 것은 아이들이 글을 더 많이 쓰도록 도울 수 있다.

홍콩의 교육심리학자 Ms. G는 이에 동의하면서 "게임이나 멀티미디어를 통한 즉각적인 피드백이 있는 학습은 아이들에게 가장 매력적인 것이다"라고 말한다.

Mr. Cheung의 또 다른 흥미로운 제안은 학교 배정에 관한 것이다. 자녀가 다닐 학교를 선택하는 데 가족이 어느 정도까지 관여할 수 있는지는 문화마다 다르다. 그러나 그의 관점에서 볼 때 이는 중요했으며, 운 좋게도 이 경우에 그에게 도움을 주었다.

> 나는 하위 수준의 중학교에 배정되었다. 많은 사람의 믿음과는 반대로, 이는 나를 도와준 중요한 것 중 하나였다. 왜냐하면 다른 학생들의 학업성취도와 나의 학업성취도 사이에 차이가 적다는 점을 인식하면서 나는 약간의 희망을 가질 수 있었기 때문이다. 나는 더 이상 학습된 무기력 상태에서 살지 않았다. 열심히 하려는 동기는 모든 어려움을 극복하는 열쇠인데, 덜 경쟁적인 환경은 나에게 그러한 동기를 형성할 수 있는 환경을 제공했다. 그러므로 나는 낮은 순위의 중학교에 들어가는 것이 항상 나쁘지만은 않다고 말하고 싶다.

앞선 모든 제안은 아이들이 학교와 관련된 지식이나 기술을 배우도록 동기 부여하기 위한 일반적인 접근법을 강조한다. 이것은 학습장애의 도전에 직면하는 데 고통과 어려움을 최소화하는 것에 초점을 맞춘다. 이 접근법은 일반적이며, 학교에서 아이들의 책임을 상황에 따라 조금 더 가볍게 만들 수 있는 방법과 관련이 있다. 약간 다른 질문은 아이들이 구체적으로 어떻게 특별한 무언가에 독립적으로 관심을 가지게 하는 방법과 관련이 있다. 작은 관심의 불꽃은 많은 아동에게 더 나은 독서, 글쓰기, 심지어 평생의 흥미나 재능으로 눈덩이처럼 불어날 수 있다.

『그릿(Grit)』이라는 책에서 Angela Duckworth(2016)는 '열정과 인내의 힘'에 초점을 맞춘다. 학습과 흥미를 연결하는 것은 학습장애가 있는 아이가 성공하는 데 잠재적으로 중요하기 때문에 나는 특히 열정을 조성하는 방법에 대한 그녀의 견해에 관심이 있다. 우리는 본질적으로 흥미로운 것을 발견할 때 더 열심히 그리고 더 오래 일한다. "누구나 모든 것에 관심을 가지지 않으며, 모든 사람은 일부의 것에만 관심이 있다"(p. 99)는 그녀의 주장에 나는 감사한다. 이는 우리 모두에게, 특히 특정 학습장애로 학교에서 긍정적인 상태를 유지하기 위해 애쓰는 사람들에게 출발점을 제공할 수 있는 근본적인 진리인 것 같다.

직업과 삶의 목표에 관한 열정의 중요성을 탐구하면서 Duckworth(2016)는 "당신의 일에 대한 열정은 작은 발견이며, 그다음에는 많은 발전이 뒤따르며, 그다음에는 인생이 깊어지는 것"이라고 주장한다(p. 103, 강조함). 저자는 어린 시절은 보통 아이들의 관심사가 확고해지는 시기가 아니며, 일반적으로 훨씬 나중에 확실하게 된다고 말한다. 게다가 아이들은 전형적으로 일정 기간 동안 세상과의 상호작용을 통해서만 사물에 관심을 갖게 된다. 우리 모두가 결국 우리의 후속 관심사가 되는 특정 주제로 어떻게 되돌아가는지는 거의 우연처럼 보인다. 부모, 교사, 그리고 아이들의 다른 조력자들은 아이디어나 활동이 흥미롭다고 인식되는 상황을 만들어 냄으로써 점차 특정 관심사가 발전하도록 돕는다. 이 중 대부분은 시간이 지남에 따른 생각하지도 않았던 우연한 일이며, 그것들 중 다수는 겉보기에 상당히 우연적으로 보인다.

아이들에게 동기와 흥미를 육성하려는 부모와 다른 멘토들에게 보내는 Duckworth의 메시지는 다음과 같다. "열정을 둘 곳을 아직 정하지 못한 아이들이 하루에 몇 시간씩 부지런히 기술을 연마할 준비가 되기 전에 놀면서 흥미를 유발하고 다시 유발해야 한다"(p. 106). 아이들은 따뜻한 양육과 오랜 기간 동안 새로운 아이디어와 새로운 잠재적 흥밋거리를 경험할 수 있는 기회를 필요로 한다. 이것은 모든 아이에게 중요하며, 또한 학교 과목의 실제적이거나 적어도 이론적인 즐거움에 사실상 도달하기 어려운 학습장애가 있는 아이들에게 더 중요할 수 있다. 학습장애 아동의 학습 동기를 두드리는 것은 아마도 어려운 과정 중 하나일 것이다. 그러나 우리의 인터뷰 대상자들 중 몇몇은 아이들이 계속 배우거나 심지어 배우기 시작하도록 어떻게 동기를 부여하는지에 대한 매우 좋은 사례들을 가지고 있었다.

난서증이 있는 Mr. Cheung은 다음과 같이 말한다.

나는 만년필을 선물로 받았다. 그것은 글쓰기를 나에게 꽤 흥미로운 것으로 바꿔 주었다. 쓰기장애가 있는 아이들에게 글쓰기를 흥미롭게 만드는 것은 쉬운 일이 아니지만 꽤 중요하다. 그 펜을 통해 나는 쓰기 공포증을 어느 정도 극복했고, 이것은 나의 자발적인 손 쓰기 연습의 시작으로 이어졌다. 나는 아이들마다 글쓰기를 흥미롭게 만드는 방법이 다르다고 생각한다. 그러나 핵심 메시지는 글쓰기에 약간의 재미를 더하는 것이다.

난독증이 있는 중국인 여성 Monica는 학교에서 영어를 배우는 것을 싫어했으나 요리를 통해 동기 부여가 되었다. 그녀는 다음과 같이 말한다.

> 우리 할머니는 매우 훌륭한 요리사였고, 나는 할머니의 요리 사랑을 어느 정도 물려받았다. 초보자가 레시피 없이 요리하는 것은 어렵지만, 나는 읽기가 더 어렵다. 내가 7살 때 갑자기 어떻게 만드는지 전혀 알지 못하는 요리를 정말 배우고 싶다는 생각이 들었고, 나는 필리핀 도우미 Jenni와 함께 영어 읽기에 도전하기로 결심했다. Jenni는 레시피를 복사하고 확대했다. 우리는 함께 슈퍼마켓에서 가서 재료들을 사 왔고, 요리 단계를 하나씩 읽고 따랐고, 반복해서 연습했다. 결국 나는 음식, 조리 기구, 조리 절차 등에 관한 영어 어휘를 더 많이 배웠고, 이 단어들이 쓰인 '모양'을 외우기 시작했고, 나중에는 이 단어들의 철자를 쓸 수 있었고, 이 단어들을 통해 소리의 혼합을 배웠다.

Monica는 계속해서 말한다.

> 역사 시간에 자주 졸고, 역사 공부에 전혀 관심이 없던 나의 ADHD 오빠는 갑자기 학교 도서관에서 두꺼운 중국 역사책을 빌려 하루 만에 500쪽 분량의 책을 다 읽었다. 오빠는 자신이 즐겨 하던 신작 비디오 게임들이 중국 역사를 배경으로 했고, 자신은 스토리보드에 매력을 느껴서 더 알고 싶었다고 고백했다.

ADHD가 있는 스위스인 Apercu89도 역사와 관련이 있었다.

나는 매우 좋은 유튜브 영상을 볼 수 있다는 것을 알았을 때 역사를 좋아하기 시작했다. 영상에는 교사/전문가가 재미있는 방식으로 혹은 이야기와 결합하여 정보를 전달하였다. 어떤 교과서는 공부할 동기를 유발하지 못한다. 또한 아이가 때때로 (뇌가 100가지 다른 것들을 생각하고 있기 때문에) 단순히 공부할 기분이 아니고 공부하는 것이 불가능하다는 것을 이해하는 것은 중요하다.

아이의 학습과 흥미를 연결시키는 임무를 수행하는 부모와 교사로 인해 아이들은 더 행복해지고 궁극적으로 주변 삶과 더 밀접한 관계를 맺게 된다.
Monica의 마지막 조언은 다음과 같다.

아이가 좋아하는 것을 찾고, 배우도록 동기를 부여하는 방법으로, 예를 들어 요요를 가지고 놀거나 모형을 만드는 것과 같이 일상생활에서 유용하지 않아 보이는 것도 사용해야 한다. 아이는 이러한 경험에서 무언가를 배울 수 있고 약간의 만족감을 얻을 수 있다. 아이가 자신의 노력으로 무언가를 실제로 완성할 수 있다는 것을 깨닫는 것은 매우 중요하다. 아이들은 학습에 대한 자신감을 다시 형성하기 위해 성공의 경험이 필요하다.

나쁜 것을 피하고 좋은 것을 장려하기: 약물과 알코올은 안 되고 긍정적인 청소년 발달은 찬성한다

학습장애는 성장 과정에서 일어나는 일상적인 어려움을 더욱 악화시킬 수 있다. 몇몇 연구는 일부 학습장애가 있는 사람들이 약물중독으로 고통받을 가능성이 증가한다는 사실을 입증했다. 예를 들어, ADHD가 있는 사람들은 청소년기와 성인기 모두에서 담배나 알코올 중독의 위험이 훨씬 더 큰 경향이 있다(Barkley, 2017b). ADHD가 있는 Jergen(2004)은 자신의 책에서 ADHD 증상으로 인한 거부 반응을 매일 경험하면서 오는 불안감에 대처하기 위해 알코올을 즐기고 궁극적으로 알코올에 의존하게 된 상황에 대해 자세하게 설명한다. Barkley(2017b)는 ADHD가 있는 사람들에게 알코올의 매력은 일시적으로 불안을 감소시키고 아마도 자신의 문제를 잊을 수 있도록 돕는 것임을 시사한다. 담배 속의 니코틴은 ADHD의 증상을 부분적으로 감소시키는 자극제 역할을 하므로, 특히 ADHD가 있는 사람들의 흡연 현상은 이해가 되며 실제로 논리적이다. 기분 전환을 위한 약물 사용도 학습장애가 있는 사람들이 현재의 좌절과 어려움에 대한 생각을 멈추도록 도울 수 있다. 우리 모두는 약물 복용이 궁극적으로 많은 추가적인 문제를 야기한다는 것을 알고 있지만, 약물은 즉각적인 안도감을 제공한다.

　'마약 없는 아이들을 위한 파트너십(Partnership for Drug-Free Kids)'은 청소년들이 술과 마약을 하는 여덟 가지 주요 이유를 나열한다(The Partnership, 2017). 물론 이 중 네 가지는 하나 이상의 학습장애 유형과 직접적으로 연관되어 있다. 여기에는 탈출, 지루함, 반항, 그리고 자신감 부족이 포함된다. 이 네 가지 이유가 어느 정도 모든 십대에게 적용될 가능성이 있는 것은 사실이지만, 학습장애가 있는 사람들에게는 이 필요와 속성이 더욱 두드러진다. 학습장애가 있는 모든 아이는 명백한 탈출 욕구를 가지고 있다. 학교의 압박감은 무자비하고, 좌절감은 크다. 이런 상황에서 누가 탈출을 원하지 않을까? 지루함은 ADHD가 있는 일부 학생들의 특별한 인증이다. 이들 중 많은 학생의 특징은 새로운 것을 꾸준히 시도하지만 주어진 일에 집중하는 데 어려움을 겪는다는 것이다. 반항은 학교에서 '보다 못하다'는 느낌의 결과이다. 학습장애가 있는 학생들은 완벽이라는 목표에 도달할 수 없다는 부족감을 종종 느끼며, 교사, 부모, 그리고 심지어 친구들에 의해서도 자주 그렇게 평가된다. 분노나 좌절감으로 인해 평가에서 반항하는 것은 그들이 때때로 느끼는 압박감을 고려할 때 합리적인 것처럼 보인다. 마지막으로 학습 문제의 결과로 자존감이 낮아지는 것은 비교적 전형적인데, 이는 ADHD 진단을 받은 학생들이 종종 그 이유를 이해하지 못한 채 장기간 학교에서 실패를 겪었기 때문이다(Lyons, 2012).

　알코올이나 약물이 좌절한 학생에게 쉬운 '탈출구'로 잠재적인 매력이 있다는 점을 고려할 때, 보호자는 학습장애 학생과 함께 이것들을 각별히 경계해야 한다. 약물남용의 문제를 피하는 가장 좋은 접근법은 정직한 태도로 다가가는 것이다. 십대 초반의 아동이나 청소년들과 약물과 알코올에 대해 공개적으로 이야기하는 것은 약물 사용이 가져올 위험에 대해 그들이 확실히 이해하는 데 큰 도움이 될 수 있다. 전문가들은 이 나이에 도움이 되도록 양육 과정에서 몇 가지 부가적인 주요 요소를 강조한다.

첫째, 부모는 자녀에게 심리적으로 자주 접근할 수 있도록, 특히 자녀와 일주일에 몇 번 저녁 식사를 함께하도록 노력해야 한다(Zarrett & Lerner, 2008). 그러한 저녁 식사는 십대의 우울 증상을 감소시킨다. 가족의 저녁 식사는 또한 십대의 약물남용과 반비례한다(Fulkerson et al., 2006).

둘째, 부모는 청소년 자녀가 학교 과목 외에 관심 있는 활동을 적극적으로 추구하도록 해야 한다. 어떤 과외 활동도 도움이 될 수 있고, 한 개 이상의 과외 활동(4개까지)을 하는 것이 단 한 개를 하는 것보다 더 나을 수 있다(Zarrett & Lerner, 2008). 이 분야에 관한 Feldman과 Matjasko(2005)의 개관 연구에 의하면, 대체로 방과후 과외 활동에 참여하는 사람들은 마약과 알코올을 시도할 가능성이 더 적었다. 이 일반적인 규칙에 대한 한 가지 주의 사항은 또래들이 아이의 술이나 마약을 시도하려는 의지에 강한 영향을 미친다는 것이다. 그러므로 부모들은 과외 활동을 하는 자녀의 친구들과 짝들을 알아야 하며, 불법 물질을 사용하지 않고 스스로 외부에 대한 열정과 흥미를 발전시키는 친구들과의 관계를 격려해야 한다.

부모 자신의 행동, 특히 알코올이나 다른 약물남용이 없는 건강한 생활 방식은 자녀가 이러한 물질에 관여하지 않기로 결정하는 데 핵심적인 역할을 한다. 전 세계적으로 십대의 약물남용과 다른 문제 행동들에 대한 강력한 억제력은 부모에 대한 존경과 부모를 자랑스럽게 만들고자 하는 자녀의 열망이다. 건강한 행동을 모델링하는 것 외에도 부모는 청소년 자녀를 위한 '가정 규칙'에 있어서 단호해야 한다. 십대들은 가족이 집과 집 밖에서 따라야 하는 규칙에 모두 동의할 때 가장 잘 따른다. 규칙과 규칙의 시행에 단호하면서도 매우 따뜻한 부모의 자녀들은 물질 사용과 남용에 관한 친구들의 압력에 특별히 잘 대처하는 경향이 있다.

Zarrett과 Lerner(2008)는 '긍정적 청소년 발달'에 대한 일반적인 처방을 제시한다. 우리 아이들이 불법 물질을 멀리하도록 하는 것만으로는 충분하지 않다. 무엇보다도 가장 중요한 것은 아이들이 성장하고, 자신과 자신의 공동체에 대한 낙관적인 태도와 참여를 유지하는 것이다. Zarrett과 Lerner(2008)가 개념화한 바에 의하면, 청소년 삶의 최고 목표는 앞에서 언급한 여섯 가지 C를 포함한다. 첫 번째는 역량(competence)이다. 모든 사람은 자신이 얻기 위해서 노력하는 다양한 역량을 가지고 있다. 학업 역량은 학습장애가 있는 아이들이 어려워하는 것인데, 이 중 많은 부분이 학교 성적과 관련되기 때문이다. 하지만 다른 것도 있다. 예를 들어, 건강 역량은 잘 쉬고, 충분히 운동하고, 스트레스를 긍정적으로 관리하고, 올바르게 식사하고, 약물남용을 하지 않는 것을 포함한다. 인지적 역량은 일상에서 발생하는 문제에 대해 일반적으로 잘 추론할 수 있는 것을 의미한다. 사회적 역량은 다른 사람들과 잘 어울리고 다양한 대인관계에서 성숙함을 보여 주는 것을 포함한다. 또한 저자들은 직업적 흥미와 능력을 나타내는 직업 역량의 중요성을 강조한다. 청소년기의 다면적 역량을 고려한 이 개념은 학습장애가 있는 사람도 여러 차원에서 온전한 사람이라는 사실을 강조하기 때문에 매력적이다. 나는 이것이 개개인을 생각하는 데 유용한 방법이라고 생각한다.

Zarrett과 Lerner(2008)가 제안한 긍정적 청소년 발달의 다른 측면들도 고려하고 육성하는 것이 중요하다. 두 번째 C는 자신감(confidence)인데, 본인이 유능하고 중요하다는 느낌이다. 이는 모든 청소년의 건강한 발달에 있어 핵심이다. 아마도 장애가 과장될 수 있는 학교에서 많은 시간을 보내야 할 자신에 대해 불확실하다고 느낄 위험이 있는 학습장애 아이들에게 더욱 중요할 것이다. 세 번째 C는 자신의 가족, 친구, 학교 및 더 큰 공동체의 사람들과 유대감 또는 연대감을 느끼는 연결(connection)에 관한 것이다. 학습장애 아동의 조력자인 부모와 교사는 이 연결을 강화하는 데 도움이 된다.

마지막 세 가지 C는 성격(character), 배려(caring), 기여(contribution)이다. 이 세 가지는 아이가 자신의 공동체와 어떻게 상호작용하는지를 반영한다. 성격은 다른 사람들에 대한 도덕성과 책임감을 어느 정도 반영한다. 배려는 타인에 대한 연민이나 공감을 느끼는 정도를 반영한다. 궁극적으로 기여는 자신의 가족과 더 큰 공동체를 포함한 다른 사람들에 대한 투자이다. 청소년들이 어떻게 다른 사람들에게 어떤 방식으로 되돌려줄 수 있을까?

이 긍정적인 발전에 관한 C들은 분명히 전 세계적으로 중요한 목표이다. Årdal, Ordal, Holsen, Diseth 및 Larsen(2017)에 의하면, 이 중 더 강력한 예측 변수 중 하나는 학교 환경이 자율성을 부여한다고 지각하는 것이다. 또한 Zarrett과 Lerner(2008)는 과외 활동을 강조하는데, 이는 아이들이 학교와 별도로 이러한 역량에 대한 감각을 발달시킬 수 있도록 스스로 탐구하도록 도움을 준다. 마지막으로, 교사뿐만 아니라 부모와 다른 보호자를 포함한 직계가족의 중요성은 긍정적인 발달을 위해서 아무리 강조해도 지나치지 않다. 그러나 부모와 교사도 지원과 조언이 필요하다. 따라서 다음 부문에서는 부모와 교사가 아이들뿐만 아니라 자신을 위해 알아야 할 것에 대해 논의한다.

부모도 지원이 필요하다

Jergen(2004)는 다음과 같이 언급했다.

> ADHD는 이것이 있는 당사자에게만 영향을 미치지 않고, 그들의 학급 친구들이 배우는 방식에 영향을 미친다. ADHD는 부모가 자녀들을 보는 방식과 공동체가 그들을 보는 방식에 영향을 미친다. ADHD는 그들의 연인과 파트너의 자존감에 영향을 미친다.
>
> (p. 83)

이 절에서 나는 학습장애가 있는 아동을 둔 부모의 어려움을 강조하고, 부모가 스스로와 자녀에게 도움이 될 수 있는 방법을 찾기 위해 노력한다.

부록 A에 열거된 사람들과 인터뷰한 바에 의하면, 난독증, 난서증, ADHD 혹은 다른 장애 종류와 상관없이 부모가 학습장애가 있는 자녀에게 다가가는 방법을 상당히 강조한다. 한 가지 강조할 점은 연민에 대한 것이다. 앞에서 논의한 것처럼, 자녀뿐만 아니라 때때로 학습장애가 있는 자녀와 함께 작업하는 것이 매우 어렵고 좌절감이 드는 부모 본인에 대한 연민이다. 여기서 나는 먼저 부모로서 자신에 대한 조언에 초점을 맞춘다. 학습장애가 있는 자녀를 둔 부모들이 할 수 있는 중요한 것 중 하나는 자신에 대한 어떤 실망이나 좌절감을 인정하는 것이다. 전 세계의 부모는 자녀에 대한 기대와 자신이 어떻게 이 아이를 양육할 것인지에 대해 많은 기대를 가지고 있다. 이 기대는 때때로 부모가 아이의 성별에 대해서 어떤 희망과 기대를 가질 시기인 출생 전부터 시작된다. 인도나 중국과 같은 특정 문화권에서는 남아가 여아보다 더 선호되지만, 개별 가정들은 여전히 그들만의 개별적인 선호를 가지고 있다. 성별 선호(혹은 비선호)는 모든 부모가 적응해야 하는 긴 여정의 시작일 뿐이다. 부모는 그들의 아이가 '뭔가' 되기를 원하며, 여기서 '뭔가'는 키가 크고, 키가 작고, 더 매력적이고, 날씬하고, 더 뚱뚱하고, 더 외향적이고, 더 성별에 전형적이고, 더 조용하고, 더 공손하고, 덜 두려워하고, 더 똑똑하고, 스포츠를 더 잘하는 등을 포함한 모든 특징이 될 수 있다. 자녀가 학습장애를 가지고 있다는 것은 부모가 종종 예상하지 못했던 것들 중 하나다.

물론 이것은 많은 부모에게 불안을 야기한다. 난독증이 있는 딸을 둔 스페인의 Mrs. Mayo는 이 딜레마를 다음과 같이 아름답게 표현했다.

부모에게는 아름다운 아기로 태어난 셋째 딸이 학교에 다니기 시작하면서 언니들이나 부모의 발자취를 따르지 않는다는 사실을 받아들이기가 어렵다. 그녀는 왜 계속 실패할까? 왜 모든 학교 과제에 빨간 표시가 있을까? 왜 아이는 학교에 가고 싶지 않다고 말할까? 이것은 당신의 딸과 당신이 함께 걸어야 하는 과정이다. 당신은 학교가 아이의 삶의 일부일 뿐이라는 것, 그녀의 삶에는 빛나고 아름다운 다른 측면들이 있다는 것을 알아야 한다. 당신은 인생이 독서나 수학과는 아무 상관이 없다는 것을, 아이가 학교에서 실패할 수 있으나 삶의 다른 측면에서 다른 사람들만큼 능력이 있을 수도 있다는 것을 이해해야 한다. 언니들이 그녀보다 더 좋은 점수를 받지만, 그녀는 언니들이 결코 성취하지 못할 다른 강점이나 기술을 가지고 있다는 것을 이해해야 한다.

내가 인터뷰한 여러 임상가는 자녀에게 학습장애가 있을 때 부모들이 직면하는 어려움을 인정한다. 부모들의 대처 전략을 위한 자원은 매우 적으므로 더 많아져야 한다. 예를 들어, 홍콩의 교육심리학자인 Ms. AG는 "결코 쉽게 받아들일 수 없기 때문에 부모들에게 공감을 표현해야 한다"라고 조언한다. 그녀는 더 나아가서 가족을 돕는 방법에 대해 조언한다.

비현실적인 기대가 아이들의 자존감만 손상시키고 학습 동기를 떨어뜨릴 수 있다는 사실을 비유를 사용하여 설명하는 것이 좋다. 충분한 지원과 함께 최적의 도전적인 하위 목표를 설정하여 기대치를 조정하면 결국 자녀가 단계적으로 더 나은 목표를 달성하도록 도움이 될 것이다.

나는 교사들이 부모들보다 학습장애가 있는 아이들을 받아들이는 데 더 열려 있다고 생각한다. 교사는 아이가 직업을 가질 수 있는지, 의미 있는 삶을 살 수 있는지, 심지어 가정을 가질 수 있는지 등 아이의 미래에 대해 걱정할 필요가 없다. 이런 질문과 우려는 부모들이 아이의 미래가 보이지 않거나 현실 점검을 위한 기준이 없어서 자주 고민하는 것들이다.

덴마크 언어치료사 Ms. HO는 부모를 위한 자신의 명시적인 계획을 다음과 같이 강조한다.

나는 치료의 시작부터 부모와 긴밀히 협력할 것을 강조한다. 부모는 평가 회기에 참여하고, 관찰한 자녀의 강점과 어려움을 설명하고 정의하는 과정에 참여한다. 이는 이해, 수용, 그리고 보통 불안 감소를 기대한다. 지식과 함께 지원 체계와 부모의 권한을 증진시킬 수 있는 가능성이 생기면서 이는 추후 학생을 지지하기 위한 좋은 기준을 제공한다. 부모들은 처음에 나를 만나러 올 때 두렵고 불안해하며, 그들의 관점이 자주 균형을 잃었다고 느낀다.

한국의 언어병리학 전문가인 Pae 교수와 스웨덴의 임상심리학자 Dr. Lindeblad 또한 이러한 정서를 반영한다. 그들은 난독증이 있는 아이들의 가장 중요한 요구 중 하나는 가족이 전문가와 서로 간 지원을 받는 것이라는 사실을 독자적으로 강조했다.

학습장애가 있는 사람들의 놀라운 성공에도 불구하고, 어느 시점에 실망감이 드는 것은 당연하다는 것을 인정해야 한다. 어려움이 있고, 이를 인정해야 한다. 인터뷰 대상자 가운데 두 사람은 이 점을 다소 강렬하게 주장했는데, 둘 다 주의력장애가 있는 아들들과 고군분투했다. 미국인 Ms. Sally는 주의력장애로 인한 한 가족의 고민을 이렇게 말했다.

주의력장애는 신경학적 차이 때문이라서 아이의 행동이 의도적이고 반항처럼 보이지만 실제로는 그렇지 않다는 것을 가족에게 어떻게 설명해야 할까? 부적절하다고 생각되는 내 아이의 행동을 처벌하는 것은 효과가 없다고 나의 부모에게 어떻게 설명해야 할까? 친구들은 너무 정중해서 당신 자녀의 행동에 대해 비판적인 말이나 참견을 하지 않을 것이다. 그러나 부모님은 당신들이 나보다 더 잘 알고 있고, 내가 너무 부드럽거나 아이를 효율적으로 훈육하지 못한다고 생각한다. 이 때문에 부모님과 문자 그대로 수년간 갈등이 빚어졌다. 부모님에게 우리가 해야 할 일을 하고 있다는 것을 확신시키기 위해서 결국에는 의학적 진단이 필요했다. 나의 어머니는 결국 전에 이해하지 못한 것에 대해 내게 사과했다. 이 갈등은 우리 가족을 거의 무너뜨릴 뻔했다. 나는 어머니의 비판과 아들을 어떻게 훈육해야 하는지에 대한 불평을 피하기 위해 멀리 이사를 갔다.

『작은 괴물(The Little Monster)』(2004)의 저자인 Robert Jergen은 약 15년 전에 다음과 같이 말했다.

> 나는 ADHD가 있는 손주가 '통제불능'이라고 느끼는 조부모 때문에 자신의 부모와 더 이상 말하지 않는 몇몇 부부를 안다. 조부모는 부모가 '너무 너그럽다'며 아이를 더 자주 훈육해야 한다고 말한다.
>
> (Jergen, 2004, p. 12)

네덜란드 출신인 Ms. Ellen은 비슷한 정서를 표현하며, ADHD가 있는 아들의 양육 과정에서 받았던 부적절한 조언도 공유했다. 그녀는 다음과 같이 말한다.

> ADHD가 있는 아이를 다루면서 아이를 기르는 것이 매우 어렵고 힘든 일이라는 것을 깨달았다. 특정한 문제에 답을 찾을 수 없는 경우가 매우 많다. 이는 좌절감을 줄 수 있지만, 당신이 받아들여야만 하는 것이다. 그러나 동시에 ADHD가 있는 아이를 키우는 것은 나를 더 인내심 있고 창의적으로 만들었다. 이것은 좋은 일이다.

그녀는 계속해서 "당신의 마음을 따라야 한다. 항상. 당신이 자녀를 가장 잘 안다. 누군가(의사, 교사 및 또 다른 부모)가 당신에게 잘못된 조언을 한다고 느낀다면 그것을 따르지 말아야 한다"고 말한다.

두 어머니 모두 아들이 학습장애라는 어려움에 직면했을 때 새로운 양육 방법을 배워야 했다. 그들은 모두 아들과 함께 굉장한 발전을 이루었으나 그 여정은 쉽지 않았다.

Ms. Sally의 노력은 그녀 자신의 양면성과 부모가 스스로에게 기대해야 할 것과 기대하지 말아야 할 것에 대해 솔직하게 이야기하기 때문에 독자들이 알아야 할 점에 대해 도움을 준다.

나의 아들은 여러모로 매우 힘들다. 그래서 아들을 사랑하는 것이 힘들다. 남편과 나는 이에 대해 심한 죄책감을 느끼고 있고, 우리는 나이가 들면서 나아지기를 바라고 있다. 수많은 연구와 책을 읽은 후 학습장애가 흔하다는 것을 알게 되었지만, 아무도 이에 대해 말하지 않는다. 이에 대한 더 많은 정보가 있다면 도움이 될 것이다. 다른 부모들이 자신이 할 수 있는 최선을 다했다고 느낀다면 자신이 할 수 있는 최선을 다하고 있다는 것을 알았으면 좋겠다. 우리에게 주어진 것은 한정되어 있으며, 더 많은 것을 줄 수 없을 때 우리 자신을 용서하는 법을 배워야 한다.

그녀는 계속해서 말한다.

이는 내 생에서 가장 큰 후회이며 도전이다. 나는 나의 아들과 함께 있는 시간의 95%를 좋아하지 않는다. 아들과 가능한 한 많은 시간을 함께 보내기 위해 매우 열심히 일한다. 같이 놀고, 얘기하고, TV를 본다. 충분하지 않다는 것을 알지만, 이것이 나를 비참하게 만들지 않고 할 수 있는 전부이다. 내가 느끼는 죄책감은 헤아릴 수 없이 크다. 하지만 그럼에도 불구하고 아들과 더 많은 시간을 보내게 되지는 않는다. 남편도 비슷하게 느끼며, 다양한 방식으로 아들과 함께 시간을 보내는 데 최선을 다한다. 하지만 남편도 아들과 함께 시간을 보내는 것을 즐기지 못해 몹시 괴로워한다.

이 주제에 대한 연구는 여전히 비교적 부족하다. 진행된 연구의 대부분은 부모가 자녀의 학습 과정을 돕도록 지원하는 것이다. 자녀가 학습장애가 있을 때 부모가 직면하는 복잡한 문제를 다루는 연구는 거의 없는 편이다. 여러 기관의 후원을 받은 영국의 한 보고서(Marjoribanks, 2017)는 학습장애가 없는 아이를 둔 부모에 비해 학습장애가 있는 아이를 한 명 이상 둔 부모는 관계에서 외로움, 불안, 불행을 느낄 가능성이 더 높다는 것을 보여 주었다. 이 가능성은 배우자와의 관계에서뿐만 아니라, 앞에서 언급한 Ms. Sally의 경우처럼 자기 부모와의 관계도 포함한다. 이 연구와 이 주제에 대한 여러 연구에서 내린 가장 중요한 결론은 자녀에게 학습장애가 있는 것은 평균적으로 부모의 불안감이나 우울감을 다소 증가시킨다는 것이다.

다른 연구에서는 ADHD 아동이 부부관계에 미치는 영향을 강조한다. 예를 들어, ADHD가 있는 자녀를 둔 부모는 ADHD가 없는 자녀를 둔 부모에 비해 별거 또는 이혼할 가능성이 훨씬 높다(Johnston & Chronis-Tuscano, 2014; Kvist, Nielsen, & Simonsen, 2013). 이 경우 부부관계의 분열은 주로 아이의 행동에 의한 것으로 보이며, 부모와는 관련이 적은 것처럼 보인다. 예를 들어, 성인 일란성쌍둥이를 대상으로 한 연구에서 ADHD 자녀를 둔 쌍둥이는 다른 쌍둥이보다 부모 갈등 또는 이혼을 보고할 가능성이 더 높았다(Schermerhorn, Cummings, DeCarlo, & Davies, 2007). ADHD 아동의 어머니, 아버지 모두 우울증에 걸릴 위험이 있으며, 그러한 아동의 어머니 중 적어도 50%는 살면서 한 번은 임상적 우울증을 경험한 적이 있다(개관 연구, Johnston & Chronis-Tuscano, 2014). 이러한 부모들은 종종 자녀들 및 자녀들과 관련된 다른 사람들과 부정적인 상호작용을 더 많이 하고 긍정적인 상호작용은 덜 경험한다. 게다가 ADHD 자녀를 둔 어머니는 그러한 자녀가 없는 어머니에 비해 직장이나 여가 활동을 위해 아이들과 떨어져 시간을 즐길 기회가 적을 수 있다. 이러한 활동들은 우울증을 예방하는 데 중요하다.

부모가 필요한 지원을 받는 방법

그렇다면 이 문제를 고려할 때, 무엇을 해야 할까? 부모들에게 약간의 지원과 몇 가지 구체적인 제안을 하는 데 도움이 될 수 있는 www.understood.org/en라는 웹사이트가 있다. 이 사이트는 영어와 스페인어로 제공된다. 주의력장애가 있는 아이의 부모들을 위한 또 다른 사이트는 www.additudemag.com/your-not-alone/ 또는 미국의 포괄적인 자원인 www.chadd.org/NRC.aspx이다. 당신이 이 책을 읽고 있을 때에도 이러한 웹사이트들에 접근이 가능한지 여부는 예측하기 어렵다. 그러나 부모가 어디서나 할 수 있는 가장 쉬운 일 중 하나는 온라인에서 부모들이 서로 도움을 주는 자원이나 온라인 채팅 그룹을 찾는 것이다. 다른 국가의 난독증, 난서증 및 ADHD에 대한 정보를 제공한 부록 B에서 D까지 나열된 그룹 중 일부는 도움이 될 것이다. 부모들이 자신의 스트레스 수준을 인식하고 이것을 관리할 시간을 가지는 것은 근본적으로 중요하다. 사회적 지원은 스트레스 관리의 필수 요소 중 하나이다.

부모로서 어떤 스트레스 관리 방법이 자신에게 도움이 되는지도 탐색할 가치가 있다. 스트레스 관리에 관심이 있는 모든 부모를 위해 https://childdevelopmentinfo.com/ 사이트가 유용할 수 있다. 이 사이트 외에도 부모들의 스트레스를 줄이기 위한 기본적인 기법을 일깨워 주는 방법은 많다. 사회적 지원과는 별도로 이것들은 건강 관리(충분한 수면을 취하고, 적절하게 먹고, 과도한 알코올 사용 및 흡연과 같은 나쁜 습관을 제한하고, 규칙적으로 운동하는 것), 시간 관리(약속에 충분한 시간을 두고, 숙제를 하고, 일찍 식사 준비를 하여 감정적으로 '넘치는' 막바지나 예상치 못한 집안일에 압도되지 않기), 목록 작성(잊지 말아야 하는 일들, 긍정적으로 기억하는 감사한 것들, 부정적인 생각에 압도된다면 나중에 천천히 생각해 볼 수 있는 걱정거리들), 그리고 휴식 스케줄(아무것도 하지 않는 것, 당신이 즐기는 음악을 듣는 것, 심호흡하는 것)을 강조한다. 무엇보다도 모든 부모, 특히 한 명 이상의 학습장애와 같이 특별한 어려움을 겪고 있는 자녀를 지원하는 사람들은 어떤 형태로든 자기 관리를 실천하는 것이 중요하다. 스트레스를 많이 받는 부모는 자신을 필요로 하는 아이를 효과적으로 양육할 수 없다.

부모의 요구와 감정을 강조하는 것은 매우 중요하며, 신체적으로 그리고 정신적으로 가정을 건강하게 유지하는 것이 얼마나 중요한지를 강조하는 자료가 충분하지 않은 것 같다. 인구의 절반 이상이 평생에 걸쳐 일종의 정신장애 또는 질병(즉, 정신질환 진단 및 통계편람에서 정의된 정신장애; 예를 들어, 불안, 우울증, 약물 의존)을 겪고 있다는 연구(Moffitt, Caspi et al., 2010)와 난독증이 있는 아이의 부모는 이 어려움과 관련하여 더 많은 고통을 보인다는 연구(Bonifacci, Montuschi, Lami, & Snowling, 2014)를 통해 학습장애가 있는 아이의 부모를 위한 사회적 지원의 중요성을 인식할 필요가 있다. 이러한 필요를 더욱 복잡하게 만드는 것은 난독증 아동의 부모 본인도 학습 문제로 자주 어려움을 겪을 수 있다는 사실이다 (Bonifacci et al., 2014). 이는 난독증으로 좌절하는 자녀를 지원하는 것을 어쩌면 더욱 어렵게 만든다.

교사의 역할

부모 외에도 학습장애 아이들과 함께 작업하는 다른 전문가들도 약간의 지원과 조언이 필요할 수 있다. 그들을 위해 고려할 중요한 아이디어는 무엇일까? 인터뷰 대상자들을 통틀어 나는 교사들을 도울 수 있는 방법에 대한 조언을 구했다. 대부분의 인터뷰 대상자들은 교사들이 하는 고민에 깊이 공감하고 감사했다. 교사들은 영웅이다. 예를 들어, 스페인 출신의 Mrs. Mayo는 다음과 같이 말했다.

나는 선생님들을 정말 존경한다. 나는 교사가 가장 중요한 직업 중 하나라고 믿는다. 우리 사회의 미래는 그들의 손에 달려 있다. 그들 앞에는 매우 어려운 과제가 놓여 있다. 그들은 각각 다른 요구와 어려움을 가지고 있는 25명의 아이들에 '대처'해야 한다. 교사가 이행해야 할 목표(교육 계획, 학교 교육과정 등)가 있을 때 모든 학생의 각기 다른 리듬과 학습 스타일을 배려하는 것은 어렵다. 나는 교사들이 다른 리듬을 가지고 있어 수업을 따라가지 못하는 학생을 받아들이기 어렵다는 것을 이해한다. 나는 교사들에게 이 문제에 대처할 수 있는 도구를 제공하는 학교 체제를 지지한다.

동시에 인터뷰한 대부분의 사람들은 학생들이 학교에서 어려움을 겪을 때 교사들의 학생 지원이 얼마나 중요한지 이해하기를 원했다. 이를 위한 한 방편은 교사들을 위한 추가 교육이다. 많은 사람은 학습장애에 대해 충분히 알지 못하며, 이것은 문화에 따라 아주 다르다. 학습장애가 있는 대부분의 사람에게는 학교에서 선생님이 잔인했던 고통스러운 순간이 있다. 난독증이 있는 미국인 Ms. Amy는 8학년 때 선생님이 교실 앞에서 자신에게 소리를 질렀던 것을 아직도 기억한다. 그녀가 집중하는 데 어려움이 있었기 때문이다. 그녀는 "사람들이 지금 깨닫지 못하는 것은 나중에 배울 수 있다. 누군가의 자존감을 회복하는 것? 그것은 훨씬 더 어렵다"고 언급한다.

홍콩의 연구자이며 난서증이 있는 Mr. Cheung은 동의하며 교사들에게 다음과 같이 조언한다.

> 나는 교사들이 해야 할 가장 중요한 일은 명시적으로 학생들의 능력을 비교하거나 (특수교육이 필요한) 학생들의 장애에 대해 언급하기를 멈추는 것이라고 생각한다. 의도가 좋든 나쁘든, 학생의 이해를 돕기 위해서이든, 아니면 성과가 낮은 학생을 창피 주기 위한 의도이든 학생을 골라내는 것은 그들을 괴롭힘의 대상으로 만들거나 학생들 사이에서 그들의 사회적 지위를 낮출 가능성이 크다. 나의 개인적인 경험에 의하면, 또래에 의한 아이들의 사회적 지위는 교사의 발언과 태도에 기반을 둔다. 또래들이 특정 아이를 학업적으로 모자란다고 여긴다면 그 아이의 사회적 지위도 매우 낮아질 것이다.

교사를 위한 일반적인 조언

그렇다면 이러한 이해를 바탕으로 교직의 초석인 모든 학생을 존중하는 것 외에 교사들이 할 수 있는 일은 무엇일까?

Brooks(2016)는 모든 학생의 자존감을 유지하기 위해 교사의 교실 운영에 대한 몇 가지 아이디어를 강조한다. 나에게 강한 울림을 준 것은 모든 아이(실제로 인생의 모든 단계에 있는 모든 사람)는 자신의 삶에 통제감을 가질 필요가 있다는 것이다. 통제감을 가졌을 때 자신의 성과를 향상시키는 방법, 자신의 시간을 관리하는 방법, 그리고 스스로 자신의 학습을 증진시키는 전략들을 생각해 낼 수 있다.

Brooks가 지적했듯이, 통제감을 갖는 것은 학생들이 자신의 학습에 대해 어떤 주체성을 느끼게 한다. 이러한 주체성을 느끼는 것은 학습 동기를 유지하는 데 핵심 요소 중 하나이다.

학생과 교사에 관한 Brooks(2016)의 연구는 교실의 교사들에게 조언을 제공했고, 이 조언들 중 몇 가지는 가정이나 다른 특정한 상황에도 적용될 수 있다. 첫째, 아이들은 각자 달라서 배우는 방법도 다르다는 명백한 주제를 강조하는 것은 유용하다. 어떤 사람은 더 빨리 뛰거나 느리게 뛰며, 음악을 더 잘하거나 별로 잘하지 못하고, 읽기에 능숙하거나 그렇지 못하고, 수학 개념을 이해하는 데 더 빠르거나 느릴 수 있다. 사람들은 뇌와 능력에서 다르다(예: Saltz, 2017). 이 차이를 인정함으로써 교사나 지도자는 교실 안팎의 작업이 학생의 필요에 따라 양 및/또는 질에서 달라질 수 있다는 개념을 도입할 수 있다. 나는 이것이 중요하지만 논란의 여지가 있다는 것도 발견했는데, 이는 내가 홍콩의 교사들과 여러 포럼에서 몇 차례 논의했던 것이다. 홍콩 교사들의 일반적인 태도는 Brooks가 인식한 미국 교사들과 비슷한 것 같다. 아이들은 숙제가 다른 것을 불공평하다고 생각할 수 있다. 난독증이 있는 아이들에 대한 경험이 있는 사람으로서 아마도 당신은 난독증의 상태 자체가 불공평하고, 그렇기 때문에 난독증이나 다른 모든 학습장애가 있는 아동을 위한 편의가 달라야 한다는 것을 바로 알아차릴 것이다. 그러나 교사들은 공정성이라는 이 불투명한 문제에 대해서 다른 학생들과 학부모들의 반응을 두려워한다.

Brooks(2016)가 이 문제에 대해 제시한 조언은 교사가 과제를 주기 전에 학습 차이, 과제 차이, 공정성에 대한 생각을 공개적으로 논의해야 한다는 것이다. 교사는 공정성 문제를 학생들에게 직접 이야기하고, 또한 학생들은 어떤 의문이 발생하면 교사와 어떻게 의논해야 하는지도 직접 이야기할 수 있다. 그의 경험에 따르면, 이 문제가 학기 초에 직접적으로 다루어진다면 일반적으로 발생하는 우려되는 상황이 거의 또는 전혀 없다. 이에 관한 혁신적인 예시는 캐나다의 교감인 Dr. Anna Garito로부터 나왔다. 그녀는 다음과 같이 추천한다.

특수교육 교사인 나는 고등학교 학습장애 선배들의 비디오 발표를 통해 학습장애 학생이 되는 것이 어떤 의미인지를 학생들에게 가르치는 데 앞장섰다. 선배 학생들의 발표는 그들이 상황에 대처하기 위해 사용하는 전략 중 일부를 공유할 수 있기 때문에 매우 효과적이다. 또한 학생들이 고등학교에 갈 때쯤이면 자신의 학습장애를 받아들이고 어린 십대들과 공감할 수 있다는 것을 알게 되었다. 이처럼 조기에 학생들에게 학습장애를 보완할 수 있는 방법을 가르치는 것은 진정한 삶의 전략이고 이 학생들이 학습할 수 있다는 것을 깨닫도록 돕는 접근법이다.

동료 학생들에게 조기에 차이에 대한 인식을 보여 주고 공감 능력을 촉진하는 아이디어는 필수적으로 보이며 실제로 효과가 있다. 교사들이 학습장애를 명시적으로 인정하는 것이 허용되지 않더라도 학습 차이와 관련된 일반적인 원칙에 초점을 맞출 수 있다.

Brooks(2016)는 학습 차이의 수용에 대한 추가적인 권장 사항도 제공한다. 일부 학생들에게 시험에서 추가 시간을 주고, 학생들이 숙제에 할애해야 하는 최대 시간을 이해하게끔 하고, 학생들이 매일 과제에 대해 명확하게 알도록 하고, 학생들이 필요하다면 컴퓨터를 사용하여 과제를 완성하도록 하는 것 등이 있다. 이 첫 번째 제안은 전 세계의 학습장애에 적절히 대응하는 학교와 대학에서 제공하는 표준이다. 이는 제7장에서 난독증이 있는 사람들을 위한 좋은 실천법으로 논의되었으며, 학습장애로 고통을 겪는 사람들에 대한 기본적인 편의 사항으로 가능한 한 유지되어야 한다.

두 번째는 상대적으로 덜 언급되는 것인데, 아이들에게 매일 숙제를 끝낼 수 있는 최대한의 시간을 주는 것이다. 이는 학생들과 부모들이 나이와 학년 수준에 발달적으로 적합한 것이 무엇인지를 어느 정도 가늠할 수 있도록 보장하는 매우 좋은 방법이다. 예를 들어, 중국 초등학생들은 매일 밤 약 3시간을 숙제에 시간을 보내는데, 이는 국제 평균의 두 배이다(Liu, 2015). 중국 사회에서 학습장애가 있는 아동은 부모들이 자신의 아이가 성공하기 위해 더 열심히 공부할 필요가 있다고 확신하기 때문에 훨씬 더 많은 시간을 숙제하는 데 보내야 한다. 숙제를 멈

취야 할 지점이 확립되어야 한다는 제안은 일부 좌절한 학생들과 부모들에게 잠재적인 구원자이다. 현재 아이가 무엇을 했거나 무엇을 할 수 있는지와 상관없이 숙제가 끝날 때까지 계속해야 한다는 기대가 흔하다. 이것은 때때로 아이들이 인생에서 숙제 외에는 어떤 것도 할 시간이 없는 결과를 낳으며, 아마도 아이들의 인생에 대한 전망을 학교와 숙제에서의 괴롭고 지속적인 연습의 기억으로 물들일 것이다. 모든 아이는 건강한 발달을 위해 균형 잡힌 삶을 필요로 한다. 균형은 운동을 위한 충분한 시간, 가족과 함께하는 시간, 수면, 그리고 재미를 포함한다. 자기 계발은 시간이 없을 때 일어날 수 없다.

세 번째는 학생들이 매일 자신의 과제에 대해 명확해야 한다는 것인데, 교사들 사이에서 일반적으로 인정되고 있지만 이것을 보장하는 방법은 항상 분명하지 않다. 교사들은 주로 교실 앞 어딘가에 그날의 과제물을 쓴다. 학습장애가 있는 아이들은 너무 느리거나, 너무 산만하거나, 제시간에 과제를 정확히 적는 것에 충분히 능숙하지 않을 수 있다. 이 정보가 모든 아이에게 명확하게 전달되었음을 확인하는 교사는 학생들에게 훌륭한 서비스를 한 것이다. 이는 모든 아이와 부모에게 전자적으로 과제물을 전송함으로써 가능하며(만약 이것이 당신의 지역에서 실행 가능하다면; 물론 전 세계의 많은 지역에서 아직 가능하지 않다), 아이들이 과제를 따로 복사할 필요가 없도록 과제물을 적은 프린트를 나눠 주거나, 학기 초에 날짜마다 숙제가 명확히 계획된 강의 계획서를 주거나, 학습장애가 없는 아이를 '짝꿍(buddy)'으로서 학습장애가 있는 아이와 짝을 맺어 과제가 명확한지 확인할 수 있다.

Brooks(2016)의 네 번째 제안은 이 책과 친숙한 주제이다. 아이들이 필요하다면 컴퓨터를 사용하여 생각을 전달할 수 있도록 하는 것이다. 손으로 쓰는 것에 초점을 두는 것은 난독증이나 난서증이 있는 아이들에게는 역효과를 낼 수 있다. 컴퓨터를 쓰기 과제에 사용하도록 허용하는 것은 쓰기가 철자 검사, 인쇄물의 균일한 깔끔함, 그리고 폰트 선택 가능으로 더 쉬워지기 때문에 낮은 단어 수준에서 학생들의 쓰기장애는 다소 최소화될 수 있다.

물론 학생들이 차별적이거나 특별한 대우를 받고 있기 때문에 자신이 두드러진다는 것을 스스로 의식할 때, 이것 또한 문제가 될 수 있다. Dr. Anna Garito는 이에 대해 캐나다에 있는 자신의 학교에서 사용되는 해결책을 다음과 같이 제시한다.

> 학생들이 교실에서 자신이 다르게 보인다는 자의식이 있을 때, 나는 신호 시스템의 가능성을 논의하기 위해 학생들과 만남을 가졌다. 신호 시스템의 목적은 비언어적 접근법을 사용하여 도움을 요청하거나 교실을 나가는 것이다(예를 들어, 책상 위에 손을 올려 검지손가락 들기, 만날 시간을 요청하는 개인적인 메모, 학생이 도서관 및 화장실에 가는 것을 요청하는 것이 실제로는 추가적 도움을 위해 특수교육 교사에게 가는 것이라는 신호). 사실 일부 학생들은 교실에서 보조 공학을 사용하지 않을 것이다. 이러한 학생은 대체 수업 환경에서 프로그램을 사용할 수 있다……. 중요한 점은 어떤 조치를 취하기 전에 학생과 교사의 관계가 확립되어야 한다는 것이다. 학생들은 교육자에게 안전감과 신뢰를 느껴야 한다. 확고한 관계가 없다면 안타깝게도 학생은 선생님이 자신에게 진심으로 관심을 가지고 있다고 믿기 어려울 것이다.

아마도 교사가 명심해야 할 마지막 제안은 약간 진부하지만, 그것들이 얼마나 중요한지이다. Masten(2014)과 다른 사람들이 언급한 것처럼, 탄력성을 보이는 모든 아이는 거의 예외 없이 보호자에게 지원을 받음으로써 가능하다. 다수의 멘토는 그들의 부모였으나, 다른 많은 아이에게 중요한 롤모델은 선생님이 된다. 모든 아이가 배울 수 있다는 관점을 유지하는 교사들은 학습장애가 있는 아이들이 장애에 대한 도전을 각기 다른 방식으로 계속하도록 돕는다. 그러한 교사들은 지원을 실제로 해 보이고, 아이들이 참여하여 새로운 아이디어를 시도할 수 있도록 하고, 학생의 수행에 대한 높은 기대를 유지하는 경향이 있다(예: Benard, 2003). 우리 대부분은 우리의 진로나 인생 발달에 매우 긍정적인 방식으로 영향을 미쳤던 적어도 몇 명의 선생님을 기억할 정도로 운이 좋은 편이다. 학습장애가 있는 학생들에게 교사가 제공할 수 있는 가장 중요한 이점 중 하나는 일상적인 지도뿐만 아니라 학생 전체를 보는 능력일 수 있다. 아이의 잠재력과 강점을 볼 수 있는 교사들은 그 아이가 최고의 자기가 될 수 있도록 돕는다.

그러므로 결국 관계에 대한 신뢰를 증진시키는 것은 부모, 교사, 그리고 다른 전문가를 포함한 모든 멘토에게 달려 있다. 역경에도 불구하고 삶에 긍정적으로 적응한 것으로 정의되는 탄력성이 있는 아이들에 대한 연구는 그들을 배려해 주는 멘토에게 지속적으로 도움을 받았다는 것을 보여 준다. 이러한 멘토는 부모, 아이보다 나이가 많은 형제자매, 교사 및 다른 자상한 어른이 될 수 있다. 멘토의 역할은 모든 아이에게 매우 중요하다. 그러나 학습장애가 있는 아이들에게 멘토의 영향력은 훨씬 더 강력한데, 이 아이들은 무자비한 학습과의 전쟁에 직면하기 때문이다. 학습장애가 있는 아이들이 자신의 약점을 극복하도록 돕는 것 외에도 멘토의 유연성, 이해, 그리고 강점의 발견과 진가의 인정은 장애가 있는 모든 아이에게 성공의 열쇠이다.

제12장

어떤 방향으로 나아갈 것인가

- 학습의 어려움
- 성장 마인드셋과 그릿을 가지고 꿋꿋이 나아가며
- 아이 전체에 초점 맞추기
- 결론

당신이 누구인지, 어디에 있는지에 상관없이 내가 이 고통을 인정하면서 여기서 말할 수 있는 가장 중요한 점은 그 누구도 혼자가 아니라는 것이다. 학습의 어려움이 현대 생활 속 현실의 한 부분으로 포함됨에 따라 전 세계 학생, 가족, 교사와 전문가들은 동일한 좌절감과 때때로 절망을 공유한다.

문식성 학습장애와 주의력장애는 전 세계 학교에 만연하다. 일부 국가들은 이러한 학습장애에 대처할 자원이 거의 없다. 다른 국가들은 그러한 학생들을 돕는 데 민감하고 가용할 자원을 가지고 있다. 이 책은 거주하는 국가에 상관없이 문식성 혹은 주의력장애가 있는 아이들이 직면하는 도전을 이해하는 데 필요한 일부 기초 작업을 부모와 교사에게 제공하기 위해 작성되었다. 근본적인 장애가 인식된다면 부모와 교사는 이러한 아이들의 구체적인 강점과 약점을 확인하고, 취약하지만 읽기와 쓰기 과정에 필요한 능력들을 훈련하도록 도울 수 있다. 여러 국가에는 학습장애 아동이 훌륭히 해내도록 돕는 전문기관이 하나라도 있다. 이 책의 독자들이 가능하다면 그러한 기관을 통해 여러 정보를 접하기를 바란다(대면 또는 인터넷에서). 이 책에서 논의된 장애들은 일반적으로 약물치료만을 통해 교정될 수 없다. 오히려 이러한 장애들은 최고의 행동 학습 과정에 집중할 것을 요구한다. 실제적인 도움과 지원을 주는 곳은 당신의 언어, 문자 및 문화를 고려하여 학습 활동을 맞춤 설정할 수 있는 인터넷 사이트들이 될 것이다.

이 책은 난독증, 난서증, 그리고 ADHD가 있는 아이들을 다른 측면에서 돕기 위한 아이디어를 계획하도록 기반을 제공한다. 추후 당신의 계획은 지원용으로 제공된 부록들(부록 B~D)을 훑어보는 것을 시작으로 효과가 있을 수 있는 학습 전략들에 대한 조언(부록 E), 단어 학습을 강화하는 실전 게임을 포함하는 몇몇 웹사이트(부록 F), 다른 문화권에서는 학습장애와 함께 살기 위해 무엇을 고려하는지 영감을 줄 수 있는 영화와 온라인 매체들(부록 G), 그리고 자신의 언어 및 문자로 읽는 것과 관련된 인지 능력을 위한 훈련들(부록 H)로 진행되어야 한다. 나는 이 장과 부록들이 난독증, 난서증, 혹은 ADHD가 있는 아동의 전반적 치료를 계획하는 데 튼튼한 발판이 되길 바란다.

학습의 어려움

　나는 미국, 북경, 홍콩, 한국, 유럽 등 여러 문화권에서 문식성 연구를 했고, 또한 최근 개인적인 새로운 경험으로 인해 학습의 본질에 대해 많이 생각했던 중년기에 이 책을 쓴다. 나는 남편의 격려로 약 4년 전 항해를 배우기 시작했다. 운이 좋게도 2017~2018년에 독일에서 안식년을 하게 되어 이 책을 쓸 수 있었다. 안식년을 준비하던 2016년 10월부터, 그리고 독일에 있는 동안 매주 독일어를 가볍게, 산발적으로 배우기 시작했다. 항해와 독일어의 두 가지 새로운 학습 경험은 나에게 전반적인 체계를 배우는 것이 얼마나 어려운지를 상기시켰다. 항해는 내가 이제까지 전혀 몰랐던 많은 어휘 지식을 필요로 하는데, 동음이의어도 포함한다[예를 들어, 러프(luff)는 돛의 앞 가장자리, 바람을 가까이 타고 항해하기, 혹은 바람을 잃었을 때 펄럭이는 것을 의미한다—왜 내가 전에 알지 못했던 하나의 단어에 이렇게 다양한 의미들이 있을까?]. 나는 이제 좌현과 우현, 작은 돛, 태킹, 자이빙, 안전선, 부표 등등 내가 듣고 인식은 할 수 있지만 말로 산출할 수 없는 많은 단어를 알게 되었다. 그러나 항해를 배우는 것 또한 내가 과거에 훈련하지 않았던 완전히 새로운 기술들을 사용한다. 예를 들어, 나는 바람이 불어오는 방향을 말하는 방법을 배워야 했는데, 이해하는 데 매우 오랜 시간이 걸렸다. 나는 말 그대로 노를 젓는 방법을 배워야 했다. 이 또한 이해하기 쉽지 않았다. 이 예시를 가져온 이유는 우리가 어린 시절에 이 기술들을 전혀 사용한 적이 없기 때문이다(나는 미국 인디애나주에서 자랐는데, 그곳은 상대적으로 수역이 적다!). 실제로 이러한 기술들의 일부는 내게 완전히 새로웠다. 나는 선천적으로 이러한 기술들을 잘하지 못한다는 것을 알게 되었다. 그러나 나는 항해를 좋아한다. 항해는 아름다우며, 삶에 대해 새로운 세계와 시각을 열어 준다. 항해는 최종 목표에 동기를 부여한다. 나는 난독증에 대해 생각할 때 이 점을 종종 생각한다. 대부분의 난독증 아동은 성인이 되어서 책을 읽는다. 그들은 식료품점에서 적절한 재료를 고르고, 무엇이 자신을 즐겁게 하는지 인터넷을 찾아보고, 문자와 이메일을 통해 다른 사람들과 의

사소통하고, 일을 하는 등 유용하고 바람직한 성과를 위해 읽는다.

　여기서 내가 나의 비유를 과장하고 있다고 생각하니 약간의 수치심이 들지만 회복한 개인적인 이야기를 공유하겠다. 나는 홍콩에서 네 명의 학생과 함께 항해 수업에 참여했다. 우리 모두는 40대와 50대였다. 남성 세 명은 나를 포함한 두 여성보다 경험이 더 있었다. 우리 모두는 항해의 기본 사항들을 배우는 데 꽤 동기가 강했다. 우리는 일주일 동안 항해 기술들을 배우기 위해 열심히 했다. 우리는 자격증을 따기 위해 몇 가지 다른 기술 시험을 통과해야 했다. 그 시험 중 하나는 소형 보트인 딩기(dinghy)의 노를 젓는 것이었다. 이는 매우 중요하다. 소형 보트의 엔진이 고장 난다면 안전한 곳으로 노를 저어 갈 수 있어야 하기 때문이다. 나는 다섯 명 중 마지막으로 시도했는데, 가장 못했다. 나는 소형 배의 노를 저어 본 적이 없었다. 그러나 그것 외에도 방향과 나의 신체를 이해하는 데 약간의 어려움이 (항상) 있다. 나는 왼쪽 오른쪽이 무엇인지, 그리고 어떻게 나의 행동이 그 방향으로 움직이게 하는지를 예측하기 어렵다. 설상가상으로 보트의 노를 젓는 방법을 아는 사람 모두 자신이 뒤로 노를 젓고 있는 것을 안다는 점이다. 배는 당신이 뒤로 안내하는 곳으로 간다. 다른 학생들 앞에서 배 젓기를 시도했으나 나는 스스로 망쳤음을 느꼈고, 계속해서 실패했다. 잘하지 못하는 어떤 것을 수행해야 하는 사람은 혼자 할 때보다 여러 사람 앞에서 훨씬 더 못하는 경향이 있다. 나는 내 성적이 더 나빠지고 있음을 느꼈다. 우리 강사는 그저 어안이 벙벙했다. 그는 나를 항해의 모든 방면에서 재능이 있다고 여기지는 않았지만, 그렇다고 완전히 무능하다고 여기지도 않았다. 어떻게 이렇게 되었을까? 나는 노를 저을수록 목표지에서 더 멀어지고, 더 통제할 수 없게 되었다. 물론 정말 창피했다. 중년기의 대부분은 자신이 잘하고 즐기는 것을 알고 그것을 하고 자신이 못하는 것을 피한다. 우리는 다른 사람들 앞에서 못하는 것을 확실히 피한다! 나는 도대체 무엇을 하고 있었을까? 나는 완전히 포기하고 싶었다. 그래서 그렇게 했다.

　나는 그날 노 젓기 시험을 포기하겠다고 강사에게 말했다. 이는 다소 이례적인 일이었고, 실제로 이런 경우가 없었다. 강사는 어떻게 할지 몰랐다. 그러나 내가 경험했던 부정적인 감정과 혼란 때문에 이 시험을 계속 보는 것을 상상할 수 없었다. 결국 내게 개인적으로 연습할 수 있는 6주가 주어졌고, 시험의 마지막 파트인 노 젓기 영상을 그에게 보내면 내가 자격증을 얻을 수 있도록 했다. 나는 여러 번 연습했는데, 물 속에 있지 않을 때에도 낮이나 밤에 항시 노를 저어 A지점에서 B지점까지 가기 위한 스텝을 연습했다. 결국 성공했다. 나는 영상을 보냈고, 자격증을 취득했다. 그러나 여기에는 많은 시간, 에너지, 그리고 자기 관리가 필요했다. 나는 보통 나 스스로를 멍청한 사람이라고 생각하지 않지만 이 기술을 습득하는 것은 특히 어려웠다. 어쩌면 당신은 노를 젓는 것만큼 쉬운 것이 없다고 상상할 수도 있다. 노를 젓기만 하면 된다고! 그러나 노 젓기는 나에게 결코 쉽지 않은 공간과 방향의 인식 능력을 포함한다. 실제로 어린 시절 나는 내 오른쪽에 비해 왼쪽이 무엇인지 직관적으로 '느낄' 수 없었다. 역설적이게도 나는 어릴 때부터 잘 읽었기 때문에 가까스로 알 수 있었다. 누군가 나에게 내 엄지손가락을 다른 손가락들에서 멀리 쫙 벌린 상태에서 손바닥을 테이블 위에 내려놓으면 두 손 중 하나가 L을 만든다고 설명했다. L은 왼쪽을 나타낸다. 이는 내가 오른쪽과 반대인 왼쪽을 내면화하는 방법이다. 배를 움직이는 것과 같은 새로운 과제를 성취하는 데 나는 나의 신체의 부족한 시공간 측면에 대해 생각하면서 이 느림과 어색함을 대체로 무시할 수 있다. 그러나 이는 내 기량 부족을 드러내는 것을 피하거나 '속일' 수 없는 상황 중 하나였다. 운이 좋게도 대부분 나에게는 그러한 상황들이 비교적 덜 일어났다.

　왜 나는 노 젓기 문제를 이야기했을까? 나는 난독증이나 난서증이 있는 아동이 같은 종류의 감정을 느끼지만 오랜 기간 동안 그러는지 궁금하다. 컴퓨터 게임, 그림 그리기, 조직화, 음악 등 많은 분야에서 실제로 능력이 있으며, 단지 현재 수업 활동에서만 실패한다는 것을 반 친구들에게 잠시 멈추고 설명할 수는 없다. 자신이 실패에 수치심을 느끼며 그것에서 벗어나기 위해 할 수 있는 것은 아무것도 없다. 할 수 있는 것은 오랜 시간 동안 더 열심히 노력하는 것이다. 하지만 자신이 소속된 곳에서 완전히 무능한 사람으로 볼 경우에 그러한 사건들은 마음에 남는다. 학교 환경처럼 자주 발생할 때는 다루기 쉽지 않다.

　어떤 사람들은 이 책이 학습장애의 한계에 대해 덜 공감하거나 불분명하다고 여길 수 있다. 사실 일부에게는 학습장애가 절망을 가져온다. 이 절망은 수년 동안 지속될 수 있다. 특히 ADHD가 있는 자녀를 둔 여러 부모와의 대화는 완전한 절망감을 불러일으켰다. 아이들이 아동기에서 청소년기, 청년기(20대 초반)로 들어갈 때 부모들은 이 기간 동안 마주하는 여러 경험, 즉 관계, 돈, 알코올, 담배 및 다른 약물, 학교, 취업 등을 관리하는 아이들의 능력에 계속해서 실망을 경험하게 된다. 이는 현실적이지만, 그러나 희망의 공간을 발견하는 것도 역시 중요하다. 특히 청소년기의 삶은 좌절감을 주고 도전만 있어 지친다. 여기서 내가 말한 것들이 학습장애 아동들과 그 가족의 정서적 및 정신적 역경에 대한 이해가 부족하다고 해석하는 것은 실수일 것이다. Ms. Ellen은 다음과 같이 호소한다.

> ADHD를 가지고 살아가는 것(나의 아들 Peter처럼)과 ADHD가 있는 사람과 함께 사는 것(나처럼 부모로서)은 정말 믿기 힘든 고군분투와 걱정이며, 끝이 보이지 않는 많은 고통, 슬픔과 스트레스를 야기한다.

당신이 누구인지, 어디에 있는지에 상관없이 내가 이 고통을 인정하면서 여기서 말할 수 있는 가장 중요한 점은 그 누구도 혼자가 아니라는 것이다. 학습의 어려움이 현대 생활 속 현실의 한 부분으로 포함됨에 따라 전 세계 학생, 가족, 교사와 전문가들은 동일한 좌절감과 때때로 절망을 공유한다.

성장 마인드셋과 그릿을 가지고 꿋꿋이 나아가며

내 삶에서 일어난 이 항해 사건은 난독증이나 난서증이 있는 사람들에게 적합한 비유가 아닐 수 있다. 그러나 내가 직접 경험했기 때문에 현재 내 인생에서 나에게 가장 가까운 경험이다. 공개 조정 시험에 떨어진 후, 나는 부끄러웠고 혼자라고 느꼈다. 나는 극도의 좌절감에 혼자 눈물을 흘렸다. 그다음 몇 주 동안 합격하기 위해 열심히 연습해야 했다. 하지만 학습장애에 대한 비유는 여기서 끝이 난다. 나는 열심히 했지만, 겨우 몇 주 동안이었다. 그리고 나는 통과했고, 그것으로 끝났다. 난독증이 있는 많은 사람은 평생 고군분투한다. 직장에서 이런 문제가 반복적으로 나타날 수 있고, 난독증이 있는 사람의 자녀가 정규 교육의 일환으로 읽고 쓰는 것을 배워야 할 때 다시 나타날 수 있다. 읽기와 쓰기를 향상시키는 약을 먹을 수는 없다. 빠르고 쉬운 해결책은 없다. 앞으로 나아가는 유일한 방법은 자신에 대해 알고 추가 작업, 추가 연습, 그리고 마음챙김 등의 힘든 노력을 하는 것이다. 그래야 자신에게 가장 쉬운(불가능하지 않지만 결코 쉽지 않다는 것을 의미), 어떤 속도이든지, 읽고 쓰는 학습 방법을 생각해 낼 수 있다.

Dweck(2006)과 Duckworth(2016)은 우리에게 '성장 마인드셋'과 '그릿(Grit)'이 각각 난독증이나 다른 장애를 극복하고 숙련된 사람이 되기 위해 필요한 것임을 상기시킨다. 나는 이 철학을 확고히 믿는 사람이다. 그러나 그렇다고 해서 이 목표들이 더 쉬워지는 것은 아니다.

이 책의 초점은 주로 우리가 난독증에 대해 아는 것과 전 세계의 학습장애와 관련된 것에 맞추어져 있다. 부모와 교사들이 보통 가장 관심이 있는 것은 장애를 '고치는' 방법이다. 당신이 난독증과 어떤 관계이더라도 이 책으로 당신이 외로움을 덜 느끼길 바란다. 당신이 난독증을 가지고 있거나, 난독증이 있는 아이의 부모이거나, 또는 교사, 개인 교사, 보조원, 임상가, 소아과의사, 연구자, 혹은 난독증 아동을 위한 어떤 조력자라면 난독증이 어떻게 최소한 부분적으로 치료될 수 있는지에 대한 통찰력을 찾았기를 바란다. 책과 부록에서 제공된 요령들 중 일부가 구체적인 방법으로 도움이 될 수 있다. 동시에 난독증은 다르게 사고하는 방식이라는 점을 아는 것이 더욱 중요하다. 이와 같이 난독증과 다른 학습장애는 완전히 극복될 수 없으며 한 인간 전체의 정체성으로 통합되어야 한다.

정신과 교수이자 『다름의 힘: 무질서와 천재의 연결(The power of Different: The Connection between Disorder and Genius)』의 저자인 Gail Saltz(2017)는 난독증과 다른 학습장애, 혹은 사고장애가 있는 아이들에 관한 많은 희망적인 이야기를 제시한다. 대부분의 사람은 난독증이 전통적인 학교 학습을 방해하기 때문에 주요 장애와 결손으로 여기며, 세계 어디서든 학교 학습에서의 성공은 밝은 미래를 위해 중요하다고 본다. 그러나 난독증이 있는 아동의 창의성과 다른 강점에 초점을 둔 센터를 설립한 의학 연구자인 Saltz(2017)와 Sally 및 Bennett Shaywitz(예: www.dyslexia.yale.edu)가 난독증이 있는 사람들의 사고방식의 차이를 매우 높이 평가해야 한다고 주장하는 점에 나는 매우 감사를 드린다. 정치(예를 들어, 싱가포르의 전설적인 리더 Lee Kuan Yew), 사업(예를 들어, 스웨덴의 이케아 창립자 Ingvar Kamprad), 과학(예를 들어, 노벨상 수상자인 미국인 생물학자 Carol Greider), 공연(예를 들어, 전설적인 가수이자 배우인 Cher) 등을 포함하는 다양한 분야에서 놀라운 성공을 달성하는 데 자신의 난독증과 함께 했거나 이를 극복한 사람들이 분명히 많이 존재한다. 난독증이 있다는 비범한 성공을 보장하는 것은 아니다. 어찌됐든 그것은 학습의 어려움이다. 그러나 난독증뿐만 아니라 난서증과 ADHD가 있는 아동이 획기적인 성공을 할 수 있다는 점을 인정하는 것도 중요하다. 아마도 부분적으로는 학습장애에 영향을 받은 사고방식의 결과일 것이다. 낙관적인 시각으로 보자면 이 사고방식은 의심의 여지없이 실패를 덜 두려워하고 기꺼이 새로운 방법을 더 시도하도록 가르친다.

Duckworth(2016)는 Dweck(2006)이 10년 전에 마인드셋의 아이디어를 가지고 한 것처럼, 문식성 분야에서 두 개의 직접적인 예시를 통해 열심히 노력하는 근면이 성공의 열쇠임을 특히 강조한다. 초기 연구에서 Duckworth는 매년 워싱턴에서 개최되는 (미국) 전국 철자 맞추기 대회에 참가한 아이들을 대상으로 검사했다. 그녀는 대회 시작 전에 학생들의 전반적인 능력을 보려고 했고, 이를 최종 대회에서 누가 더 잘하는지와 비교했다. 결과는 단순히 단어의 철자가 어떻게 쓰이는지를 더 많이 공부했던 아이들이 더 좋은 성적을 냈으며, 이 '과제를 하는 시간'이 바로 Duckworth가 '그릿'이라고 일컫는 것이다. 모든 기술은 연습할수록 더 잘하게 된다. 이 전국 철자 맞추기 대회의 참가자들이 모두 철자 쓰기에 최고인 아이들이며, 대개 최고의 학생들이라는 사실을 고려하면 이 결과는 솔직히 놀랍다. 나는 학생의 수행에 큰 변동성이 있을 것을 기대하지 않았다. 이 엘리트 집단에서도 더 열심히 노력하는 사람이 궁극적으로 더 잘하는 것처럼 보이는 것은 왠지 위로가 된다.

Duckworth의 두 번째 예시는 더 고무적일 것이다. 부록 A에 제시된 사람들과 했던 몇몇 인터뷰에서 나는 난독증이 있는 자녀가 작가가 되길 바라는 부모에 대해 알게 되었다. Duckworth(2016)는 어렸을 때 심각한 난독증이 있었으며,『가프가 본 세상(The world According to Garp)』및 다른 많은 소설의 저자인 미국 유명 작가 John Irving의 사례를 강조했다. 자신의 초기 학교생활을 묘사하며 Irving은 "나의 학급 친구들이 우리의 역사 과제를 한 시간 내에 읽을 수 있다면 나는 2~3시간이 걸렸다"(p. 45)고 책에서 말했다. 성인이 되어도 그는 때로 단어를 강조하기 위해 자신의 손가락을 사용하여 글을 매우 느리게 읽는다. 그러나 그는 자신의 난독증을 궁극적으로 자신의 행운이었다고 여긴다. 그는 천천히 그리고 힘들게 읽고 쓰는 요구 사항이 시간이 지나면서 쓰기에 자신감을 주었다고 언급한다. 글을 쓰는 데 있어서 그의 글쓰기에서의 '지구력'은 '장점'으로 묘사된다(p. 45). 메시지는 분명하다. 그가 공들여 쓰는 것을 열심히 하지 않고 집중하지 않았다면 그는 결코 오늘날만큼 숙련되거나 다작하지 못했을 것이다.

아이 전체에 초점 맞추기

난독증, 난서증, 또는 ADHD가 있는 아이를 돕는 가장 좋은 방법은 무엇인가? 내가 Saltz(2017)의 책에 대해 가장 감사하는 것은 장애를 이해하는 데 그 사람 전체를 고려한 점이다. 그 책의 마지막 장인 '다르게 생각하는 미래(The future of thinking differently)'에서 Saltz는 부모들에게 사고나 학습과 관련된 특정 장애에 직면한 자녀를 돕는 방법으로 다섯 가지를 추천한다. 이것들은 상당히 일반적인 것이지만, 적어도 일부는 전 세계의 부모들에게 적용할 수 있으므로 여기서 언급할 만하다.

Saltz(2017)의 첫 번째 조언은 아이가 평가와 진단을 받는 것이다. 자녀가 이미 난독증, 난서증 및 ADHD의 진단을 받았기 때문에 혹은 의심은 하지만 확신이 서지 않기 때문에 당신이 이 책을 읽고 있을 수 있다. 많은 국가에 비교적 저렴하거나 무료로 진단을 받는 방법이 있다. 부록 B에 온라인에서 도움이 될 수 있는 주소 목록을 나열해 놓았고, 자신의 국가를 찾지 못한다면 전 세계 국제난독증 협회를 참고할 수도 있다.

문제가 되는 것과 아닌 것을 명확하게 파악하기 위해 전문가의 도움을 받아 아이를 진단하는 것은 중요하다. 넓은 수준에서, 예를 들어 평가는 아이에게 난서증과 ADHD가 있지만 난독증이 없다는 것을 보여 주거나, 그 반대 경우 난독증이 있으나 손 쓰기나 주의력장애는 없는 것을 보여 준다. 평가는 전반적인 문제를 정의하도록 도움으로써 장애에 대한 의심을 오래 지속되게 하지 않는다. 종종 평가는 아이의 가장 큰 장애 부분뿐만 아니라 아이가 평균 혹은 그 이상의 수준에서 할 수 있어 보이는 능력에 대해서도 알 수 있을 정도로 포괄적이다. 아이에게 있는 이러한 능력들을 이해하는 것은 학습의 대안법을 고려하기 위해서 매우 중요하다. 예를 들어, 아이가 소리와 관련된 음운적 기술에서는 취약하지만 시각 기술은 평균이라면 당신은 상징(기호) 학습에 좀 더 시각적으로 접근하도록 초점을 맞출 수 있다.

그러나 한 아이에 대한 평가를 받는 것이 불가능한 경우도 있다는 사실을 유념해야 한다. 세계의 많은 곳에서 난독증 및 난서증에 관한 지식이 있는 임상심리학자나 교육심리학자 같은 전문가가 소수이거나 존재하지 않거나 혹은 많은 가정에서는 그 비용이 부담스럽다. 이는 제2장의 많은 부분에서 여러 문자 전반에 걸친 읽기 및 쓰기 학습과 가장 관련이 있는 인지-언어적 기술들을 설명한 이유이다. 이러한 기술들을 이해하고 자신의 언어나 문자 학습에 알고 있는 것을 통합하면 아이의 강점과 약점을 어느 정도 느낄 수 있을 것이다. 게다가 담임교사들은 일반적으로 수년 동안 많은 학생과 함께하기 때문에 어떤 측면에서는 당신 자녀의 수행에 대해 잘 파악하고 있을 수 있다. 다시 말해서 부모는 아이의 주요 장애뿐만 아니라 교실에서 보이는 상대적인 강점도 파악해야 한다.

Saltz(2017)의 두 번째와 세 번째 권장 사항은 이 주제를 더욱 강조한다. 여기서 저자는 아이의 강점을 이끌어 내는 것과 학습이 80 대 20 비율로 이루어지도록 하는 것을 지지한다. 즉, 시간의 80%는 아이가 학습에서의 강점을 사용하는 데 전념해야 하며, 나머지 20%의 시간만 자신의 학습에서의 약점을 개선하도록 노력하는 것이 좋다. 이는 다소 급진적으로 보이고, 일부 전통적인 학교의 상대적인 비유연성을 고려할 때 비현실적으로 들릴 수 있다. 그러나 이상적인 세상에서 이것은 가능해야 한다. 특히 많은 부모가 인터뷰에서 강조한 것처럼, 난독증은 상징(symbol) 처리 과정을 포함한 단어 해독의 특별한 장애를 의미한다. 난독증이 있는 아동은 더 광범위한 프로젝트에서 과제(예를 들어, 연구, 미술, 연극과 같은 의사소통)를 디자인하거나 만들거나 수행하는 것에 분명한 강점을 가질 수 있다. 이 80 대 20의 비율은 흥미롭고 자극적이다. 오늘날의 다양한 환경에서 이 비율이 항상 현실적이지는 않지만, 일반적으로 대부분의 난독증 아이들이 하는 방식은 적어도 이것의 반대이기 때문에(80%는 약점을 보완하는 데 사용하고, 20%만이 아이의 강점을 위해 사용한다) 여기서 이 비율에 주목하는 것은 상당히 중요하다. 자신의 약점을 개선하기 위해 노력하는 것도 중요하지만, 부족한 점에 지속적으로 집중하는 것은 아이를 낙담시키고 최악의 경우에는 학습에 대한 모든 열망을 사라지게 한다.

Saltz(2017)의 네 번째 추천은 아이들에게 놀 기회를 더 많이 허락하라는 것이다. 오늘날 학교에서의 지속되는 경쟁의 세계에서 이는 신선한 알림이 된다. 홍콩에서 난독증 아이들을 전문으로 치료하는 소아과의사인 나의 친구는 매우 심각한 난독증이 있는 7세 남자아이에 대한 안타까운 이야기를 했다. 그 아이의 부모는 아이의 학습장애를 치료하도록 돕는 개인 교사를 고용할 수 있을 만큼 부유했다. 그 부모는 아이가 학교 과목, 특히 중국어, 영어와 수학을 향상시키도록 돕기 위해 개인 교사를 고용했을 뿐만 아니라, 아이가 좋아하지 않고 뛰어나지 않은 피아노 연주와 같이 문화적으로 존경받는 능력을 배우도록 선생님을 고용했다. 그 아이는 매우 과도한 일정 중에서 일요일 아침 7시에 알람을 맞추고 스스로 일어났는데, 그 시간에는 부모가 자고 있었고 자기가 좋아하는 레고를 한 시간 동안 갖고 놀 수 있는 일주일 중 유일한 시간인 것을 알고 있었기 때문이다. 이 아이는 겨우 7세인데 일주일 중 한 시간 동안 놀기 위해 잠을 희생해야 했다.

놀이가 학업 훈련만큼 중요하지 않다는 부모의 생각은 결코 일반적이지 않다.

예를 들어, 핀란드와 스웨덴 같은 몇몇 유럽 국가에서는 공식적인 문식성 교육을 7세 전까지 시작하지 않으며, 아이들은 문식성 교육 전과 그 후에도 많은 시간 동안 놀도록 권장되며, 숙제는 초등학교 수준을 벗어나지 않는다. 그러나 안타깝게도 다른 나라의 부모들은 일상적으로 아이의 놀이의 중요성을 간과하며, 아이들이 형식적인 학습을 향상시키도록 노력하기를 요구한다. 특히 학습장애가 있어 보인다면 더욱 그러하다. 이러한 내용을 다룬 두 편의 대중적인 영화가 있다. 학습장애가 있는 소년이 학교에서 계속된 실패를 경험하고, 부모는 자상하지만 이를 감당하지 못한다. 영화는 소년의 분노와 절망에도 불구하고 헌신적인 선생님에 의해 미술에서 자신의 재능을 인정받는 것을 묘사하고 있다. 이 중 하나는 〈I Not Stupid〉이며, 싱가포르에서 2002년에 개봉했다. 속편(〈I Not Stupid Too〉)은 1편의 큰 인기로 2006년에 개봉했다. 다른 하나는 〈Taare Zameen Par〉(영어 제목: 〈Like Stars on Earth〉)는 인도에서 2008년에 개봉했다. (학습장애에 관심이 있는 사람들이 학습장애 아이들이 일상에서 겪는 이야기를 보면서 그러한 아이들에게 공감하도록 다른 유용한 온라인 자료들과 함께 이 두 영화는 모두 부록 G에 제시되었다) 두 영화는 상을 받았고, 아마도 부분적으로 매우 많은 사람이 그 주제와 관련이 될 수 있기 때문에 상업적으로도 인기가 있었다. 행복한 삶은 역경뿐만 아니라 즐거움도 함께 포함하며, 그리고 학습장애가 있는 아이들은 단지 자신의 약점을 개선하는 데에만 집중하는 것이 아니라 자신의 재능을 사용할 수 있어야 한다. 따라서 아이들이 더 많이 놀도록 허락되어야 한다는 생각은 전 세계적으로 주목받아야 한다.

캐나다 학교 교사인 Ms. Leah는 이 아이디어에 동의한다.

쉬는 시간/놀이 시간/바깥 시간이 얼마나 가치 있는지, 그리고 숙제나 더 많은 학교 교육이 정답은 아니며 자녀가 자신이 서 있는 곳에서 완벽하다는 것을 부모들이 아는 것은 도움이 될 것이다. 모든 사람이 특정 연령대에 특정 수준에 도달해야 한다는 아이디어는 구식이지만, 우리는 여전히 가르치는 방식과 사회가 동의하는 방식으로 그러한 아이디어를 수용하고 있다. 나는 학교와 궁극적으로 대중이 이 점을 이해하기 시작하고, 그에 따라 교육이 변화하기를 바란다.

인터뷰 후 그녀는 일부 부모가 아이들을 조기 입학시키는 것에 대해서도 추가로 언급했다.

아이들은 현재 학년에 비해 너무 어리다. 학교가 학년제를 계속 사용한다면 학습장애와 상관없이 다른 아이보다 1살 더 어린 아이가 같은 수준에서 공부할 것이라고 기대하는 것은 공평하지 못하다. 자녀를 학교에 보내기 위해 서두르지 말아야 한다.

이러한 아이디어는 일부 부모들이 학습장애와 관련하여 숙고하는 데 추가적으로 도움을 줄 것이다. 아이의 학습장애가 조기에 의심된다면 부모는 아이를 1학년 늦게 입학시키는 것을 추가로 고려할 수 있다.

마지막으로, Saltz(2017)는 가족이 교육자들에게 도움을 받아 학습장애가 있는 아이의 역경을 개선하도록 조언한다. 난독증이 있는 사람들에 대한 옹호는 지속적인 투쟁이다. 일부 교사들은 난독증을 이해하고 학생들이 장애를 해결하도록 돕고 싶어 하는데, 다른 일부 교사들은 난독증에 대해 단순히 '믿지' 않는다. 장애에 대해 많이 알고 있는 가족은 아이가 교실에서 가능한 한 최상의 치료를 받도록 도울 수 있다. 다양한 교사와 다양한 상황이 난독증이 있는 아이에게 여러 상황을 초래할 수 있기 때문에 학습 환경에 대한 경계는 반드시 필요하다. 시간이 지나면서 난독증 학생은 장애에 대해 스스로 교육하고 옹호해야 한다. 독일의 소아과의사인 Theresa Stoeckle-Drax는 난독증이 있는 아이들을 옹호하는 기본적인 철학으로서 교사와 부모에게 유익한 몇 가지 조언을 강조한다.

모든 발달 과정에서 어떤 아이들은 다른 아이들보다 더 빠르고 더 쉽게 익힌다. 걷는 법을 배우기 위해 어떤 아이들은 9개월 이내에 걷고, 어떤 아이들은 18개월 이내에 걷는다. 둘 다 정상이며, 이것이 나중에 우리에게 아이의 운동 능력에 대해 말해 주는 것은 아니다. 이것은 읽기, 쓰기, 수학에도 적용된다. 아이들은 어떤 면에서 발달이 더 느릴 수 있다―이것을 난독증, 즉 정확하게 읽거나 쓰는 법을 배우는 데 있어서의 발달적 지연이라고 부른다. 일반적으로 이 기술을 습득할 수 없는 것이 아니다.

하지만 걷기와 마찬가지로, 아이의 친한 친구가 이미 혼자 걸을 때에도 우리는 아직 걷지 못하는 아이를 데리고 다니며 아이의 작은 발걸음을 격려하고 그것에 환호한다. 읽고 쓰는 것이 느리거나 늦은 사람들에게도 작은 단계, 그들의 발전에 많은 격려와 흥분, 그리고 그들이 필요로 하는 한 그들에게 읽어 주는 것에도 동일하게 적용되어야 한다.

결론

여러 문화 전반에 존재하는 학습장애 분야의 많은 주제를 읽어 준 이 책의 독자 여러분에게 감사한다. 우리는 학습장애의 인지적 측면과 사회―정서적 측면을 모두 고려하였고, 각 개인에서 이 두 측면을 통합해야 한다. 학습은 흥미와 동기를 촉진시키며, 흥미와 동기는 학습에 영감을 준다. 여러분이 세계 어디에 있든지 상관없이 이 책에서 제시된 여섯 개 대륙에 사는 사람들의 예시를 통해 난독증, 난서증과 ADHD가 있는 사람들의 삶을 최적화하는 데 혼자가 아니라는 점을 깨닫기를 바란다. 여러분 모두가 자신의 여정에서 성공하기를 바란다.

후기

이 책에 대한 나의 꿈이 실현될 수 있도록 도와준 많은 사람과 기관에 감사를 드린다. 행정적으로 대학에서 지원을 해 준 Nikolaus Binder, Petra Fischer, Bernd Kortmann, Britta Küst 및 Roland Muntschick에게 매우 감사를 드린다. 독일 프라이부르크에 있는 프라이부르크대학교(University of Freiburg)의 프라이부르크고등연구소(Freiburg Institute for Advanced Study: FRIAS)를 대표하는 임원들이 없었다면 이 책을 쓸 수 없었을 것이다. 이 연구는 이러한 결과와 이 책을 만드는 데 유럽연합 제7차 프레임워크 프로그램(FP7/2007-2013)의 PEOPLE 프로그램(마리 퀴리 액션스)에서 REA 보조금 협약 번호 609400의 지원을 받았다. 내가 이 책을 쓸 수 있도록 지원해 준 유럽고등연구소(European Institute for Advanced Studies: EURIAS) 프로그램과 특히 FRIAS에 많은 감사를 드린다. 올해는 여러모로 정말 멋진 한 해였다.

또한 다양한 편집과 부록의 기여, 아이디어, 그리고 제안에 대해 Leo Cheang, Edmond Cheung, Kay Dulay, Christina Lee, Judy Lung, Tiffany Tsoi, 그리고 Natalie Wong에게 매우 감사하다. 집에서 모든 것을 함께해 준 Jonalyn에게 특별한 감사를 드린다. 이들은 나의 핵심 홍콩 팀원의 일부이다. 나는 또한 홍콩중문대학에서 수년 동안 지원해 준 것에 감사를 드린다.

더불어 부록 A에 수록된 인터뷰 대상자 모두에게 특히 감사를 드린다. 그들 중 일부는 실명으로, 일부는 가명으로 공개되는 것에 동의했다. 모두 믿을 수 없을 정도로 친절하고, 도움이 되는 솔직한 답변을 주었다. 나는 그들의 대답에 감동해 간간이 눈물이 났고, 각각의 관점에서 많은 것을 배웠다. 내가 그들의 인용문을 통합하고, 그들의 아이디어를 묘사하는 데 적절했기를 바란다.

그동안 일어난 실수에 대해서 사과를 드린다. 나는 이 책을 세계적으로 통용될 수 있는 책으로 만들고 싶었다. 동시에 이는 쉬운 일이 아니다. 문화, 언어, 문자에 걸쳐 매우 많은 차이가 있다. 분명히 이 분야에 대한 연구는 진행 중이며, 일부 지역에서는 아직 잘 연구되지 않고 있다. 우리는 많은 국가와 지역의 관련 웹사이트와 자원을 강조하기 위해 최선을 다했지만, 몇몇 오류는 거의 불가피하다. 이 오류에 대한 책임은 전적으로 나에게 있다.

이 글을 쓰는 데 도움을 준 친구들과 가족에게 특히 감사하고 싶다. 이것이 내 감정의 핵심이다. Dr. Anna Garito, Irma Hoskens, Kate McEvoy, 그리고 Mona Visnius에게 특별한 감사를 드린다. 특히 부모님 Bill과 Angela, 여동생 Kara, 이모 Cecilia, 그리고 나의 아이들 Leeren과 Claire에게 감사하다고 말하고 싶다. 올해는 스위스 가족, 특히 Rochelle, Pascal, 그리고 Raphael과 함께 시간을 보내서 정말 좋았다. 대단히 감사합니다, Vielen Dank! 마지막으로 나의 남편 Helmuth에게 매우 감사하며, 그가 없었다면 이 책은 나오지 못했을 것이다. 이 책에는 전 세계의 마을이 필요하다.

부록

- **부록 A.** 질문지 응답자
- **부록 B.** 난독증을 위한 국제기관
- **부록 C.** 난서증을 위한 국제기관
- **부록 D.** ADHD를 위한 국제기관
- **부록 E.** 난독증과 관련된 일상적 학습 문제를 돕는 실제적 요령
- **부록 F.** 읽기 발달에 도움이 되는 온라인 무료 컴퓨터 게임과 앱 목록
  (각 언어별로 제공)
- **부록 G.** 난독증 및 관련 학습장애를 주제로 한 영화와 동영상 클립
- **부록 H.** 음운 인식과 형태소 인식 연습

질문지 응답자

국가	이름	역할
아르헨티나	Ms. Maria Rufina Pearson	교육심리학자, 『난독증: 읽기의 다른 형태(Dyslexia: Una Forma Diferente de Leer)』 저자, 학습장애센터 원장
호주	Ms. N (+ 2명의 동료)	특수교육 교사자격증을 소지한 교사 3명이 인터뷰에 참여함.
오스트리아	Ms. Erika	Barker-Benfield 교육심리학자
캐나다	Dr. Anna Garito	교감, 특수교사
덴마크	Ms. HO	음성/언어병리학자 및 청각학자
	Mr. Lars Sanders	난독증이 있는 두 아이의 아버지, 교육용 소프트웨어 회사의 선임 교육 개발자
독일	Mr. OM	고등학교 교사/학교 컨설턴트
	Dr. med. Theresia StoecklDrax	소아과의사, 난독증과 ADHD가 있는 세 아이의 어머니
홍콩	Mr. Cheung	난서증이 있는 사람, 학습장애 분야의 박사과정 학생
	Ms. G	교육심리학자
	Dr. L	발달소아과 의사(여성)
	Ms. Monica	난독증이 있는 사람, 학습장애 전공 학생
	Dr. T	교육심리학자(남성)
인도	Ms. Kate	난독증이 있는 두 소년의 어머니
이스라엘	Ms. Danna	ADHD가 있는 소년의 어머니, 본인도 난독증이 있음, 간호사/치료사
	Mr. Joe	ADHD가 있는 소년의 아버지, Danna의 남편, 경영 간부
일본	Mr. Toyota	음성치료사
한국(남한)	Dr. Pae	음성언어치료사, 교수(여성)
마카오	Dr. MC	임상심리사(여성)
몰타	Ms. C. Azzopardi	초등학교의 학습지원 조교(여성)
네덜란드	Ms. Ellen	ADHD가 있는 아이의 어머니
	Mr. Peter	ADHD가 있는 청년, Ms. Ellen의 아들
스페인	Mrs. Mayo	난독증이 있는 딸의 어머니, Catalan 난독증협회의 회원
스웨덴	Dr. Emma Lindeblad	임상심리학자, 학습장애 분야의 연구자
	Ms. WA	난독증이 있는 사람, 예술 분야 학생(청년)
스위스	Mr. Apercu89	ADHD가 있는 청년
	Mr. Robin Hull	중등학교의 교장, 스위스난독증협회 회장
태국	Ms. Aiyada	ADHD가 있는 아이의 어머니
미국	Dr. RJ	전직 학교심리학자, 본인과 아들이 ADHD가 있음.
	Ms. Amy	난독증, 난서증, ADHD가 있는 사람, 번역가
	Ms. Sally	본인과 아들이 ADHD가 있음.
잠비아	Dr. Sylvia Kalindi	전직 학습장애 아동의 교사, 아동 문식성 영역의 연구자

부록 B

난독증을 위한 국제기관

국가/지역	이름	웹사이트
아프리카	The Southern African Association for Learning and Educational Differences	www.saaled.org.za/
호주	Australian Dyslexia Association	http://dyslexiaassociation.org.au
	Australian Federation of SPELD Associations	http://auspeld.org.au/
	Dyslexic Advantage	www.dyslexicadvantage.org/
	Learning Difficulties Australia	www.ldaustralia.org
	The Dyslexia–SPELD Foundation	https://dsf.net.au/
오스트리아	Berufsverband Akademischer Legasthenie–Dyskalkulie Therapeutinnen	www.lrs–therapeuten.org/
벨기에	Dyslexia International	www.dyslexia–international.org/
브라질	Brazilian Dyslexia Association	www.dislexia.org.br/
브뤼셀	Dyslexia International	www.dyslexia–international.org/
캐나다	The Reading Well	www.dyslexia–reading–well.com/
코스타리카	Fundacion Costarricense de Dislexia	http://dyslexiacenterofcostarica. org/
체코	Czech Dyslexia Association	www.czechdyslexia.cz/index.html
에티오피아	Fana Association for Individuals with Learning Difficulties	http://fanaethio.org/
유럽	European Dyslexia Association	http://eda–info.eu
이집트	The Egyptian Society of Developing Skills of Children with Special Needs	www.advance–society.org/
핀란드	Niilo Mäki Instituutti	www.nmi.fi/en
프랑스	Dyslexia International	www.dyslexia–international.org/
독일	Bundesverband Legasthenie & Dyskalkulie e.V.	www.bvl–legasthenie.de/
홍콩	Dyslexia Association of Hong Kong	www.dyslexia.org.hk/
	Heep Hong Kong Society	www.heephong.org/
	Hong Kong Association for Specific Learning Disabilities	https://asld.org.hk/
인도	Dr. Anjali Morris Education and Health Foundation	http://morrisfoundation.in/
	Maharashtra Dyslexia Association	www.mdamumbai.com/
아일랜드	Dyslexia Association of Ireland	www.dyslexia.ie/
	Kol Koreh	www.kolkoreh.org/
이스라엘	The Organization for Unlocking the Potential of Dyslexic Learners	www.dyslexia–abilities.org/
이탈리아	Associazione Italiana Dislessia	www.aiditalia.org/
말레이시아	Dyslexia Association of Sarawak	www.dyslexia–swk.com/

네덜란드	The Netherlands Dynaread	www.dynaread.com/Netherlands-dyslexia-tests-programs-groups
일본	Japan Dyslexia Research Association	http://square.umin.ac.jp/dyslexia/
	Dyslexia Society	www.npo-edge.jp/
케냐	Dyslexia Organization, Kenya	www.dyslexiakenya.org/
쿠웨이트	Kuwait Dyslexia Association	http://q8da.com/
	The Centre for Child Evaluation & Teaching	www.ccetkuwait.org/
라비타	Pro Futuro, Latvia	www.disleksija.lv/
필리핀	Philippine Dyslexia Foundation	www.facebook.com/pages/Wordlab-Philippine-Dyslexia-Foundation/117553354994622
포르투갈	Associação Portuguesa de Dislexia	www.dislex.co.pt/
싱가포르	Dyslexia Association of Singapore	www.das.org.sg/
스페인	Madrid con la Dislexia	www.madridconladislexia.org/
	Project Difference	http://projectdifference.org/en/
스위스	Verband Dyslexie Schweiz	https://www.verband-dyslexie.ch
튀르키예	Turkey Dyslexia Foundation	www.turkiyedisleksivakfi.org/
영국	British Dyslexia Association	www.bdadyslexia.org.uk
	Dyslexia Assist	http://dyslexia-assist.org.uk/
	Dyslexia Association of London	http://dyslexialondon.org/
	Dyslexia Foundation	www.dyslexiafoundation.co.uk
	Dyslexia Research Trust	www.dyslexic.org.uk/
	The Reading Well	www.dyslexia-reading-well.com/
미국	Academy of Orton-Gillingham Practitioners and Educators	www.ortonacademy.org/
	American Dyslexia Association	www.american-dyslexiaassociation.com/
	Bright Solutions for Dyslexia	www.dys-add.com/
	Davis Dyslexia Association International	www.dyslexia.com/
	Decoding Dyslexia	www.decodingdyslexia.net/
	Dyslexia Society of Connecticut	www.dyslexiasocietyct.org/
	Eye to Eye http://eyetoeyenational.org/	http://eyetoeyenational.org/
	Headstrong Nation	http://headstrongnation.org/
	LD Online	www.ldonline.org/
	Learning Ally	www.learningally.org/
	Learning Disabilities Association of America	https://ldaamerica.org/
	Lexercise	www.lexercise.com/online-dislexia-treatment
	Reading Rockets	http://readingrockets.org/
	The Dyslexia Foundation	http://dyslexiafoundation.org/
	The Yale Center for Dyslexia & Creativity	http://dyslexia.yale.edu/
	Understood	www.understood.org/en
	University of California San Francisco Dyslexia Center	http://dyslexia.ucsf.edu/
전 세계	Beating Dyslexia	www.beatingdyslexia.com/
	International Dyslexia Association	https://dyslexiaida.org

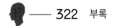

난서증을 위한 국제기관

국가/지역	이름	웹사이트
오스트리아	Australian Dyslexia Association	http://dyslexiaassociation.org.au
	Kid Sense Child Development	https://childdevelopment.com.au/
	The Dyslexia–SPELD Foundation	https://dsf.net.au/
캐나다	Learning Disabilities Association of Red Deer	http://ldreddeer.ca/
프랑스	Dyspraxie France	www.dyspraxies.fr/
		www.dys–positif.fr/dysgraphie/
	Tous à l'école	www.tousalecole.fr/content/dysgraphies
홍콩	Amaze Learning Solutions	www.amazelearning.com/en/index.htm
이탈리아	Italian Association Disgrafie	www.associazioneitaliana disgrafie.it/
	Graphic Mente Association	www.associazionegrafic amente.it/associazione/
	Venturelli method	www.disgrafiaevolutivaventu relligrafologia.it/
포르투갈	CADin	www.inpp.org.uk/
영국	Dysgraphia Help	www.dysgraphiahelp.co.uk/
	The Institute for Neuro–Physiological Psychology	www.inpp.org.uk/
미국	Ascend Learning	www.ascendlearningcenter.com/
	Brain Balance Achievement Centers	www.brainbalancecenters.com
	Hands On Learning Solutions	www.hol–solutions.com/
	Handwriting Problem Solutions	www.handwriting–solutions.com/
	LD Online	www.ldonline.org/
	Learning Disabilities Association of America	https://ldaamerica.org/types–oflearning–disabilities/dysgraphia/
	National Institute of Neurological Disorders and Stroke	www.ninds.nih.gov/Disorders/All–Disorders/DysgraphiaInformation–Page
	Reading Rockets	http://readingrockets.org/
	Smart Kids with Learning Disabilities	www.smartkidswithld.org/
	The Reading Well	www.dyslexia–reading–well.com/dysgraphia.html
	Understood	www.understood.org/en
전 세계	International Dyslexia Association	https://dyslexiaida.org/understanding–dysgraphia/

ADHD를 위한 국제기관

국가/지역	이름	웹사이트
오스트리아	Australian National Health and Medical Research Council	www.nhmrc.gov.au/
벨기에	TDAH Belgique	www.tdah.be/tdah/
브라질	Associação Brasileira do Déficit de Atenção	http://tdah.org.br/
캐나다	Canadian ADHD Resource Alliance	www.caddra.ca
	Centre for ADHD Awareness, Canada	http://caddac.ca/adhd/
중국	China ADHD Alliance	www.adhd-china.org/en-index
유럽	ADHD Europe	www.adhdeurope.eu
	European Network on Adult ADHD	www.eunetworkadultadhd.com
프랑스	TDAH France	www.tdah-france.fr/
독일	Zentrales adhs-netz	www.zentrales-adhs-netz.de
홍콩	Heep Hong Society-Hong Kong	www.heephong.org/webprod/cht/ child-development-and-training/ ADHD
	Association for ADHD	www.adhd.org.hk/information.aspx
인도	ADHD India	www.adhdindia.com
뉴질랜드	ADHD Association, New Zealand	www.adhd.org.nz/
싱가포르	Institute of Mental Health	www.imh.com.sg/clinical/page. aspx?id=249
	Nobel Psychological Wellness-ADHD in Singapore	www.singaporepsychiatrists.com/ attention-deficit-hyperactivity-disorder- adhd
타이완	Caring Association for ADHD in Taiwan	www.tc-adhd.com/?page_id=97
영국	UK Adult ADHD Network	www.ukaan.org
미국	ADHD in Adults	www.adhdinadults.com
	American Academy of Pediatrics ADHD Toolkit	www.aap.org/en-us/pubserv/ adhd2/Pages/default.aspx?
	American Professional Society for ADHD and Related Disorders	www.apsard.org
	Centers of Disease Control and Prevention (ADHD)	www.cdc.gov/ncbddd/adhd/data.html
	Children and Adults with ADHD	www.chadd.org
	US NIMH	www.nimh.nih.gov
전 세계	ADHD World Federation	www.adhd-federation.org
	Attention Deficit Disorder Association	https://add.org/
	International Collaboration on ADHD and Substance Abuse	www.adhdandsubstanceabuse.org

부록 E

난독증과 관련된 일상적 학습 문제를 돕는 실제적 요령

읽기	• 파닉스(글자-소리 관계)를 가르친다.
	• 철자 전략을 가르친다.
	• 아이들이 좀 더 복잡한 단어 속의 작은 단어를 식별할 수 있도록 도와준다(예를 들어, 'become'은 'be'와 'come'으로 나누어진다).
	• 아이들에게 일견 단어(sight word) 목록을 제공한다[음성학적으로 소리를 낼 수 없는 단어(예: was, the, is)]
	• 반드시 연령 또는 학년에 맞는 수준이 아닌 자신의 수준에서 읽기를 유도한다.
	• 어려운 단어를 음절로 두드려 본다.
	• 책을 읽을 때 호흡을 자주 한다(긴 단어 앞에서, 발음을 천천히 하기 위해서 등).
	• 2인 1조로 읽기 연습 – 각각 5개의 단어를 읽고 차례를 바꾼다.
	• 본문을 읽기 전에 탐색하여 긴, 알려지지 않은, 또는 발음하기 어려운 단어들을 빠르게 확인한다. 그후 이 단어들을 미리 읽는다.
	• 단어를 기억하기 위해 개별 카드 또는 스티커 메모를 사용한다.
	• 단어를 문맥에 맞게 사용하라, 자신만의 방식으로 그 단어를 사용하여 문장을 작성한다.
	• 단어를 큰 소리로 반복하여 읽고 기억한다.
	• 어려운 단어를 강조하기 위해 색상을 사용한다.
	• 각각의 단락 끝에 멈춰서 아이가 이해하고 있는지 생각해 보라. 이는 이해력을 관찰하는 데 도움이 된다.
	• 돕기 위해 다양한 소프트웨어 프로그램을 사용하라. 비싸지만 매우 유용한 프로그램은 'What You Need Now(WYNN)'라고 불린다. 이 프로그램은 어떤 파일이든 가지고 가서 사람이 컴퓨터 화면의 어떤 단어나 문장을 강조 표시하면, 필요에 따라 반복해서 그 단어를 발음하도록 할 수 있다.
	• "성공할 때까지 시늉하라." 모든 자료를 읽는 것이 불가능할 때, 일부라도 읽으라. 시간이 당신 편이 아닐 때 선택적으로 읽으라. 때때로 100%가 불가능할 때도 있다는 것을 인정하라.
쓰기	• 주제와 최종 결과물을 조직하기 위해 사전 쓰기를 활용하라.
	• 타자를 잘 치고 자동적으로 할 수 있도록 연습하라(교육과 연습이 필요할 수 있다).
	• 특정 단어를 배우기 위해 근육 기억을 활용하는 것을 고려하라(예를 들어, 'hamster'라는 단어를 타자할 때 손가락이 어디에 위치하는가?).

	• 텍스트–음성 변환 기능 사용법을 가르치라.
	• '보아라, 말하라, 쓰라, 덮으라, 확인하라' 전략을 사용하여 철자를 배우도록 하라.
	• 아이들이 더 복잡한 단어 안에서 작은 단어를 식별하도록 도와주라(예를 들어, 'forget' 에서 'for'와 'get' 찾기).
	• 쓰기의 기계적인 부분(철자, 구두점)과 창의성(예를 들어, 이야기하기, 보고서 작성하기) 을 분리하라(창의적인 부분은 구술로 수행할 수 있다).
	• 쓰기 과제에서 기계적인 부분과 창의성을 별도로 평가하라.
일반적인 학습/ 주의 장애	• 아이들과 함께 산책하거나 조깅하라.
	• 설명할 때는 천천히 하라.
	• 거래나 타협을 하라("너가 X를 하면 Y를 얻을 수 있어").
	• 교사와 부모에게 온라인의 실용적인 증거 기반 전략과 단계별 방법을 제공하라.
	• 긍정적인 태도를 유지하라.
	• 인내와 노력의 중요성을 강조하라.
	• 개인적인 지원을 제공하라(그룹 작업이 항상 효과적이지 않을 수 있다).
	• 토큰 시스템을 활용하라.
	• 아이들을 교실의 앞쪽에 앉게 하라.
	• 아이들이 작은 물건(예를 들어, 고무줄이나 작은 모래주머니)을 가지고 가만히 놀 수 있 게 하라.
	• 아이들이 다르게 생각할 수 있도록 허용하라.
	• 아이들과 자신에게 인내심을 가지고 용서하라.
	• 과제를 더 작은 단계로 나누라.
	• 단어와 그림을 포함한 시각적 일정표를 만들라.
	• 조용한 작업 공간을 만들어 주고 산만함을 줄이라.
	• 키보드 위에 책상 램프를 놓아 잘 보이게 하고, 방의 나머지 부분은 상대적으로 어둡 게 하라. 이렇게 하면 눈의 초점을 맞출 수 있다.
	• 일관성을 유지하라(상황에 따라 같은 정보 제공, 혼란스러운 메시지 피하기).
	• 구조를 제공하라(규칙, 지침, 경계 설정).
	• 지시 사항을 반복하라.
	• 강화 조치(칭찬, 처벌)를 제공하라.
	• 서면 알림을 제공하라.
	• 작업 시간을 정하고 그 후에는 휴식을 취하라. 시간이 지남에 따라 휴식 전의 작업 시 간을 점진적으로 늘려 가라.
	• 식이요법 조정을 고려하라[예를 들어, 식품 색소, 고당분, 우유의 카제인(단백질) 피하기].
	• 산만함 목록을 만들라. 방해가 되는 생각이 들 때(예를 들어, 지금 당장 탐색하거나 친 구에게 문자를 보내고 싶을 때), 목록을 적어 두라. 학습 시간이 끝나고 휴식 시간에 이 목록의 모든 일을 할 계획을 세우라.
	• 아이들에게 긍정적인 자기 대화 방법을 가르치라(예를 들어, "최선을 다하겠다. 내 능력 에 맞게 최선을 다하고, 만약 잘되지 않으면 다시 시도하고 포기하지 않겠다").

- 가능한 한 일찍 조직화 기술을 가르치라. 학생이 어느 정도 독립적으로 조직화할 수 있을 때까지 각 단계를 나누어 가르치라(예를 들어, 집에서 사용하는 일일 시간표. 4:00~4:30 TV/유튜브 시청, 4:30~5:00 철자 연습, 5:00~5:30 저녁 식사, 5:30~6:00 수학 문제 풀기).
- 스마트폰을 사용하라. 타이머를 설정하여 과제나 다가오는 시험에 대한 알림을 주는 기능을 활용하라.
- 스마트폰을 멀리 두라-너무 많은 방해가 될 수 있다.
- 도서관이나 지루하고 방해 요소가 없는 곳으로 가라.
- 월간 달력을 사용하여 중요한 날짜를 기록하라. 과목에 따라 색깔로 구분하라.
- 학생에게 시간을 어떻게 사용할지와 언제 휴식을 취할지를 선택할 수 있게 하라. 이렇게 하면 학습이 더 의미 있게 될 수 있다.
- 자기 주장을 하는 기술을 가르치라. 학생들이 자신이 필요로 하는 것을 요청하는 방법을 배우게 하라(예를 들어, "안녕하세요, Ms. Jones. 화요일에 두 개의 시험이 있습니다. 너무 힘들어서 시험 연장을 요청할 수 있을까요?").
- 아이들이 전략을 처음 사용할 때 그 전략이 효과적으로 사용되는지 모니터링하는 것이 중요하다. 학생이 전략을 사용하는 데 너무 어려움을 겪는다면 다른 접근 방식을 시도해 보라.

읽기 발달에 도움이 되는 온라인 무료 컴퓨터 게임과 앱 목록(각 언어별로 제공)

언어	설명	웹사이트
아프리칸스	GraphoGame 모바일 학습 게임은 사용자에게 아프리칸스어의 읽기 기초를 가르친다.	www.grapholearn.com
아랍어	오디오와 함께 아랍어 알파벳 쓰기	https://itunes.apple.com/hk/app/muslim-kidsseries-hijaiya-arabic-alphabet/id445298616?mt=8
	일련의 게임과 평가를 통해 아이들에게 글자와 소리 재인, 글자와 단어 조합 해독, 어휘력과 구술 유창성을 가르친다.	https://allchildrenreading.org/winners/colognegame-lab/
	아랍어에서 글자와 소리 재인, 해독(글자와 글자 조합 및 단어)과 어휘 지식이 발달하는 데 도움을 준다.	http://vgwb.org/projects/antura/
	Antura wa al Huruf(안투라와 문자들)은 놀이의 속성을 활용하여 교육적 및 심리사회적 목표를 달성한다. 이 게임은 암묵적 학습, 몰입, 그리고 사용자의 심리적 모델링과 같은 원칙을 특징으로 한다. 이야기의 배경은 사용자가 오래된 수호자를 도와 살아 있는 문자들, 즉 야생의 작은 생물들을 지키는 임무를 맡는 것이다. 수호자의 개인 안투라와 함께 사용자는 시리아 초등학교 커리큘럼의 내용을 담고 있는 여러 미니 게임을 통해 여행을 떠난다.	https://allchildrenreading.org/winners/colognegame-lab/
	Feed the Monster는 아이들이 아랍어를 배우는 데 도움을 주는 혁신적인 스마트폰 퍼즐 게임이다. 이 게임은 사전 지식이 전혀 없어도 게임할 수 있도록 설계되어 있다. 게임은 플레이어가 아랍어 알파벳부터 모음, 단어, 그리고 시리아 아랍어 언어 예술 교육과정에서 발췌한 짧은 문단을 읽는 단계까지 차근차근 학습할 수 있도록 안내한다.	https://allchildrenreading.org/winners/appsfactory/

아삼어	EkStep Foundation은 아삼어로. 독해, 해독과 유창성, 음운 인식, 어휘력 등 문식성 개념에 관한 이야기와 워크시트를 제공한다.	https://ekstep.in/
뱅골어	아이들은 뱅골어의 기본적인 문자와 뱅골어 문법을 배울 수 있다. 단어들은 다양한 범주로 나뉜다.	https://play.google.com/store/apps/details?id=com. altergyan. learnbengaliquicklyfree
	EkStep Foundation은 독해, 해독과 유창성, 음운 인식, 어휘력 등 문식성 개념에 관한 이야기와 워크시트를 제공한다.	https://ekstep.in/
중국어	학부모와 교사가 중국어 조기 문식성 습득을 쉽게 도울 수 있는 요령을 제시한다.	http://ww9.psy.cuhk.edu.hk/chineseearlyliteracy/
	어떤 단어가 문장이나 문단에 들어갈 적절한 단어인지 결정하는 것과 같이, 아이들이 중국어를 배울 수 있는 좋은 게임이다.	http://ebook.huayuworld.org/lang/chineselearn/
	아이들은 발음, 형성 과정, 그리고 단어를 쓰는 방법을 제시하는 비디오를 보면서 간체 중국어를 배울 수 있다.	http://sz.gongfubb.com/
	아이들은 중국어 어휘의 구조, 발음, 의미를 배울 수 있다.	https://itunes.apple.com/hk/app/%E5%BF%AB %E6%A8%82%E4%B8%AD%E6%96%87-funchinese-%E5%85%92%E7%AB% A5%E6%BC%A2%E8%AA%9E%E5%AD%B8%E7%BF%92%E9 %81%8A%E6%88%B2/id547571511?l=zh&mt=8
	GraphoGame 모바일 학습 게임은 중국어를 표기하는 알파벳 방식인 병음(Pinyin)으로 사용자를 가르친다.	www.grapholearn.com
네덜란드어	목표는 화면에 버블이 뜨기 전에 그것들을 터뜨리는 것이다. 버블을 누를 때마다 원어민이 말하는 것을 듣고 단어를 읽으려고 노력한다.	https://play.google.com/store/apps/details?id=com. overpass. dutchbubblebathlite
	3가지 범주는 무료 버전으로만 제공되며, 아이들의 듣기와 읽기 능력을 검사할 수 있다.	www.teachkidslanguages.com/dutch/app/
	많은 장면을 위한 그림이 있고, 그 단어의 발음과 철자가 보인다. 다른 언어들도 포함된다.	www.loecsen.com/nl/cursussen-nederlands
	GraphoGame 모바일 학습 게임은 네덜란드어 읽기의 기초를 가르치기 위해 고안되었다.	www.grapholearn.com

영어	각 게임 세션에서 "Which letter is the boss?"라는 녹음이 들리면 아이들에게 문장의 마지막 단어의 첫 글자를 선택하도록 요청한다.	www.education.com/game/alphabet-hide-andseek-reading-comprehension/
	이미지를 보고 녹음을 듣고 단어를 입력한다.	www.gamestolearnenglish.com/spelling-bee-english/
	운율이 있는 단어를 인식하고 소리로 정렬하는 법을 배운다.	https://itunes.apple.com/us/app/phonics-rhymingbee-free-short/id492740258?mt=8
	아동의 음소 인식능력을 키우고 아동의 음운 처리 능력을 향상시키는 데 도움을 준다.	https://itunes.apple.com/us/app/abc-magicreading-short-vowel/id416896853?mt=8
	아이들에게 음소 읽기를 가르친다.	www.starfall.com/
	단어들이 화면에 날아오르면 아이들은 두 개의 단어(복합어)로 분리될 수 있는 단어들을 두 개로 나누어야 한다. 발음도 제공된다.	http://pbskids.org/electriccompany/games/ scrapy ardslice
	아이들은 주어진 단어와 같은 의미가 있는 단어를 선택해야 한다. 웹사이트는 참가자들이 정답을 맞출 때마다 배고픈 아이들을 위해 쌀 10알을 기부한다.	http://freerice.com/#/english-vocabulary/159
	아이들은 비디오에서 말하는 정확한 단어를 선택해야 하며, 그 단어의 의미가 제공된다.	www.memrise.com/home
	GraphoGame 모바일 학습 게임은 사용자에게 영어 읽기의 기초를 가르친다.	www.grapholearn.com
	EkStep Foundation은 음운 인식, 유창성, 어휘 지식, 독해력, 그리고 심지어 작문을 포함한 다양한 수준의 읽기를 촉진하기 위한 온라인 자료의 오픈 소스를 가지고 있다. 사람들은 함께 작업하고, 자원을 추가하며, 영어로 사용할 수 있는 많은 게임이 있다.	https://community.ekstep.in/resources/domain-model
핀란드어	아이들은 이 앱에서 단어 간 연상 기억과 연결을 통해 핀란드어를 배울 수 있다.	https://itunes.apple.com/hk/app/learn-finnish/id528924632?l=zh&mt=8
	GraphoGame 모바일 학습 게임은 핀란드어 읽기의 기초를 아이들에게 가르친다.	www.grapholearn.com
프랑스어	단어 암기, 동사 변형 연습, 단어 성별 학습을 돕기 위해 고안된 독특한 게임이다. 원어민 오디오 클립 사용이 가능하다.	https://itunes.apple.com/us/app/learn-french-bymindsnacks/id409947305?mt=8

	매력적인 디자인, 아이들은 영어 어휘의 의미를 나타 내는 정확한 그림을 선택할 수 있고, 프랑스어 발음 과 철자가 제공된다(매우 추천). 다른 언어에 대한 수 업을 포함한다.	www.duolingo.com/welcom
	GraphoGame 모바일 학습 게임은 사용자에게 프랑스 어 읽기의 기초를 가르친다.	www.grapholearn.com
독일어	아이들은 이 게임으로 독일어 단어를 배울 수 있다.	https://itunes.apple.com/us/app/ learn-german-bymindsnacks/ id473825665?mt=8
	아이들에게 독일어 단어의 철자를 훈련한다.	https://play.google.com/ store/apps/details?id=com. learninglabs.wordup.german
그리스어	GraphoGame 모바일 학습 게임은 사용자에게 그리스 어로 읽기의 기초를 가르친다.	www.grapholearn.co
구자라트어	EkStep 재단은 이해, 해독과 유창성, 음운 인식과 어 휘와 같은 문식성 개념에 대한 이야기와 워크시트를 제공한다.	https://ekstep.in/
히브리어	아이들은 이 게임으로 히브리어와 단어를 배울 수 있다.	http://freehebrewgames. com/games/index. php?mode=memorymatch
힌디어	아이들은 연상 기억을 사용하여 힌디어를 배울 수 있 다. 단어 학습에 좋다.	https://itunes.apple.com/us/app/ learn-hindi/ id463142943?mt=8
	아이들은 이 게임으로 힌디어 낱자와 단어를 배울 수 있다.	https://play.google.com/store/ apps/details?id=in. promentors. LearnHindi
	EkStep 재단은 이해, 해독과 유창성, 음운 인식과 어 휘와 같은 문식성 개념에 대한 이야기와 워크시트를 제공한다.	https://ekstep.in/
호어	EkStep 재단은 이해, 해독과 유창성, 음운 인식과 어 휘와 같은 문식성 개념에 대한 이야기와 워크시트를 제공한다.	https://ekstep.in/

이탈리아어	아이들은 이 게임으로 이탈리아어를 말하는 법과 읽는 법을 배울 수 있다.	https://itunes.apple.com/us/app/learn-italian-by-mindsnacks/id433199718?mt=8
	아이들은 그림과 발음이 있는 글자와 단어의 예시를 통해 이탈리아어를 배울 수 있다.	https://play.google.com/store/apps/details?id=net. goldensoft. italianaphabet
일본어	아이들은 50개의 일본어 소리의 발음을 타자로 쳐야 한다. 시간 제한이 있다.	https://kids.dragons.jp/kplay/games/typing.html
	아이들은 50개의 일본어 단어를 올바른 순서로 쓰는 방법을 배울 수 있다.	https://itunes.apple.com/hk/app/%E8%81%BD%E5%AF%AB%E4%BA%94%E5%8D%81%E9%9 F%B3/id588653318?l=zh&mt=8
자바어	아이들은 그림을 클릭하여 각 단어의 의미와 발음에 접근할 수 있다.	http://languageapps.org/javanese_vocabulary.php
	아이들은 이 게임으로 자바 글자를 쓰는 법을 배울 수 있다.	https://play.google.com/store/apps/details?id=com aksara.hanacaraka&hl=zh_HK
주앙어	EkStep 재단은 이해, 해독과 유창성, 음운 인식과 어휘와 같은 문식성 개념에 대한 이야기와 워크시트를 제공한다.	https://ekstep.in/
칸나다어	EkStep 재단은 이해, 해독과 유창성, 음운 인식과 어휘와 같은 문식성 개념에 대한 이야기와 워크시트를 제공한다.	https://ekstep.in/
스와힐리어	GraphoGame 모바일 학습 게임은 스와힐리어 읽기의 기초를 가르친다.	www.grapholearn.com
한국어	아이들은 단어 학습을 위해 올바른 순서로 올바른 물체를 선택해야 한다.	www.digitaldialects.com/Korean/Vocabulary_ audio.htm
	아이들이 한글을 배울 수 있도록 도와준다.	www.masteranylanguage.com/c/q/o/Korean/Alphabet/pmg1/1#htop https://play.google.com/store/apps/details?id=com. nakashimajohn.hangeul&hl=e
마이틸리어	EkStep 재단은 이해, 해독과 유창성, 음운 인식과 어휘와 같은 문식성 개념에 대한 이야기와 워크시트를 제공한다.	https://ekstep.in/

마라티어	EkStep 재단은 이해, 해독과 유창성, 음운 인식과 어휘와 같은 문식성 개념에 대한 이야기와 워크시트를 제공한다.	https://ekstep.in/
문다어	EkStep 재단은 이해, 해독과 유창성, 음운 인식과 어휘와 같은 문식성 개념에 대한 이야기와 워크시트를 제공한다.	https://ekstep.in/
노르웨이어	GraphoGame 모바일 학습 게임은 노르웨이어 읽기의 기초를 가르친다.	www.grapholearn.com
냔자어	GraphoGame 모바일 학습 게임은 냐냐어 읽기의 기초를 가르친다.	www.grapholearn.co
오리야어	EkStep 재단은 이해, 해독과 유창성, 음운 인식과 어휘와 같은 문식성 개념에 대한 이야기와 워크시트를 제공한다.	https://ekstep.in/
포르투갈어	포르투갈어의 단어 철자 쓰기를 배울 수 있다.	www.digitaldialects.com/Portuguese.htm
	GraphoGame 모바일 학습 게임은 포르투갈어 읽기의 기초를 가르친다.	www.grapholearn.com
산스크리트어	EkStep 재단은 이해, 해독과 유창성, 음운 인식과 어휘와 같은 문식성 개념에 대한 이야기와 워크시트를 제공한다.	https://ekstep.in/
산탈리어	EkStep 재단은 이해, 해독과 유창성, 음운 인식과 어휘와 같은 문식성 개념에 대한 이야기와 워크시트를 제공한다.	https://ekstep.in/
스페인어	단어 학습의 첫 무료 세션 후 150레벨을 잠금 해제하려면 $0.99 USD가 필요하다.	https://itunes.apple.com/us/app/learn-spani
	새로운 단어와 구를 탐색하고 읽는 법을 배운다. 다른 언어도 이 앱에서 학습할 수 있다. 재미있지만, 돈을 더 지불하지 않으면 계속해서 학습할 수 없다.	https://itunes.apple.com/us/app/memriselanguage-learning/id635966718?mt=8
	단어 읽기 훈련을 할 수 있다.	https://play.google.com/store/apps/details?id=com.learninglabs.wordup.spanish
스웨덴어	GraphoGame 모바일 학습 게임은 스웨덴어 읽기의 기초를 가르친다.	www.grapholearn.com

타밀어	아이들은 이 게임으로 타밀어 기초 단어를 배울 수 있다.	https://play.google.com/store/apps/details?id=com. altergyan. learntamilquickly
	아이들은 1~5개의 타밀 글자로 구성된 단어를 만들어야 한다.	https://play.google.com/store/apps/details?id=com.renganath.tamilword
	디지털 방언은 사람들이 타밀어 어휘를 배울 수 있는 온라인 플랫폼이다. 게임은 이곳에서 타밀어를 가르치는 데 사용된다.	www.digitaldialects.com/Tamil.htm
	EkStep 재단은 이해, 해독과 유창성, 음운 인식과 어휘와 같은 문식성 개념에 대한 이야기와 워크시트를 제공한다.	https://ekstep.in/
	Master Any Language in Tamil은 숫자, 알파벳, 철자를 포함한 다양한 형태의 언어 학습에 대한 온라인 수업을 제공한다.	www.masteranylanguage.com/c/p/o/Tami
텔루구어	EkStep 재단은 이해, 해독과 유창성, 음운 인식과 어휘와 같은 문식성 개념에 대한 이야기와 워크시트를 제공한다.	https://ekstep.in/
태국어	태국어 숫자를 가르친다.	https://itunes.apple.com/us/app/learn-thainumbers-fast!-for/id645905468?mt=8
터키어	아이들은 이 게임으로 기본적인 터키어 단어를 배울 수 있다.	https://itunes.apple.com/us/app/babbel-learnturkish/id578223038?mt=8
	아이들은 이 게임으로 터키어 단어를 읽고 쓰는 방법을 배운다.	https://itunes.apple.com/us/app/wordpower-learnturkish-vocabulary/id297437799?mt=8
우르드어	EkStep 재단은 이해, 해독과 유창성, 음운 인식과 어휘와 같은 문식성 개념에 대한 이야기와 워크시트를 제공한다.	https://ekstep.in/
	숫자, 알파벳, 단어를 소개한다.	www.masteranylanguage.com/c/p/o/Urdu
	기본적인 우르두어를 가르친다.	https://play.google.com/store/apps/details?id=com. urdu.qaida. game.user.play.project
베트남어	기본적인 단어 게임이다.	https://play.google.com/store/apps/details?id=com. tss21.talk. vie.google

부록 G

난독증 및 관련 학습장애를 주제로 한 영화와 동영상 클립

국가/ 지역	제목	출판 연도	설명
영화(알파벳 순으로)			
캐나다, 미국	Percy Jackson & the Olympians: The Lightning Thief	2010	"이 작품은 릭 라이어던의 매우 인기 있는 판타지 책 시리즈의 각색으로, 사고가 잦은 16세 소년 퍼시의 이야기를 담고 있다. 퍼시는 동료들에게 난독증이 있는 것처럼 보이며, 어느 날 그는 자신이 포세이돈의 아들인 반신반인이라는 사실을 알게 되고, 제우스의 번개가 도난당한 사건을 해결하기 위해 자신이 새롭 게 발견한 능력을 발휘하여 신들 간의 전쟁을 막아야 한다." (Description retrieved from: www.allmovie.com/movie/v473930)
인도	Like Stars on Earth (Taare Zameen Par)	2007	"이샨 아와스티는 8세의 난독증 소년으로, 학교 숙제보다 동 물과 자연의 환상적인 세계를 상상하는 데 더 많은 시간을 보 낸다. 이샨이 학교에서 문제를 일으키자 부모님은 그를 훈육 하기 위해 새로운 학교에 보내기로 결정한다. 새로운 학교에 도착한 이샨은 집과 별 차이가 없는 상황에 실망하여 부모님 과 대화하지 않는다. 그러나 새로 부임한 미술 선생님 람 샨 카르 니쿰브는 학생들에게 새로운 사고방식을 가르치려고 한 다. 대부분의 학생은 그의 접근 방식에 열광하지만, 이샨은 그 렇지 않다. 람 선생님은 이샨의 불행을 알아차리고 그의 잠 재력을 끌어내기 위해 노력한다." (Description retrieved from: www.allmovie.com/movie/taare-zameen-par-v422978)
싱가포르	I Not Stupid (小孩不笨)	2002	"잭 네오 감독은 서로 다른 사회적 배경이 있는 세 명의 어린 이와 그들의 가족을 통해 교육제도, 중국어의 중요성, 학문적 우수성에 대한 사회적 풍자를 담은 단순하면서도 재미있는 이야기를 선택했다. 세 아이, 즉 곽핀, 분학, 테리는 학교의 압 박을 견뎌야 하고, 그들의 부모님들은 또 다른 문제들을 겪게 된다. 이들의 이야기를 통해 싱가포르의 가족들이 다양한 문 제를 어떻게 겪는지 가볍고 때로는 거의 우스꽝스러운 상황 에서 보여 준다." (Description retrieved from: https://web.archive.org/ web/20110909081302/www.inotstupid.com.sg/ inotstupid1/ch/index.htm)

영국	A Mind of Her Own	2006	"실화를 바탕으로 한 〈A Mind of Her Own〉은 의사가 되겠다는 열망이 있는 젊은 소녀 소피(Sophie)의 감동적이고 깊은 이야기를 전한다. 소피에게 있는 심각한 난독증은 의사의 꿈을 방해하지만, 소피는 가장 가까운 친구인 베키(Becky)의 격려를 받으며, 결코 포기하지 않는다. 부모님과 교사들로부터 현실적인 목표를 세우고 학문적이지 않은 다른 길을 선택하라는 조언을 받으면서도, 소피는 자신을 믿고 대학과 대학원 과정을 마치며 생물의학 과학에서 1급 학위를 얻는다. 이후 척수의 외상 후 재생 연구로 박사학위를 취득하여 세계적으로 인정받는 연구 성과를 달성하고, 마침내 '마비치료법 개발'에 기여하는 위대한 업적을 이루어 낸다." (Description retrieved from: www.imdb.com/title/tt0461813/)
미국	bAd	2007	"5학년 학생인 존 리드(John Read)는 자주 오해 받는 학습장애를 해결할 방법을 찾으려고 애쓴다. 그는 교실에서 어려움을 겪고 있으며, 교사는 그가 단순히 공부하기 싫어하는 게 문제라고 생각하고, 동네 불량배는 매번 그를 조롱한다. 존의 어머니가 아들에게 있는 문제의 근본 원인을 한 번에 해결하기로 결심했을 때, 어머니는 존이 난독증을 가지고 있다는 사실에 충격을 받는다. 이제 어머니와 아들이 난독증이 무엇을 의미하는지 천천히 이해해 가면서 함께 아들의 교육을 정상 궤도로 돌려놓고, 이 장애가 모든 연령대의 사람들에게 심각한 영향을 미칠 수 있는 현실적인 문제임을 모두에게 증명하려고 노력한다." Description retrieved from: www.allmovie.com/movie/v426827)
미국	Dislecksia: The Movie	2012	"허벨 V와 그의 팀은 우리가 어떻게 배우는지에 대한 독특한 본질을 탐구한다. 허벨과 난독증이 있는 슈퍼스타 빌리 밥 손튼(Billy Bob Thornton)과 조 판톨리아노(Joe Pantoliano), 세계적으로 유명한 뇌 과학자와 연구자들, 학생들, 그리고 옹호자들이 교육혁신 운동에 동참하는 여정을 함께해 보라. fMRI 기기 안에서 뇌 스캔을 경험해 보고, 코스타리카 정글에서 난독증 연구자들과 함께하는 모습을 지켜보라. 또한 허벨이 아직 많은 사람이 '난독증'이라는 단어조차 알지 못하던 시절에 난독증을 겪으며 성장해 가는 과정을 따라가 보라. 허벨의 비선형적 뇌를 통해 그는 학습 차이에 관한 복잡한 문제들을 단순화하여 관객들이 그 차이를 인식하고, 우리 모두의 선물을 존중할 수 있도록 한다. 이는 감동적인 사회적 인식의 여정이다." (Description retrieved from: www.dislecksiathemovie.com/)

| 미국 | How Difficult Can This Be? The F.A.T. City Workshop | 1989 | "이 독특한 프로그램은 시청자들에게 학습장애가 있는 아이들이 일상에서 직면하는 좌절감, 불안감, 긴장감을 실제로 경험할 수 있게 해 준다. 리처드 라보이(Richard Lavoie)의 워크숍에 참여했던 교사, 사회복지사, 심리학자, 부모, 친구들이 그들의 경험과 그 경험이 학습장애가 있는 아이들에 대한 접근 방식을 어떻게 변화시켰는지에 대해 반성하는 모습을 보여 준다."
(Description retrieved from: www.ricklavoie.com/videos.html) |
| 미국 | The Mighty | 1998 | "이 영화는 로드먼 필브릭(Rodman Philbrick)의 인기 청소년 소설 『프릭 더 마이티(Freak the Mighty)』를 원작으로 한다. 이 소설은 작은 마을에서 사회적으로 소외된 두 소년이 우연히 친구가 되는 이야기를 담고 있다. 육체가 건장하고 속도가 느린 8학년 맥스웰 케인(Maxwell Kane)은 케빈 딜런(Kevin Dillon)을 만나면서 그의 시적인 영혼을 드러낸다. 케빈 딜런은 신체적으로 기형이며, 다리 교정기를 착용하고 목발을 사용한다. 그는 모르키오증후군(Morquio's syndrome)을 앓고 있어 여섯 살 이후에 신체 성장이 멈춰 있다. 문맹인 맥스웰은 케빈에게 읽기 교습을 받게 되고, 두 사회적 낙오자는 곧 친구가 되어 현대판 카멜롯(Camelot)의 삶을 함께 꿈꾼다."
(Description retrieved from: www.allmovie.com/movie/v158888) |

비디오 클립 (알파벳 순서)

| 홍콩 | In Blossom (生如夏花) | 2016 | www.youtube.com/watch?v=fW8BYxDQUts
"초등학생인 유청은 난독증이 있고, 중국어 학업 성적은 기준 이하이다. 유청은 '나는 특별하다'라는 제목의 중국어 작문 숙제를 끝내지 않고 대신 카드 게임을 만든다. 선생님은 유청에게 불만을 표시하며 '불량한 행동'을 계속하면 학교에서 퇴학당할 수 있다고 경고한다. 이에 유청의 어머니는 당황한다. 중국어 작문 숙제를 마친 밤, 학업 성적과 자아 가치 사이에서 갈등이 드러난다. 어린 시절은 배우기에 가장 좋은 시기이다. 그러나 유청의 경우, 누가 그의 학업을 지원하고 있고 누가 그의 길을 막고 있는 걸까?"
(Description retrieved from: www.youtube.com/watch?v=fW8BYxDQUts) |

홍콩	A Wall-less World Series V: Invisible Disability (沒有牆的世界5:看不到的障礙)	2015	www.youtube.com/watch?v=_GyTk573b28 "6학년 학생인 찌춘은 부모님이 난독증을 가지고 있는 동생 찌힌을 너무 예뻐한다고 느낀다. 어느 날, 그는 집을 떠나 삼촌과 함께 살기로 결심한다. 삼촌과 지내는 동안 그는 난독증이 있는 사람들이 겪는 어려움을 경험하고, 사람들은 각기 다른 강점을 가지고 태어난다는 것을 깨닫게 된다." (Description translated from: www.youtube.com/watch?v=_GyTk573b28)
말레이시아	Dyslexia	2012	www.youtube.com/watch?v=SaQfuxODpog "싱가포르난독증협회를 위해 제작된 단편영화는 난독증을 가지고 있는 아이 조(Joe)와 그의 아버지 브라이언(Bryan)의 역경을 담고 있다."
스웨덴	Dyslexi	2017	https://vimeo.com/217372078 "난독증이 어떻게 느껴지는지를 스웨덴어로 표현한 예술가의 묘사(약 2분 길이)"
미국	Dyslexia and Me | Katie Willsey | TEDxLake TravisHigh	2017	www.youtube.com/watch?v=Vtb_S4Y5mLY "케이티 윌시(Katie Willsey)는 난독증이 있는 자신의 시각에서 세상을 어떻게 경험하는지를 감동적으로 설명한다. 케이티는 2년 반 전 텍사스주 레이크웨이(Lakeway)로 이사 와 학교의 응원 행사, 뮤지컬 제작, 자원봉사, 수영 대회 등 다양한 활동에 적극적으로 참여했다. 9학년 때, 케이티는 심각한 뇌진탕 진단을 받으면서 학업과 수영 모두에서 큰 어려움을 겪게 된다. 이로 인해 케이티는 자신의 열정을 연설과 토론 팀, 그리고 TED-Ed 클럽에 참여하는 것으로 바꾸기로 결심하고, 이를 통해 발표와 글쓰기 기술을 연마할 기회를 갖는다." (Description retrieved from: www.youtube.com/watch?v=Vtb_S4Y5mLY)
미국	Dyslexia: The World the Way I See It	2010	www.youtube.com/watch?v=rhygmurlgG0 "이 다큐멘터리는 세 차례 상을 수상한 난독증에 관한 작품으로, 난독증이 가져오는 어려움과 함께 이 학습장애가 지니고 있는 장점들을 설명한다." (Description retrieved from: www.youtube.com/watch?v=rhygmurlgG0)

미국	Dyslexic Learners in the EFL Classroom: Parts 1 - 4	2014	"교육전문가들은 이 네 편의 온라인 강의에서 난독증 학생들이 교실에서 영어를 습득할 수 있도록 돕는 다양한 방법을 설명한다." (Description retrieved from: Part 1: www.youtube.com/watch?v=A–nrMvocyk8 Part 2: www.youtube.com/watch?v=icZIWT3bwgo Part 3: www.youtube.com/watch?v=8QamfQI9B_U Part 4: www.youtube.com/watch?v=ofDMOmuG4GQ)
미국	Overcoming Dyslexia	2017	www.youtube.com/watch?v=DWOvnPZ9e7Y "수상 경력이 있는 이 짧은 다큐멘터리는 한 가족이 공립학교 체제와 씨름하며 난독증이 있는 아들에게 학습에 필요한 도구를 제공하기 위해 애쓰는 과정을 담고 있다." (Description retrieved from: www.youtube.com/watch?v=DWOvnPZ9e7Y)
미국	Overcoming Dyslexia, Finding Passion | Piper Otterbein | TEDxYouth@CEHS	2013	www.youtube.com/watch?v=ugFlHHom1NU "파이퍼 오터바인(Piper Otterbein)은 케이프 엘리자베스 고등학교의 12학년 학생이다. 그녀는 1학년 때 학습장애 진단을 받았고, 초등학교 시절 내내 어려움을 겪었으나, 7학년이 되어서야 이 장애가 난독증이라는 것을 알게 되었다. 고등학교에 들어간 파이퍼는 큰 깨달음을 얻었다. 그녀는 인생의 도전에 모든 에너지를 쏟기보다는 자신의 강점에 집중하기로 마음먹었다." (Description retrieved from: https://amara.org/he/videos/HVdzD1TZ1FH6/en/187394/)

(모든 설명은 웹사이트에서 직접 인용되었다)

음운 인식과 형태소 인식 연습

제2장에 언급된 게임이다. 아이들이 이렇게 말로 하는 구술 언어 게임을 잘할 수 있을 때(여기서는 영어로 되어 있지만 다른 언어로도 적용할 수 있다), 독서 능력이 향상되는 경향이 있다.

음운 인식

복합어

	질문	답
1	snowman에서 man 부분을 빼고 말해 보세요.	Snow
2	sunshine에서 shine 부분을 빼고 말해 보세요.	Sun
3	meatball에서 meat 부분을 빼고 말해 보세요.	Ball
4	lightbulb에서 bulb 부분을 빼고 말해 보세요.	Light
5	doorknob에서 door 부분을 빼고 말해 보세요.	Knob
6	airplane에서 air 부분을 빼고 말해 보세요.	Plane
7	herself에서 self 부분을 빼고 말해 보세요.	Her
8	pancake에서 pan 부분을 빼고 말해 보세요.	Cake
9	popcorn에서 corn 부분을 빼고 말해 보세요.	Pop
10	crosswalk에서 cross 부분을 빼고 말해 보세요.	Walk

(단독으로 존재하지 않는) 음절 제거하기

	질문	답
1	funny에서 "yee" 소리를 빼고 말해 보세요.	Fun
2	pillar에서 "er" 소리를 빼고 말해 보세요.	Pill
3	contact에서 "con" 소리를 빼고 말해 보세요.	Tact
4	spider에서 "der" 소리를 빼고 말해 보세요.	Spy
5	window에서 "win" 소리를 빼고 말해 보세요.	Dough
6	trumpet에서 "trum" 소리를 빼고 말해 보세요.	Pit
7	cutie에서 "tee" 소리를 빼고 말해 보세요.	Cue
8	pumpkin에서 "pump" 소리를 빼고 말해 보세요.	Kin
9	today에서 "too" 소리를 빼고 말해 보세요.	Day
10	until에서 "un" 소리를 빼고 말해 보세요.	Till

첫 음소 제거하기

	질문	답
1	cup에서 /k/ 소리를 빼고 말해 보세요.	Up
2	seat에서 /s/ 소리를 빼고 말해 보세요.	Eat
3	paw에서 /p/ 소리를 빼고 말해 보세요.	Awe
4	fan에서 /f/ 소리를 빼고 말해 보세요.	An
5	speak에서 /s/ 소리를 빼고 말해 보세요.	Peak
6	bring에서 /b/ 소리를 빼고 말해 보세요.	Ring
7	crow에서 /c/ 소리를 빼고 말해 보세요.	Row
8	brass에서 /r/ 소리를 빼고 말해 보세요.	Bass
9	train에서 /t/ 소리를 빼고 말해 보세요.	Rain
10	blown에서 /b/ 소리를 빼고 말해 보세요.	Loan

끝 음소 제거하기

	질문	답
1	bone에서 /n/ 소리를 빼고 말해 보세요.	Beau
2	feel에서 /l/ 소리를 빼고 말해 보세요.	Fee
3	house에서 /s/ 소리를 빼고 말해 보세요.	How
4	soak에서 /k/ 소리를 빼고 말해 보세요.	So
5	hurl에서 /l/ 소리를 빼고 말해 보세요.	Her
6	meant에서 /t/ 소리를 빼고 말해 보세요.	Men
7	wimp에서 /p/ 소리를 빼고 말해 보세요.	Whim
8	gasp에서 /p/ 소리를 빼고 말해 보세요.	Gas
9	mask에서 /k/ 소리를 빼고 말해 보세요.	Mass
10	newt에서 /t/ 소리를 빼고 말해 보세요.	New

음절의 강세

	질문	답
1	어느 것이 올바른 발음일까요, CAmel or caMEL?	CAmel
2	어느 것이 올바른 발음일까요, ANgry or anGRY?	ANgry
3	어느 것이 올바른 발음일까요, PARcel or parCEL?	PARcel

4	어느 것이 올바른 발음일까요, SOfa or soFA?	SOfa
5	어느 것이 올바른 발음일까요, SUNbathe or sunBATHE?	SUNbathe
6	어느 것이 올바른 발음일까요, FORget or forGET?	forGET
7	어느 것이 올바른 발음일까요, PERhaps or perHAPS?	perHAPS
8	어느 것이 올바른 발음일까요, REnew or reNEW?	reNEW
9	어느 것이 올바른 발음일까요, UNless or unLESS?	unLESS
10	어느 것이 올바른 발음일까요, BEAUtiful or beauTIful?	BEAUtiful
11	어느 것이 올바른 발음일까요, iDENtify or identiFY?	iDENtify
12	어느 것이 올바른 발음일까요, HOSpital or hospiTAL?	HOSpital
13	어느 것이 올바른 발음일까요, afterNOON or AFternoon?	afterNOON

(대문자는 강세가 있는 음절을 나타낸다)

형태소 인식

새로운 복합어 구성의 예시들

	질문	답
1	When the sun goes down at night, we call that a sunset. What would we call it if the moon went down at night?	Moonset
2	An apple tree is a tree that grows apples on it. What would we call a tree that grows coats on it?	Coat tree
3	Horseshoes are metal shoes that we put on horses. What would we call metal shoes that we put on pigs?	Pig shoes
4	Basketball is a game where you throw a ball into a basket. What would we call a game in which we throw a ball into a scarf?	Scarf ball
5	A box we use to store mail in is called a mailbox. What would we call it if we used a trunk to store mail in?	Mail trunk
6	Horseback is the back of a horse. What would we call the back of a cat?	Cat back
7	A washroom is a room in which you can wash. What would we call a room where you can snorkel?	Snorkel room
8	A blackboard is a board that is black in color. What do we call a board that is pink in color?	Pink board
9	The case that holds books is called a bookcase. What do we call the case that holds beans?	Bean case
10	A cloth we use to clean dishes is called a dishcloth. What do we call a cloth that cleans chairs?	Chair cloth

형태소 인식의 연습을 위한 새로운 문법 조작의 예시들

	질문	답
11	Today, John is stotting. Yesterday, he did the same thing. What did John do yesterday? Yesterday, he _____?	Stotted
12	Here is a thin, oily toy called a fron. I have two of them. I have two _____?	Frons
13	I like to gamp. It is really fun! Every morning I am _____?	Gamping
14	A farmer farms. A cleaner cleans. This person pasks. What would you call a person who pasks? A person who pasks is a _____?	Pasker
15	I have a pet called a wex. My friend also has a wex. Together, we have two _____?	Wexes
16	Cherry is fast. She won the race by being fast. She is the fastest. Mary is tosk. She won the race by being tosk. She is the _____.	Toskest
17	This is a hess. Now there is another hess. There are two of them. There are two _____?	Hesses
18	Peter knows how to yick. Peter yicks every day. Ken and Sean also know how to yick. They do that every day too. What do Ken and Sean do every day? Every day, they are _____?	Yicking
19	This is a boy who knows how to huck. He has done the same thing just now. What has he done? He has just _____?	Hucked

참고문헌

10 Tips to Help Children with Dysgraphia. (n.d.). Retrieved from www.focusandread. com/blog/post/3828864

25 Famous People with Learning Disorders. (n.d.). Retrieved from www.special-educationdegree.net/25-famous-people-with-learning-disorders/

Abu-Hamour, B., & Al-Hmouz, H. (2016). Prevalence and pattern of learning difficulties in primary school students in Jordan. *Australian Journal of Learning Difficulties*, *21*(2), 99–113.

Adams, M. J. (1990). *Beginning to read: Learning and thinking about print*. Cambridge, MA: MIT Press.

ADHD, By the Numbers. (2018). Retrieved from www.additudemag.com/the-statistics-of-adhd/

Alexander-Passe, N. (2015). *Dyslexia and mental health: Helping people identify destructive behaviours and find positive ways to cope*. London: Jessica Kingsley Publishers.

Alves, R. A., Limpo, T., Fidalgo, R., Carvalhais, L., Pereira, L. Á., & Castro, S. L. (2016). The impact of promoting transcription on early text production: Effects on bursts and pauses, levels of written language, and writing performance. *Journal of Educational Psychology*, *108*(5), 665–679.

American Psychiatric Association. (2013). *Diagnostic and statistical manual of mental disorders*(DSM-5®). Arlington, VA: American Psychiatric Publishing.

Anthony. (2011). *6 surprising bad practices that hurt dyslexic users*. Retrieved from http://uxmovement.com/content/6-surprising-bad-practices-that-hurt-dyslexic-users/

Antidepressants for children and teens. (2016). Retrieved from www.mayoclinic.org/diseases-conditions/teen-depression/in-depth/antidepressants/art-20047502

Anxiety disorders Symptoms & Causes | Boston Children's Hospital. (n.d.). Retrieved from www.childrenshospital.org/conditions-and-treatments/conditions/a/anxiety-disorders/symptoms-and-causes

Aram, D. M., & Hall, N. E. (1989). Longitudinal follow-up of children with preschool communication disorders: Treatment implications. *School Psychology Review*, *18*(4), 487-501.

Årdal, E., Holsen, I., Diseth, Å., & Larsen, T. (2017). The five Cs of positive youth development in a school context: Gender and mediator effects. *School Psychology International*, *39*(1), 3-21.

Arfé, B., Corato, F., Pizzocarro, E., & Merella, A. (in press). The effects of script and orthographic complexity on the handwriting and spelling performance of children with dyslexia. *Journal of Learning Disabilities.*

Ashraf, F., & Najam, N. (2017). Identification of learning disabilities in students: A gender perspective. *Pakistan Journal of Social and Clinical Psychology*, *15*(1), 36-41.

Atkinson, M., & Hollis, C. (2010). NICE guideline: Attention deficit hyperactivity disorder. *Archives of Disease in Childhood-Education and Practice*, *95*(1), 24-27.

Baldeweg, T., Richardson, A., Watkins, S., Foale, C., & Gruzelier, J. (1999). Impaired auditory frequency discrimination in dyslexia detected with mismatch evoked potentials. *Annals of Neurology*, *45*(4), 495-503.

Bar-Kochva, I., & Breznitz, Z. (2014). Reading scripts that differ in orthographic transparency: A within-participant-and-language investigation of underlying skills. *Journal of Experimental Child Psychology*, *121*, 12-27.

Bara, F., Morin, M. F., Alamargot, D., & Bosse, M. L. (2016). Learning different allographs through handwriting: The impact on letter knowledge and reading acquisition. *Learning and Individual Differences*, *45*, 88-94.

Barkley, R. A. (2012). *Essential ideas for parents.* Retrieved from www.youtube.com/watch?v=SCAGc-rkIfo

Barkley, R. A. (Ed.). (2014a). *Attention-deficit hyperactivity disorder: A handbook for diagnosis and treatment* (4th ed.). New York: Guilford Press.

Barkley, R. A. (2014b). Educational, occupational, dating and marital, and financial impairments in adults with ADHD. In R. A. Barkley (Ed.), *Attention-deficit hyperactivity disorder: A handbook for diagnosis and treatment* (4th ed., pp. 314-342). New York: Guilford Press.

Barkley, R. A. (2014c). Emotional dysregulation is a core component of ADHD. In R. A. Barkley (Ed.), *Attention-deficit hyperactivity disorder: A handbook for diagnosis and treatment* (4th ed., pp. 81-115). New York: Guilford Press.

Barkley, R. A. (2014d). Etiologies of ADHD. In R. A. Barkley (Ed.), *Attention-deficit hyperactivity disorder: A handbook for diagnosis and treatment* (4th ed., pp. 356-390). New York: Guilford Press.

Barkley, R. A. (2016). *Managing ADHD in school: The best evidence-based methods for teachers.* New York: Pesi Publishing & Media.

Barkley, R. A. (2017a). My brother died in a car crash because of his ADHD. *ADDITUDE Inside the ADHD Mind.* Retrieved from www.additudemag.com/car-accidentspersonal-essay-adult-adhd/

Barkley, R. A. (2017b). *When an adult you love has ADHD: Professional advice for parents, partners, and siblings.* Washington, DC: American Psychological Association.

Barkley, R. A., Murphy, K. R., & Fischer, M. (2008). *ADHD in adults: What the science tells us.* New York: Guilford Press.

Berko, J. (1958). The child's learning of English morphology. *WORD*, *14*, 150-177.

Benard, B. (2003). Turnaround teachers and

schools. In B. Williams (Ed.), *Closing the achievement gap: A vision for changing beliefs and practices* (2nd ed., pp. 115-137). Alexandria, VA: Association for Supervision and Curriculum Development.

Berninger, V. W., Abbott, R. D., Jones, J., Wolf, B. J., Gould, L., Anderson-Youngstrom, M., Shimada, S., Apel, K. (2006). Early development of language by hand: Composing, reading, listening, and speaking connections; three letter-writing modes; and fast mapping in spelling. *Developmental Neuropsychology, 29*(1), 61-92.

Berninger, V. W., Vaughan, K., Abbott, R. D., Begay, K., Coleman, K. B., Curtin, G., Minich, H, J., Graham, S. (2002). Teaching spelling and composition alone and together: Implications for the simple view of writing. *Journal of Educational Psychology, 94*(2), 291-304.

Bialystok, E. (2015). Bilingualism and the development of executive function: The role of attention. *Child Development Perspectives, 9*(2), 117-121.

Biederamn, J., Faraone, S. V., Mick, E., Spencer, T., Wilens, T., Kiely, K., Guite, J., Ablon, J. S., Reed, E., Warburton, R. (1995). High risk for attention deficit hyperactivity disorder among children of parents with childhood onset of the disorder: A pilot study. *American Journal of Psychiatry, 152*(3), 431-435.

Biederman, J., Monuteaux, M. C., Spencer, T., Wilens, T. E., MacPherson, H. A., & Faraone, S. V. (2008). Stimulant therapy and risk for subsequent substance use disorders in male adults with ADHD: A naturalistic controlled 10-year follow-up study. *American Journal of Psychiatry, 165*(5), 597-603.

Bina, M., Graziano, F., & Bonino, S. (2006). Risky driving and lifestyles in adolescence. *Accident Analysis & Prevention, 38*(3), 472-481.

Bishop, D. V., & Adams, C. (1990). A prospective study of the relationship between specific language impairment, phonological disorders and reading retardation. *Journal of Child Psychology and Psychiatry, 31*(7), 1027-1050.

Blanchett, W. J., Klingner, J. K., & Harry, B. (2009). The intersection of race, culture, language, and disability: Implications for urban education. *Urban Education, 44*(4), 389-409.

Boada, R., Willcutt, E. G., & Pennington, B. F. (2012). Understanding the comorbidity between dyslexia and attention-deficit/hyperactivity disorder. *Topics in Language Disorders, 32*(3), 264-284.

Bonifacci, P., Montuschi, M., Lami, L., & Snowling, M. J. (2014). Parents of children with dyslexia: Cognitive, emotional and behavioural profile. *Dyslexia, 20*(2), 175-190.

Bowers, J. S., & Michita, Y. (1998). An investigation into the structure and acquisition of orthographic knowledge: Evidence from cross-script Kanji-Hiragana priming. *Psychonomic Bulletin & Review, 5*(2), 259-264.

British Dyslexia Association. (n.d.). *Dyslexia style guide.* Retrieved from www.bdadyslexia.org.uk/common/ckeditor/filemanager/userfiles/About_Us/policies/Dyslexia_Style_Guide.pdf

Brooks, R. (2016). *How can teachers foster self-esteem in children?* Retrieved from www.greatschools.org/gk/articles/teachers-foster-self-esteem-in-children/

Bruck, M. (1990). Word-recognition skills of adults with childhood diagnoses of dyslexia. *Developmental Psychology, 26*(3), 439-454.

Bu Rabia, S., & Siegel, L. S. (1995). Different orthographies different context effects: The effects of Arabic sentence context in skilled and poor readers. *Reading Psychology*, *16*(1), 1-19.

Bureaus have an interest in labeling children dyslexic: Minister. (2017, February 10). Retrieved from www.dutchnews.nl/news/2017/02/bureaus-have-an-interest-in-labelingchildren-dyslexic-minister/

Butler, S. R., Marsh, H. W., Sheppard, M. J., & Sheppard, J. L. (1985). Seven-year longitudinal study of the early prediction of reading achievement. *Journal of Educational Psychology*, *77*(3), 349-361.

Cápital & Main. (2016). *How some charter schools leave special needs students behind*. Retrieved from www.huffingtonpost.com/entry/charter-schools-special-needs_us_574f0be2e4b0ed593f12e8a4?guccounter=1

Cárdenas-Hagan, E., Carlson, C. D., & Pollard-Durodola, S. D. (2007). The cross-linguistic transfer of early literacy skills: The role of initial L1 and L2 skills and language of instruction. *Language, Speech, and Hearing Services in Schools*, *38*(3), 249-259.

Castellanos, F. X., Lee, P. P., Sharp, W., Jeffries, N. O., Greenstein, D. K., Clasen, L. S., … Rapoport, J. L. (2002). Developmental trajectories of brain volume abnormalities in children and adolescents with attention-deficit/hyperactivity disorder. *JAMA: Journal of the American Medical Association*, *288*(14), 1740-1748.

Caylak, E. (2009). Neurobiological approaches on brains of children with dyslexia: Review. *Academic Radiology*, *16*(8), 1003-1024.

Chan, T. Y., & McBride-Chang, C. (2005). Environment and bilingualism in Hong Kong kindergarteners: The impact of foreign domestic helpers on early language-learning. *Journal of Psychology in Chinese Societies*, *6*(2), 179-193.

Chang, L. Y., Chen, Y. C., & Perfetti, C. A. (2018). GraphCom: A multidimensional measure of graphic complexity applied to 131 written languages. *Behavior Research Methods*, *50*(1), 427-449.

Chang, S. H., & Yu, N. Y. (2005). Evaluation and classification of types of Chinese handwritingdeficits in elementary schoolchildren. *Perceptual and Motor Skills*, *101*(2), 631-647.

Chang, S. H., & Yu, N. Y. (2013). Handwriting movement analyses comparing first and secondgraders with normal or dysgraphic characteristics. *Research in Developmental Disabilities*, *34*(9), 2433-2441.

Chen, N. T., Zheng, M., & Ho, C. S. H. (2018). Examining the visual attention span deficit hypothesis in Chinese developmental dyslexia. *Reading and Writing*, 1-24.

Cheng-Lai, A., Li-Tsang, C. W. P., Chan, A. H. L., & Lo, A. G. W. (2013). Writing to dictation and handwriting performance among Chinese children with dyslexia: Relationships with orthographic knowledge and perceptual-motor skills. *Research in Developmental Disabilities*, *34*(10), 3372-3383.

Cheung, H., Chung, K. K. H., Wong, S. W. L., McBride-Chang, C., Penney, T. B., & Ho, C. S. H. (2009). Perception of tone and aspiration contrasts in Chinese children with dyslexia. *Journal of Child Psychology and Psychiatry*, *50*(6), 726-733.

Cheung, S. K., Yang, X., Dulay, K. M., & McBride, C. (2018). Family and individual variables associated with young Filipino children's numeracy interest and competence. *British Journal of Developmental Psychology*, *36*(2), 334-353.

Chiu, M. M., & McBride-Chang, C. (2006). Gender, context, and reading: A comparison of students in 43 countries. *Scientific Studies of Reading, 10*(4), 331-362.

Chiu, M. M., & McBride-Chang, C. (2010). Family and reading in 41 countries: Differences across cultures and students. *Scientific Studies of Reading, 14*(6), 514-543.

Chiu, M. M., McBride-Chang, C., & Lin, D. (2012). Ecological, psychological, and cognitive components of reading difficulties: Testing the component model of reading in fourth graders across 38 countries. *Journal of Learning Disabilities, 45*(5), 391-405.

Cicerchia, M. (2016). Strategies for dysgraphia | *TTRS Blog*. Retrieved from www. readandspell.com/us/strategies-for-dysgraphia

Daniels, P. T., & Share, D. L. (2018). Writing system variation and its consequences for reading and dyslexia. *Scientific Studies of Reading, 22*(1), 101-116.

Davis, C. (2011). *Crazy making dyslexia*. Retrieved from www.psychologytoday.com/us/blog/the-bipolar-coaster/201103/crazy-making-dyslexia

De Beer, J., Engels, J., Heerkens, Y., & van der Klink, J. (2014). Factors influencing work participation of adults with developmental dyslexia: A systematic review. *BMC Public Health, 14*, 77.

Deuel, R. K. (1995). Developmental dysgraphia and motor skills disorders. *Journal of Child Neurology, 10*(suppl 1), S6-S8.

Dodge, J. (2003). *Jennifer's OT resources website*. Retrieved from www.school-ot.com/index.html

Döhla, D., & Heim, S. (2016). Developmental dyslexia and dysgraphia: What can we learn from the one about the other? *Frontiers in Psychology, 6*, 2045.

Duckworth, A. L. (2016). *Grit: The power of passion and perseverance*. New York: Scribner.

Duckworth, A. L., Peterson, C., Matthews, M. D., & Kelly, D. R. (2007). Grit: Perseverance and passion for long-term goals. *Journal of Personality and Social Psychology, 92*(6), 1087-1101.

Dulay, K. M., Cheung, S. K., & McBride, C. (2018). Environmental correlates of early language and literacy in low-to middle-income Filipino families. *Contemporary Educational Psychology, 53*, 45-56.

Dulay, K. M., Tong, X., & McBride, C. (2017). The role of foreign domestic helpers in Hong Kong Chinese children's English and Chinese skills: A longitudinal study. *Language Learning, 67*(2), 321-347.

Durgunoğlu, A. Y., Nagy, W. E., & Hancin-Bhatt, B. J. (1993). Cross-language transfer of phonological awareness. *Journal of Educational Psychology, 85*(3), 453-465.

Durston, S., Pol, H. E. H., Schnack, H. G., Buitelaar, J. K., Steenhuis, M. P., Minderaa, R. B., Minderaa, R. B., Kahn, R. S., van Engeland, H. (2004). Magnetic resonance imaging of boys with attentiondeficit/hyperactivity disorder and their unaffected siblings. *Journal of the American Academy of Child & Adolescent Psychiatry, 43*(3), 332-340.

Dvorsky, G. (2013). *Why training yourself to be ambidextrous is a bad idea*. Retrieved from https://io9.gizmodo.com/why-training-yourself-to-be-ambidextrous-is-a-bad-idea-458673693

Dweck, C. (2006). *Mindset*. New York: Ballantine Books.

Ehri, L. C. (2014). Orthographic mapping in the acquisition of sight word reading, spelling memory, and vocabulary learning. *Scientific Studies of Reading, 18*(1), 5-21.

Elliott, J. G., & Grigorenko, E. L. (2014). *The dyslexia debate*. Cambridge: Cambridge

University Press.

Escarce, M. E. W. (1998). Toddlers with specific expressive language impairment: Reading outcomes to age 8. *Dissertation Abstracts International, Section B: The Sciences and Engineering, 58*(8-B), 4490.

Evans, G. W. (2004). The environment of childhood poverty. *American Psychologist, 59*(2), 77-92.

Evans, G. W., & Schamberg, M. A. (2009). Childhood poverty, chronic stress, and adult working memory. *Proceedings of the National Academy of Sciences, 106*(16), 6545-6549.

Farah, M. J., Shera, D. M., Savage, J. H., Betancourt, L., Giannetta, J. M., Brodsky, N. L., Brodsky, N. L., Malmud, E. K., Hurt, H. (2006). Childhood poverty: Specific associations with neurocognitive development. *Brain Research, 1110*(1), 166-174.

Faraone, S. V., Asherson, P., Banaschewski, T., Biederman, J., Buitelaar, J. K., Ramos-Quiroga J. A., Rohde, L. A., Sonuga-Barke, E. J. S., Tannock, R., Franke, B. (2015). Attention-deficit/hyperactivity disorder. *Nature Reviews Disease Primers, 1*, 15020.

Feldman, A. F., & Matjasko, J. L. (2005). The role of school-based extracurricular activities in adolescent development: A comprehensive review and future directions. *Review of Educational Research, 75*(2), 159-210.

Flory, K., Molina, B. S., Pelham, W. E., Jr., Gnagy, E., & Smith, B. (2007). ADHD and risky sexual behavior. *The ADHD Report, 15*(3), 1-4.

Forrester, G. (2016). *How children's brains develop to make them right or left handed*. Retrieved from https://theconversation.com/how-childrens-brains-develop-to-make-them-rightor-left-handed-55272

Four Things People with ADHD Should Know About Smoking. (2015). Retrieved from https://www.cuimc.columbia.edu/news/four-things-people-adhd-should-knowabout-smoking

Fowler, A. E., & Scarborough, H. S. (1999). Reading disability. In D. A. Wagner, R. L. Venezky, & B. Street (Eds.), *Literacy: An international handbook* (pp. 54-59). Boulder, CO: Westview Press.

Fox, L., Carta, J., Strain, P. S., Dunlap, G., & Hemmeter, M. L. (2010). Response to intervention and the pyramid model. *Infants & Young Children, 23*(1), 3-13.

Fulkerson, J. A., Story, M., Mellin, A., Leffert, N., Neumark-Sztainer, D., & French, S. A. (2006). Family dinner meal frequency and adolescent development: Relationships with developmental assets and high-risk behaviors. *Journal of Adolescent Health, 39*(3), 337-345.

Gabrieli, J. D. (2009). Dyslexia: A new synergy between education and cognitive neuroscience. *Science, 325*(5938), 280-283.

Galuschka, K., & Schulte-Körne, G. (2016). The diagnosis and treatment of reading and/or spelling disorders in children and adolescents. *Deutsches Arzteblatt International, 113*(16), 279-286.

Geary, D. C. (2002). Principles of evolutionary educational psychology. *Learning and Individual Differences, 12*(4), 317-345.

Geary, D. C. (2013). Early foundations for mathematics learning and their relations to learning disabilities. *Current Directions in Psychological Science, 22*(1), 23-27.

Georgiou, G. K., Aro, M., Liao, C. H., & Parrila, R. (2015). The contribution of RAN pause time and articulation time to reading across languages: Evidence from a more representative sample of children. *Scientific*

Studies of Reading, 19(2), 135-144.

Georgiou, G. K., Papadopoulos, T. C., & Kaizer, E. L. (2014). Different RAN components relate to reading at different points in time. *Reading and Writing, 27*(8), 1379-1394.

GreatSchools Staff. (2018, January 22). *Famous people with LD and ADHD*. Retrieved from www.greatschools.org/gk/articles/famous-people-dyslexia-ld-or-ad-hd/

Gregg, N., & Nelson, J. M. (2012). Meta-analysis on the effectiveness of extra time as a test accommodation for transitioning adolescents with learning disabilities: More questions than answers. *Journal of Learning Disabilities, 45*(2), 128-138.

Guise, J., Reid, G., Lannen, S., & Lannen, C. (2016). Dyslexia and specific learning difficulties: Assessment and intervention in a multilingual setting. In L. Peer & G. Reid (Eds.), *Multilingualism, literacy and dyslexia: Breaking down barriers for educators* (2nd ed., pp. 61-73). Abingdon: Routledge.

Györfi, A., & Smythe, I. (2010). Dyslexia in Europe: A pan-European survey. *BF Systems, Budapest*. Retrieved from http://doitprofiler.co.za/media/13299/dyslexia_report_2010_final_mep.pdf

Hagtvet, B. E. (1998). Preschool oral language competence and literacy development. In P. Reitsma & L. Verhoeven (Eds.), *Problems and interventions in literacy development* (pp. 63-80). London: Kluwer Academic Publishers.

Hand Dominance. (n.d.). Retrieved from www.ot-mom-learning-activities.com/handdominance.html

Handler, S. M., & Fierson, W. M. (2011). Learning disabilities, dyslexia, and vision. *Pediatrics, 127*(3), e818-e856.

Hanley, J. R. (2017). Is there just one dyslexic reader? Evidence for the existence of distinct Dyslexic sub-groups. *Current Developmental Disorders Reports, 4*(4), 101-107.

Hanning, J. (2016). *Why and how I teach cursive to my kids with dysgraphia*. Retrieved from www.learningsuccessblog.com/blog/dysgraphia/why-and-how-i-teach-cursivemy-kids-dysgraphia

Hanson, J. L., Hair, N., Shen, D. G., Shi, F., Gilmore, J. H., Wolfe, B. L., & Pollak, S. D. (2015). Correction: Family poverty affects the rate of human infant brain growth. *PLoS One, 10*(12), e0146434.

Haslum, M. N., & Miles, T. R. (2007). Motor performance and dyslexia in a national cohort of 10-year-old children. *Dyslexia, 13*(4), 257-275.

Hayes, J. R. (1996). A new framework for understanding cognition and affect in writing. In C. M. Levy & S. Ransdell (Eds.), *The science of writing: Theories, methods, individual differences and applications* (pp. 1-28). Mahwah, NJ: Lawrence Erlbaum Associates.

Hayes, J. R., & Flower, L. S. (1980). Identifying the organization of writing processes. In L. Gregg & E. R. Steinberg (Eds.), *Cognitive processes in writing* (pp. 3-30). Hillsdale, NJ: Lawrence Erlbaum Associates.

Henderson, L. M., Tsogka, N., & Snowling, M. J. (2013). Questioning the benefits that coloured overlays can have for reading in students with and without dyslexia. *Journal of Research in Special Educational Needs, 13*(1), 57-65.

Herbers, J. E., Cutuli, J. J., Supkoff, L. M., Heistad, D., Chan, C. K., Hinz, E., & Masten, A. S. (2012). Early reading skills and academic achievement trajectories of students facing poverty, homelessness, and high residential mobility. *Educational Researcher, 41*(9),

366-374.

Hoeft, F., Meyler, A., Hernandez, A., Juel, C., Taylor-Hill, H., Martindale, J. L., McMillon, G., Kolchugina, G., Black, J. M., Faizi, A., Deutsch, G. K., Siok, W. T., Reiss, A. L., Whitfield-Gabrieli, S., Gabrieli, J. D. E. (2007). Functional and morphometric brain dissociation between dyslexia and reading ability. *Proceedings of the National Academy of Sciences*, *104*(10), 4234-4239.

Holmes, L. (2017). What really works when you're too anxious to fall asleep. *HuffPost*. Retrieved from www.huffingtonpost.com/2015/02/05/thinking-before-sleep_n_6572262.html

Hoover, W. A., & Gough, P. B. (1990). The simple view of reading. *Reading and Writing*, *2*(2), 127-160.

Hoza, B. (2007). Peer functioning in children with ADHD. *Ambulatory Pediatrics*, *7*(suppl 1), 101-106.

Hu, W., Lee, H. L., Zhang, Q., Liu, T., Geng, L. B., Seghier, M. L., Shakeshaft, C., Twomey, T., Green, D. W., Yang, Y. M., Price, C. J. (2010). Developmental dyslexia in Chinese and English populations: Dissociating the effect of dyslexia from language differences. *Brain*, *133*(6), 1694-1706.

Hurley, K. (2018). *Social anxiety in kids-real world advice to help them cope with symptoms*. Retrieved from www.psycom.net/social-anxiety-how-to-help-kids

Hutchings, M., & Mortimore, T. (2016). Lessons from the Dyslexia and multilingualism project. In L. Peer & G. Reid (Eds.), *Multilingualism, literacy and dyslexia: Breaking down barriers for educators* (2nd ed., pp. 124-136). Abingdon: Routledge.

Ibrahim, R. (2015). How does Rapid Automatized Naming (RAN) correlate with measures of reading fluency in Arabic. *Psychology*, *6*, 269-277.

International Dyslexia Association. (2017). *Dyslexia in the classroom: What every teacher needs to know*. Retrieved from https://dyslexiaida.org/wp-content/uploads/2015/01/DITCHandbook.pdf

Isaksson, J., Stickley, A., Koposov, R., & Ruchkin, V. (2018). The danger of being inattentive-ADHD symptoms and risky sexual behaviour in Russian adolescents. *European Psychiatry*, *47*, 42-48.

Jergen, R. (2004). *The little monster: Growing up with ADHD*. Toronto: Scarecrow Education.

Johnston, C., & Chronis-Tuscano, A. (2014). Families and ADHD. In R. A. Barkley (Ed.), *Attention-deficit hyperactivity disorder: A handbook for diagnosis and treatment* (4th ed., pp. 191-209). New York: Guilford Press.

Jordan, M. (n.d.). Retrieved from www.brainyquote.com/quotes/michael_jordan_127660

Kalindi, S. C., McBride, C., Tong, X., Wong, N. L. Y., Chung, K. H. K., & Lee, C. Y. (2015). Beyond phonological and morphological processing: Pure copying as a marker of dyslexia in Chinese but not poor reading of English. *Annals of Dyslexia*, *65*(2), 53-68.

Kieffer, M. J., & Lesaux, N. K. (2012). Direct and indirect roles of morphological awareness in the English reading comprehension of native English, Spanish, Filipino, and Vietnamese speakers. *Language Learning*, *62*(4), 1170-1204.

Kim, Y. S., Petscher, Y., & Foorman, B. (2015). The unique relation of silent reading fluency to end-of-year reading comprehension: Understanding individual differences at the student, classroom, school, and district levels. *Reading and Writing*, *28*(1), 131-150.

Kingdon, D., Serbin, L. A., & Stack, D. M. (2017). Understanding the gender gap in school performance among low-income children: A developmental trajectory analysis. *International Journal of Behavioral Development, 41*(2), 265-274.

Kortmann, B., & Szmrecsanyi, B. (Eds.). (2012). *Linguistic complexity: Second language acquisition, indigenization, contact.* Berlin: De Gruyter Mouton.

Kratochvil, C. J., Newcorn, J. H., Arnold, L. E., Duesenberg, D., Emslie, G. J., Quintana, H., Sarkis, E. H., Wagner, K. D., Gao, H., Michelson, D., Biederman, J. (2005). Atomoxetine alone or combined with fluoxetine for treating ADHD with comorbid depressive or anxiety symptoms. *Journal of the American Academy of Child & Adolescent Psychiatry, 44*(9), 915-924.

Kvist, A. P., Nielsen, H. S., & Simonsen, M. (2013). The importance of children's ADHD for parents' relationship stability and labor supply. *Social Science & Medicine, 88*, 30-38.

Kyle, F., Kujala, J., Richardson, U., Lyytinen, H., & Goswami, U. (2013). Assessing the effectiveness of two theoretically motivated computer-assisted reading interventions in the United Kingdom: GG Rime and GG Phoneme. *Reading Research Quarterly, 48*(1), 61-76.

Lallier, M., & Carreiras, M. (2018). Cross-linguistic transfer in bilinguals reading in two alphabetic orthographies: The grain size accommodation hypothesis. *Psychonomic Bulletin & Review, 25*(1), 386-401.

Lallier, M., Thierry, G., Barr, P., Carreiras, M., & Tainturier, M. J. (2018). Learning to read bilingually modulates the manifestations of dyslexia in adults. *Scientific Studies of Reading, 22*(4), 335-349.

Lam, S. S. Y., & McBride, C. (2018). Learning to write: The role of handwriting for Chinese spelling in kindergarten children. *Journal of Educational Psychology.* Advance online publication. http://dx.doi.org/10.1037/edu0000253

Landau, M. D. (2011). *Colleges step up to meet dyslexia challenge.* Retrieved from http://dyslexia.yale.edu/colleges-step-up-to-meet-dyslexia-challenge/

Landerl, K., & Moll, K. (2010). Comorbidity of learning disorders: Prevalence and familial transmission. *Journal of Child Psychology and Psychiatry, 51*(3), 287-294.

Law, N., Ki, W. W., Chung, A. L. S., Ko, P. Y., & Lam, H. C. (1998). Children's stroke sequence errors in writing Chinese characters. In C. K. Leong & K. Tamaoka (Eds.), *Cognitive processing of the Chinese and the Japanese languages* (pp. 113-138). Dordrecht: Kluwer Academic Publishers.

Lee, Y. D. (2004). Writing characteristics of Taiwanese students with handwriting difficulties. *Journal of Taiwan Normal University Education, 49*, 43-64.

Le Floch, A., & Ropars, G. (2017). Left-right asymmetry of the Maxwell spot centroids in adults without and with dyslexia. *Proceedings of the Royal Society B, 284*(1865), 20171380.

Lei, L., Pan, J., Liu, H., McBride-Chang, C. Li, H., Zhang, Y., Chen, L., Tardif, T., Liang, T., Zhang, Z., Shu, H. (2011). Developmental trajectories of reading development and impairment from ages 3 to 8 years in Chinese children. *Journal of Child Psychology and Psychiatry, 52*(2), 212-220.

Leppänen, P. H., Hämäläinen, J. A., Salminen, H. K., Eklund, K. M., Guttorm, T. K., Lohvansuu, K., Puolakanaho, A., Lyytinen, H. (2010). Newborn brain event-related potentials revealing atypical processing of sound frequency and the subsequent association with later literacy skills in children with familial dyslexia. *Cortex, 46*(10), 1362-1376.

Lervåg, A., & Aukrust, V. G. (2010). Vocabulary knowledge is a critical determinant of the difference in reading comprehension growth between first and second language learners. *Journal of Child Psychology and Psychiatry, 51*(5), 612-620.

Lesaux, N. K., Lipka, O., & Siegel, L. S. (2006). Investigating cognitive and linguistic abilities that influence the reading comprehension skills of children from diverse linguistic backgrounds. *Reading and Writing, 19*(1), 99-131.

Leung, P. W. L., Chan, J. K. Y., Chen, L. H., Lee, C. C., Hung, S. F., Ho, T. P., Tang, C. P., Moyzis, R. K., Swanson, J. M. (2017). Family-based association study of DRD4 gene in methylphenidate-responded Attention Deficit/Hyperactivity Disorder. *PLoS One, 12*(3), e0173748.

Li, T., McBride-Chang, C., Wong, A., & Shu, H. (2012). Longitudinal predictors of spelling and reading comprehension in Chinese as an L1 and English as an L2 in Hong Kong Chinese children. *Journal of Educational Psychology, 104*(2), 286-301.

Lin, D., Wong, K. K., & McBride-Chang, C. (2012). Reading motivation and reading comprehension in Chinese and English among bilingual students. *Reading and Writing, 25*(3), 717-737.

Liu, J. (2015, November 26). Study shows Chinese students spend three hours on homework per day. *China Daily*. Retrieved from www.chinadaily.com.cn/china/2015-11-26/content_22520832.htm

Liu, W., Shu, H., & Yang, Y. (2009). Speech perception deficits by Chinese children with phonological dyslexia. *Journal of Experimental Child Psychology, 103*(3), 338-354.

Luman, M., Oosterlaan, J., & Sergeant, J. A. (2005). The impact of reinforcement contingencies on AD/HD: A review and theoretical appraisal. *Clinical Psychology Review, 25*(2), 183-213.

Lyons, A. (2012). Self-esteem & learning disabilities. *Learning Disabilities Association of Illinois*. Retrieved from www.ldail.com/index.php?option=com_content&view=article&id=9:selfesteem&catid=12&Itemid=112

Magnusson, E., & Nauclér, K. (1990). Can preschool data predict language-disordered children's reading and spelling at school? *Folia Phoniatrica et Logopaedica, 42*(6), 277-282.

Makris, N., Biederman, J., Monuteaux, M. C., & Seidman, L. J. (2009). Towards conceptualizing a neural systems-based anatomy of attention-deficit/hyperactivity disorder. *Developmental Neuroscience, 31*(1-2), 36-49.

Marianne. (2018). Why and how I teach cursive to my kids with dysgraphia. *Homeschooling with Dyslexia*. Retrieved from https://homeschoolingwithdyslexia.com/teach-cursive-first-dysgraphia/

Marjoribanks, D. (2017). Under pressure: The relationships of UK parents who have a child with a learning disability. *The Way We Are Now-The State of the UK's Relationships*. Retrieved from www.relate.org.uk/sites/default/files/the_way_we_are_now_-_under_pressure_report_0.pdf

Martin, D. (2016). Multilingualism and dyslexia: A critical perspective. In L. Peer & G. Reid (Eds.), *Multilingualism, literacy and dyslexia: Breaking down barriers for educators* (2nd ed., pp. 35-48). Abingdon: Routledge.

Masten, A. S. (2014). *Ordinary magic: Resilience in development*. New York: Guilford Press.

Maucieri, L. (2016). What's in a game: The draw to video games in ADHD. *Psychology Today*.

Retrieved from www.psychologytoday.com/us/blog/the-distracted-couple/201603/what-s-in-game-the-draw-video-games-in-adhd

Maurer, U., Brem, S., Bucher, K., Kranz, F., Benz, R., Steinhausen, H. C., & Brandeis, D. (2007). Impaired tuning of a fast occipito-temporal response for print in dyslexic children learning to read. *Brain, 130*(12), 3200-3210.

Maurer, U., Bucher, K., Brem, S., & Brandeis, D. (2003). Altered responses to tone and phoneme mismatch in kindergartners at familial dyslexia risk. *NeuroReport, 14*(17), 2245-2250.

McBride-Chang, C. (2016). *Children's literacy development: A cross-cultural perspective on learning to read and write* (2nd ed.). New York: Routledge.

McBride-Chang, C., Chen, H., Kasisopa, B., Burnham, D., Reilly, R., & Leppanen, P. (2012). What and where is the word? *Behavioral and Brain Sciences, 35*(5), 295-296.

McBride-Chang, C., Chung, K. K. H., & Tong, X. (2011). Copying skills in relation to word reading and writing in Chinese children with and without dyslexia. *Journal of Experimental Child Psychology, 110*(3), 422-433.

McBride-Chang, C., Lam, F., Lam, C., Chan, B., Fong, C. Y. C., Wong, T. T. Y., & Wong, S. W. L. (2011). Early predictors of dyslexia in Chinese children: Familial history of dyslexia, language delay, and cognitive profiles. *Journal of Child Psychology and Psychiatry, 52*(2), 204-211.

McBride-Chang, C., Lam, F., Lam, C., Doo, S., Wong, S. W., & Chow, Y. Y. (2008). Word recognition and cognitive profiles of Chinese pre-school children at risk for dyslexia through language delay or familial history of dyslexia. *Journal of Child Psychology and Psychiatry, 49*(2), 211-218.

McBride-Chang, C., Liu, P. D., Wong, T., Wong, A., & Shu, H. (2012). Specific reading difficulties in Chinese, English, or both: Longitudinal markers of phonological awareness, morphological awareness, and RAN in Hong Kong Chinese children. *Journal of Learning Disabilities, 45*(6), 503-514.

McBride-Chang, C., Shu, H., Chan, W., Wong, T., Wong, A. M. Y., Zhang, Y., Wong, A., Chan, P. (2013). Poor readers of Chinese and English: Overlap, stability, and longitudinal correlates. *Scientific Studies of Reading, 17*(1), 57-70.

McBride-Chang, C., Shu, H., Zhou, A., Wat, C. P., & Wagner, R. K. (2003). Morphological awareness uniquely predicts young children's Chinese character recognition. *Journal of Educational Psychology, 95*(4), 743-751.

McBride-Chang, C., Tardif, T., Cho, J. R., Shu, H. U. A., Fletcher, P., Stokes, S. F., Wong, A., Leung, K. (2008). What's in a word? Morphological awareness and vocabulary knowledge in three languages. *Applied Psycholinguistics, 29*(3), 437-462.

McBride-Chang, C., Wagner, R. K., Muse, A., Chow, B. W. Y., & Shu, H. (2005). The role of morphological awareness in children's vocabulary acquisition in English. *Applied Psycholinguistics, 26*(3), 415-435.

McCloskey, M., & Rapp, B. (2017). Developmental dysgraphia: An overview and framework for research. *Cognitive Neuropsychology, 34*(3-4), 65-82.

Meng, X., Sai, X., Wang, C., Wang, J., Sha, S., & Zhou, X. (2005). Auditory and speech processing and reading development in Chinese school children: Behavioural and ERP evidence. *Dyslexia, 11*(4), 292-310.

Meng, X., Tian, X., Jian, J., & Zhou, X. (2007).

Orthographic and phonological processing in Chinese dyslexic children: An ERP study on sentence reading. *Brain Research, 1179*, 119–130.

Menon, V. (2016). Working memory in children's math learning and its disruption in dyscalculia. *Current Opinion in Behavioral Sciences, 10*, 125–132.

Merzenich, M. M., Jenkins, W. M., Johnston, P., Schreiner, C., Miller, S. L., & Tallal, P. (1996). Temporal processing deficits of language-learning impaired children ameliorated by training. *Science, 271*(5245), 77–81.

Meyer, M. S., & Felton, R. H. (1999). Repeated reading to enhance fluency: Old approaches and new directions. *Annals of Dyslexia, 49*(1), 283–306.

Miller-Guron, L., & Lundberg, I. (2000). Dyslexia and second language reading: A second bite at the apple? *Reading and Writing, 12*(1–2), 41–61.

Mo, J., McBride, C., & Yip, L. (2018). Identifying the unique role of orthographic working memory in a componential model of Hong Kong kindergarteners' Chinese written spelling. *Reading and Writing, 31*(5), 1083–1108.

Moffitt, T. E., Caspi, A., Taylor, A., Kokaua, J., Milne, B. J., Polanczyk, G., & Poulton, R. (2010). How common are common mental disorders? Evidence that lifetime prevalence rates are doubled by prospective versus retrospective ascertainment. *Psychological Medicine, 40*(6), 899–909.

Molfese, D. L. (2000). Predicting dyslexia at 8 years of age using neonatal brain responses. *Brain and Language, 72*(3), 238–245.

Moll, K., Kunze, S., Neuhoff, N., Bruder, J., & Schulte-Körne, G. (2014). Specific learning disorder: Prevalence and gender differences. *PLoS One, 9*(7), e103537.

Montgomery, D. (2008). Cohort analysis of writing in Year 7 following two, four and seven years of the National Literacy Strategy. *Support for Learning, 23*(1), 3–11.

Moody, K. C., Holzer, C. E., Roman, M. J., Paulsen, K. A., Freeman, D. H., Haynes, M., & James, T. N. (2000). Prevalence of dyslexia among Texas prison inmates. *Texas Medicine, 96*(6), 69–75.

Nadler-Nir, E., & Pascoe, M. (2016). Language-based literacy interventions: Innovative practice in South Africa. In L. Peer & G. Reid (Eds.), *Multilingualism, literacy and dyslexia: Breaking down barriers for educators* (2nd ed., pp. 89–103). Abingdon: Routledge.

Nag, S. (2007). Early reading in Kannada: The pace of acquisition of orthographic knowledge and phonemic awareness. *Journal of Research in Reading, 30*(1), 7–22.

Nag, S. (2011). The akshara languages: What do they tell us about children's literacy learning. In R. Mishra & N. Srinivassan (Eds.), *Language-cognition interface: State of the art* (pp. 291–310). Munich, Germany: Lincom Europa.

Nag, S., & Snowling, M. J. (2012). School underachievement and specific learning difficulties. In *IACAPAP e-textbook of child and adolescent mental health*. Geneva: International Association for Child and Adolescent Psychiatry and Allied Professions.

Nag, S., Snowling, M. J., Quinlan, P., & Hulme, C. (2014). Child and symbol factors in learning to read a visually complex writing system. *Scientific Studies of Reading, 18*(5), 309–324.

Nag, S., Treiman, R., & Snowling, M. J. (2010). Learning to spell in an alphasyllabary: The case of Kannada. *Writing Systems Research, 2*(1), 41–52.

Nash, H. M., Hulme, C., Gooch, D., & Snowling, M. J. (2013). Preschool language profiles of children at family risk of dyslexia: Continuities with specific language impairment. *Journal of Child Psychology and Psychiatry*, *54*(9), 958-968.

National Center for Learning Disabilities. (2014). *The state of learning disabilities* (3rd ed.). Retrieved from www.ncld.org/wp-content/uploads/2014/11/2014-State-of-LD.pdf

Nicolson, R. I. (2014). *Cerebellum and cognitive-sensori-motor skill in developmental dyslexia*. Retrieved from www.pluradys.org/wp-content/uploads/2011/10/Dyslexia-Dijon-2014-3.pdf

Nicolson, R. I., & Fawcett, A. J. (2010). *Dyslexia, learning, and the brain*. Boston, MA: MIT Press.

Nicolson, R. I., & Fawcett, A. J. (2011). Dyslexia, dysgraphia, procedural learning and the cerebellum. *Cortex*, *47*(1), 117-127.

Nicolson, R. I., Fawcett, A. J., & Dean, P. (2001). Developmental dyslexia: The cerebellar deficit hypothesis. *Trends in Neurosciences*, *24*(9), 508-511.

Ojanen, E., Ronimus, M., Ahonen, T., Chansa-Kabali, T., February, P., Jere-Folotiya, J., Kauppinen, K. P., Ketonen, R., Ngorosho, D., Pitkänen, M., Puhakka, S., Sampa, F., Walubita, G., Yalukanda, C., Pugh, K., Richardson, U., Serpell, R., Hyytinen, H. (2015). GraphoGame-a catalyst for multi-level promotion of literacy in diverse contexts. *Frontiers in Psychology*, *6*, 671.

Osen-Foss, J. (n.d.). Download: Graphic organizers to help kids with writing. *Understood. Org*. Retrieved from www.understood.org/en/school-learning/learning-at-home/encouraging-reading-writing/download-graphic-organizers-to-help-grade-schoolerswith-writing

Ozernov-Palchik, O., Yu, X., Wang, Y., & Gaab, N. (2016). Lessons to be learned: How a comprehensive neurobiological framework of atypical reading development can inform educational practice. *Current Opinion in Behavioral Sciences*, *10*, 45-58.

Pacton, S., Foulin, J. N., Casalis, S., & Treiman, R. (2013). Children benefit from morphological relatedness when they learn to spell new words. *Frontiers in Psychology*, *4*, 696.

Palti, G. (2016). Approaching dyslexia and multiple languages. In L. Peer & G. Reid (Eds.), *Multilingualism, literacy and dyslexia: Breaking down barriers for educators* (2nd ed., pp. 190-199). Abingdon: Routledge.

The Partnership. (2017). Top 8 reasons why teens try alcohol and drugs-where families find answers on substance use. *Partnership for Drug-Free Kids*. Retrieved from https://drugfree.org/parent-blog/top-8-reasons-teens-try-alcohol-drugs/

Patino, E. (n.d.). Why teens with ADHD may take more risks. *Understood.Org*. Retrieved from www.understood.org/en/friends-feelings/teens-tweens/risky-behavior/why-teenswith-adhd-may-take-more-risks

Paulesu, E., Danelli, L., & Berlingeri, M. (2014). Reading the dyslexic brain: Multiple dysfunctional routes revealed by a new meta-analysis of PET and fMRI activation studies. *Frontiers in Human Neuroscience*, *8*, 830.

Peer, L., & Reid, G. (Eds.). (2016). *Multilingualism, literacy and dyslexia: Breaking down barriers for educators* (2nd ed.). Abingdon: Routledge.

Pennington, B. F., Willcutt, E., & Rhee, S. H. (2005). Analyzing comorbidity. *Advances in Child Development and Behavior*, *33*, 263-304.

Peterson, R. L., Pennington, B. F., Olson, R. K., & Wadsworth, S. J. (2014). Longitudinal stability of phonological and surface subtypes of developmental dyslexia. *Scientific Studies of Reading, 18*(5), 347–362.

Polanczyk, G., de Lima, M. S., Horta, B. L., Biederman, J., & Rohde, L. A. (2007). The worldwide prevalence of ADHD: A systematic review and metaregression analysis. *American Journal of Psychiatry, 164*(6), 942–948.

Poon, K. W., Li-Tsang, C. W. P., Weiss, T. P. L., & Rosenblum, S. (2010). The effect of a computerized visual perception and visual-motor integration training program on improving Chinese handwriting of children with handwriting difficulties. *Research in Developmental Disabilities, 31*(6), 1552–1560.

Prunty, M. M., Barnett, A. L., Wilmut, K., & Plumb, M. S. (2013). Handwriting speed in children with Developmental Coordination Disorder: Are they really slower? *Research in Developmental Disabilities, 34*(9), 2927–2936.

Prunty, M. M., Barnett, A. L., Wilmut, K., & Plumb, M. S. (2014). An examination of writing pauses in the handwriting of children with Developmental Coordination Disorder. *Research in Developmental Disabilities, 35*(11), 2894–2905.

Quinn, P. O., & Madhoo, M. (2014). A review of attention-deficit/hyperactivity disorder in women and girls: Uncovering this hidden diagnosis. *Primary Care Companion for CNS Disorders, 16*(3). doi:10.4088/PCC.13r01596

Rabiner, D. (2013). New diagnostic criteria for ADHD: Subtle but important change. *Attention Research Update*. Retrieved from www.helpforadd.com/2013/june.htm

Ramey, C. T., & Ramey, S. L. (1998). Early intervention and early experience. *American Psychologist, 53*(2), 109–120.

Ramus, F. (2003). Developmental dyslexia: Specific phonological deficit or general sensorimotor dysfunction? *Current Opinion in Neurobiology, 13*(2), 212–218.

Ramus, F., Altarelli, I., Jednoróg, K., Zhao, J., & di Covella, L. S. (2018). Neuroanatomy of developmental dyslexia: Pitfalls and promise. *Neuroscience & Biobehavioral Reviews, 84*, 434–452.

Ransdell, S. (2012). There's still no free lunch: Poverty as a composite of SES predicts schoollevel reading comprehension. *American Behavioral Scientist, 56*(7), 908–925.

Reid, G. (2016). *Dyslexia: A practitioner's handbook* (5th ed.). Malden, MA: John Wiley & Sons.

Response to Intervention. (n.d.). Retrieved from www.dyslexia-reading-well.com/responseto-intervention.html

Richards, R. G. (2018). Strategies for dealing with dysgraphia. *LD OnLine*. Retrieved from www.ldonline.org/article/5890/

Rippel, M. (n.d.). Dysgraphia-Get help for your child here! *All About Learning Press*. Retrieved from https://blog.allaboutlearningpress.com/dysgraphia/

Roberts, W., Milich, R., & Barkley, R. A. (2014). Primary symptoms, diagnostic criteria, subtyping, and prevalence of ADHD. In R. A. Barkley (Ed.), *Attention-deficit hyperactivity disorder: A handbook for diagnosis and treatment* (4th ed., pp. 50–80). New York: Guilford Press.

Rosen, P. (n.d.). *8 expert tips on helping your child with dysgraphia*. Retrieved from www.understood.org/en/learning-attention-issues/child-learning-disabilities/dysgraphia/8-expert-tips-on-helping-your-child-with-dysgraphia

Rowling, J. K. (2008). The fringe benefits of failure, and the importance of imagination. *The Harvard Gazette*. Retrieved from https://news.harvard.edu/gazette/story/2008/06/text-of-j-k-rowling-speech/

Runyan, M. K. (1991). The effect of extra time on reading comprehension scores for university students with and without learning disabilities. *Journal of Learning Disabilities*, *24*(2), 104-108.

Saine, N. L., Lerkkanen, M. K., Ahonen, T., Tolvanen, A., & Lyytinen, H. (2011). Computerassisted remedial reading intervention for school beginners at risk for reading disability. *Child Development*, *82*(3), 1013-1028.

Saksida, A., Iannuzzi, S., Bogliotti, C., Chaix, Y., Demonet, J. F., Bricout, L., Billard, C., Nguyen-Morel, M. A., Le Heuzey, M. F., Soares-Boucaud, I., George, F., Ziegler, J. C.,Billard, C., Nguyen-Morel, M. A., Le Heuzey, M. F., Soares-Boucaud, I., George, F., Ziegler, J. C., Ramus, F. (2016). Phonological skills, visual attention span, and visual stress in developmental dyslexia. *Developmental Psychology*, *52*(10), 1503-1516.

Saltz, G. (2017). *The power of different: The link between disorder and genius*. New York: Flatiron Books.

Savage, R. (2004). Motor skills, automaticity and developmental dyslexia: A review of the research literature. *Reading and Writing*, *17*(3), 301-324.

Scarborough, H. S. (1989). Prediction of reading disability from familial and individual differences. *Journal of Educational Psychology*, *81*(1), 101-108.

Scerri, T. S., Macpherson, E., Martinelli, A., Wa, W. C., Monaco, A. P., Stein, J., Zheng, M., Ho, C. H. S., McBride, C., Snowling, M., Hulme, C., Hayiou-Thomas, M. E., Waye, M. M. Y., Talcott, J. B., Hulme, C. (2017). The DCDC2 deletion is not a risk factor for dyslexia. *Translational Psychiatry*, *7*, e1182.

Schermerhorn, A. C., Cummings, E. M., DeCarlo, C. A., & Davies, P. T. (2007). Children's influence in the marital relationship. *Journal of Family Psychology*, *21*(2), 259-269.

Schoenfelder, E. N., Faraone, S. V., & Kollins, S. H. (2014). Stimulant treatment of ADHD and cigarette smoking: A meta-analysis. *Pediatrics*, *133*(6), 1070-1080.

Schrobsdorff, S. (2016). Teen depression and anxiety: Why the kids are not alright. *Time Magazine*. Retrieved from http://time.com/magazine/us/4547305/november-7th-2016-vol-188-no-19-u-s/

Schulte-Körne, G., Deimel, W., Bartling, J., & Remschmidt, H. (1998). Auditory processing and dyslexia: Evidence for a specific speech processing deficit. *NeuroReport*, *9*(2), 337-340.

Schumacher, J., Hoffmann, P., Schmäl, C., Schulte-Körne, G., & Nöthen, M. M. (2007). Genetics of dyslexia: The evolving landscape. *Journal of Medical Genetics*, *44*(5), 289-297.

Seidenberg, M. (2017). *Language at the speed of sight: How we read, why so many can't, and what can be done about it*. New York: Basic Books.

Seymour, P. H., Aro, M., & Erskine, J. M. (2003). Foundation literacy acquisition in European orthographies. *British Journal of Psychology*, *94*(2), 143-174.

Share, D. L. (2008). On the Anglocentricities of current reading research and practice: The perils of overreliance on an "outlier" orthography. *Psychological Bulletin*, *134*(4), 584-615.

Share, D. L., & Daniels, P. T. (2015). Aksharas,

alphasyllabaries, abugidas, alphabets and orthographic depth: Reflections on Rimzhim, Katz and Fowler (2014). *Writing Systems Research*, *8*(1), 17-31.

Shaw, P., Eckstrand, K., Sharp, W., Blumenthal, J., Lerch, J. P., Greenstein, D. E. E. A., Clasen, L., Evans, A., Giedd, J., Rapoport, J. L. (2007). Attention-deficit/hyperactivity disorder is characterized by a delay in cortical maturation. *Proceedings of the National Academy of Sciences*, *104*(49), 19649-19654.

Shaywitz, B. A., Shaywitz, S. E., Pugh, K. R., Mencl, W. E., Fulbright, R. K., Skudlarski, P., Constable, R. T., Marchione, K. E., Fletcher, J. M., Lyon, G. R., Gore, J. C. (2002). Disruption of posterior brain systems for reading in children with developmental dyslexia. *Biological Psychiatry*, *52*(2), 101-110.

Shaywitz, B. A., Williams, D. W., Fox, B. K., & Wietecha, L. A. (2014). Reading outcomes of children and adolescents with attention-deficit/hyperactivity disorder and dyslexia following atomoxetine treatment. *Journal of Child and Adolescent Psychopharmacology*, *24*(8), 419-425.

Shaywitz, S. E. (2003). *Overcoming dyslexia: A new and complete science-based program for reading problems at any level*. New York: A. A. Knopf.

Shaywitz, S. E., Shaywitz, B. A., Wietecha, L., Wigal, S., McBurnett, K., Williams, D., Kronenberger, W. G., Hooper, S. R. (2017). Effect of atomoxetine treatment on reading and phonological skills in children with dyslexia or attention-deficit/hyperactivity disorder and comorbid dyslexia in a randomized, placebo-controlled trial. *Journal of Child and Adolescent Psychopharmacology*, *27*(1), 19-28.

Sherman, C. (2018). The truth about ADHD and addiction. *ADDITUDE Inside the ADHD Mind*. Retrieved from www.additudemag.com/the-truth-about-adhd-and-addiction/

Shiel, W. (2017). Depression: Check your Symptoms and signs. *MedicineNet.com*. Retrieved from www.medicinenet.com/depression/symptoms.htm

Shu, H., Chen, X., Anderson, R. C., Wu, N., & Xuan, Y. (2003). Properties of school Chinese: Implications for learning to read. *Child Development*, *74*(1), 27-47.

Shu, H., McBride-Chang, C., Wu, S., & Liu, H. (2006). Understanding Chinese developmental dyslexia: Morphological awareness as a core cognitive construct. *Journal of Educational Psychology*, *98*(1), 122-133.

Siegel, L. (2016). Bilingualism and dyslexia: The case of children learning English as an additional language. In L. Peer & G. Reid (Eds.), *Multilingualism, literacy and dyslexia: breaking down barriers for educators* (2nd ed., pp. 137-147). Abingdon: Routledge.

Simon, C. S. (2000). Dyslexia and learning a foreign language: A personal experience. *Annals of Dyslexia*, *50*(1), 155-187.

Singh, N. C., Cherodath, S., Sumathi, T. A., Kasera, R., Currawala, K., Kar, B., & Oberoi, G. (2016). Reading skills in children provided simultaneous instruction in two distinct writing systems: Insights from behaviour and neuroimaging. In L. Peer & G. Reid (Eds.), *Multilingualism, literacy and dyslexia: Breaking down barriers for educators* (2nd ed., pp. 200-214). Abingdon: Routledge.

Singleton, C., & Trotter, S. (2005). Visual stress in adults with and without dyslexia. *Journal of Research in Reading*, *28*(3), 365-378.

Sireci, S. G., Scarpati, S. E., & Li, S. (2005). Test accommodations for students with disabilities: An analysis of the interaction hypothesis.

Review of Educational Research, 75(4), 457–490.

Smits-Engelsman, B. C. M., & Van Galen, G. P. (1997). Dysgraphia in children: Lasting psychomotor deficiency or transient developmental delay? *Journal of Experimental Child Psychology*, 67(2), 164–184.

Snow, C. (2002). *Reading for understanding: Toward an R&D program in reading comprehension*. Santa Monica, CA: Rand Corporation.

Snowling, M. J., Duff, F. J., Nash, H. M., & Hulme, C. (2016). Language profiles and literacy outcomes of children with resolving, emerging, or persisting language impairments. *Journal of Child Psychology and Psychiatry*, 57(12), 1360–1369.

Snowling, M. J., Gallagher, A., & Frith, U. (2003). Family risk of dyslexia is continuous: Individual differences in the precursors of reading skill. *Child Development*, 74(2), 358–373.

Snowling, M. J., & Melby-Lervåg, M. (2016). Oral language deficits in familial dyslexia: A meta-analysis and review. *Psychological Bulletin*, 142(5), 498–545.

Sparks, R. L., Ganschow, L., Patton, J., Artzer, M., Siebenhar, D., & Plageman, M. (1997). Prediction of foreign language proficiency. *Journal of Educational Psychology*, 89(3), 549–561.

Stevens, L. (2018). The sugar wars: How food impacts ADHD symptoms. *ADDITUDE Inside the ADHD Mind*. Retrieved from www. additudemag.com/sugar-dietnutrition-impact-adhd-symptoms/

Stibel, J. (2016). Jack Ma: A profile in failure. *Linkedin*. Retrieved from https://www. linkedin.com/pulse/jack-ma-profile-failure-jeff-stibel

Strong, G. K., Torgerson, C. J., Torgerson, D., & Hulme, C. (2011). A systematic meta-analyticreview of evidence for the effectiveness of the 'Fast ForWord' language intervention program. *Journal of Child Psychology and Psychiatry*, 52(3), 224–235.

Sumner, E., Connelly, V., & Barnett, A. L. (2013). Children with dyslexia are slow writers because they pause more often and not because they are slow at handwriting execution. *Reading and Writing*, 26(6), 991–1008.

Sumner, E., Connelly, V., & Barnett, A. L. (2014). The influence of spelling ability on handwriting production: Children with and without dyslexia. *Journal of Experimental Psychology: Learning, Memory, and Cognition*, 40(5), 1441–1447.

Szücs, D., & Goswami, U. (2013). Developmental dyscalculia: Fresh perspectives. *Trends in Neuroscience and Education*, 2(2), 33–37.

Tallal, P., Miller, S. L., Bedi, G., Byma, G., Wang, X., Nagarajan, S. S., Schreiner, C., Jenkins, W. M., Merzenich, M. M. (1996). Language comprehension in language-learning impaired children improved with acoustically modified speech. *Science*, 271(5245), 81–84.

Tan, L. H., Spinks, J. A., Eden, G. F., Perfetti, C. A., & Siok, W. T. (2005). Reading depends on writing, in Chinese. *Proceedings of the National Academy of Sciences*, 102(24), 8781–8785.

Tomblin, J. B., Zhang, X., Buckwalter, P., & O' Brien, M. (2003). The stability of primary language disorder: Four years after kindergarten diagnosis. *Journal of Speech, Language, and Hearing Research*, 46(6), 1283–1296.

Tong, X., Deacon, S. H., Kirby, J. R., Cain, K., & Parrila, R. (2011). Morphological awareness: A key to understanding poor reading comprehension in English. *Journal of Educational Psychology*, *103*(3), 523-534.

Tong, X., McBride, C., Shu, H., & Ho, C. S. H. (2018). Reading comprehension difficulties in Chinese-English bilingual children. *Dyslexia*, *24*(1), 59-83.

Tong, X., Tong, X., & McBride-Chang, C. (2015). A tale of two writing systems: Double dissociation and metalinguistic transfer between Chinese and English word reading among Hong Kong children. *Journal of Learning Disabilities*, *48*(2), 130-145.

Torppa, M., Eklund, K., Bergen, E., & Lyytinen, H. (2011). Parental literacy predicts children's literacy: A longitudinal family-risk study. *Dyslexia*, *17*(4), 339-355.

Treiman, R., Berch, D., & Weatherston, S. (1993). Children's use of phoneme-grapheme correspondences in spelling: Roles of position and stress. *Journal of Educational Psychology*, *85*(3), 466-477.

Treiman, R., Kessler, B., Boland, K., Clocksin, H., & Chen, Z. (2017). Statistical learning and spelling: Older prephonological spellers produce more wordlike spellings than younger prephonological spellers. *Child Development*, *89*(4), e431-e441.

Tseng, M. H. (1993). Factorial validity of the Tseng handwriting problem checklist. *Journal of the Occupational Therapy Association Republic of China*, *11*, 13-28.

Twenge, J. M. (2015). Time period and birth cohort differences in depressive symptoms in the U.S., 1982-2013. *Social Indicators Research*, *121*(2), 437-454.

van Bergen, E., de Jong, P. F., Maassen, B., & van der Leij, A. (2014). The effect of parents' literacy skills and children's preliteracy skills on the risk of dyslexia. *Journal of Abnormal Child Psychology*, *42*(7), 1187-1200.

van Bergen, E., de Jong, P. F., Plakas, A.,

Maassen, B., & van der Leij, A. (2012). Child and parental literacy levels within families with a history of dyslexia. *Journal of Child Psychology and Psychiatry*, *53*(1), 28-36.

van der Oord, S., Bögels, S. M., & Peijnenburg, D. (2012). The effectiveness of mindfulness training for children with ADHD and mindful parenting for their parents. *Journal of Child and Family Studies*, *21*(1), 139-147.

Verhoeven, L. T. (1994). Transfer in bilingual development: The linguistic interdependence hypothesis revisited. *Language Learning*, *44*(3), 381-415.

Verhoeven, L. T., Perfetti, C., & Pugh, K. (2018). *Developmental dyslexia across languages and writing systems*. Cambridge: Cambridge University Press.

Wade-Woolley, L., & Heggie, L. (2015). Implicit knowledge of word stress and derivational morphology guides skilled readers' decoding of multisyllabic words. *Scientific Studies of Reading*, *19*(1), 21-30.

Wang, M., & Arciuli, J. (2015). Introduction to the special issue. Phonology beyond phonemes: Contributions of suprasegmental information to reading. *Scientific Studies of Reading*, *19*(1), 1-4.

Wang, Y. (2017). The role of early childhood education in promoting early literacy. In D. Wyse, R. Andrews, & J. V. Hoffman (Eds.), *The Routledge international handbook of early literacy education* (pp. 40-51). London: Routledge.

Wang, Y., & McBride-Chang, C. (2016). Character reading and word reading in Chinese: Unique correlates for Chinese kindergarteners. *Applied Psycholinguistics*, *37*(2), 371-386.

Wang, Y., McBride-Chang, C., & Chan, S. F. (2013). Correlates of Chinese kindergarteners' word reading and writing: The unique role of copying skills? *Reading and Writing*, *27*(7),

1281-1302.

Wang, Y., Yin, L., & McBride, C. (2015). Unique predictors of early reading and writing: A one-year longitudinal study of Chinese kindergarteners. *Early Childhood Research Quarterly, 32*, 51-59.

Washington, J. A., Branum-Martin, L., Sun, C., & Lee-James, R. (2018). The impact of dialect density on the growth of language and reading in African American children. *Language, Speech, and Hearing Services in Schools, 49*(2), 232-247.

Weyandt, L. L., & Gudmundsdottir, B. G. (2014). Developmental and neuropsychological deficits in children with ADHD. In R. A. Barkley (Ed.), *Attention-deficit hyperactivity disorder: A handbook for diagnosis and treatment* (4th ed., pp. 116-139). New York: Guilford Press.

What Is Depression? (2017). *American Psychiatric Association*. Retrieved from www.psychiatry.org/patients-families/depression/what-is-depression

Wilens, T. E., Adler, L. A., Adams, J., Sgambati, S., Rotrosen, J., Sawtelle, R., Utzinger, L., Fusillo, S. (2008). Misuse and diversion of stimulants prescribed for ADHD: A systematic review of the literature. *Journal of the American Academy of Child & Adolescent Psychiatry, 47*(1), 21-31.

Wilkinson, E. (2015). Dyslexia and prison!. *The Dyslexic Dyslexia Consultant*. Retrieved from www.theddc.org.uk/dyslexia-and-prison/

Willcutt, E. G., Pennington, B. F., Olson, R. K., & DeFries, J. C. (2007). Understanding comorbidity: A twin study of reading disability and attention-deficit/hyperactivity disorder. *American Journal of Medical Genetics Part B: Neuropsychiatric Genetics, 144B*(6), 709-714.

Winkes, J. (2014). *Isolierte Rechtschreibstorung: eigenstandiges Storungsbild oder leichte Form der Lese-Rechtschreibstorung? eine Untersuchung der kognitiv-linguistischen Informationsverarbei tungskompetenzen von Kindern mit Schriftspracherwerbsstorungen*. Freiburg: J. Winkes.

Winzer, M., & Mazurek, K. (2015). Exploring the social milieu of disability: Themes of poverty, education, and labour participation. *Labor et Education, 17*(3), 155-171.

Wolf, M., Barzillai, M., Gottwald, S., Miller, L., Spencer, K., Norton, E., Lovett, M., Morris, R. (2009). The RAVE-O Intervention: Connecting neuroscience to the classroom. *Mind, Brain, and Education, 3*(2), 84-93.

Wolf, M., Miller, L., & Donnelly, K. (2000). Retrieval, Automaticity, Vocabulary Elaboration, Orthography (RAVE-O): A comprehensive, fluency-based reading intervention program. *Journal of Learning Disabilities, 33*(4), 375-386.

Wong, T. T. Y., Ho, C. S. H., & Tang, J. (2017). Defective number sense or impaired access? Differential impairments in different subgroups of children with mathematics difficulties. *Journal of Learning Disabilities, 50*(1), 49-61.

Wu, X., Li, W., & Anderson, R. C. (1999). Reading instruction in China. *Journal of Curriculum Studies, 31*(5), 571-586.

Yin, L., & McBride, C. (2018). Unspoken knowledge: Kindergarteners are sensitive to patterns in Chinese pinyin before formally learning it. *Language, Cognition and Neuroscience, 33*(1), 65-76.

Yoshimasu, K., Barbaresi, W. J., Colligan, R. C., Killian, J. M., Voigt, R. G., Weaver, A. L., & Katusic, S. K. (2010). Gender, attention-deficit/hyperactivity disorder, and reading disability in a population-based birth cohort. *Pediatrics, 126*(4), e788-e795.

Zarrett, N., & Lerner, R. M. (2008). Ways to promote the positive development of children and youth. *Child Trends, 11*, 1-5.

Zhang, Y., Zhang, L., Shu, H., Xi, J., Wu, H., Zhang, Y., & Li, P. (2012). Universality of categorical perception deficit in developmental dyslexia: an investigation of Mandarin Chinese tones. *Journal of Child Psychology and Psychiatry, 53*(8), 874-882.

Zhou, Y. L., McBride-Chang, C., Fong, C. Y. C., Wong, T. T. Y., & Cheung, S. K. (2012). A comparison of phonological awareness, lexical compounding, and homophone training for Chinese word reading in Hong Kong kindergartners. *Early Education and Development, 23*(4), 475-492.

Zhou, Y. L., McBride-Chang, C., Law, A. B. Y., Li, T., Cheung, A. C. Y., Wong, A. M. Y., & Shu,H. (2014). Development of reading-related skills in Chinese and English among Hong Kong Chinese children with and without dyslexia. *Journal of Experimental Child Psychology, 122*, 75-91.

Ziegler, J. C., & Goswami, U. (2005). Reading acquisition, developmental dyslexia, and skilled reading across languages: A psycholinguistic grain size theory. *Psychological Bulletin, 131*(1), 3-29.

Zorzi, M., Barbiero, C., Facoetti, A., Lonciari, I., Carrozzi, M., Montico, M., Bravar, L., George, F., Pech-Georgel, C., Ziegler, J. C. (2012). Extra-large letter spacing improves reading in dyslexia. *Proceedings of the National Academy of Sciences, 109*(28), 11455-11459.

Zylowska, L., Ackerman, D. L., Yang, M. H., Futrell, J. L., Horton, N. L., Hale, T. S., Pataki, C., Smalley, S. L. (2008). Mindfulness meditation training in adults and adolescents with ADHD: A feasibility study. *Journal of Attention Disorders, 11*(6), 737-746.

찾아보기

ADHD 27
allography 36
RAN 47, 71, 91
RTI(Response to Treatment Intervention) 43
SES 41, 160
Urban Dictionary 80

ㄱ

가난 173
각운 73
강세 37, 73
계획-작성-편집 112
공간성 난서증 108, 205
공간적 배열 34
과독증 253
교사의 역할 292
구문 249
그릿 277, 305
극복 전략 50, 67, 145, 180
글자의 역전 59

ㄴ

난독성 난서증 108, 204
난독증 27, 57, 163, 193, 263
난산증 137, 144
난서증 27, 99, 203
뇌 구조 64

ㄷ

다중 감각 학습 166
단어 수준의 문식성 245
단어 쓰기 100
단어 쓰기장애 110
단어 읽기 33, 100
단어 재인
담화 구조 250
대응 32
독자의 특성 252
독해 245, 248

동기 125, 275
동반이환 117, 137
동음이의어 33, 94

ㅁ

마인드셋 269, 305
매핑 32, 183
메타인지 255
멘토 271, 298
문자 30, 157
문자소 36, 206
문화 30, 37

ㅂ

방과후 활동 266
배경지식 254
보조 기술 187
복사 기술 88, 169
복합어 81, 165
본문(텍스트) 읽기 33, 185
부모에의 지원 284
부부관계 290
불안장애 146
비디오 게임 132, 230
비선형성 34

ㅅ

성조 37, 73
손쓰기장애 100, 108
손잡이의 발달 208
술과 마약 281

스트레스 관리 291
시각-철자 기술 69, 170
시력의 조절 59
신경학적 징후 62
실용적 맥락 249
심성 모형 249

ㅇ

악샤라 35, 94
악샤라 음절문자 105
알파-음절문자 105
알파벳 문자 105, 169
약물남용 128, 237, 282
약물치료 231, 235
양측 통합 207
어휘 37, 248
어휘 의미론 105
언어 30, 245,
언어장애 63, 112
외국어 학습 158
우울증 149
우회 전략 180, 211
운동성 난서증 108, 205
유전 62, 128,
유창성 71, 253
음소 73
음운 민감성 46, 69, 165, 196
음운 인식 검사 74
음운적 장기기억 105
음절 73, 165
이중 언어 장점 167
이형문자소 36

인지-언어적 능력 66
인지행동치료 147
읽기 활동 251
읽기의 목적 251
읽기의 수준 252
읽기장애 32, 63, 252

ㅈ

자기-조절 123
자존감 증진 264
작문 245, 256
작문의 예술 256
작업 기억 253
정서 통제 125
정서적 유연성 228
정서조절장애 125
정신질환의 진단 및 통계 편람 118
제곱근 법칙 92
주의력결핍과잉행동장애 117
중국어 병음 31
지능 60, 269,
진화심리학 161

ㅊ

철자 쓰기 36, 190
철자 일관성 36
철자 장기기억 105

철자 지식 86
철자-소리 대응 94
초분절 인식 검사 77
초분절적 37, 73
추가 시간 제공하기 188
추가 언어로서의 영어 167
추론 70, 212, 253

ㅋ

컴퓨터 게임 117, 181, 275

ㅌ

텍스트 쓰기 모형 111
통제감 293

ㅍ

플라시보 효과 195

ㅎ

학습의 1차 및 2차 진화 능력 161
학습장애 27, 137, 187, 263, 301
학습장애의 정의 29
행동 수정 기법 217
행동치료 237
형태소 인식 69, 196

저자 소개

Catherine McBride

현재 미국 퍼듀대학교(Purdue University)의 발달심리학자로서 '보건 및 인간 과학 대학'의 연구 부학장이며, '인간 발달 및 가족 과학부' 교수이다. 경력으로는 홍콩중문대학교 심리학과에서 Choh–Ming Li 석좌교수로 재직했으며, '읽기과학연구학회(SSSR)'의 회장과 '아시아읽기쓰기협회(ARWA)'의 창립 회장을 역임했다. 또한 '국제난독증협회(IDA)'의 과학 자문 위원과 '미국아동발달연구학회(SRCD)'의 출판 위원으로 활동했다.

McBride 교수는 여러 문화에 걸친 언어, 문식성(읽기와 쓰기), 수학 학습에 중점을 두고 2024년 현재까지 200편 이상의 논문을 국제 학술지에 출판했고, 세 권의 책을 편집했으며, 이 연구들은 구글 학술검색에서 23,000회 이상 인용되었다. 또한 두 권의 저서 『아동의 문식성 발달: 읽기, 쓰기 학습에서의 교차–문화적 관점』(2016)과 『난독증, 난서증, ADHD 극복하기: 전 세계적 관점』(2019)을 출간했다. McBride 교수의 작업에 대한 더 많은 정보는 웹사이트 www.cammiemcbride.com에서 볼 수 있다.

역자 소개

조증열(Cho Jeung-Ryeul)

서울대학교와 미국 오리건대학교(University of Oregon) 대학원에서 인지심리학 전공으로 석사학위를 받았고, 미국 루이지애나주립대학교(Louisiana State University) 대학원에서 인지심리학 전공으로 박사학위를 받았다. 1991년부터 경남대학교 심리학과 교수로 재직하였고, 현재 경남대학교 명예 석좌 교수로 있다. 2004년부터 10년 이상 책임 연구자로 한국 교육부 및 연구재단에서 지원받아 '한글 읽기 및 장애'에 관한 연구를 수행하여 SSCI급 국제 학술지에 논문 30편 이상, 영어 국제학술서에 논문 6편, 한국 연구재단 등재지에 논문 30편 이상을 출판하였다. 『한국어 읽기 쓰기 진단검사』(2017)와 『한국어 언어-읽기 이해력 진단검사』(2020)의 저자이며, 『스키너의 심리상자 열기』(2005)의 역자이기도 하다. 2018년과 2023년에는 학술 연구 우수자로 선정되어 부총리겸 교육부장관의 표창을 수상했으며, 2024년에는 한국심리학회 학술상을 수상했다.

난독증, 난서증, ADHD 극복하기
전 세계적 관점
Coping with Dyslexia, Dysgraphia and ADHD:
A Global Perspective

2025년 1월 15일 1판 1쇄 인쇄
2025년 1월 25일 1판 1쇄 발행

지은이 • Catherine McBride
옮긴이 • 조증열
펴낸이 • 김진환
펴낸곳 • (주) 학지사

04031 서울특별시 마포구 양화로 15길 20 마인드월드빌딩
대표전화 • 02)330-5114   팩스 • 02)324-2345
등록번호 • 제313-2006-000265호

홈페이지 • http://www.hakjisa.co.kr
인스타그램 • https://www.instagram.com/hakjisabook

ISBN 978-89-997-3288-1 93370

정가 17,000원

출판미디어기업 학지사

간호보건의학출판 **학지사메디컬** www.hakjisamd.co.kr
심리검사연구소 **인싸이트** www.inpsyt.co.kr
학술논문서비스 **뉴논문** www.newnonmun.com
교육연수원 **카운피아** www.counpia.com
대학교재전자책플랫폼 **캠퍼스북** www.campusbook.co.kr